汽车工业管理科学与工程丛书

汽车质量管理

（原书第 2 版）

[德] 克劳迪娅·布鲁克纳（Claudia Brückner） 著

付学军 译

机械工业出版社

《汽车质量管理（原书第2版）》章节安排在 ISO 9001 和 IATF 16949 章节的基础上略有增减，包括实施标准要求的解决方案、示例和工具。所有章节都包含有价值的提示以及工作辅助工具示例，这些可以帮助读者快速而有效地开展工作。供企业使用的示例增强了本书实用手册的功能。本书共分10章，分别是引入质量管理体系、组织内外部环境、组织领导者责任、应对机遇和风险、对支持职能的要求、在企业中的实施、企业绩效评审、产品和服务的改进、质量管理重要方法介绍、电动汽车。为方便读者学习，本书附录收录了质量管理领域常见的缩略语。

本书适合质量管理工程师、质量管理审核认证人员、质量管理咨询人员、质量管理研究人员等参考学习。

Qualitätsmanagement – Das Praxishandbuch für die Automobilindustrie / by Claudia Brückner
/978-3-446-45575-7
©2019 Carl Hanser Verlag, Munich
All rights reserved

本书中文简体字版由 Carl Hanser Verlag 授权机械工业出版社在世界范围内独家出版发行。未经出版者书面许可，不得以任何方式抄袭、复制或节录本书中的任何部分。
北京市版权局著作权合同登记　图字：01-2020-3372 号。

图书在版编目（CIP）数据

汽车质量管理：原书第2版 /（德）克劳迪娅·布鲁克纳著；付学军译. —北京：机械工业出版社，2023.9
（汽车工业管理科学与工程丛书）
ISBN 978-7-111-73926-5

Ⅰ.①汽⋯　Ⅱ.①克⋯　②付⋯　Ⅲ.①汽车–产品质量–质量管理　Ⅳ.①F416.471

中国国家版本馆CIP数据核字（2023）第184719号

机械工业出版社（北京市百万庄大街22号　邮政编码100037）
策划编辑：母云红　　　　　责任编辑：母云红
责任校对：樊钟英　牟丽英　责任印制：单爱军
北京虎彩文化传播有限公司印刷
2024年1月第1版第1次印刷
180mm×250mm·33.5印张·2插页·632千字
标准书号：ISBN 978-7-111-73926-5
定价：169.00元

电话服务　　　　　　　　　网络服务
客服电话：010-88361066　　机　工　官　网：www.cmpbook.com
　　　　　010-88379833　　机　工　官　博：weibo.com/cmp1952
　　　　　010-68326294　　金　书　网：www.golden-book.com
封底无防伪标均为盗版　　　机工教育服务网：www.cmpedu.com

前 言

为适应 ISO 9001 和 IATF 16949 修订版提出的新要求，本书进行了修订改版，即在初版的基础上进行了全面修订和内容扩展。这样做的目的是为了显著提高企业的系统和流程质量，提高客户满意度，并在整个供应链形成的早期阶段发现错误和风险，以便迅速采取适当的补救措施。

书中章节适用于 ISO 9001 和 IATF 16949 的章节，包括实施标准要求的解决方案、示例和工具。所有章节都包含有价值的提示以及工作辅助工具示例，这些可以帮助我们快速而有效地开展工作。供企业使用的示例增强了本书实用手册的功能。

本书第 2 版在初版的基础上增加了一个新章节（第 10 章），涉及电动汽车的一些要求。该章讨论了电动汽车零部件、组件和系统的当前要求，这些要求涉及质量管理，以及对产品开发过程的影响和必要的测试程序。

本书作为质量管理工程师、质量管理审核认证人员、质量管理咨询人员、质量管理研究人员等的参考用书，着眼于实用，解释了最重要的标准要求，读者能够根据工作辅助工具和示例即学即用。工作辅助工具、演示模板和学习控制问题可在 www.hanser-fachbuch.de/9783446455757 的下载区"附加"标题下找到，zip_file 的密码可在相应章节中找到。

本书是所有深入研究质量管理人员的参考书，无论是经验丰富的质量管理经理还是新入门者都可以阅读参考。

目 录

第 1 章 引入质量管理体系 /001

1.1 综述 /001
1.2 目的和意义 /005
1.3 质量管理体系的引入和实施 /006
1.4 引入和实施中需避免的问题 /027
1.5 总结 /028
1.6 参考文献 /029

第 2 章 组织内外部环境 /030

2.1 应对组织的环境 /030
2.1.1 综述 /030
2.1.2 目的和意义 /031
2.1.3 确定和评价组织环境和利益相关方的步骤 /031
2.1.4 总结 /037
2.1.5 参考文献 /038

2.2 应对客户特定的体系要求 /038
2.2.1 综述 /038
2.2.2 目的和意义 /039
2.2.3 实施 VDA 标准：客户特定要求（黄皮书版）/040
2.2.4 总结 /043
2.2.5 参考文献 /043

2.3 过程管理 /044
2.3.1 综述 /044
2.3.2 目的和意义 /045
2.3.3 过程管理基础 /047
2.3.4 过程管理步骤 /048
2.3.5 总结 /062

2.3.6 参考文献 /062

2.4 过程关键指标 /063
2.4.1 综述 /063
2.4.2 目的和意义 /064
2.4.3 关键指标体系基础 /065
2.4.4 实施过程关键指标的步骤 /071
2.4.5 总结 /081
2.4.6 参考文献 /082

第 3 章 组织领导者责任 /083

3.1 重要的管理任务 /083
3.1.1 综述 /083
3.1.2 目的和意义 /084
3.1.3 组织领导者责任概述 /084
3.1.4 总结 /085
3.1.5 参考文献 /085

3.2 实现企业责任的基本原则 /086
3.2.1 综述 /086
3.2.2 目的和意义 /086
3.2.3 合规管理体系概述 /087
3.2.4 合规：满足 IATF 16949 的最低要求 /090
3.2.5 总结 /091
3.2.6 参考文献 /091

3.3 确定和公布质量方针 /092
3.3.1 综述 /092
3.3.2 目的和意义 /093
3.3.3 质量方针的确定 /093
3.3.4 确定、公布及监控质量方针 /094
3.3.5 总结 /097

CONTENTS

3.3.6 参考文献 /097

3.4 策划和实施质量目标 /098
3.4.1 综述 /098
3.4.2 目的和意义 /099
3.4.3 质量目标的制定、测量和执行 /099
3.4.4 总结 /101
3.4.5 参考文献 /101

3.5 KVP：一项领导任务 /102
3.5.1 综述 /102
3.5.2 目的和意义 /104
3.5.3 KVP 的全过程 /105
3.5.4 总结 /117
3.5.5 参考文献 /118

3.6 对标 /119
3.6.1 综述 /119
3.6.2 目的和意义 /120
3.6.3 对标内容分类 /121
3.6.4 对标对象分类 /122
3.6.5 对标参数分类 /123
3.6.6 对标的步骤 /124
3.6.7 总结 /126
3.6.8 参考文献 /127

3.7 管理评审 /127
3.7.1 综述 /127
3.7.2 目的和意义 /128
3.7.3 管理评审的准备和实施 /128
3.7.4 补充：质量相关的成本 /137
3.7.5 总结 /139
3.7.6 参考文献 /140

3.8 明确职责和权限 /140

3.8.1 综述 /140
3.8.2 目的和意义 /140
3.8.3 职责介绍 /141
3.8.4 权限介绍 /142
3.8.5 根据质量管理体系确定职责 /143
3.8.6 确定产品和过程符合性的职责 /144
3.8.7 总结 /146
3.8.8 参考文献 /147

3.9 保证企业的产品安全 /147
3.9.1 综述 /148
3.9.2 目的和意义 /148
3.9.3 企业内的实施 /148
3.9.4 产品安全代表的角色 /151
3.9.5 总结 /153
3.9.6 参考文献 /154

第 4 章 应对机遇和风险 /155

4.1 综述 /156
4.2 目的和意义 /157
4.3 基于风险的思维 /157
4.4 标准对风险和机遇管理的要求 /157
4.5 风险管理过程 /160
4.5.1 确立框架条件 /162
4.5.2 风险识别 /163
4.5.3 风险分析和评价 /165
4.5.4 排除或减少风险 /167

4.6 风险管理和产品责任 /168
4.7 应急计划的制订和评价 /170
4.8 总结 /173

目 录

4.9　参考文献 /173

第 5 章　对支持职能的要求 /175

5.1　资源的提供 /177
5.1.1　综述 /177
5.1.2　目的和意义 /178
5.1.3　确定以及保持所需的知识 /179
5.1.4　获得与发展能力 /185
5.1.5　企业内部员工激励 /205
5.1.6　与客户的沟通交流 /234
5.1.7　总结 /235
5.1.8　参考文献 /236

5.2　提供必要的工作环境 /238
5.2.1　综述 /238
5.2.2　目的和意义 /238
5.2.3　基础设施及过程环境 /238
5.2.4　保证可信的监控和测量结果 /246
5.2.5　生产工具、检具和量具的维护 /254
5.2.6　总结 /256
5.2.7　参考文献 /257

5.3　质量管理体系文件的规定 /258
5.3.1　综述 /258
5.3.2　目的和意义 /259
5.3.3　文件化信息的处理 /259
5.3.4　总结 /274
5.3.5　参考文献 /275

第 6 章　在企业中的实施 /276

6.1　生产规划与控制 /277
6.1.1　综述 /277
6.1.2　目的和意义 /277
6.1.3　产品质量先期策划 /278
6.1.4　产品和服务要求 /280
6.1.5　产品和服务开发 /282
6.1.6　总结 /285
6.1.7　参考文献 /285

6.2　生产管理和控制 /285
6.2.1　综述 /285
6.2.2　目的和意义 /286
6.2.3　生产控制计划 /286
6.2.4　特殊特性 /291
6.2.5　总结 /293
6.2.6　参考文献 /294

6.3　生产中的质量管理措施 /294
6.3.1　综述 /294
6.3.2　目的和意义 /295
6.3.3　操作指导的使用 /296
6.3.4　机床和设备的调试 /296
6.3.5　标识和可追溯性 /297
6.3.6　客户财产的处理 /300
6.3.7　正确的存储、包装和运输措施 /300
6.3.8　交货后的任务（客户服务）/304
6.3.9　质量检查的实施 /305
6.3.10　总结 /315
6.3.11　参考文献 /316

6.4　变更的处理 /317
6.4.1　综述 /317
6.4.2　目的和意义 /317
6.4.3　变更的执行和跟踪 /317
6.4.4　总结 /320

6.4.5 参考文献 /320

6.5 外包质量控制 /320

6.5.1 综述 /320
6.5.2 目的和意义 /321
6.5.3 供应商管理 /321
6.5.4 外包过程的处理 /337
6.5.5 总结 /340
6.5.6 参考文献 /341

第 7 章 企业绩效评审 /342

7.1 客户满意度的测量和评价 /343

7.1.1 综述 /343
7.1.2 目的和意义 /343
7.1.3 客户满意度的确定 /343
7.1.4 总结 /353
7.1.5 参考文献 /353

7.2 策划和实施审核 /354

7.2.1 综述 /354
7.2.2 目的和意义 /355
7.2.3 ISO 19011 作为实施审核的依据 /356
7.2.4 不同标准中的审核 /358
7.2.5 审核类型说明 /359
7.2.6 审核过程 /372
7.2.7 总结 /390
7.2.8 参考文献 /390

第 8 章 产品和服务的改进 /392

8.1 引入改进 /392

8.1.1 综述 /392
8.1.2 目的和意义 /392
8.1.3 实施改进的可能性 /392
8.1.4 总结 /394
8.1.5 参考文献 /394

8.2 不合格管理 /394

8.2.1 综述 /394
8.2.2 目的和意义 /395
8.2.3 解决问题的过程 /395
8.2.4 综述 /396
8.2.5 法律上的投诉分类 /397
8.2.6 创建投诉管理的前提条件 /398
8.2.7 处理投诉 /399
8.2.8 总结 /404
8.2.9 参考文献 /404

8.3 不合格输出的控制 /405

8.3.1 综述 /405
8.3.2 目的和意义 /406
8.3.3 不合格输出的处理 /406
8.3.4 防错方法 /410
8.3.5 保修管理和市场使用中的失效分析 /410
8.3.6 总结 /414
8.3.7 参考文献 /415

第 9 章 质量管理重要方法介绍 /416

9.1 综述 /416
9.2 目的和意义 /417
9.3 核心工具说明 /417

目 录

9.3.1　APQP /417
9.3.2　PPAP 和 PPF /427
9.3.3　PPF 程序说明 /433
9.3.4　FEMA /435
9.3.5　MSA /448
9.3.6　SPC /452
9.3.7　8D 模式 /455
9.3.8　总结 /460
9.3.9　参考文献 /460

9.4 M7 介绍 /462

9.4.1　亲和图 /463
9.4.2　关系图 /463
9.4.3　树状图 /464
9.4.4　矩阵图 /465
9.4.5　组合图 /465
9.4.6　网络规划 /466
9.4.7　问题决策计划 /467
9.4.8　总结 /468
9.4.9　参考文献 /468

9.5 Q7 介绍 /469

9.5.1　错误收集表 /469
9.5.2　直方图 /470
9.5.3　质量控制卡 /471
9.5.4　头脑风暴 /472
9.5.5　石川图 /472
9.5.6　关联图 /473
9.5.7　帕累托分析 /474
9.5.8　总结 /475
9.5.9　参考文献 /475

9.6 其他重要方法介绍 /476

9.6.1　故障树分析 /476
9.6.2　质量功能开发（QFD）/479
9.6.3　TRIZ /485
9.6.4　Poka-Yoke（波卡纠偏）/489
9.6.5　5S /492
9.6.6　总结 /495
9.6.7　附加课程：持续改善（Kaizen）/496
9.6.8　参考文献 /497

第 10 章　电动汽车 /500

10.1 电动汽车的标准要求 /501

10.1.1　综述 /501
10.1.2　目的和意义 /501
10.1.3　标准和规范 /502
10.1.4　集成软件产品的开发 /504
10.1.5　零部件的技术清洁度 /506
10.1.6　充电基础设施技术指南 /510
10.1.7　与客户相关的要求 /513
10.1.8　总结 /515
10.1.9　参考文献 /515

10.2 质量管理的应用领域 /516

10.2.1　综述 /517
10.2.2　目的和意义 /518
10.2.3　对产品形成过程的影响 /518
10.2.4　测试方法 /520
10.2.5　供应商管理 /522
10.2.6　总结 /522
10.2.7　参考文献 /523

附　录 /524

常用缩略语 /524

第 1 章
引入质量管理体系

本章帮助您策划如何引入质量管理体系。您会得到项目管理方面的建议和可能会遇到的困难以及如何克服的提示。同时,本章也给出如何避免错误发生的提示。

引入质量管理体系的基础是一个或多个基本标准,例如 IATF 16949 或者 ISO 9001:2015。对于质量管理体系认证来说,最佳前提是有至少 12 个月的准备时间,这样不仅可以准备好标准要求的文件,而且相关过程在企业中的实施情况以及相关关键指标的发展趋势也能够被识别出来。

本章对引入质量管理体系的步骤仅做简单介绍。有关执行情况的深入解析会在以后相关章节中详细阐述。

1.1 综述

企业的具体情况是引入以过程为导向的质量管理体系的基础。质量管理体系的基础标准是 ISO 9001,因为其他所有行业分支标准都是在此基础之上建立的。

引入质量管理体系项目包含以下几个重要方面:

- 企业文化
- 企业架构和运行过程组织
- 管理体系和信息体系
- 现有的质量管理工作

引入的时间框架应该根据企业规模大小和组织结构至少提前 12 个月制订。

图 1-1 对引入质量管理体系的方法步骤做了概述。

推荐将引入质量管理体系作为项目来执行,因为它包含了一个项目的所有特性。在整个企业各个部门、各个领域中都有很多活动,所有员工都参与其中。所有措施的整体性必须协调一致并受到监控。在一个固定的时间范围内应该实现一个已定义的目标,也就是说,相关标准的要求在企业得到实施以及获得认证证书。引入质量管理体系实际上是一个一次性的行动,非常有必要尽早联系质量管理体系认证公司确定认证时间,只有这样,项目才能够在管理层必不可少的支持下持续进行。

提示：根据 ISO 69901,项目的定义是:"一个计划,其基本特征是整体条件的唯一性,如预定目标、时间、财务、人力及其他限定条件,以及和其他计划的差别或者有项目专有的组织结构。"

引入质量管理体系通常是一个非常复杂的任务。在企业里,变化首先是围绕着员工进行的。因此,在专家支持下做好相关准备是非常必要的。

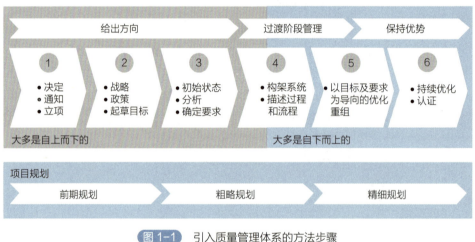

图 1-1　引入质量管理体系的方法步骤

注：参考 Pfeiffer, 2001。

被委任的项目经理必须熟练掌握多种不同方法和工具的相关知识,比如：

- 项目管理
- 风险管理
- 主持会议的方法或者解决冲突的方法

引入项目的核心任务是创造一个高效的质量管理体系所必需的框架条件。除方法和工具之外,技术、人员和组织这三个条件尤为重要,它们是项目成功与否的决定性资源。

提示 　　一个项目的成功与否取决于项目经理的能力。在准备阶段就应该明确要导入质量管理体系需要在哪些领域采取行动。如果行动领域定义得太过狭窄,那么成功的可能性就不太大。

以下可能成为障碍:
- 项目经理不具备项目管理相关知识
- 不具备标准方面的知识
- 不能把全部精力投入在项目中(时间压力和超负荷工作)
- 管理层不支持该项目
- ……

　　技术框架条件分为通用业务运营技术框架条件和质量管理特定的技术框架条件。业务运营技术框架条件包括技术设施和稳定的流程。在中小型企业的质量管理中,经常会节省对硬件及标准软件的投入,这将导致后续成本的加大,因为如果不使用信息技术系统,就几乎不可能有效或高效地建立、处理和维护质量管理体系的正式组织结构部分。

　　为质量管理体系创建人员框架条件是项目管理和企业最高管理层的主要任务,无论是由企业领导、业务部门管理层还是董事会代表来创建均可。

　　另一个常被低估的构成有效质量管理体系的条件是相关负责人员的技能资质。质量应该成为每名员工的目标,因此,不仅要培训质量管理部门的员工,还要培训其他部门的员工和企业领导层。

　　组织框架条件在许多企业是最大的问题。质量管理专员常常会遇到历史遗留的组织问题,这些通常很难改变。

　　组织流程的结构化在大多数情况下都会带来最大的优化和减员增效方面的潜力:

- 内部流程优化
- 透明度增加
- 流程的可再现能力
- 避免重复工作
- 责任和权利的准确定义

一个几乎与企业所有部门相关的项目必须满足以下两个基本条件:

- 公司管理层的全力支持,特别体现在明确分配给项目的资源上
- 协调好的、清晰的项目计划和项目组织,包括任务、能力、责任和期限

ISO 9001:2015 中列出的质量管理(ISO 9000)的 7 个基本原则(图 1-2)为质量

管理体系提供了一个有效框架边界。它们被重新定义，从以前的 8 个减少到目前的 7 个，包括以下 7 方面。

（1）以客户为关注的焦点

质量管理的核心是满足客户的要求。满足和超越客户期望决定了产品和服务的质量，以此提高客户满意度和取得企业的成功。

（2）领导的作用

领导，不仅是指公司级领导，还包括所有具有管理职能的人员。他们通过沟通、以身作则以及创造框架条件，使得员工能够高质量地完成工作任务，以此建立明确的工作目标和工作指导准则。

（3）全员参与

企业各层级有能力、有积极性的员工是一个企业最大的潜在财富。员工的知识和能力对于质量管理体系的引入和持续运行至关重要。只有员工积极参与并充分发挥他们的才能，才能更好地为公司创造价值，公司的实力才能不断提高。

（4）过程方法

如果一个公司的所有活动都被所有员工理解为资源和责任相互关联的过程，那么公司的目标就可以更容易、更有效地实现。

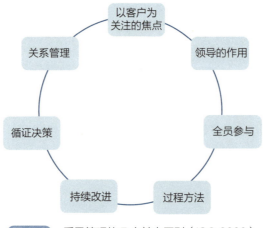

图 1-2　质量管理的 7 个基本原则（ISO 9000）

（5）持续改进

持续改进是公司实现可持续经营发展（PDCA 循环）的基本支柱之一。只有持续改进，公司才能长期保持竞争力，因为停滞不前意味着倒退。

（6）循证决策

考虑原因及其影响的有效决策，只有建立在对数据和事实分析的基础上才能实施，以此减少主观决策。主观决策不宜提倡。

（7）关系管理

客户、供应商、合作伙伴、员工、社会、政府等利益相关方是关系管理的基础。一家企业一直会与这些利益相关方保持关系。对于利益相关方的要求和期望的理解和分析，直接影响一家企业的业绩和成功与否。

1.2 目的和意义

通过引入质量管理体系，公司的所有流程都被组织起来并变得透明。这就为员工按照清晰的结构进行工作奠定了基础，并保证客户的需求能够被公司给予充分考虑。此外通过明确的过程导向和确保培训措施的实施质量来提高可控性，也是建立质量管理体系的积极正向结果。

文件是各个企业质量管理体系的基础，是企业质量能力的证明，也是企业手册，可作为所有员工对所有重要质量问题的参考工具。

引入质量管理体系需要进行基本的准备和权衡考虑，必须明确收益和风险。此外，管理层必须对项目给予全力支持，以确保员工对质量管理体系普遍接受。

在许多情况下，作为基本规范的标准被认为是一个令人生厌的官僚作风的体现，因为公司里已经有许多其他的规则要求需要遵守。不过标准更应该看作是一个有用的指南，因为标准里描述了许多有用的评价指标来保证满足客户的要求。

如果质量管理体系除了满足标准要求外，还与企业的个体利益需求相适应，从而使企业的运作更为顺畅，那么质量管理体系就能充分发挥其应用效益。减少错误会显著提高员工尤其是客户的满意度。

然而在实践中，也存在不少困难。首先，文件的创建和不断更新通常看来极其耗时，而且涉及许多资源。随着时间的推移，当对质量管理文档的处理成为一种自发的习惯时，这一现象就相对弱化了。

例如，如果以职能描述的形式明确职责，就可避免重复工作。

质量管理体系文件使得规则可在实践中得以验证，使过程的顺序更透明，更便于员工理解和实施；此外，新员工可以更快更容易地融入公司。

在建立质量管理体系的过程中，可以证明团队内部沟通得到了显著改善，信息流得到了优化，从而使工作变得更加有效。变革在持续改进过程中不断进行。

建立质量管理体系的另一个巨大优势是，通过遵守法律或客户相关的要求，以及对过程的协调和记录确立的明确责任，提高了对法律和对客户所负有的法务责任方面的安全性。

公司目标和质量目标是企业全体员工共同的首要任务，以此来支持企业的使命和愿景，因为员工的个人行为是以共同基本原则为出发点的。总的来说，员工管理从质量管理体系中受益，并得到新的推动。

总的来说，质量管理体系的引入促使公司描述自身流程并将其在公司推广实施。如此，所有员工都参与进来，从追求高质量的角度对公司的绩效、流程和整个系统方面都有了敏感的认识。其结果是更有效的工作方式和更高的成本效益意识。

可以得出这样的结论：质量管理体系通常有助于识别公司的机遇和风险，并以最佳方式满足客户、供应商及其他利益相关方的需求。

质量管理体系的好处是无可争议的，特别是在通过透明和结构化的流程来提高客户满意度和降低成本方面。

- 领导层与员工的积极连接。
- 明确职责，以及如果可能，通过软件支持，将重复工作最少化。
- 使员工在质量管理体系中对照识别自己对应的位置。

新 ISO 9001:2015 的引入强调了以下优点：

- 产品和服务满足法律、政府和客户的要求
- 发现机会并提高客户满意度
- 将风险和机遇过滤出来，并与企业的背景和目标结合起来
- 可提供符合规定要求的证据

1.3 质量管理体系的引入和实施

引入质量管理体系需要做好策划和准备工作。

表 1-1 中列出的步骤可用于引入质量管理体系。当然，不一定非得遵循表格中所示的形式和顺序，但事实证明它们非常有用。

管理代表，也称质量管理代表（缩写为 QMB），是质量管理体系内的职务。如今，该职务在大多数公司称为管理代表（缩写为 MB），因为在许多情况下，质量管理体系不是一个需要维护的纯体系，而是涉及许多不同的系统，如环境、工作安全等。

➡ 工作辅助：引入质量管理体系流程。

表 1-1 引入质量管理体系流程

序号	项目步骤	资源	活动
1	任命项目经理和项目组	领导	• 通过公司领导任命项目经理和项目组 • 准备资源 • 制订项目计划（项目流程、项目组、时间计划、重要节点） • 告知所有部门
2	计划和实施启动会议	公司管理层、管理代表（MB）、过程负责人、项目参与者或工会	• 准备信息大会 • 准备演讲报告 • 标准相关知识 • 项目步骤 • 划分任务 • 建立流程图
3	通知员工	领导、管理代表、员工	• 信息准备和实施 • 员工大会，宣传单
4	确定组织环境和利益相关者及其要求	领导、管理代表	• 确定组织环境 • 确定利益相关者 • 确定和评估利益相关者的要求
5	确定和批准企业政策（质量政策，包括道德准则 - 升级政策、反腐败政策、员工行为准则）、质量目标和行为准则	公司管理层、领导、项目经理	• 质量政策、质量目标，以及道德准则 - 升级政策、反腐败政策、确定和批准质量目标
6	文件的现状	管理代表、项目经理、过程负责人	• 分析现有的质量管理体系规定和文件，定义需更改或需重新制订的规定及文件
7	定义质量管理架构	领导、项目经理、项目组	• 进行现状分析 • 确定架构 • 制定流程图
8	确定质量管理组织	管理代表、公司领导层	• 确定协助管理代表的员工
9	创建质量管理手册（仅适用于 IATF 16949）	领导、项目经理、项目组	• 创建质量管理手册
10	过程现状	各部门参与者、项目组、过程负责人	• 记录过程 • 采访过程负责人及员工 • 创建过程图
11	分析和评估机会和风险	管理代表、领导、过程负责人	分析机会和风险 • 内部 • 外部 • 过程
12	制订指导	各部门参与者、项目组	• 制订工作指导、检测指导、组织规则、运行规定
13	与标准要求的内容做比较	管理代表、过程负责人	• 验证是否满足标准的所有相关要求
14	质量管理文档生效	公司管理层、过程负责人	• 质量管理手册 • 过程描述 • 检查并批准工作指导

(续)

序号	项目步骤	资源	活动
15	进行培训和获得资质	管理代表、过程经理、内部审核员、员工	•确定相关培训内容,例如过程管理、项目管理、评审等 •实施培训
16	准备和进行管理评审	管理代表、领导、公司管理层	•准备管理评审 •评估质量管理体系
17	进行审核	管理代表、公司管理层、员工	•体系审核 •过程审核 •产品审核
18	认证	管理代表、公司管理层、员工、认证机构	•认证审核(体系审核)

表1-1中展示的步骤下面详细说明。

第1步:任命项目经理和项目组

项目经理由项目发起人(通常是公司的管理层)来确定。他应该是一个对标准非常了解并具备丰富项目管理知识的专家。因此,质量管理代表(QMB)是作为这样一个项目的项目经理的最佳人选。由于其职能和接近管理层的优势,QMB有组织和监督跨部门工作的最佳机会。项目经理应在公司具有良好的形象和执行力,并良好地掌握技术标准知识和方法知识。

项目经理负责一个项目的全面运营管理,包括负责实现目标、确定时间和遵守预算。对项目经理的要求是多种多样的。因此,他应该具备全面的社会交往技能,如领导能力、主持和演讲能力或冲突管理能力,同时也应具备专业技能,如扎实的标准、质量方法知识或审核知识。

项目经理的任务如下:

- 对整个项目做出计划
- 对项目组进行专业的管理
- 对项目中碰到的问题做出决策
- 监督项目步骤
- 向全体员工和公司管理层进行汇报

在许多情况下,特别是对小公司来说,找一名外部指导老师或顾问来跟进项目直至进行认证是很有意义的。

除项目经理外，还必须确定项目组。项目组一般由项目经理、管理代表组成，有时还包括外部顾问和过程所有者（Process Owner，即过程责任人）。为了项目能够有效地执行，项目组成员在项目实施期间部分解除其原有任务是有意义的。

在选择项目团队时应特别注意，让各层级和各领域员工参与进来，为项目能被各方接受创造条件。

项目组的主要任务是：

- 参与项目规划
- 协助项目监控
- 编写工作指导
- 用流程图的形式描述流程
- 进行审核
- 员工培训

应该让所有参与者都能看到项目给公司，特别是给他们个人工作带来的好处。项目必须这样去推广。为此，员工必须清楚项目背后是有所有领导支持的。所有员工必须与该项目紧密联系在一起。

向工会解释，引入质量管理体系非但不会砍掉工作岗位，反而有助于稳定工作岗位，因为整个企业的竞争力将会得到加强。

在项目准备过程中，非常重要的是项目本身在公司得到普遍的认同。如果公司有工会，那么在一开始就要让工会参与其中。

项目开始时，起草一个粗略的项目时间计划（图1-3）作为初步的方向定位是有意义的。制订详细的项目计划是开发质量管理体系的关键。该计划包含每个项目步骤中必须完成的任务和所用的资源。此外，项目进度应记录在条形图中（例如，使用Microsoft软件Excel、Visio、Project或其他项目管理软件），以便能够清楚地描述和监控项目进度。

⊃ 工作辅助：项目时间表（模板）。

	工作辅助 项目时间计划	表格

项目时间计划				X=时间　O=已完成			日期	
项目经理				项目号	项目开始	项目结束-计划	项目结束-实际	
				日历周2022年				
序号	活动		负责人	部门	01—05 06—10 11—15 16—20 21—25 26—30 31—35 36—40 41—45 46—50				
1									
2									
3									
4									
5									
6									
7									
8									
9									
10									
11									
12									

图 1-3　项目时间计划示例

第 2 步：计划和实施启动会议

启动会议很重要，向所有领导和员工介绍项目，以便与他们"同舟共济"。该活动的主持人是项目负责人。也应邀请项目团队、管理层和所有参与项目的人员一同参加。

最晚在此时把即将进行的项目告知所有员工。必要的信息可通过员工大会、公告或电子媒体进行传播。信息从管理层传递到员工是很重要的。管理层对项目的认同度和重视度越高，项目就会得到全体员工越多的支持。

全体员工、领导及项目参与者应该：

- 了解质量管理体系的意义
- 得到将被导入的有关 ISO9001、IATF16949 及其他标准的信息
- 获悉引入质量管理体系的原因
- 得到公司管理层的声明，并从中显而易见其完全支持推行质量管理体系
- 参与到项目中

这次会议的成果是，应该让管理者和员工认同质量这个主题以及引入质量管理体系的重要意义。

第 3 步：通知员工（第 5.1.5.2 和第 5.1.5.7 节）

如果定期向员工介绍质量管理体系引入项目进行的情况，将会进一步提高员工对它的接受程度。培训照片、子项目工作照片及相关报告是使公司全体员工参与到项目中的有效手段。即使在项目完成之后，经常不断地发布质量管理领域的相关报告也被证明是非常有意义的。

从一开始公司领导就应该发表声明，强调质量管理体系对公司的重要性。同时，要大力督促所有领导支持项目、把信息推广传递给员工。

提示：给员工一份信息分享简报，列出项目内容的要点及解释，如图 1-4 所示。此信息分享简报也可用于以后的培训。

➡ **工作辅助：员工信息**

宣传册
员工信息：引入质量管理体系。

您的企业标志

员工信息第 1 期

引入质量管理体系

项目经理的照片

亲爱的员工们：

我们将于 2023 年年中在我公司引入符合 IATF 16949 的质量管理体系（简称 QM 体系）。质量管理体系的核心是产品质量。它是一种方法，用于确保客户和其他利益相关方对我们业务工作的结果满意。

质量管理体系应该提高员工和客户的满意度，为公司的持续发展做出贡献。

因此，第一步应该记录公司的工作过程。

过程导向是成功领导公司的一个决定性因素，因为客户需求不断增加、流程和结构越来越复杂、产品和制造过程更加敏感。

过程优化需要领导支持优化改进任务且这种支持能够被大家识别到、使用现有委员会或机构、定义任务和目标，以及让管理团队参与并尽义务。

过程优化是持续的管理任务。

谁支持我们建立质量管理体系？

项目团队的照片

我们通知您：您会在项目的每个阶段收到这样形式的通知，以便了解项目最新进展。

迄今为止发生了什么？
项目已经完成规划。
项目组织已经确定。

Musterstadt
2023 年 3 月 1 日

公司领导签字：

图 1-4　员工信息示例

第 4 步：确定组织环境和利益相关者及其要求（第 2.1 节）

确定组织环境构成了质量管理体系的基础，因为质量管理体系必须适合于满足相应的客户要求以及法律和政府的要求。

我们提出以下问题：

- 我们的产品和服务是什么？
- 哪些相关方在我们公司有利益？
- 这些利益相关方的期望和要求是什么？

必须有证据证明质量方针和质量目标与组织的战略方向和环境背景相一致。这样也就展示了哪些内部和外部要求会影响公司的目标和战略。

在许多情况下，不在内部收集和分析法律和政府要求。现在有许多律师事务所可以承担上述工作，他们通过软件工具分析这些要求和任务，并且进行更新。

此外，质量管理体系的应用领域也是从确定组织环境的过程中推导定义出来的。

第5步：确定和批准企业政策、质量目标和行为准则（第3.2节）

质量方针是质量管理体系的核心。它由公司基本原则和公司内可能被识别出的薄弱环节为出发点设计而成，是质量目标的基础。根据 ISO 9001 的要求，质量方针必须由最高管理层制定，形成文件并提供给所有员工以及相关利益方。

标准对质量方针有明确要求。公司最高管理者有责任制定质量方针，质量方针至少涵盖图 1-5 中所示要点。这意味着，质量方针必须根据每个公司的具体情况来制订，而且要与领导层沟通协调达成一致。这一点很重要，因为它构建了将要制定的质量目标的框架。质量方针应该是公司整体方针和战略的一个坚实的组成部分，和其他组成部分具有同等价值。它是一个用于改进目的的完美工具，它应当：

- 适应组织的宗旨和环境并支持其战略方向
- 为建立质量目标提供框架
- 明确公司管理层对质量的义务
- 把对质量的义务传递到公司的各个层面
- 包括在满足客户和其他相关利益方的需求和期望方面进行的持续改进
- 以所有员工都能理解的方式制定，因此也要被遵守

为您的公司单独制订清晰易懂的质量目标（不要局限于模板）。

➡ 工作辅助：质量方针示例，如图 1-5 所示。

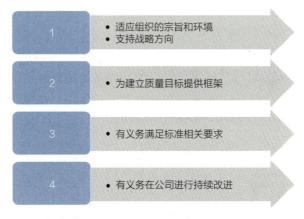

图 1-5　ISO 9001 对质量方针的最低要求

明确的质量目标有助于证明质量管理体系的实施和改进。在实践中，企业在制订质量目标时屡屡遇到困难，因此，首先要弄清楚 ISO 9001 在质量目标方面的标准要求。按照 ISO 9001 章节 6.2.1 的要求，企业领导必须确保质量目标：

- 与质量方针保持一致
- 是可被衡量的
- 考虑到各类相关要求
- 与产品和服务的合格符合性和客户满意度有关
- 在公司里受到监督和传播
- 如有必要，则进行更新
- 质量目标必须记录下来，变更也被记录存档

通常，质量目标一方面与产品的实现有关，另一方面也涉及质量体系的有效性。质量目标是在产品实现和系统控制层面指导运营活动的指标。质量目标是要被达到的预期结果，可被用来支持管理层规划和部署资源以实现这些结果。ISO 9001 第 6.2.2 节指出，要实现质量目标，必须明确以下几点：

- 哪些任务必须做
- 需要哪些资源
- 谁负责
- 什么时候必须完成
- 结果如何评估

IATF 16949 在章节 6.2.2.1 中补充，质量目标：
- 要被细化分散到各个层级
- 每年确定
- 兼顾各个利益方

制订影响整个企业的目标是很重要的。之后定义相关领域的特性参数。根据公司的规模，可以分解到员工层面。质量目标是基础，它连接了质量方针和质量目标（图 1-6）。这确保了目标到达各个过程层面的一致连续性，包括监控过程结果用以改善过程。在新的 ISO 9001 中，过程测量的阐述得到了极大的扩展。这些要求见 ISO 9001 条款 4.4 和 9.1.1 以及 IATF 16949 条款 5.1.2 和 9.1.1.1。

因此，必须对过程，尤其是生产过程进行监控、测量、分析和评价。IATF 16949 在条款 5.1.2 中还要求，要提高生产和生产辅助过程中的过程效果和效率，并将结果纳入管理评估中。为了确保这一点，必须确定与多部门共同的质量目标和质量方针相一致的过程目标。然后，对定义的过程目标进行连续测量，并与目标值进行比较。如无法达标，则必须采取行动。

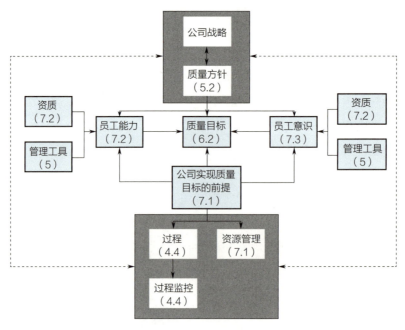

图 1-6　质量方针与质量目标的关系

IATF 中有新的要求：
- 道德准则 – 升级方针
- 反职务腐败方针
- 行为准则

提示 　最好以合规宣传册的形式，制订公司的责任、行为、道德和反腐败原则，并由每位员工签字接收。以此满足 IATF 16949 的要求。

第6步：文件的现状

在最终确定质量管理体系结构之前，公司必须对现有的质量管理文件进行清点。公司现有的所有文件和记录都会被查看和编纂整理收集。

这意味着，要从生产和管理部门收集所有文件。这项任务应该交给每一个相关领域的负责人，并规定完成时限。

现有的文件可以按文件类型分类，填入一个表格中，以后这个表格可以作为文件矩阵来使用（图1-7）。

⇨ 工作辅助：文件矩阵。

序号	标题	制定人	检查人	批准人	部门	生效日期	修订状态	存放地点	分发人	存档期限	存档地点	销毁责任
	提醒	H.Mustermann			WE	2017年12月1日	1	Ordner				
	工程	H.Mustermann			WE	2017年10月2日	1	1:/WE				

图1-7　文件矩阵

一般来说，各个部门把对现有文件的确认情况反馈给质量管理部门，然后由质量管理部门将结果合并成一个表格。

首先，现有文件主要包括以下内容：

- 工作指导
- 过程描述

- 检测指导
- 执行工作流程的指导
- 对照检查表
- 表格
- 说明书
- 价格列表
- 设备操作说明
- 客户和订单的具体要求，如 CAD 模型、图样、任务书等

然后，根据标准要求，分析哪些文件需要修改和/或重新创建。

检查清单
ISO 9001 和 IATF 16949（条款 7.5）中规定的质量管理体系的文件要求。

内容概述：
- 文件化的质量管理手册
- 文件化的信息（ISO 9001 和 IATF 16949 要求）
- 证明符合质量管理体系一致性要求的记录
- 管理文件化信息的过程描述（非必需，但有意义）
- 确定对技术规范处理方式
- 满足客户特定需求
- 管理记录时，应考虑法律、政府和客户的要求

可以为标准的每个章节创建一个检查表，以确定当前状态（图 1-8）。其方法步骤在 ISO 9001 和 IATF 16949 章节 7.5 要求中进行了举例说明。

➦ 工作辅助：实施标准要求（检查表）

接下来按照这种方法对标准的所有条款进行分析，把所有缺少的文件填写到现有文件收纳矩阵中，该矩阵将作为文件矩阵来使用。最后我们对结果进行总览，会知道接下来要去完成的任务是什么。

文件矩阵仅是记录现状的方法之一，我们还可以根据 ISO 9004 进行自我评估，其问题必须扩展到所应用的汽车领域标准。这种文件矩阵也符合标准条款 7.5.3 中有关文件化信息管理和存储的要求。

序号	问题	是否存在				处理记录
		有	无	部分	不涉及	
1	质量方针、质量目标、质量管理手册是否文件化?	□	□	□	□	
2	标准要求的各类文件化信息是否存在?	□	□	□	□	
3	与公司相关的各类文件化信息是否存在?	□	□	□	□	
4	文件和记录是否制定、管理并根据过程进行了必要的分级?	□	□	□	□	
5	质量管理手册是否包含应用范围、记录在案的程序(用文字明确指出说明)、过程的相互作用以及对例外情况的描述和理由?	□	□	□	□	
6	管理文件化信息的流程说明是否规定了文件发布的更新、存储和审批程序?	□	□	□	□	
7	质量管理体系相关的外部文件是否受到了监控?	□	□	□	□	
8	是否有过程来确保及时分配、评估和执行所有技术标准、客户的要求和客户要求的变更?	□	□	□	□	
9	文件化信息的管理是否按照法律、政府和客户的要求来进行?	□	□	□	□	
10	是否存在一份文件,表明在质量管理系统的哪个地方处理客户的具体要求?	□	□	□	□	

图 1-8　实施标准要求

第7步:定义质量管理架构

质量管理架构由企业的全部质量管理文件构成,是引入质量管理体系的一个基本步骤。

从开始就需要考虑周全,因为越到后来越难改变。同样重要的是注意文件之间的关联(图1-9),以便能够通过编号来确定文件之间的从属关系。

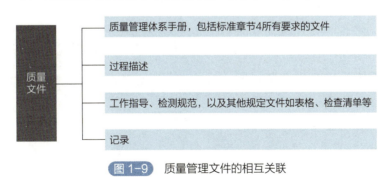

图 1-9　质量管理文件的相互关联

应遵循以下步骤:

- 列出所有过程
- 划分过程,如管理过程、创造价值过程、辅助过程和监视过程

- 将过程分为主过程、分过程或子过程
- 最终勾勒出一张过程图（图1-10）

➡ 工作辅助：过程图。

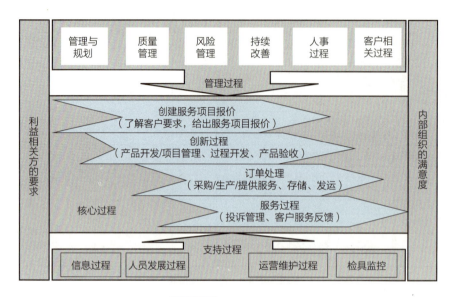

图 1-10　过程图示例

如果过程均有定义，就可以确定质量管理文件的架构。图1-11展示了一个质量管理体系中的经典文件架构。

质量管理手册（QMH）是最高级别的文件，含有所有普遍有效的规范和条例。

质量管理体系文件的多少和详略程度是由企业规模的大小决定的，这在标准中已有明文规定：文件的范围取决于公司的规模和过程的复杂程度，以及人员的能力。

图 1-11　质量管理体系文件架构（示例）

　请注意，在构建质量管理手册时，要确保有需要时可以毫不犹豫地把质量管理手册提供给客户或供应商查看使用。

第 8 步：确定质量管理组织

管理层必须任命能够优先支持该项目并可进行广为传播的员工和管理人员组成质量管理组织，并由管理代表领导组织。

此步骤包括以下活动和规定：

- 确定任务和责任
- 选择和任命员工
- 任命在公司里公示
- 制订管理代表和质量管理人员的岗位职责

根据 ISO 9001:2015 章节 5.1.1，公司最高管理者要对质量负责。这并不意味着，比如一个企业的最高管理者必须在业务上亲自执行这些任务，但是一个管理层的成员必须对质量管理负责，执行业务可以委托给这名管理层成员。一般情况下，这名管理层成员称为管理代表，以确保：

- 执行和保持这些过程
- 从公司管理层的方向准备和执行质量管理体系的有效性和优化改进报告
- 提高整个公司对现有客户需求的认识
- 持续向最高管理者汇报

第 9 步：创建质量管理手册

质量管理手册具有引领功能，作为一种管理工具使用，这在 ISO 9001 里并没有硬性要求，但在 IATF 16949 里有明确要求。

质量管理手册是确定公司质量方针、描述质量管理体系的文件。

大多数情况质量管理手册至少包含以下内容：

- 质量方针
- 组织结构
- 过程图
- 对标准里重要要求的说明

质量管理手册是对质量管理体系的高度概括，根据需要可分发给客户或其他利益相关方。IATF 16949 没有规定文件编制的方式，因此，质量管理体系可以使用纸质和电子两种形式。

向外部机构分发质量管理手册通常需要管理层的批准。提供给外部机构的质量管理手册可随时从外部公司收回，但最晚必须收回时间是业务关系终止时。

质量管理手册不必与标准的章节完全保持一致，但是可以随时根据 DIN EN

ISO 9001 的结构来构建。在实践中，一般都会选择一种适合公司的结构，如图 1-12 所示。

	目录 质量管理手册		
序号	手册条款	修订	发布日期
0	封面首页	1	
1	目录	1	
2	公司简介	1	
3	适用范围	1	
4	例外	1	
5	客户要求清单/矩阵	1	
6	管理体系	1	
6.1	过程图	1	
6.2	领导过程	1	
6.3	辅助支持过程	1	
7	公司方针	1	
8	公司战略目标	1	
9	组织和责任	1	
9.1	组织结构图	1	
9.2	职责	1	
10	标准条款在管理体系中的对应分配	1	
11	文件管理体系的使用说明	1	
12	变更服务		
……	……		
制作		批准	

图 1-12　质量管理手册的内容示例

第 10 步：过程现状

过程现状是一个复杂的话题。查明过程现状的一个重要的前提是具有充分的过程管理知识。过程管理会在第 2.3 节详细阐述。

如果不具备这些条件，建议寻求外部支持。此外，过程记录需要敏锐的鉴别力，对于实施者来说需要具备较高水平的社会交往能力。

提示　访谈的目的是记录过程，应该以标准化的、借助模板表格的方式进行。

根据 IATF 16949 5.1.1.3 章节，必须指定过程负责人。这意味着，公司最高领导者必须已经执行过过程记录这一步。结合质量管理体系不同的复杂性，每个过程需要指定一名负责人或者每个子过程指定一名负责人（见第 5.8.6 节确定过程负责人）。

实践证明，首先向受访的过程负责人展示过程实例是比较好的方法。这些实例应形象地显示出过程描述细致到什么程度以及哪些信息是重要的。准备采访提纲会方便进行过程记录，并确保受访者都能提供所需信息。

以下几点可用于过程的结构化记录：

- 定义您的负责领域
- 您的领域是否已制定目标
- 您的领域里有哪些过程或者子过程
- 请列举每一个工作步骤、辅助工具、表格、使用的软件，以便在流程图里勾勒出该过程
- 请列出每个过程步骤的负责人
- 请列出与其他部门、客户的对接
- 是否有对接描述
- 该过程中是否有问题环节
- 在这个过程中能否看到优化潜力

提示

为您的质量管理手册定义一个清晰的结构，并回答以下问题：
- 质量管理手册的应用领域是什么？
- 如何满足标准、法律以及政府和客户的需求？
- 标准有例外吗？如果有，是什么？如何解释理由？
- 企业的客户是谁？
- 企业是如何构建的（构建结构）？
- 哪些任务由核心人员实现？
- 企业的宗旨和使命是什么？
- 质量方针和质量目标是什么？
- 哪些过程能保质量能力的实现（过程图）？
- 哪些文件是与质量管理手册一起共同生效的？

在谈话的同时采访者先同步描绘出流程，然后在问答的过程中不断进行修正。重要的是，受访者清晰地描述出每个流程步骤，而不会迷失在技术细节中。

在过程记录结束时，对所述流程进行讨论，并在必要时再次优化。

> 对接方式应该以双方协议的方式进行确定。对接协议必须规定谁向谁提供什么、在什么时间、以什么质量提供。

过程现状调查的成果是一个过程概述或过程图,以及记录在案的管理、核心和辅助支持过程。

第 11 步:分析和评估机会和风险(第 4 章)

修订版的一个重要更新是分析和评估机会和风险。这方面主要在 ISO 9001:2015 章节 6.1 和 IATF 16949 中加以阐述,并贯穿了整个标准体系。它要求公司识别风险和机遇,以确保实现预期的结果。

在标准中没有明确指出应如何对待机会和风险,这意味着公司必须自己制订处理规则。这里不仅包括单纯的识别风险,还包括提高所想要的影响和降低应规避的影响。因此,必须制订具体措施并加以实施。

在这一步中首先要识别机会和风险,以及预估它们出现的可能性。可以借助一个简单的表格来完成(图 1-13)。

→ 工作辅助:识别机会和风险表。

识别机会和风险				参与者		日期
						修订
描述机会/风险	后果	预估出现的可能性(%)	有必要制订措施 是/否	措施	负责人	完成时间

图 1-13 识别机会和风险表

第 12 步:制订指导(第 6.3.2.1 节)

在过程制订完成之后,人们会发现在很多地方相关活动没有足够详尽地进行描述。因此,在相关的过程步骤里,通过工作指导或检测规范、组织指导、操作说明等对将要进行的活动做更进一步的阐述,以便员工能够拿到更详细的规范文件来指导他们的行为。

工作指导针对的是每一个工作步骤，而组织指导更倾向于商业或者管理过程。操作说明涵盖了工作要求和健康保护方面的要求。检测规范描述的是详细的检测方法和步骤。

指导没有固定形式，可以是文字、图片、表格或示意图等。标准对此没有硬性规定，只规定了操作说明需要遵循行业规范和图标文字规范。在公司内部必须制订指导的样式模板，以便能涵盖所有重要内容并保证企业的身份识别。

制订工作步骤时可提出如下问题：
- 谁负责这一工作步骤？
- 在这一工作步骤中必须做什么？
- 需要使用哪些工具？
- 该工作步骤在哪里实施？
- 需要考虑满足哪些文件要求？
- 有哪些记录需要填写？
- 对这一工作步骤还有其他规定吗？

困难的工作步骤基本上可以借助图片或其他方式进行直观可视化，这样便于理解，有助于跨越语言描述的障碍。

工作指导、检测规范、组织指导的细节应该达到可以作为新员工的入门指导来使用的程度。

第13、14步：质量管理文档与标准的比较及生效

在制订过程描述时，应该注意格式和内容。最好有固定的表头，表头包含如下信息：

- 身份的识别遵循统一的数字化排序规则
- 标题
- 发布和变更的职责确定
- 所有过程描述采用尽可能统一的格式
- 确定过程负责人并记录在案
- 可识别、可量化的过程目标（关键绩效指标）
- 相关领域、所在地和/或产品范围
- 特殊缩写的解释
- 每个过程步骤的职责（比如执行、协作、信息）

- 决策步骤的职责（做决定的负责人）
- 对接规则

 注意，不要使用姓名，只使用职位或角色来描述。

同样，在表格结尾也要含有：
- 变更服务
- 分发者
- 共同生效文件，如检查清单、表格等

最后是页脚，包含检查和批准说明、变更状态、发布日期以及页数。

➡ 工作辅助：过程描述 - 文件编写。

当使用质量管理文件的文件管理系统时，可在大多数工具中存储相应的模板。

在定义和描述这些过程之后，必须让它们生效投入使用。这将在通过质量管理代表或管理者代表正式审查后，由企业最高领导者批准实施生效。生效后所有过程应该可供所有员工使用查阅。

 当所有过程真正描述清楚以后，过程才可以生效。

所有过程描述完成也意味着质量管理手册的完成。编写完成的质量管理文件必须获得批准并生效投入使用。这是在过程负责人和指定质量管理人员进行检查后完成的：

- 过程负责人给予技术批准
- 管理代表给予正式批准并分发
- 质量文件包括质量管理手册由最高领导者批准实施生效
- 向员工发放书面信息，如邮件或者张贴在黑板上的布告

每名员工都有权限查阅质量管理文件。质量管理文件可以上传至公司内网。

第15步：进行培训和获得资质（第5.1节）

在进行内部审核之前，应该针对已导入的质量体系对公司管理层和员工进行培训。此外，在许多情况下，公司的各个领域针对各自的规范还要做专门的培训。

通用培训理想情况下由管理代表筹划和执行，专业培训必须在各自的领域内由各自的负责人开展。

所有培训都列入总体培训计划或者培训工具软件中。这样就对最高管理层提出要求，最高管理层有义务向全体员工公布质量管理体系的信息。培训内容包括：

- 了解自己的质量管理体系
- 用质量管理文件和整个质量管理体系建立领导层和员工在其中的身份对照识别
- 对计划的审核进行说明

这一步骤的成果是管理层和员工都受到了培训。

这些培训的反馈信息应当体现在质量管理文件中，因此，首先要经过质量管理组织的评估。在与每一个专业部门商谈后，在审核中确定的变更可以纳入质量管理文件中。

第 16 步：准备和进行管理评审（第 3.7 节）

管理体系的定期评审是所有质量标准明确要求的方法（ISO 9001 章节 9.3 和 IATF 16949），目的是持续监督现有的质量管理体系的有效性并进行优化改进。

管理评审的目的，首先是确保公司的质量管理体系能够在内部得到广泛使用；其次是证明现有质量管理体系的"持续适用能力"。其方法是通过在现有要求或规定文件基础上进行的相关的产品、过程或体系审核结果，以及收集到的参数和质量目标的理论值与实际值的比较来进行评估。

重要的是，应考虑所选标准中有关管理评审的所有要求，并对是否达到标准要求的结果做出说明解释。

管理评审必须按照"计划的时间频率"进行。IATF 在章节 9.3.1.1 中明确要求，最少一年举行一次。这意味着，对一个组织来说必须确定管理评审的周期。实际上，通常每年或者每半年举行一次。评审的前提是，最高管理层代表或者管理代表要认真细致准备相关数据材料。

利用管理层会议进行定期的管理评审（例如每月）。这样，在目标未达成时可以立即导入措施。

第 17 步：进行审核（第 7.2 节）

在这一步骤中，通过内部审核检查质量管理体系的有效性。

首次内部审核要在管理评审之前进行，因为内部审核结果必须纳入管理评审中。

> 审核是一种非常有意义的方法，能够系统性地（通过调查问卷）了解一家公司的现状，与标准进行比较，寻找薄弱环节，然后开展行动。

在这一阶段应该进行体系审核和过程审核。体系审核检查是否正确遵守所有标准要求。过程审核是一种工具，用以确定是否所有过程都按照现有规定执行。

这一步骤对于进行认证的内部准备评估是很有必要的。内部审核由质量管理代表和经过培训的助理审核员进行。以下活动是必要的：

- 审核准备
- 时间计划
- 访谈计划
- 进行审核
- 根据过程提问
- 向管理层汇报审核结果
- 制订措施计划，以消除薄弱环节
- 更新审核计划（注明完成情况）

这一步骤的结果是一份审核报告和一份措施计划。在审核之后，针对查明的薄弱环节和潜在改善点必须采取相关行动，改进薄弱点。

也可以选择有认证资质的机构提供预审，指出质量管理体系的现状和偏差，而并非进行正式的认证审核。这种预审一般都是需要收费的。

第18步：认证

认证的开始是第一阶段审核。这个时候要检查正式认证审核的准备情况。认证机构的审核员审查企业的总体情况及制订好的文件。认证时间长短视企业规模而定。

认证机构的审核与内部体系审核类似。在大约离约定的审核时间四周前，认证机构提供认证审核流程及在这一框架内进行的认证审核时间表。

正式的认证从启动会议开始。认证机构进行自我介绍，管理层对企业进行介绍。

随后是一个简单的参观，然后审核正式开始。基于过程导向的要求，会在现场一个过程、一个过程地进行审核。

如果存在偏差，在现场会为每一个偏差编制偏差报告。之后企业会在短期内收到审核报告。如果没有偏差或者偏差已被消除，公司会得到认证证书。

重要的是,把认证看作里程碑。

1.4 引入和实施中需避免的问题

实践中经常会遇到员工对已引入的质量管理体系很难接受。大多数情况,这是在引入过程中犯了错误,到后来很难消除。虽然在一开始会出现错误,但在大多数情况下是可以避免的。

错误 1:管理层没有对项目给予支持

引入质量管理体系"仅仅"是因为客户要求公司具有特定的证书。这意味着管理层决定引入一个系统,但并不关心它,也不认同它,没有在体系中对照识别自己的身份,对号入座。

 只有在管理层完全支持的情况下才应该引入质量管理体系。从一开始就让管理层参与进来,向管理层解释接受质量管理体系对一个企业起到什么作用。

错误 2:员工的参与程度不够

在引入质量管理体系时,如果员工从一开始就没有参与到项目中,他们缺乏与体系的联系,就不会使用它,也不了解它的意义。这意味着这个系统只是纸上谈兵。

 在引入质量管理的过程中定期向员工沟通交流信息,接受员工的批评和建议。每个职能部门的员工都要经过质量管理和质量管理体系强化培训。

错误 3:没有正确预估所要花费的时间

人们常常对于时间和使用的资源需求预估不足。应该想到,这一项目涉及所有领域,分配到各部门的任务,必须和日常工作一起完成。

 在项目伊始,向整个管理层介绍项目计划。制定的项目时间不应该给项目组或员工造成压力。

错误4：员工培训不足

充分的员工培训对于质量管理体系的接受至关重要。

因此，公司应进行各级培训。培训内容应特别涉及标准要求的知识、项目管理和基本质量管理技术知识、质量管理文件和审核，以及员工应特别遵守的规范。

随着质量管理体系的引入，逐渐规划和实施培训。

错误5：内部审核执行不够仔细

经常可以看到，在认证审核前的内部审核没有认真进行，所以没有改进薄弱环节。

其原因可能是员工没有充分被告知。如果发现的薄弱环节归到这些员工的负责范围，他们就必须去改进，而不是仅仅视为一种改善提高建议。

认真计划内部审核，使用有资质的员工。

错误6：文件不充分

过程没有被足够地记录就形成文件，因为员工缺乏足够的方法方面的知识。

及时为员工传授过程管理能力知识，建立公司管理层所期望的质量文化。

1.5 总结

管理层负责质量管理体系。为此质量责任应分配给一名管理层成员，他可以将运营活动委派给质量代表。必要的资源由管理层提供。质量方针、质量战略和质量目标由管理层制订。管理评审也由管理层执行，从而对质量管理体系的有效性进行评价。这就产生了公司管理体系的改进措施，并以此对资源和持续改进过程产生影响。

因此，引入有效的质量管理体系的成功因素有：

- 管理层明确的支持
- 所有参与者有足够的时间和精力
- 被激励的积极的员工

但也有不可排除的风险。如果管理层没有在质量管理体系中对照识别到自己对应的位置并以身作则做出榜样,那么项目从一开始就注定要失败。这也会对管理代表的工作负荷和员工的积极性造成负面影响。

有效的质量管理体系必须根据企业的具体情况而定,并由企业的管理层自上而下地开展。

1.6 参考文献

DIN EN ISO 9000: Qualitätsmanagementsysteme – Grundlagen und Begriffe (ISO 9000:2015); deutsche und englische Fassung EN ISO 9000:2015

DIN EN ISO 9001:2015: Qualitätsmanagementsysteme – Anforderungen (ISO 9001:2015); deutsche und englische Fassung EN ISO 9001:2015

IATF 16949, erste Ausgabe 2016, Anforderungen an Qualitätsmanagementsysteme für die Serien- und Ersatzteilproduktion in der Automobilindustrie

Pfeiffer, Tilo: Qualitätsmanagement: Strategien, Methoden, Techniken, 3., vollständig überarbeitete und erweiterte Auflage, Carl Hanser Verlag, München 2001

Rayers, Janika; Weber, Marc-André: QM-Systeme nach DIN EN ISO 9001:2015: Eine Einführung in die Anforderungen und deren Umsetzung, VDM Verlag 2016

TüV-Süd Akademie: die 7 QM-Prinzipien: https://www.tuevsued.de/akademie-de/, Oktober 2018

第 2 章
组织内外部环境

组织环境,即内外部因素,对企业的绩效能力有着重大影响。在 ISO 14001 中已经包含"组织环境"这一主题,现在 ISO 9001:2015 也将它包含其中,由此 IATF 16949:2016 也紧随其后包含了这一主题。

2.1 应对组织的环境

2.1.1 综述

鼓励企业去理解并研究他们所处的环境,这包括对企业和对整个质量管理体系的策划和设计有重大影响的利益相关方。应确定、评价和跟踪他们的期望。

图 2-1 展示了相关工作的顺序关系。

 提示　根据 ISO 9001 附件 3,仅须筛选出对产品和服务结果产生影响的相关因素和利益相关方,其他的都可以忽略。

确认的内外部利益相关方及其要求必须根据 ISO 9001 章节 4.1 和 4.2 纳入应用考虑范围。

确定企业环境（内外部因素）→ 识别内外部利益相关方 → 理解利益相关方的需求和要求 → 纳入应用范围（因素、利益方、对产品和服务的要求）→ 评价（风险和机会）→ 对因素、利益方和他们的要求进行定期跟踪和检查

图 2-1　企业环境和利益相关方

2.1.2 目的和意义

标准中已经指出，企业不能仅依赖经济目标，因为它总是与各种内部和外部因素交织在一起，这些因素可能会制约企业的业绩，或者对一个企业来说也可能意味着机会。我们的目的是协调利益相关方的要求与企业的质量目标达成一致。

对组织环境的描述一方面是为了确定应用范围（ISO 9001 章节 4.1），另一方面是为了确定企业所需的质量管理体系及其过程（ISO 9001 章节 4.2）。这不是一个一次性的任务，而是需要定期审查。

2.1.3 确定和评价组织环境和利益相关方的步骤

对内部和外部因素的经营环境分析可以通过例如 PESTEL 分析来完成，如图 2-2 所示。在确定相关的内部和外部因素后，再确定利益相关方及其要求，并进行风险分析。图 2-3 展示了组织环境相关步骤间的相互关系。

图 2-2 PESTEL 分析

为了确定外部环境，首先必须考虑可能涉及哪些要点。例如，ISO 9001:2015 的注释 2 和注释 3 指出：

- 法律和行政要求
- 技术
- 市场环境
- 竞争环境
- 社会环境

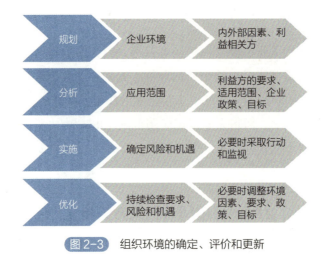

图 2-3 组织环境的确定、评价和更新

- 经济环境
- 文化发展趋势
- 价值观、文化背景和知识水平

第 1 步：确定企业环境

确定组织环境有很多不同方法，因企业规模不同各有差异。

- 处理团队手中的实际数据信息（较小的企业）
- PEST 或 STEP 分析
- PESTEL 分析
- SWOT（Strengths 优势、Weaknesses 劣势、Opportunities 机会、Threats 威胁）分析，O 和 T 来自 PESTEL 分析，S 和 W 来自与竞争对手相比的内部业务潜力的结构性分析。

提示　请仅在由多部门组成的团队中进行确定内外部因素的分析。

　　PESTEL 分析法（图 2-2）比 PEST 方法更全面地考虑了各个因素，生态环保和法律因素被放到了相对突出的位置。因此，应该用这种方法来判断和分析企业的外部环境。通常在开辟新市场时 PESTEL 分析法更广泛地投入使用。它确实提供了一个确定企业环境的结构化步骤，其中对影响企业的六个基本因素加以考虑。

1. 政治影响因素

为了弄清楚政治影响因素，我们可以提问自己，该地区政局有多稳定。重点关注当地的补贴和资助政策，还有关税处罚和进口禁令。例如根据 wirtschaftslekxion24.com："政治环境、政府态度、政局稳定性、知识产权保护（专利、IP……）"。

2. 经济影响因素

经济影响因素具有高度的行业依赖性，因此必须进行详细的分析，例如根据 wirtschaftslekxion24.com："相对增长、财富和收入分配、货币稳定性、汇率、企业收入汇回的规则"。

3. 社会文化影响因素

社会文化是指社会或社会中某一群体中存在的所有文化、政治和社会的利益、要求和需求的相互作用。

可能的因素有：价值观、对产品和服务的态度、人口数量变化、卫生系统、新闻自由、人员流动性、消费行为、语言技能、教育等。

4. 科技影响因素

科技因素对企业的战略决策有重要影响，如信息技术或电子商务。仅这两个例子就大大改变了企业的工作流程，也为新的商业模式创造了机会。在多种市场中参与经营的企业必须在某些情况下掌握其他或额外的技术。

可能的影响因素有：信息和通信技术、经济/自身/供应商/客户行业最新技术水平、材料和商业基础设施、气候、人口密度、经济基础设施、"电信系统、能源供应能力和稳定性、运输基础设施、供应商结构；……（wirtschaftslekxion24.com）"。

5. 生态地理影响因素

重要的生态地理因素首先是一个国家的气候条件、地形、矿产资源等。地形会对物流产生影响，一个国家的气候会对产品本身产生影响。另外，各个国家不同的环境法规也很重要。例如根据 wirtschaftslekxion24.com："自然资源、环境质量、气候变化可能的长期影响，……"。

6. 法律影响因素

遵守法律法规是影响企业所有业务领域的基本影响因素。重要的例子有数据保护法、税法、劳动保护法、海关法、包装法等。

通过 PESTEL 分析，可以将影响企业的外部因素非常有条理、全面清晰地罗列出来，以便之后能够有针对性地处理风险和机会。

通过团队中的头脑风暴，为 PESTEL 分析（图 2-4）的各个因素制订检查表来确定相关子因素。对此可使用以下表格，这个表格也可在工作辅助材料中找到。

PESTEL 分析

	简要描述	对企业的影响	相关性	权重（1~5）
1. 政治影响		正面 / 中立 / 负面	是 / 否	5 高度相关，1 不相关
（政治影响因素例如）				
立法		正面	是	
补贴				
政治稳定性				
外部政策				
税收指导方针				
其他				
2. 经济影响		正面 / 中立 / 负面	是 / 否	5 高度相关，1 不相关
（经济影响因素例如）				
货币波动、汇率				
经济增长				
利率走势				
失业				
教育水平				
税收体系				
通货膨胀				
其他				
3. 社会文化影响		正面 / 中立 / 负面	是 / 否	5 高度相关，1 不相关
（社会文化影响因素例如）				
语言技能				
人口增长、社会老龄化				
宗教				
其他				
4. 科技影响		正面 / 中立 / 负面	是 / 否	5 高度相关，1 不相关
（科技影响因素例如）				
物流 / 运输路线				
能源供应				
专利保护				
其他				
5. 生态地理影响		正面 / 中立 / 负面	是 / 否	5 高度相关，1 不相关
（生态影响因素例如）				
环保法规				
消费行为改变				
其他				
6. 法律影响		正面 / 中立 / 负面	是 / 否	5 高度相关，1 不相关
（法律影响因素例如）				
法律框架				
其他				

图 2-4　PESTEL 分析表

注：由 Johannes Delrtl, ACRASIO 提供，www.strategische-wettbewerbsbeobachtung.com。
来源：https://www.strategische-wettbewerbsbeobachtung.com/pestel-analyse/。

➡ 工作辅助：PESTEL 分析表。

在根据 PESTEL 分析确定组织环境之后，接下来确定利益相关方。

提示　作为认证的凭证，例如在表格中列出所有因素，进行 PESTEL 分析，并定期检查。

第 2 步：识别内外部利益相关方

在处理完组织环境这一主题之后，最好由一个由多部门组成的团队筛选出利益相关方。

在标准章节 4.2 中，新的 ISO 9001:2015 要求企业理解利益相关方的要求和期望。这意味着首先要识别在企业环境中与质量管理体系相关的利益相关方。

下一步必须确定和评价他们的期望和要求。此外，还必须进行定期检查，例如在管理评审的范围内进行。因此有必要弄清楚谁是利益相关方。

DIN EN ISO 9000:2015 采用了"利益相关方"一词，并将其定义如下：

"对应群体 – 个人或组织"

- 他们能够影响一个决定或行为
- 他们受企业影响
- 他们能够感到受企业影响

例如，一个组织的利益相关方有：

- 企业主
- 客户
- 员工
- 供应商
- 下级供应商
- 外部服务人员
- 竞争对手
- 政府行政机构
- 立法者
- 国内外社会团体
- ……

图 2-5　企业内外部利益相关方示例

在确定利益相关方时应该对内部和外部利益方加以区分。可以参考图 2-5 的例子（深色是外部利益相关方的例子，浅色是内部利益相关方的例子）。

必须确定利益相关方（也称为利益相关者，英文为 stakeholder）的要求。然后从基于风险管理的角度出发审查是否有任何要求目前可能无法满足，或可以特别好地达成，以此将其区分看待为风险或机会。

接下来确定和评价这些企业利益相关方的要求。同样应在一个跨部门小组里完成。

第 3 步：理解利益相关方的要求

在这一步必须确定内部利益方对企业的要求。在这一步中重要的是，仅须观察"相关的"要求。这意味着首先要抓取出利益相关方的期望和要求。对此必须收集查看可能存在的协议或合同。

接下来提供诸如市场分析、客户满意度调查、客户和供应商谈话、员工问卷调查、质量保证协议以及供应商评价等有价值的信息，用于确定利益相关方的要求。

这一步骤的目标是搭建一个基础，在这个基础上能够监督和检查利益相关方的期待和要求，以便评价对顺利进行生产或者提供服务的影响。

创建一个总览表，描述环境及其对组织的影响。如本章所述，例如可以根据 PESTEL 分析来制作。

按内部和外部列出利益相关方，并确定其对企业的影响。将表格作为附件添加到管理手册中。

第 4 步：纳入应用范围

根据 ISO 9001:2015 章节 4.3 以及 IATF 16949 章节 4.3.1 确定应用范围的出发点是：

- 利益相关方及其要求（章节 4.1 和章节 4.2）
- 企业生产的产品或提供的服务
- 现场或远程支持功能（章节 4.3.1）
- 客户特定要求（章节 4.3.2）

定义应用范围的目的是，无论对客户、员工还是利益相关方来讲，信息都是清晰和透明的。

可以有例外，但必须有最详细充分的书面说明，不得对产品制造或服务提供构成限制。

第 5 步：确定企业利益相关方要求的相关性

利益相关方的风险和机会的评价要在风险分析的基础上进行，在第 4 章会进一步详细阐述。

第 6 步：对组织环境因素、利益相关方和要求进行定期监督和检查

利益相关方的要求（表 2-1）不能仅确定和评价一次，必须定期进行复查。最好确定一个频率，比如作为管理评审的过程描述输入。

定期监控的证明可以是记录利益相关方及其要求的表格。必须定期检查。

表 2-1 利益相关方的要求

内部利益相关方	要求	公司相关性
企业主	收益 高大形象	高 高
总经理	收益 流动资金 工作岗位稳定 ……	高 高 高
员工	稳定的工作岗位 领取工资 表彰 继续发展的机会 遵守法律要求 ……	高 高 中 中 高

外部利益相关方	要求	公司相关性
政府	遵守法律 税收 工作岗位稳定	高 中 高
客户	准时交货 高质量 优质服务 长期合作 ……	高 高 高 高
供应商	可信赖度 可信赖的支付 长期商业合作关系 快速反应能力	高 高 高 高

2.1.4 总结

组织环境的发展变化与企业战略紧密相关。利益相关方分析不是一项一次性的任务，必须持续进行，并且根据其变化而采取相应措施。

这一持续过程在未来会越来越重要，因为从本质上来说，一家企业的框架边界条

件与之前相比会发生较快变化。这归因于我们的高科技以及经济的网络化和全球化。

 请您在质量管理体系中定义如何确定利益相关方及其要求及检查频率。

2.1.5 参考文献

ACRASIO Blog: PESTEL-Analyse: http://www.strategischewettbewerbsbeobachtung.com/pestel-analyse/

Bayerisches Staatsministerium für Wirtschaft und Medien,Energie und Technologie, Qualitätsmanagement für kleine und mittlere Unternehmen–Leitfaden zur Einführung und Weiterentwicklung eines Qualitätsmanagementsystems nach DIN EN ISO 9001:2015 ff., www.stmwi.bayern.de

Brückner, Claudia: Die neue IATF 16949:2016–Gründe für die Revision der ISO/TS 16949, in: QM-System nach ISO 9001, Online-Version, Kissing: WEKA MEDIA 2018.

Conmethos Blog: Die PESTEL-Analyse lässt uns die Unternehmenswelt verstehen: http://www.conmethos.com/blog/ die-pestel-analyse-laesst-uns-die-unternehmensumweltverstehen/

Gertz, Stefanie: Normabschnitt 4: Verstehen der Organisation und ihres Kontexts, in: QM-System nach ISO 9001, Online Version, Kissing: WEKA MEDIA 2018

Quality Austria: ISO 9001 Revision einfach erklärt–Der Kontext der Organisation, https://www.qualityaustria. com/index.php?id=4016, 02. 02. 2015

QZ online: Leitfaden ISO 9001: 2015 Teil 1: https://www.qzonline. de/specials/iso-9001-2015/leitfaden-iso-9001-2015

Stompen, Dr. Peter: Die IATF 16949–Interpretation der Anforderungen der IATF 16949:2016, ÜV Media GmbH, TÜV Rheinland Group, Köln 2017

Theobald, Dr. Elke: PESTEL-Analyse, Die wichtigsten Einflussfaktoren der Makroumwelt, www. Management.monitor.de

Thode, Michael: Abschnitt 4.1 Verstehen der Organisation und ihres Kontextes, in: QM-System nach ISO 9001, OnlineVersion, Kissing: WEKA MEDIA 2018

Wirtschaftslexikon24: PESTEL-Analyse: http://www.wirt schaftslexikon24.com/e/pestel-analyse/pestel-analyse.htm

2.2 应对客户特定的体系要求

2.2.1 综述

ISO 9001 和 IATF 16949 对客户特定的体系要求做了详细规定。对于有关客户特定的体系要求，应该做什么、如何实施以及这些要求是否完全符合 IATF 16949 的要求，常常会有误解。如果没有一种标准化的方法，汽车行业的供应商将不得不直接面对不同领域的众多要求，且必须根据不同的需求调整产品策划和实现流程。

为了支持汽车行业供应商制定客户特定的要求，德国汽车工业协会（VDA）已经修订了 2010 年的标准并作为黄皮书版（2018 年 5 月最新版本）供大家讨论：客户特定的要求——基于 IATF 16949 制定客户特定的质量管理体系要求。

该标准的建议完全遵循 ISO 9001 和 IATF 16949 相关章节，目标是严格区分体系特定要求和产品及过程相关要求。有关体系要求和其他产品相关的客户要求的区别如图 2-6 所示。

所有与产品、服务方面相关的客户要求必须查明、评价和实现。

IATF 16949 章节 3.1 中对"客户要求"做了如下定义：客户的所有要求（如技术类和商业类，或者与产品及生产过程相关的要求，采购条件或客户特定要求等）。

客户特定要求（CSR）指的是额外要求，这是来自于 IATF 卷 14 页的名词解释，也与 IATF 16949（比如特定标记、产品和生产批准等）章节相关，本章会对此进行深入研究。

汽车领域对质量管理体系的体系要求
- ISO 9001
- IATF 16949
- 客户特定要求（CSR）

产品和服务方面的其他客户要求
- 技术规范
- 任务书
- 设计任务书
- 图样
- 通用章节
- ……

图 2-6　体系要求和其他产品相关的客户要求

在新标准章节 4.3.2 中明确要求客户相关的要求必须纳入质量管理体系的应用范围，必须使用一个矩阵进行确认并记录其在矩阵中的位置。

在本章中，我们将专门讨论在供应链上很多地方都会产生的客户特定要求。

2.2.2　目的和意义

客户特定要求要在整个供应链内都被体现并实施。它可以看作是 ISO 9001:2015 以及 IATF 16949 各章节的补充。因此，与之前一样，仍然有必要根据 ISO 9001:2015 和 IATF 16949 的章节建立一个结构，并对客户的具体要求进行分类，以便能比较和考虑到不同客户的所有要求。

遵从于 ISO/TS 16949 的 VDA 卷"客户特定的质量管理体系要求"已从 VDA 文案中删除，这是因为，由于 IATF 16949 的新章节结构和额外要求，该卷已不再适用。

目前有一个黄皮书版的"客户特定要求"，反馈阶段于 2018 年 6 月到期。目前没有单独的关于反馈阶段收集到的信息整理结果，因为这些反馈信息整理结果已经直接汇入 VDA-QMC 里，并在讨论取得一致后应用于该册。

2.2.3 实施 VDA 标准：客户特定要求（黄皮书版）

VDA 标准提示，汽车制造商制作一个文件，其中需要：

- 清晰确定谁负责客户特定要求的变更管理
- 识别涉及范围和变更内容
- 列出共同生效的文件，如参考手册、VDA 卷、企业内部标准、技术说明等
- 解释必要的概念
- 确定客户特定要求时使用的标准

有关客户特定要求控制的相关信息列出如下：

- 文件准备好供查阅的方式（如客户门户网站）
- 客户信息出处联系人及联系方式
- 文档中带有签名的版本状态和更改履历
- 具有法律约束力的语言

需要注意的是，与产品或工艺相关的要求、性能指标和非系统方面的内容不需要在客户特定要求中列出。

非常重要的是，该卷中明确提到了客户特定要求的有效性："只有当客户特定要求的内容是供应商和组织之间现有合同或书面协议的一部分时，客户特定要求才适用。"

为了控制客户的特定要求，该 VDA 卷中还展示了一个流程，该流程适用或调整后适用于任何质量管理体系。图 2-7 中描述的流程是从供应商的角度创建的。

该卷第 4 章提出了一个标准化的方法，在 IATF 16949 的相关章节中一一对应地定义了汽车制造商对供应商的要求。具体地说它列出了 IATF 的所有章节，并给出了可能的客户特定要求。同样，还明确规定了 IATF 的哪些章节通常对原始供应商（OEM）没有要求。

表 2-2 显示了黄皮书版第 4 章中的一个示例，其中客户特定要求是基于 IATF 结构呈现的。

这种客户特定要求呈现形式的优点是，所要求方面可以很好地整合到现有内部流程中，而且通过这种呈现表达方式，将要求转达给下级供应商也变得更加容易。

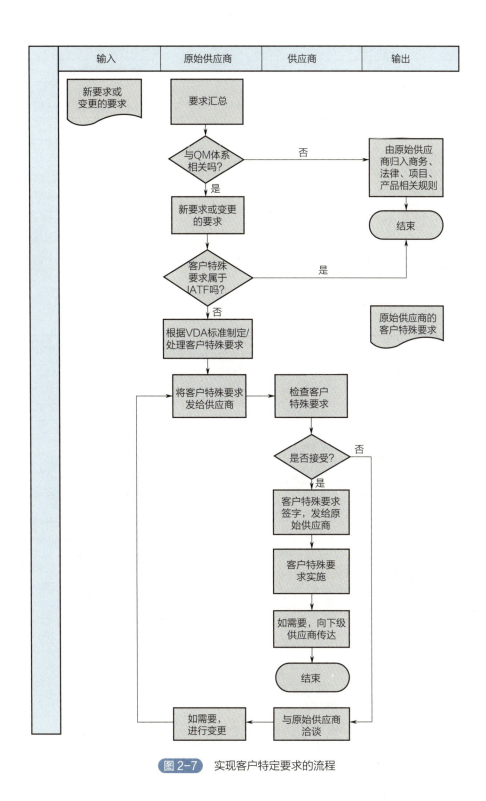

图 2-7　实现客户特定要求的流程

表 2-2　摘录自 VDA 黄皮书版第 4 章第 18 页

IATF 16949 章节	客户特定要求
……	……
7.1.4.1 生产现场的清洁——补充	• 5S 方法 • 根据 VDA 黄卷 19 的要求（技术清洁的应用）
……	……
7.1.5.2 测量溯源	• VDA 黄卷 5（检测过程能力） • AIAG MSA
……	……
7.1.5.3.2 内部实验室	"本章节中典型的无客户特定要求"
……	……

此外，不同客户的要求可以一起并排列出，这样就对所有的要求一目了然。这大大降低了企业的实施难度，如图 2-8 所示。

➡ 工作辅助：客户特定要求表。

客户	Mustermann 股份有限公司	客户 2
联系人	Franz Mustermann	
联系方式	info@mustermann.de	
	电话：+49 234567 - 1234567	
客户门户网站	www.lieferanten.mustermann.de	
职位	QSV	
公司收件人	技术客户服务	
版本状态	版本 3 v. 1.4.2018	
范围和应用	对所有生产材料的供应商都有效	
承认	有条件承认，见邮件 v.12.04.2018	
更新日期 / 更新人 / 更新原因	05.05.2018/B.Mustermann/ 新版本	
客户特殊要求		
……		
4.4 质量管理体系及其过程		
4.4.1	无要求	
4.4.1.1 产品和过程的一致性	无要求	
4.4.1.2 产品安全	产品安全专员 产品安全政策	
4.4.2	无要求	
……		
8.3.2.1 设计规划——补充	客户给出的设计任务 客户表格 VDA3.2 卷 客户物品禁用清单 网站在线表格：www.entwicklung.mustermann.de	
……		

图 2-8　客户特定要求表

在企业中建立一个描述如何处理客户特定要求的过程，是持续评价的前提。这对于保证要求能够被持续稳定的监督和实施，是不可或缺的。

如果要求无法实现或者以另一种方式实施，应该与该客户取得联系并进行确认，以书面形式达成一致。

2.2.4 总结

遵守客户要求对所有供应商来说不容商量，必须要做。VDA尝试过在黄皮书版"客户特定要求：IATF 16949制定的客户特定的质量管理体系要求"中，对体系特定要求和产品特定要求加以区分。

对于供应商，尤其是二级以下的供应商，即那些不直接交付产品给原始供应商的供应商，无法掌控他们遇到的大量要求。合同每项条款都很复杂，很难在实践中实施。这些客户特定要求不仅是在质量体系认证和客户审核时很重要，尤其是在损失出现时，必须证明已经满足客户提出的要求的情况下，也都是非常重要的。

VDA标准允许更简单地处理客户特定的质量管理体系要求。汽车制造商是否已经按照这个要求去做了，目前尚无足够的经验去判断。然而，客户特定要求也可以作为对供应商的基础要求，将给供应商的要求转换成标准，以便更好地了解实施的情况。

指定一名或多名人员负责维护客户要求。确定接收客户要求的收件人。将门户网站链接地址以及客户要求收件人纳入质量体系矩阵。培训相关人员处理门户网站与客户相关的各项业务。

2.2.5 参考文献

DIN EN ISO 9001:2015: Qualitätsmanagementsysteme – Anforderungen (ISO 9001:2015); deutsche und englische Fassung EN ISO 9001:2015

IATF 16949, Erste Ausgabe 2016, Anforderungen an Qualitätsmanagementsysteme für die Serien- und Ersatzteilproduktion in der Automobilindustrie

Stompen, Dr. Peter: Die IATF 16949 – Interpretation der Anforderungen der IATF 16949:2016, ÜV Media GmbH, TÜV Rheinland Group, Köln 2017

VDA: Kundenspezifische Anforderungen, Erstellung kundenspezifischer QM-Systemanforderungen auf Basis der IATF 16949 Inhalte, Dokumentation und Erläuterungen, 2. überarbeitete Ausgabe, März 2018 (Gelbband)

2.3 过程管理

当新引入质量管理体系时,过程管理就开始发挥作用。它在重新定义、优化或修订个别过程时,也是不可或缺的。

ISO 9001:2015 章节 4.4.1 中要求,企业必须明确定义在质量管理体系中所必需的过程。因此,本章将阐述如何借助体系审核进行过程的记录和制定。

每个企业都有各种各样的过程。只有当单个过程中的工作沿着过程链相互协同运作时,它们才能发挥作用。因此,过程的设计和优化在企业内构成了一项持续的任务。为此,有效的过程管理是必不可少的。过程的设计应能满足企业的目标和顾客的要求。

2.3.1 综述

过程管理就是有意识地不断检查自己的过程,找出潜在优化点,并展示企业过程之间的相互关系和相互依赖性。过程管理带来了客户满意和企业盈利能力。

过程管理有以下三个步骤:过程分析、过程改进和过程管理。

过程分析是系统性地研究过程,并将其拆解为一个个单独的步骤。这一步的成果是对一个过程或子过程的直观可视化描述,包含已知的弱项和潜在改善点。

根据过程分析进行过程改进。它应该系统地建立于指标或者绩效指标之上,因此需要确认必要的资源及使用的方法,比如头脑风暴等,找出所有能想到的错误原因。最后必须确定必要的措施、时间节点、负责人,并执行。

为了更有意义地管理过程,需要建立一个过程管理组织,定义对过程责任人的明确要求和规章制度。

在实践中经常容易忽略的阶段是过程的执行,对此的基本前提是员工真正理解、接受和运用这个过程。

为了持续地保证竞争力,过程管理不应该只执行一次,而必须是一个持续改善过程的源头。除了文档和优化,过程管理还意味着着眼于时间、成本和质量的量化测定。

职能组织或部门要坚持以过程为导向。设置过程责任人对过程负责,过程责任人监督跨职能、跨部门或跨厂区的过程功效。在该组织内,领导的责任和权力停留在职能层面,对他负责的过程步骤相关决定,过程负责人应该至少参与其中。

图 2-9 摘自一个组织结构图,展示了一个过程如何在企业内影响各领域或各部门。

在过程管理中客户处于核心位置，因为所有企业过程都围绕着客户（企业内部客户和外部客户）要求展开，以便能够为他们提供最佳和最值得信赖的服务。

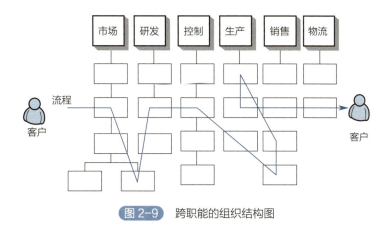

图 2-9　跨职能的组织结构图

2.3.2　目的和意义

过程管理是一种整合了管理、组织和控制的方法，目的是为了认识、监督和调控企业过程。过程管理横跨各个职能，贯穿整个企业。一个有效的过程管理对整个企业来讲是非常有战略意义的。

过程的有效设计至关重要。只有了解和控制生产和其他工作过程的人才能做出正确的决定。只有准确的对接方式定义和协调，才能避免对接中的错误以及时间和质量的损失。过程管理是一种使企业能够灵活适应环境变化并有针对性地控制变革的方法。

有效的过程管理除了与企业绩效成正比，实践证明还具有以下优势：

- 更好的客户、供应商关系
- 将整个企业进一步划分成各个独立的过程，这些过程在客户、供应商关系框架下与其他过程相连
- 各过程在企业经济和产品服务交付产出方面具有高度自我负责性
- 在整个过程网络中确定潜在优化点并加以实施
- 提高企业透明性以及对关联性的认识
- 明确责任和管辖范围
- 促进对业务过程的理解和沟通
- 创造灵活的标准，保障过程的可理解性和可复制性
- 通过过程导向的组织，减少对接和等待时间

- 用文档记录业务过程是自动化和过程模拟的先决条件，比如用于支持人员需求规划
- 对选择和使用过程导向的应用软件（ERP、SCM……）以及过程控制软件（Workflow、e-Commerce）进行支持
  - 更高的组织适应能力，员工能更快地熟悉工作
  - 战略和操作层面更强的同步性，更好地达成目标
  - 更强的内外部客户和价值流导向
  - 提高了组织结构方面的知识
  - 通过管理体系的整合，进行更好的质量、风险和合规性管理
  - 客户相关产品服务的可量化
  - 通过基于原因的过程成本核算降低过程成本
  - 通过持续性的测量、分析和优化提高使用率和生产率
  - 优化过程管理和协调、过程时间、全程运行时间、守时性以及过程和产品的质量
  - 更容易整合并购后的企业
  - 减少组织结构部门（二级过程），促进职能中心的建立（共享服务或服务中心）或业务流程外包

如果把部门导向与过程导向进行比较（图2-10），就会明显地看到企业活动在哪一种导向方式上具有内部优势。

图2-10　部门导向和过程导向（VDA卷12附件）

过程管理不应该与项目管理混为一谈。与项目不同的是，过程是一系列相互影响、输入转换为输出的工作的结果，一个过程通常会重复进行。

2.3.3 过程管理基础

为了能够给企业流程展示提供一个实用的指导,有必要首先阐述相关的基础知识。

过程管理的基础是以过程导向为出发点,这一方法是在 2000 年随着 ISO 9001 更新而导入的。这一要求现在在大多数行业标准(如 IATF 16949 或 VDA6.2)中得到了体现。

提 示

ISO 9000:2015 对过程做了如下定义:
过程是一组将输入转化为输出的相互关联或相互作用的工作。

总的来说,一个过程是:
- 来自客户
- 抱着某种特定期待
- 有意识或无意识引发的
- 企业对其做出预定反应或行动
- 这些反应和行动确保实现客户和企业的期望

一个过程由可量化的输入和输出构成(图 2-11)。随之而来的是一个个工作步骤,对输入进行加工和处理,使之最终转化为输出。在对接的过程连接被称为过程的相互作用。

一家企业有许多过程,其定义如下。

图 2-11 过程展示

1. 管理过程

管理过程侧重于企业的战略定位,形成结构框架;确保业务过程的持续改进,支持过程、客户和员工导向。它们通常称为领导过程。

2. 业务过程

它们是这样一种过程:其输出对企业销售有影响,并直接影响企业的成功。它们被视为过程管理中的关键过程。业务过程通常也称为核心过程、绩效过程、关键过程或企业过程。其目标源自战略目标,所有业务过程的总和代表了企业的价值链。也就是说,这是一个赚钱的过程。

当使用尽可能少的资源投入,并因此能够提供非常经济性地满足客户要求的产品服务,那么这样的业务过程就是高效的。

如果业务过程的目标和结果能够满足外部客户的需求和期望,同时也能实现企业目标,那么该业务过程就是有效的。

3. 支持过程

支持过程对于支持管理过程或业务过程是不可忽略的。此外，它们还提供必要的基础设施保障。这包括采购、电子数据处理、保养和修理及测量和分析过程，例如测量和监控产品和过程、内部审核等。

为了在过程管理中能够聚焦于相关关键过程以及出于过程关系结构的复杂性，需要对过程进行分类。也就是说，过程组织还应包括一个关系示意图，它清楚地标识各过程之间的相互作用和对接，并应根据过程任务对过程进行分类。

>
> **提示** 通过关键过程、业务过程、核心过程、绩效过程或主要过程，企业可以赚取利润，这些过程主要用于创造价值，例如生产过程或提供服务的过程。

根据 ISO 9001:2015 章节 7.5，过程必须是：

- 被控制的
- 被监视的
- 被测量的（尽可能地）
- 被分析的
- 被优化的

ISO 9001:2015 章节 9.1.1 更进一步要求必须采用适当的监测方法，以表明这些过程运行得很好，能够实现计划目标。IATF 16949 还要求对新的生产工艺进行过程分析。

在过程管理中记录过程的状况，以便进行可视化和弱点分析。这些为新开发的目标过程提供了起始参考点；它们以图形方式呈现，透明化并加以讨论。

2.3.4 过程管理步骤

图 2-12 描述了过程管理各步骤。

第 1 步：项目计划

管理层应规定必要的基础条件，因为在任何情况下执行项目都是需要资源的。这种对项目的定义

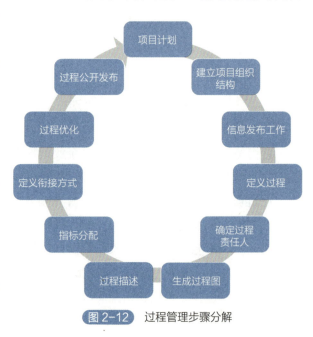

图 2-12 过程管理步骤分解

应包括以下决定：

- 项目名称
- 项目描述
- 确定项目时间范围
- 确定项目目标
- 任命项目经理
- 任命项目小组
- 成本评价
- 风险评价
- 产能规划

第2步：建立项目组织结构

一开始必须建立项目组织结构并确定负责人。事实证明，特别是那些已经在企业工作了一段时间的员工应该参与到项目中来，因为他们非常了解企业的各种相互关系。新员工也应该参与进来，他们对企业并非习以为常，而是还有可能带来从之前的任职或培训中获得的知识和经验。

提示

组建小组时，把企业里任职时间较长的老员工同刚入职的新员工放在一起。前者了解企业情况，后者尚未对企业形成思维定式。

如果能请到外部主持人，会非常有帮助，他可以客观中立地领导和主持项目。不要把项目完全委托给外部。最重要的相关知识要留在企业内。

责任分配是一个非常重要的任务，只有这样才能保证项目运行顺畅。开始过程记录时应该弄清楚以下几点：

- 谁对一个或多个过程负责？
- 谁来提供相关内容？
- 谁负责过程的制定、更新和进一步发展？
- 在各自地点，针对这些规则，谁具备能够支持过程负责人必要的能力？
- 参与者能够/必须花费多少时间？

提示

激励企业里的领导者和员工，与他们沟通项目进展。

第3步：信息发布工作

下一步工作通知员工和领导层，告知即将进行的质量管理体系认证项目。过程的定义或者优化必须告知相关部门或领域。

第4步：定义过程

准备研讨会或者调研询问时，应该根据企业规模设计检查表用于定义过程，这样可以使所有的过程都根据同样的标准记录下来。这个任务通常是由项目组织来承担的。

下面的信息采集应该通过如单次调研询问或有人主持的研讨会来进行，用以定义过程，应该至少包含如下关键问题，并随时可进行扩展：

- 迄今为止谁对过程负责？
- 过程的目标（输出）是什么？发起方（输入）是什么？
- 过程中进行了哪些工作？用到了哪些资源？
- 执行中需要哪些相关材料/数据/信息？
- 过程中谁进行了哪些工作？谁参与了？
- 谁必须被告知相关信息？
- 与其他过程有什么衔接？
- 衔接处有什么需要达成一致？
- 解决过程运作不畅的负责人确定了吗？
- 是否确定了过程目标？如果是，都是什么？
- 是否有过程指标？
- 薄弱部分在哪里？是否进行了过程优化？

➡ 工作辅助：过程记录（检查表）。

通过这样一份检查表可以识别企业中的过程并做更进一步描述。在表格制作完成之后，可以通过单次调研询问或研讨会记录过程。这由企业规模而定。

在这一步中，所有部门都受邀参加研讨会。项目组的主持人主持研讨会，也可以聘请外部顾问主持。各部门应为这些研讨会做好充分准备，如仔细思考他们认为在项目背景下需要讨论的相关过程。参加研讨会的部门可有多个代表，每个代表都应熟知各自的相关流程。重要的一点是，所有参与者能够开诚布公说出观点，并列出困难。

主持人应创造充满信任的气氛，因此必须具备主持经验。

在实践中，记录过程需要如下方法：

- 打孔翻页纸
- 卡片法
- 笔记本和投影仪

选择被大家经常用到的展示方式，接受度就会更高。这就避免了受访员工产生被审问的感觉。此外，还可以使大家紧跟研讨会内容进程，积极地参与讨论。如果直接选择调研询问技术，则检查表中的问题不是以团队为单位，而是由过程参与者个体为单位。他们接二连三地被问及他们在流程中进行的工作，以及他们看到的与其他流程的衔接。图 2-13 中展示的例子也可以帮助记录过程。

⊃ 工作辅助：过程实录。

询问过所有过程参与者之后，带有定义好的输入和输出的过程最终就被确立了。

> ⚠ **提示** 向员工传达过程管理给他们带来的好处。

表格 过程实录		
日期		
参加者		
主持人		
业务过程		
主过程		
分过程		
有效领域		
过程所有者		
过程目标	目标设定 1. 2. 3. 4.	指标 1. 2. 3. 4.
客户		
客户期待		
供应商		
对供应商的期待		

图 2-13　过程实录（节选）

第 5 步：确定过程责任人

每个过程必须有一个人负责，这个人就被确定为过程责任人。这是在 IATF 16949 中章节 5.1.13 中明确要求的。

过程责任人特别需要具备如下特征：

- 熟悉大部分的相关过程
- 对过程和资源有影响力
- 具有较高的沟通水平
- 具备较好的社会交往能力

同时必须详细定义过程责任人的任务。这可以通过过程责任人的职能描述体现。最重要的任务有：

- 提名优化小组成员
- 协调和支持团队
- 培训相关员工
- 确保资源
- 确保通过指标对过程进行监控
- 推进过程优化以及进行总结

第6步：生成过程图

在研讨会中，由过程责任人对已经识别的过程进行分类，并且生成过程图。第一步最好使用卡片法。接下来将过程区分为管理过程、核心业务过程和支持过程（图2-14）。这样大量已记录的过程被分为三个易于处理的部分。

分类完成之后，如需要，可以将过程继续向下分级为主过程和子过程（图2-15）。这个细分提高了透明性和导向性。

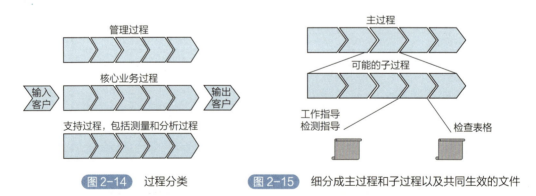

图2-14 过程分类　　图2-15 细分成主过程和子过程以及共同生效的文件

首先将已定义的过程分类成相应的三种过程：管理过程、核心过程和支持过程。

接下来进一步拆分到子过程和过程步骤或工作中（分解）。这取决于每个过程的复杂性。

在记录过程时要注意：是否已经通过作为基础的标准或客户需求对特定流程提出了要求。过程和它们之间的相互影响关系在过程图中被形象地展示出来。

如有必要，可使用矩阵来确定相互影响以及相互影响的强度和将在衔接处转移的需要定义衔接协议的输出/输入。在矩阵中过程是成对进行对比的。

在过程图中勾勒出主过程，如图2-16所示，过程图草案应该得到项目组、过程所有者以及企业领导的批准。

在过程图获得批准后，接下来对过程进行详细描述。

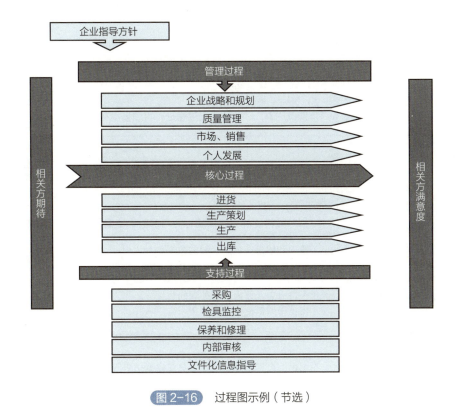

图2-16 过程图示例（节选）

第7步：过程描述

没有规定指出过程必须如何构成。描述可以是语言形式，也可以使用表格或者流程图。

过程的记录方法有很多，其中最常用的是过程图（DIN 66001）或泳道图，还有事件驱动的过程链（ePK）方法，市场上也有相关的软件可以使用。

有效的过程图可以使浏览者迅速了解事实和情况。为此可以使用纯图形程序或适当的过程管理软件。在大企业中，采用过程管理软件是有优势的，因为它是基于后台的 SQL 数据库，这简化了变更服务。

然而，对于过程的直观可视化，无论最终使用哪种工具来记录，必须首先制定一些规范。

首先应确定要使用的符号，以便始终以同样的方式记录过程（表 2-3）。

表 2-3　根据 DIN 66001 确定符号示例

符号	符号的含义及描述
工作	描述在过程步骤中已经实施的活动/行动 （一般的操作/加工）
分支条件　是　否	这个符号包含一个分支条件，有两个出口： 1）是——满足条件 2）否——未满足条件 条件表达为，"是"代表过程进行得顺畅没有干扰（分支）
文件	文件符号描述过程内部现有的内部输入或输出，包含非常重要的参数：内容（什么？比如合同）以及媒介（怎样？比如传真）（书面资料数据）
数据	数据符号描述过程内部现有的内部输入或输出，指的不是文件而是数据（一般的数据） （输入和输出；也是一般的数据）
保存的数据	这个符号表示要由机器处理的数据 （内存中的数据也可直接访问）
结束	当记录的过程或者子过程在企业内部结束时，使用该符号 （边界位置）
连接点	连接可以在连接点处被切断，并在另一个位置由具有相同内部描述的连接点延续 （过渡，连接点）
过程	这个符号描述的是一个特别描述的过程 （子程序调用、提示在其他地方以明确的内部描述形式引用的文件）

然后确定流程描述应包含哪些信息。接着必须定义描述过程的所有其他要素。图 2-17 和图 2-18 展示了相关例子。

第 2 章 组织内外部环境

过程描述 文件、数据和记录控制					
适用范围	责任人	执行	合作	更改	信息
全企业	过程所有者	所有员工	质量管理	质量管理	专业部门领导

过程输入 • 信息	过程输出 • 编写好的文件
过程目的 • 分发并理解所有变更	过程频率 • 根据需要
测量参数 • 已批准的文件数量与所有 　编写的文件数量的比例 • ……	工具、方法 • 文档管理软件 • 数据安全系统 • ……
规章/指导方针 • ISO 9001 • IATF 16949 • 保存期限 • ……	同时有效的文件 • 3.6 IT • VDA卷1 • ……

版本号	修改日期	修改人	批准人	批准日期
1	2018.05.30	Mayer/QMB	Schulze/GL	2018.05.30
2				
3				

图 2-17　过程描述示例

→ 工作辅助：过程描述：文件化信息的控制。

 提 示　　制作一个模板，在所有过程描述中使用。

　　以指定的形式描述所有过程和子过程后，必须给它们分配关键参数用以监控过程。这一步骤在第 2.4 章节中有详细说明，这里仅简要介绍。

第 8 步：指标分配（见第 2.4 章节）

　　过程的控制和监督需要设定目标。目标的监督通过关键参数的评价来完成。企业目标构成了过程控制和检查的基础。IATF 16949 要求所有核心和支持过程拥有有效和高效的关键参数。

　　过程监督属于过程责任人的任务范围。过程关键参数构成了以下成果的基础：

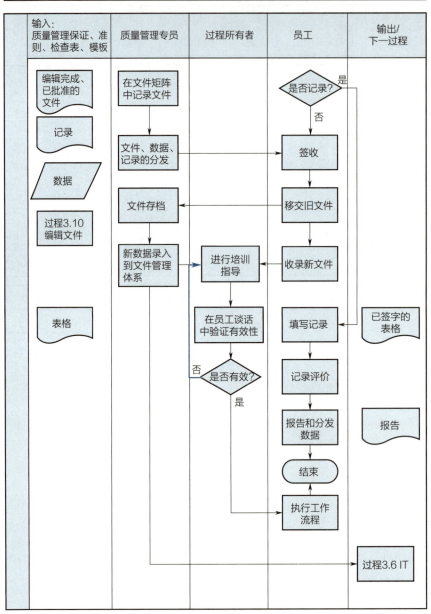

图2-18 过程展示示例

- 已定义的资源和过程成本充足吗?
- 过程是否在计划的运行时间内完成?
- 是否存在潜在风险?

- 能够发现优化潜能吗？
- 已导入的措施生效了吗？

统计和评价过程关键参数的前提是确定合适的测量点。

第9步：定义衔接方式

为了能够定义过程衔接，必须为每个过程确定前一过程以什么样形式传递了什么样的结果，以及以何种形式传递给后续过程将要去处理的结果。这一客观准则必须严格遵守，以确保所有过程链的顺畅运行。与内部过程客户一起，过程结果在质量、数量和可支配性方面就被确定了。过程衔接用于记录业务过程链及其子过程链。

下面以内部审核过程为例来解释系统运行的方式。

在描述过程之后，必须在相关位置处定义衔接处（图2-19）。衔接处在过程中被标记为 S1～S10。必须在这些衔接处达成协议（表2-4）。

但是在各个衔接处也常常存在障碍。不要忘记，总有其他人参与其中。在此过程中可能存在障碍有：

- S1：审核计划未及时提供给管理层。

解决方案：管理代表必须在信函中指定审核计划的返回日期，并定义重新提交的日期。

- S2：管理层不重视这个审核，把审核计划放到一边没有及时处置。

解决方案：在到截止日期后，管理代表必须毫不犹豫地追问管理层。同时他还应强调整个审核过程对企业的重要性。

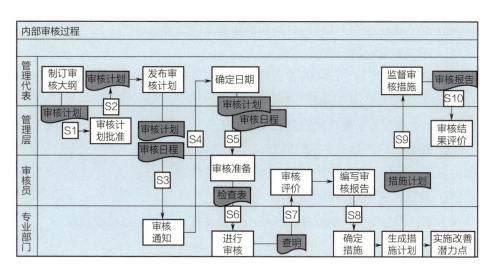

图2-19 内部审核过程中的衔接

表 2-4 衔接协议示例

衔接	衔接对象（要求）	衔接责任人	衔接协议的示范性内容
S1	制订审核计划	管理代表/领导层	书面定义 审核计划制订完成截止时间并发送给管理层
S2	由领导层签字的年度审核计划	管理代表/领导层	书面定义领导层发回审核年度计划的截止时间
S3	发送审核年度计划和审核日程	审核员/职能部门	详细具体的描述、预告确切时间、所需的联络人、审核种类
S4	职能部门的反馈	审核员/职能部门	书面定义职能部门反馈的截止时间
S5	制订和发送审核时间表	审核员/职能部门	明确定义表格内容和发送时间
S6	审核准备	审核员/职能部门	定义收到相关文件截止时间
S7	审核评价	审核员/领导层	对审核员的明确要求，审核后在截止时间内必须完成审核评价和审核报告
S8	确定措施	审核员/职能部门	定义职能部门反馈措施计划截止时间
S9	措施监督	职能部门/管理代表	定义时间间隔，多久监督一次措施的状态
S10	所有审核共同评审	管理代表/领导层	编写规则和给领导层报送文件的模板，并明确定义何时应该由管理层完成评价

- S3：管理代表在信息不充分的情况下向职能部门宣布审核。

解决方案：给部门的书面信息应该是一份具有固定框架内容已经批准的文件。

- S4：职能部门经理未按时确认日期。

解决方案：这里的先决条件是审核过程的重要性铭记在"每个人的头脑"中。管理代表应亲自与各部门负责人联系，指出截止日期，同时再次强调审核的重要性。

- S5：审核员收到的审核准备信息不足或没有。

解决方案：与相关部门约时间并共同准备必要的文件。

- S6：不能专业地进行审核。

解决方案：确定所有内审员的资质标准。只有有资质的审核员才可以进行审核。

- S7：审核报告描述不明确、不全面。

解决方案：编写审核报告的规定必须精准定义。

- S8：职能部门未列出充足的措施。

解决方案：审核员可以给出提示，协助制订措施。

- S9：管理代表不知道措施计划的现状。

解决方案：汇总措施计划放在服务器上，或者使用统一的审核数据库。

第 10 步：过程优化

乌龟图分析法（图 2-20）是过程分析的简化形式，它在法国得到发展，后被 VDA 所采用。

这种分析的工作表形状像乌龟壳一样，因此得名。

通过这种方法可以快速和直观地考察过程中最重要的因素，并获得过程的全面图像。该方法还包括过程的风险观察，并由 VDA 推荐用于增值和辅助支持过程。其应用的基本前提是要记录被分析的过程。它通常也是风险管理的基础。

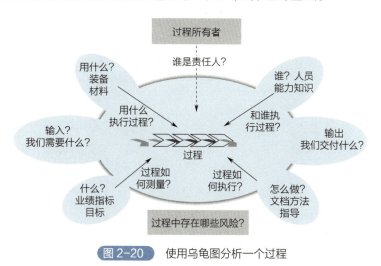

图 2-20　使用乌龟图分析一个过程

首先，从 7 个方面观察每个过程：

- 过程输出？（过程结果是什么？）
- 过程输入？（过程的输入和动机是什么？）
- 通过哪些指导、程序、方法完成了过程的实施？（怎么样完成的？）
- 哪些人力资源、哪些资质是必需的？（谁？）
- 哪些装备和哪些材料是必需的？（用什么？）
- 过程如何被测量和监督？（业绩指标是什么？）
- 过程中存在哪些风险？

接下来，确定每个方面的风险。这里始终要聚焦于内部或外部客户。

根据识别出的风险，以检查表的形式制定审核标准。要注意以下其他标准要求：

- 标准要求
- 客户要求
- 法律和政府要求
- 企业自身的要求

使用标准化表格最容易进行乌龟图分析（图 2-21）。根据这些信息可以准备一张审核对照检查表清单，例如表 2-5。这个检查表可以不断持续更新。乌龟图分析也适用于内部审核。

根据乌龟图原则进行过程分析

过程：	收货	过程分析人：	
过程责任人：	H. Mustermann	审核员：	

用什么？（装备、材料）	过程风险		跟谁？（人员、资质）
PPS 系统 检具	系统停机 缺少检测计划	规范和方法知识不充分	供应商 质量保证人员 技术知识 可接受的质量水平（AQL）质量限制
输入？ 送到的货物 送货单 出厂合格证	缺少标签 延迟送货 到货数量太多		输出？ 货物已检查并批准，准备入库
业绩指标？（参数） 供应商评价 缺陷商品率为 0×10^{-6}	供应商评价未更新 缺少评价指标	标准过时 顾客要求未更新	如何？（程序、方法、指导） 过程描述 检测指导 检测计划 AQL 表格 ISO 9001 IATF 16949 X 客户的指导方针

图 2-21　过程乌龟图分析

提示：在确定过程责任人时要注意，这些过程责任人以令人信服的方式履行其职责，并具有高度的权力、声誉和社会能力，能够在跨部门的过程中以相应的高坚持性代表本部门过程利益。

表 2-5　收货检查表示例

方面	风险	可能涉及 IATF 16949 和 ISO 9001 的标准章节	问题	证实
输入	• 缺少标签、延迟送货 • 到货数量太多	8.4.2 控制类型和程度 8.5.2/8.5.2.1 标识和可追溯性 8.6.4 外部提供产品的一致性 8.7 不合格结果的控制 8.7.1.1 客户的特殊批准 8.7.1.3 怀疑有缺陷的产品的控制 8.2.3.1.2 由客户确定的特性标记 8.6.6 接收标准	标签丢失时如何处理	
输出			如何避免送货高峰？	
用什么？	系统停机、缺少检测计划	7.1.4 过程运行环境 7.1.4.1 生产场地的清洁 7.1.5 监控资源 7.1.5.1.1 测量系统的评价	• 系统停机时如何记录检测结果？ • 如果检查计划缺失或过时，根据什么标准进行检查？	

(续)

方面	风险	可能涉及 IATF 16949 和 ISO 9001 的标准章节	问题	证实
和谁?	规范和方法知识不充分	6.7.3 意识 7.2/7.2.1 能力 7.2.2 岗位实践能力培训	员工素质表上有哪些素质?	
业绩指标	• 供应商评价未更新 • 缺少评价指标	8.4.2.4 供应商监控 9.1.1 生产过程的监控和测量 10.2 不合格和纠正措施	• 如何确保货物只由 A 供应商交付? • 您随时都知道自己领域参数的状态吗? • 检测出缺陷的到货品如何统计?	
如何?	• 标准过时 • 客户要求未更新	7.5.2/7.5.3 创建、更新以及控制文件信息 8.5.1.1 生产控制计划 8.5.1.2 工作指导	• 收货有哪些标准? • 文件是最新的吗? • 手头上有最新的客户要求吗?	

➡ 工作辅助：过程分析乌龟图。

通过研究 VDA 乌龟图的每一个特征标记，可以很快发现薄弱环节，并在过程中加以改进。

提 示　对于所有希望全面、深入地研究企业过程管理并正在寻找一份可读性强且全面广泛的基础文献的读者，推荐以下读物：Schmelzer H.J.、Sesselman W. 所著《实用企业过程管理——顾客满意、生产率提高、价值增长》，第 8 版，Carl Hanser 出版社出版，慕尼黑，2013 年。

第 11 步：过程公开发布

当所有过程都以这种方式修改过以后，必须向员工提供这些过程文件，以供他们对照使用。

在大多数企业中，无纸化已然成为趋势。无纸化文档具有很大优势，企业内每个工位上的员工都可以访问。此外，过程图的图形化描述也具有很高的透明度。

对此有这样几种可能性：文件可以用专业软件如 CWA Flow 或 Aris 来展示，也可以求助于标准软件如 Visio、Flowcharter、Word 或 Excel，然后通过另一个标准软件如 Sharepoint 在企业内网上提交文件。使用标准软件的优势在于，现有的文件可以整合到无纸化文件中，而无需大量额外的工作和高的培训投入。

过程的实施最终由各个过程负责人执行。在此过程中要注意，必须尽快开始监控流程，以便在短时间内将潜在改善点纳入过程中。

2.3.5 总结

在导入质量管理体系时,首先要识别过程。可以使用两种方法:自上而下或者自下而上。使用自上而下的方法最重要的是在过程图中画出主要过程,对管理过程、业务过程和支持过程加以区分。这一方法也称为策略性方法。

自下而上的方法适用于过程的最底层已经存在的功能和工作。这些已经存在的工作与过程紧密联系在一起。这个方法的缺点在于与企业战略毫无关联,仅仅刻画了此刻占优势的现状。

因此,在实践中使用自上而下的方法更为实用,因为它面向企业战略定位。

无论是引入质量管理体系的过程,还是基于过程管理对现有过程进行优化,制订或分析过程都应该以团队形式开展。为了管理项目,应建立一个项目组,该项目组成员还应有足够的可用于项目的时间资源,以促进项目的开展。

在过程批准后,接下来是在企业导入这些过程以及培训员工和增强意识。

2.3.6 参考文献

Becker, Stefan: Einführung in das Prozessmanagement: Analyse von Unternehmensprozessen, www.Projektmagazin. de, 13/2005

Brückner, Claudia: Qualitätsmanagement für die Automobilindustrie, 1. Auflage, Symposion Publishing, Düsseldorf 2009

DIN 66001 Informationsverarbeitung; Sinnbilder und ihre Anwendung, Ausgabedatum 1983-12

DIN EN ISO 9000: Qualitätsmanagementsysteme – Grundlagen und Begriffe (ISO 9000:2015), dreisprachige Fassung EN ISO 9000:2015

DIN EN ISO 9001:2015: Qualitätsmanagementsysteme – Anforderungen (ISO 9001:2015); deutsche und englische Fassung EN ISO 9001:2015

Hallbauer, Martin; Weltring, Rainer; Crezelius, Susanne: Instrument Turtle-Methode, November 2015, https://www.inf. uni-hamburg.de/de/inst/ab/itmc/research/completed/promidis/instrumente/turtle-methode

IATF 16949, Erste Ausgabe 2016, Anforderungen an Qualitätsmanagementsysteme für die Serien- und Ersatzteilproduktion in der Automobilindustrie

KVP Institut GmbH: Methodenblatt Turtle-Diagramm, https:// www.kvp.de/wp-content/uploads/2016/10/Methodenblatt- Turtle-Diagramm.pdf

Pfeifer, Thilo; Schmitt, Robert (Hrsg.): Masing – Handbuch Qualitätsmanagement, 5. Auflage, Carl Hanser Verlag, München 2007

Schmelzer, Hermann J.; Sesselmann, Wolfgang: Geschäftsprozessmanagement in der Praxis, 3. vollständig überarbeitete Auflage, Carl Hanser Verlag, München, Wien, 2013

Schröder, Axel: Prozessmanagement ist wie Kochen . . . Teil 2 – Soll man Top-Down oder Bottom-Up vorgehen?, https:// axel-schroeder.de/prozessmanagement-ist-wiekochen-teil-2-soll-man-top-down-oder-bottom-up-vorgehen/

Softproject: PROZESSMANAGEMENT „TOP-DOWN" ODER „BOTTOM-UP"? WARUM NICHT BEIDES VERBINDEN?, 15. 12. 2017, https://www.softproject.de/aktuelles/newsbeitrag/prozessmanagement-top-down-oder-bottom-up.html

Stausberg, Michael (Hrsg.); Gertz, Stefanie; Buchenau, Gerrit: QM-Methoden in der Praxis – Prozessmanagement, WEKA MEDIA Verlag, Kissing 2005

VDA-Band 1: Dokumentation und Archivierung – Leitfaden zur Dokumentation und Archivierung von Qualitätsforderungen, 3. Auflage 2008

VDA-Band 6.2: QM-Systemaudit – Dienstleistungen, 3. Ausgabe 2017

VDA-Band 12: Prozessorientierung, 1. Auflage 2002 (dieser Band ist nicht mehr erhältlich)

Wagner, Karl Werner (Hrsg.): PQM – Prozessorientiertes Qualitätsmanagement, Carl Hanser Verlag, München, Wien 2001

QM-System nach ISO 9001, WEKA MEDIA Verlag, Kissing (Online-Werk) Stand 2018

2.4 过程关键指标

本节讨论关键过程指标的构建。关键指标在企业管理中出现较早，并已在企业实践中使用多年。从起源上看，它们最初是由银行、股东、客户和供应商等为了解释企业的流动性而创建的。

过程指标可以反映有关过程性能的信息，从而了解过程的改进或恶化。这样可以进一步分析薄弱环节。只有通过过程指标才能有效和高效地控制过程。

2.4.1 综述

过程关键指标体系很复杂，仅展示企业经济关键指标是不够的，为了在各个领域都具有说服力，需要一个全面的指标体系。

例如，参照平衡记分卡最好能包括如下方面：

- 金融
- 客户
- 过程
- 技能资质

平衡记分卡可以理解为将战略目标转化为运营目标的工具。此外，在平衡记分卡中，过程目标的构建应基于为这些目标而定义的关键指标数据。因此有必要知道，关键指标是什么以及有哪些类型。建立全面的指标体系是一个基本因素，需要准确了解指标体系的要求。

第一个指标体系是杜邦分析图（杜邦财务控制系统），如图 2-22 所示，它是由美国杜邦公司在 1919 年创建的，是世界上最早的关键指标体系。

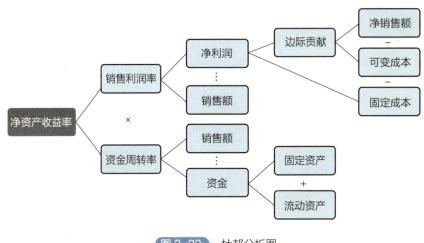

图 2-22 杜邦分析图

它由纯粹的货币总量组成，用于资产负债表分析和企业管理。关键指标体系的核心是投资回报率（Return on Investment），因此注重投资回报。杜邦分析图代表了当今关键指标体系的基本思想。

在本书中，关键指标体系的重点是专门收集构成整体关键指标体系的过程关键指标。它们使得控制和监控过程成为可能。基本理念源于将企业关键指标划分为战略和运营部分以及过程和组织相关部分。企业内部的过程导向是基本要求之一。此外，该体系必须与企业的组织结构相匹配，并创造将企业中的大型组织分解为各个部门甚至可能分解至单个员工的可能性。

 IATF 16949 条款 5.1.1.2 要求在核心和支持过程中，关注过程的有效性和效率。

2.4.2 目的和意义

所有企业都使用关键指标。首先我们需要将其作为描述企业战略的基础。可以通过诸如市场份额、营业额增加、成本降低、劳动生产率等关键指标来实现。但是，它们也用于向各个部门甚至员工传达明确的目标，使他们能够以此开展自己的工作。特别是对于过程改进，需要它们来确定一个过程当前的性能，以便能够确定调整量，做出必要和可能的改进。

因此，关键指标体系不仅用于支持决策和监控过程，而且最重要的是，它还具有识别问题以便快速响应的功能。通过量身定制的关键指标体系，企业可以获得以下方面的可靠信息：经济、生产率、利润、流动资金。

通过收集关键指标，复杂的业务过程被简化为重要的、有说服力的各个因素。有关企业的优势和劣势以及企业所寻求的发展方向一目了然。此外它还显示当前的情况。

没有普遍适用的原则去判断哪个关键指标体系适合一个企业。重要的是企业、企业战略和关键指标协调一致。尽管如此，也可以根据各个体系的特性来推荐使用。当然，每个企业都可以创建自己的关键指标体系，缺点就是需要更长时间的规划和实施阶段；当然，优势在于它可以完全匹配企业的要求。

2.4.3 关键指标体系基础

1. 关键指标的定义

在企业经济学文献中，没有关键指标的统一定义。有些文献的作者使用诸如关键数字、控制数据、控制数字、测量数据、测量数字、参考值、关键数值、关键数字或标准数字等术语作为关键指标的同义词。在本书中使用关键指标这一概念。

关键指标可以大致定义为"定量信息的汇总，即企业内部（企业自己的关键指标）和企业间（行业关键数据）数字信息的比较"。（来源于盖布尔经济辞典 [Gabler Wirtschaftslexikon]）

不同领域也会采用不同的关键指标。用来使经济发展可视化的经济类关键指标主要用于经济学领域。经营管理主要参考用于控制的关键指标。过程管理监控过程质量，因此产出能力这一关键指标应运而生且对其加以评价。

另一类是分析类关键指标，主要在短期偏差的情况下生成和评价，以便能够迅速进行优化。

因此，关键指标是对一个变量量化的、可复制的、客观的测量。它提供有关系统性能的信息，这些系统可以是组织单位、项目、产品、过程或人员。

当收集有意义的、互相匹配的关键数据时，如果它们相互补充并指向一个共同的上一层级的目标时，我们称之为关键指标体系。在一个关键指标体系中，单个关键指标其本身的信息价值非常有限，而将这些关键指标结合起来，就会形成一个相互依存、相互补充的关键指标体系。Horvath 将关键指标体系定义为一个有序的关键指标的总体，这些关键指标相互依存，从而作为一个整体提供了一个完整的主题信息。

从一个关键指标体系可以快速、集中地了解一家企业的业绩。它为规划、控制和管理提供支持。企业管理层能收到有关其业务过程性能的相关信息。在关键指标体系中，可以从图2-23描述的不同维度进行区分。

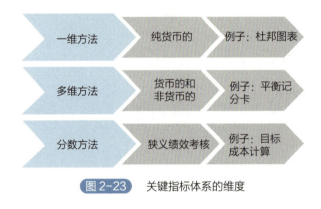

图2-23 关键指标体系的维度

> 通过将趋势显示与设定的目标进行比较，一个关键指标体系就会展现出其全面的说服力。

2. 关键指标的种类

在文献中关键指标的种类根据不同的统计形式做了区分，即：

- 绝对关键指标（表2-6）
- 相对关键指标（比例关键指标）

表2-6 关键指标的种类

关键指标分类	绝对关键指标	相对关键指标
细分指标	单一指标（如质量成本） 总和（如收支对照表） 差异（如营运资本＝流动资产－短期债务） 中值（如平均库存）	分数指标 关系指标 测量指标

相对关键指标通常具有较高的信息价值（例如生产成本占比、周转率、机器利用率）。然而绝对指标（例如内部缺陷数量、投诉的发现时间）必须作为整个运营规划、控制和检查过程中的重要辅助工具。数据库必须由早期和晚期指标、短期和长期以及货币和非货币的指标组成。表2-7阐述了可能的相对关键指标。

一个深思熟虑的关键指标体系应该包含以下种类的关键指标：

- 结构和框架指标，涉及企业各方面效率和能力
- 生产率指标，反映员工和生产运营设备的生产效率
- 经济指标，展示企业提供每项产品或服务所产生的费用
- 质量指标，反映业务过程目标的实现程度

表2-7 相对关键指标示例

相对关键指标	说明
分数指标	把一个整体参数转变成部分参数分数指标=（部分数量 ×100）/总量
关系指标	关系指标将具有事实相关性的等效内容相互关联，例如生产率关键指标：企业营业额/员工人数＝每位员工的营业额
测量指标	—
简单指标	简单指标显示了运行数据的相对变化
指数指标	指数指标将多个周期数据组合在一起

3. 对关键指标体系的要求

关键指标体系能够形成一份报告，展示出各个报告单位其目标的实现程度，可以确定偏差及其原因。已确定和实施的纠正措施显示了为消除偏差而采取的行动。

以下是对一个运行良好的关键指标体系的一般要求。随后将讨论标准或其他法规的要求。为了建立一个具有较高信息价值的关键指标体系，该体系所包含的指标必须符合许多标准（例如 Stausberg 2006）。

关键指标要求必须如下：

- 一直更新并处于最新状态
- 清晰明确而非模棱两可，即指标值的计算不允许存在不确定性
- 标准化，即确定的方法始终如一，以便对比新旧数据
- 全面的，即所使用的指标必须包含整个体系

因此，应该使用企业经济、战略及运营指标，这些指标应满足如下要求：

- 定义清晰明确
- 灵活，可随时扩展
- 满足标准或规则要求
- 包含与整个管理体系目标设定紧密相连的关键指标
- 能够引导控制一个管理体系
- 具有信息特征
- 量化事实

在关注关键指标的不同功能时，它的意义是显而易见的（表2-8）。

表 2-8 关键指标的功能

功能	说明
操作运行功能	构建关键指标，使目标及目标达成具有可操作性
激发功能	不断记录关键指标，以便能够发现异常和变化
指标功能	确定重要的关键指标值作为企业各领域的目标值
控制功能	使用关键指标，简化控制流程
监督功能	不断记录关键指标，以确定目标与实际的偏差

让一个全面的关键指标体系能够传递出重要的信息，组织必须满足以下四个前提条件。

（1）一个确实起作用的控制

企业必须拥有一个运行良好的控制系统，以便指标能被有意义地建立、系统地记录和集成。

（2）正确选择数据和关键指标

正确选择关键指标取决于它所满足的功能。必须确定一个关键指标的测量标尺和测量值、目标值及/或监控值。此外，必须确定一个关键指标的范围，即它涉及整个企业、一个组织单元还是一个过程。

（3）正确且符合规定地收集目标数据

关键指标的收集必须是正确的，最重要的是必须是持续性的。这一点是有效解释和评价指标的先决条件。

（4）更新和持续性分析

为了能够尽快发现薄弱环节和改善潜力以及进行前瞻性预测，应使用最新数据。这要求明确谁来负责提出、评价和进行报告。

4. 广泛的关键指标体系用于监视过程

大部分企业在财务层面都会通过关键指标进行很好的分析。反之，企业成功最重要的基石，如过程、能力、员工或客户，不太会或完全不会通过合适的关键指标来分析阐述。

关键指标体系的基础构成了质量管理体系模型（图 2-24）。该模型表明，只有在考虑了财务方面以及战略和运营方面时，才能实现企业可持续的业务成功。原因是，只有通过监控过程和分析确定的关键指标才能确定改进的潜力，并且可以保证利益相关方（例如股东、客户等）的满意度。

图 2-25 展示了质量管理体系中关键指标体系方案的各个步骤。

关键指标体系由财务指标（也称为价值层面）和质量指标（也称为驱动层面）构成。这两种类型的指标都必须分配到企业的各个过程当中。

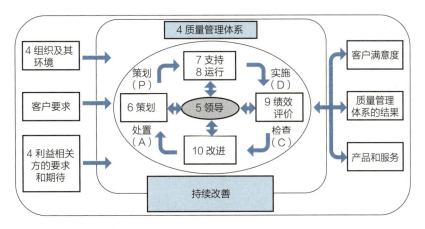

图 2-24　根据 ISO 9001:2015 建立的质量管理体系模型

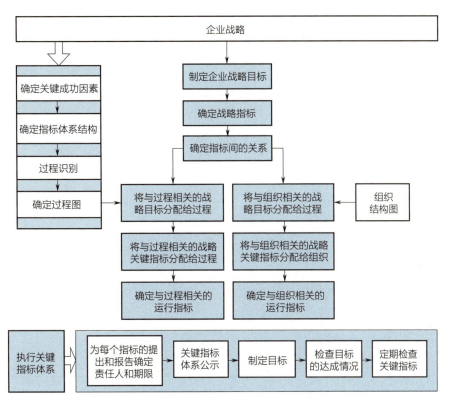

图 2-25　执行关键指标体系的步骤

5. 过程图的意义

在大多数企业中,运营经济指标是在不断收集的,因为它们用于编制资产负债表或收支表,并提供有关企业流动性的持续信息。但是一个全面的关键指标体系还需要监控企业的所有过程。关键指标分配给各个过程的基础是过程图。记录其管理体系的企业拥有这样的过程图。有许多方法可以将过程区分为不同类别。在任何情况下这都取决于企业的定位。

> **提示**
>
> 一般来说，过程分为以下几类：
> - 领导过程/管理过程
> - 核心过程/产生绩效过程
> - 支持过程
> - 测量和分析过程

过程，这一乍听上去很抽象的概念通常却是企业运行的日常事务。企业的附加值是在过程中产生的。一个企业对其过程掌握得越好，它的利润就越大。表2-9对此做了展示。

表2-9 过程在企业日常业务中的意义

过程种类	意义	主要过程的案例
领导过程/管理过程	短期、中期和长期的企业规划和控制	企业战略管理 企业运营管理 风险管理 持续改进过程 质量管理 ……
核心过程/功效过程	产品或服务创造和营销	订单处理 研究和发展 采购 生产和提供服务 市场营销 销售 ……
支持过程	有效并高效地执行核心/功效过程的框架条件	人员招录 人员发展 电子数据处理 维修 处理内外部错误 ……
测量和分析过程	产品/服务和过程的测量和监督	检具/量具管理 过程监督 产品/服务监督 客户满意度 员工满意度 ……

显而易见，过程是由日常任务和工作产生的，必须精确识别和记录。需要注意的是，过程是一个活跃体，会不断发生变化。记录的过程有以下一些优点：

- 记录的过程是透明的，显示了流程、责任、涉及的领域以及体系、决策途径和信息渠道
- 记录的过程可以使衔接更加紧密
- 记录的过程促进信息交流和企业内部沟通

- 记录的过程可以通过目标监测进行改进
- 记录的过程促进了有效的控制，从而促进了相互间沟通和建设性的互动

2.4.4 实施过程关键指标的步骤

第1步：企业战略的构建

企业战略的定义：企业战略是一个详细、长期的计划，用以实现企业已经定义的目标，即企业目标。

借助于企业战略可以回答企业的五个基本问题：

- 为什么企业会存在？企业独特的成功潜力（差异化潜力、核心能力）是什么？
- 企业为何而存在？企业可以为哪些确定的客户群体解决问题？
- 企业将要去向何方？企业将要达到的质量和数量目标都有哪些？
- 企业如何达到设定的质量和数量目标？哪些实施战略会有效且高效地实现目标？
- 目前是什么成为企业实施战略的最大阻碍？当前哪些紧迫的瓶颈阻碍了企业战略的实施？

为了确定企业战略必须导入战略规划过程。通过这个过程可以跟踪以下目标：

- 企业战略的规划
- 在固定的时间间隔（最合理是每年）检查或修订企业战略

图 2-26 一步一步地展示了战略规划过程的要求。

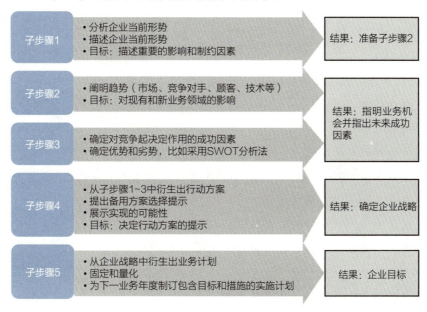

图 2-26　战略规划过程的要求

第 2 步：从企业战略中衍生出目标

该战略过程的结果是为下一个业务年度制订企业目标。战略目标应考虑到财务和非财务的关键指标。战略规划是一个非常重要的过程，因此应该作为一个独立的业务过程在企业内部进行管理。

提示 目标最重要的作用有：
- 感知作用
- 沟通作用
- 激励作用
- 信息作用
- 控制作用
- 市场作用

企业目标位于企业目标金字塔的顶端。这一主要目标衍生出其他次级目标，如领域目标、部门目标、员工目标。图 2-27 显示了目标的层次结构。

归功于这些作用，目标的重要性很快就显现出来。目标是企业管理的基础。没有目标体系，就无法对指标的理论值和实际值进行比较。目标通常不能直接测量，只能通过关键指标来测量。这样就将企业战略与实现既定目标所需的措施联系起来了。

鉴于可能的目标数量众多、利益多元化，目标也应该系统化。例如可以按管理级别、目标领域和目标类型来实现。此外，目标应符合某些特定要求。有一种推导目标的方法称为 SMART（表 2-10）。

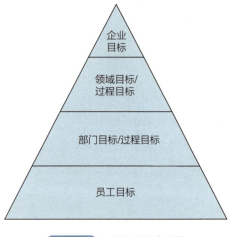
图 2-27　目标分级金字塔

可使用如下方法确定和监督目标：
- 确定企业战略
- 公开企业战略
- 确定所选择的目标种类
- 基于某种方法（例如上文提到的 SMART 方法）为每个目标确定衡量参数（指标）
- 通过测量每个参数，确定现状
- 确定收集测量参数和分发结果的责任人
- 举行目标确定会议，将目标拆解到员工层面
- 培训员工技能以实现目标
- 确定清晰的时间间隔并报告监督目标

- 确定、执行和记录必要的纠正措施

为了能够监督相关的企业过程，必须将目标分配给它们。

表 2-10　SMART 方法阐述

字母	意义	说明
S	具体的	目标对每个领域来说必须是具体的、不会被误解的、明确的，并与其他目标协调一致
M	可测量的	目标必须是可测量的
A	可达到的	目标必须可实现且有意义
R	相关性	目标必须与其他指标相关
T	有时间限定的	目标必须有明确的起止时间

第 3 步：确定目标

确定目标的方法有自上而下以及自下而上两种方法。

将目标分配给过程的方法如图 2-28 所示。

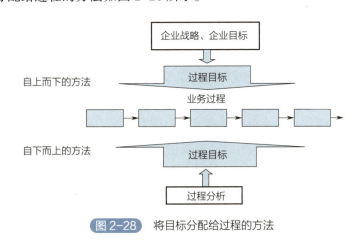

图 2-28　将目标分配给过程的方法

1. 自上而下的目标规划

提示　根据自上而下的方法进行目标规划的前提是拥有一个有效的战略性业务规划。

过程目标从企业战略和战略目标被导出和浓缩。之后目标值和测量值被以结构化的方式处理。这样管理层可以快速、全面地了解企业状况。因此，关键绩效指标体系在企业战略、业务计划和各业务过程之间建立了直接联系。各个步骤的规划由企业的不同机构执行。

第1阶段始于高层管理人员制定使命和远景。它应该能够激发下级领导层对远景的热情，从而把大家形成一个整体去确定未来3~5年的突破目标。在这个过程中经常运用平衡记分卡这一支持性工具。

第2阶段从年度目标的发展开始，它是由突破目标产生的。它构成了领域、部门、小组和员工目标的发展基础。这些目标发展包括测量值、责任人等的整个定义过程。

第3阶段描述了各个功能领域的自我实施过程。这一过程伴随着定期的中期审查，直至年度审查，由检查小组对该项实施关闭。

可以通过运用戴明环（PDCA循环）来支持实施过程，见表2-11。

表2-11　戴明环（PDCA循环）

策划（P）	确定目标和实施措施
实施（D）	执行措施
检查（C）	通过中期审查和年度审核检查结果
处置（A）	标准化、持续性的检查

2. 自下而上的目标规划

通过自下而上这种方法，过程目标由企业目标直接衍生而来。文献中经常提到的方法是过程分析和过程对标比较。

过程分析是从内部视角来评价过程。可以通过问题分析、时间比较、过程审核或者过程评价来完成。这种分析与外部人员无关，也不会考虑竞争地位，如平衡记分卡。

在定义过程目标时，还可以参考过程对标比较。可以把本企业的业务过程与其他企业或组织进行比较。

在汽车工业中，以过程为导向的方法是基础，它基于乌龟图分析，为确定过程指标提供了明确的方向。

为了确定过程指标所必需的标准，需要以下信息：
- 过程目标（目标值或理论值）
- 过程的关键指标
- 收集方法
- 收集频率
- 收集责任人

第 4 步：确定过程关键指标（见 2.4 章节）

特定的过程关键指标（图 2-29）给出了一个过程如下方面的信息：

- 效率
- 过程的有效性
- 控制可能性
- 故障

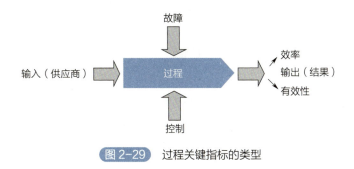

图 2-29　过程关键指标的类型

效率关键指标关注过程的经济性以及产出与投入的关系，大多数情况下它指的是费用指标。

效率关键指标的例子有：

- 培训成本
- 按订单比例的处置成本
- 与产量相关的制造成本
- 与产量相关的废品和返修成本
- 与产量相关的机器成本
- 与运输成本相关的送货量
- 与检测成本相关的检测单体数量
- ……

有效性关键指标关注过程的质量结果，以及一个过程是否满足已设定的期待（也是客户要求）。

有效性关键指标的例子有：

- 抱怨率
- 单位时间的损坏数量
- 超期供货的频率（供货时间忠诚度）
- 内部审核结果

- 客户分级
- 单位时间的销售额
- 客户满意度指数
- ……

通过供应商关键指标可评价从（外部或内部）供应商处获得的过程成果是否满足要求。

控制关键指标监控过程责任人（或其员工）对过程的影响。过程责任人可以直接影响控制关键指标。

故障关键指标可监控外部影响。任何人都无法积极控制外部影响，只能尽量限制。

为了确定实际值，测量是必要的。这种测量必须给予定义。测量值的精确定义是结果可用的前提。当一个关键指标是从另外一个指标衍生而来时，必须确定另一个指标已经被定义。例如在测量过程通过时间时，应明确定义过程何时开始、何时结束；或者在测量故障单元时，应该对故障单元有准确定义。精准和明确的定义是关键指标具有可比性的前提。

 如果计划以后与其他企业进行比较（对标），就应该使用例如已经在标准里定义好的关键指标。

关键指标根据过程来确定。如表 2-6 所列，一个过程可以使用不同的关键指标。
在哪个时间点进行测量？典型方案有：

- 每个过程步骤之前、之中和之后
- 一个特定过程步骤之前、之中和之后
- 每个过程开始时
- 特定的日期或时间
- 特定的班次或每个班次
- 样品抽检或完整检测
- 抽查的范围

同样，测量采取的方式必须确定下来，例如：

- 所需的辅助工具
- 使用特定的表格
- 特定的流程步骤、指导、标准或准则

必须定义责任人和执行人。这里要问如下一些问题：
- 谁是（内部/外部）客户？
- 要为客户带来哪些产品和服务？
- 若要满足要求，产品和服务必须具备哪些特征？
- 如何测量才能包含这些产品和服务特征？
- 测量是由参与过程的人员执行还是将任务给其他在外部监控该过程的人员？
- 执行测量的人员，必须为该测量接受专门的培训吗？
- 谁来负责该测量才能正确执行？

这里对要实施的关键指标提出了一些要求。每个关键指标在纳入关键指标体系之前必须根据以下标准进行检查：

1）收集的经济性：收集的费用、可支配性、收集数据的使用、数据的持久性。
2）数据控制：与目标相关、过程所有者的影响程度、控制的相关性
3）数据的可用性：明确性、可理解性、数据基础的可信度、展示的简单性。

在文件记录过程时要考虑到，必须为每个生产和支持过程建立有效性和效率关键指标。也就是说，只记录确实需要的过程或者建立过程组。

在确定要建立的关键指标之后，还要确定如何展示。这里直观可视化评价，例如通过图表的形式，可以向员工展示随时间变化的趋势分析信息，便于他们快速了解掌握当前的状态。

第5步：过程关键指标的展示

关键指标的图形化展示有助于处理并应用它们。从关键指标图可以快速识别趋势，也更容易做比较。

在汽车领域，生产中的相关关键指标测量以 ppm（百万分之一，即 10^{-6}）表示。客户进行的测量也是如此。通常目标由客户指定。

内部目标应该低于客户设定，这样在任何情况下都可以满足客户要求。

表 2-12 是一个表格展示示例。该表展示了一家企业在生产过程的终检中三种不同产品的缺陷率，所有值均以 ppm 表示。

对于时间类的展示首选折线图。图 2-30 是一个平均值走势的示例。柱状图非

常适合比较。例如图 2-31 显示了三种产品的比较。根据要表述的内容，可以在例如 Excel 中找到许多不同的展示形式。

表 2-12　不同产品缺陷率比较　　　　　　　　　　（单位：10^{-6}）

比较项	一月	二月	三月	四月	五月	六月
产品 1	889	889	842	1011	954	763
产品 2	1133	1144	1045	1033	1023	1026
产品 3	949	816	1006	996	1003	998
中值	990	950	964	1013	993	929

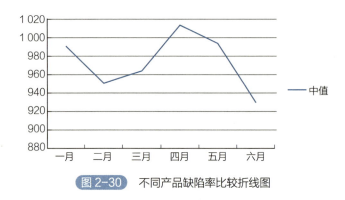

图 2-30　不同产品缺陷率比较折线图

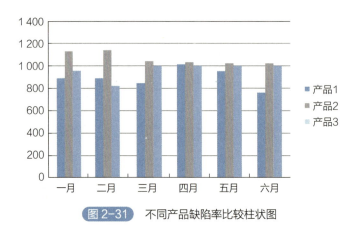

图 2-31　不同产品缺陷率比较柱状图

> 提示　直观可视化非常适合企业内部沟通。

另一种形象生动的形式是为每个过程创建一个所谓的关键指标集中展示表。关键指标集中展示表用一页纸或在计算机桌面上总结在一个过程里找到的关键指标。关键指标展示每个方面的实际值和目标值，使过程负责人一目了然地得到其过程中最重要的信息。

图 2-32 是一个生产过程的示例，图 2-33 是对其节选部分的解释。

除了过程负责人外，管理层通常也对企业过程的表现感兴趣。因此，过程负责人使用效率和有效性指标来监控过程。

供应商：	单位	理论值	实际值	状态	趋势Q
供应准备程度	百分比	98	94	96	+
送货时间准时性	百分比	99	99	100	+
送货数量准时性	百分比	100	92	92	--
换型时间或故障	工时	0	20	20	0
外购件的故障率	百分比	0	0	100	+
原材料的抱怨率	百分比	0	0	100	0
设备维修的停机时间	工时	0	12	12	-

效率	单位	理论值	实际值	状态	趋势Q
每单位加工成本	欧元	2.3	2.26	98	+
每单位物料成本	欧元	1.2	1.21	101	+
每单位人员成本	欧元	0.80	0.81	101	--
每单位设备成本	欧元	0.18	0.17	94	0
每单位服务成本	欧元	0.12	0.07	58	++

故障	单位	理论值	实际值	状态	趋势Q
病假	百分比	3	4,5	150	0
设备故障	工时	0	4	4	+
外勤	工时	20	10	50	0

有效性	单位	理论值	实际值	状态	趋势Q
索赔率	ppm	2000	1800	90	+
故障频率	ppm	1200	1400	117	+
A缺陷率	ppm	0	0	100	0
B缺陷率	ppm	0	0	100	0
1-FRYR	百分比	98	97	99	++

管理	单位	理论值	实际值	状态	趋势Q
员工培训	指数	80	82	103	+
人员流动风险	指数	0	0	0	+
改善项目状态	指数	95	92	97	-
过程能力	指数	100	100	100	+
废品成本/加工成本	百分比	2	2	100	+
返修成本/加工成本	百分比	4	3.6	90	+
换型时间比例	百分比	10	8	80	++

备注：

图 2-32　生产过程中的过程汇总展示表

注：来源于 © 9/2005 WEKA MEDIA GmbH & Co.KG，管理体系中的关键指标。

供应商：	单位	理论值	实际值	状态	趋势Q
供应准备程度	百分比	98	94	96	+
送货时间准时性	百分比	99	99	100	+
送货数量准时性	百分比	100	92	92	--
换型时间或故障	工时	0	20	20	0
外购件的故障率	百分比	0	0	100	+
原材料的抱怨率	百分比	0	0	100	0
设备维修的停机时间	工时	0	12	12	-

图 2-33　生产过程汇总展示表解释

注：来源于 © 9/2005 WEKA MEDIA GmbH & Co.KG，管理体系中的关键指标。

提示　通过过程集中展示表可以保证所有过程都使用同一种关键指标。

第6步：过程优化和改进

在关键指标审核中能确定出所使用的关键指标是否成功。根据获得的结果，所选的关键指标可能被保留，或者必须找到更有说服力的关键指标。该审核应在过程关键指标导入后不久进行，以便在短时间进行变更。如果在较长时间段内测量所选的关键指标，则可以得出有说服力的趋势分析。

提示　在审核中分析如下事实：
- 我们要测量的值，真的被测量了吗？
- 我们仅仅测量了原本要测量的？
- 这是衡量绩效的正确指标吗？
- 识别和收集所需数据容易吗？
- 在解释结果时可能存在歧义吗？
- 可以而且会根据收集的数据采取行动吗？
- 数据是否快速且定期获得？
- 关键指标是否值得测量成本？
- ……

2.4.5 总结

对于过程优化和评价来说，定义、收集和评价相关关键指标有重大意义。

过程优化，从而改进过程，对企业来说是必不可少的，因为优化的过程可以：

- 改善质量
- 缩短开发时间
- 降低成本
- 允许更高的效率、有效性和灵活性

重要的是，人们可以集中关注较少的有说服力的关键指标。在企业中，通常会收集许多指标数据，以此为基础从中提取关键指标，并将其分配给真正有意义的过程。重要的是，要涵盖所有领域。这意味着需要财务、客户、过程和人员方面的关键指标，例如：

- 投资回报率（ROI）
- 流动资金
- 设备和运转强度
- 现金比率
- 设备通过时间
- 故障时间
- 废品数量
- 病假率
- 员工问卷调查结果
- 客户满意度
- 销售额

请注意，对于核心和支持过程可以使用有效性和效率关键指标。

关键指标是必要的，它能够解决问题并确定当前状态。企业经济运营行为或其他相关因素用绝对或相对参数来表示。为此必须把数量、时间和价值数据以有说服力的方式呈现。所需信息最好是电子形式的，即在计算机辅助下获得并进行评价。通过持续评价可以决定是否需要采取措施解决出现的问题。

2.4.6 参考文献

Akao, Yoji: Hoshin Kanri – Policy Deployment for Successful TQM, Productivity Press, Cambridge, MA., 1991

Beuth (Hrsg.): Internationales Elektronisches Wörterbuch, Berlin 1995

Bünting, Dr. Frank (Autor): Vom Messen von Prozessen zum Steuern von Unternehmen: Ein Leitfaden von der Kennzahl zum Wirkmodell, VDMA Verlag, Frankfurt/Main, 2. Auflage 2013

Gabler Wirtschaftslexikon: Kennzahlen, https://wirtschafts lexikon.gabler.de/search/content?keys=Kennzahlen&sort_by=search_api_relevance&sort_order=DESC: Kennzahlen

Gladen, Werner: Performance Measurement. Controlling mit Kennzahlen (6. Aufl.). Springer Gabler, 2014

Horvàth, Péter: Controlling, Schäffer-Poeschel Verlag, Stuttgart 1996

Hummel, Thomas; Malorny, Christian: Total Quality Management – Tipps für die Einführung, Carl Hanser Verlag, München 2006

IATF 16949, Qualitätsmanagement-System-Standard der Automobilindustrie, 1. Ausgabe, 1. Oktober 2016

Melum, Mara M.; Colett, Casey: Breakthrough Leadership: Achieving Organizational Alignment Through Hoshin Planning, American Hospital Publishing, Chicago 1995

Ossola-Haring, Claudia (Hrsg.): Das große Handbuch Kennzahlen zur Unternehmensführung, mi Verlag, Landsberg am Lech 2002

Ossola-Haring, Claudia (Hrsg.): Handbuch Kennzahlen zur Unternehmensführung: Kennzahlen richtig verstehen, verknüpfen und interpretieren (Checklisten und Handbücher), mi Verlag, Landsberg am Lech 2006

ProjektMagazin Glossar: Kennzahl, https://www.projekt magazin.de/glossarterm/kennzahl

Qualitätsmanagementsysteme – Anforderungen (ISO 9001:2015); deutsche und englische Fassung EN ISO 9001:2015

Schmelzer, Hermann J.; Sesselmann, Wolfgang: Geschäftsprozessmanagement in der Praxis: Kunden zufrieden stellen – Produktivität steigern – Wert erhöhen, 8. Auflage, Carl Hanser Verlag, München 2013

Staehle, W., Kennzahlen und Kennzahlensysteme als Mittel der Organisation und Führung von Unternehmen, überarbeitete Auflage, Wiesbaden 1973

Stausberg, Michael: QM-Cockpit Kennzahlen, WEKA MEDIA Verlag, Kissing 2007

Weber, Jürgen: Einführung in das Controlling, 15. Auflage, Schäffer-Poeschel Verlag, Stuttgart 2016

Weber, Manfred: Schnelleinstieg Kennzahlen, 1. Auflage, Haufe-Lexware, München 2006

Weka Media Schulung: 9/2005 WEKA MEDIA GmbH & Co. KG, Kennzahlen im Managementsystem

Welt der BWL: Kennzahlen, www.welt-der-bwl.de/Kennzahlen

第 3 章
组织领导者责任

ISO 9001:2015 的最低要求是,公司领导者有义务发展和实现本公司的质量管理体系,并提供持续改进质量管理体系有效性的证据。

3.1 重要的管理任务

3.1.1 综述

关于优化质量管理体系和提高客户满意度(图 3-1),ISO9001 规定了最低要求,IATF16949 包含了其他附加要求。标准主要在第 5.1 章节中要求由企业管理层执行管理任务,这些任务在标准的其他部分做了进一步规定,例如管理评审的执行,其要求可以在第 9.3 章节及以下各节找到。

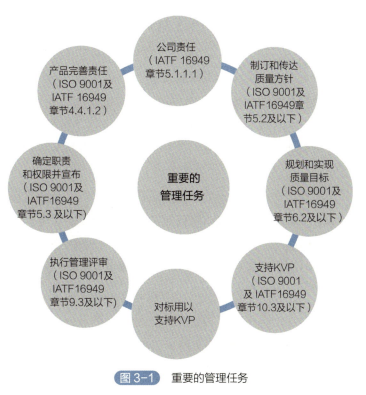

图 3-1 重要的管理任务

3.1.2 目的和意义

随着标准的修订,企业管理层越来越多地参与质量管理体系。其目的是从企业的最高层开始实施有效的质量管理体系,从而得到所有员工的尊重、理解、鼓励和支持。最高管理层要确保对员工标准要求的意义和目的是透明的,且标准要求得到实施。如果企业管理层不支持质量管理体系,员工很快就会注意到。如果是这种情况,不仅浪费了大量的时间和资金,而且整个质量管理体系的实施项目以及质量管理体系的有效性会受到质疑。

将管理层与标准要求相结合,从根本上有利于整个企业:

- 法律安全得到提高
- 企业目标得以实现
- 产品和服务质量得以改善,从而提高客户满意度
- 客户要求得以理解、传达和实现
- 企业纠正错误的文化得以发展和实现
- 企业政策、企业目标以及职责与权限得到确定
- 结构化和透明化的过程得以系统地改善
- 沟通和优化过程得以确定

3.1.3 组织领导者责任概述

如果管理层履行其义务,那么上述 ISO 9001:2015 的最低要求就会得到满足。管理层对质量管理体系的有效性负责。这是管理层通过管理评审(见第 3.7 章节)决定质量管理体系的有效性来实现的。

质量方针(见第 3.3 章节)和质量目标(见第 3.4 章节)必须由企业领导制定,以便与企业环境(见第 3.1 章节)及企业政策达到一致。此外,实现企业责任的基本原则也必须明确(第 3.2 章节)。

企业管理层还必须负责实施质量管理体系对业务流程的要求(见第 2.3 章节)。这意味着企业管理层要让质量管理体系对整个企业具有约束力,并给予支持。必须确保基于风险的方法和基于风险的思维在整个企业得到理解和实施(见第 5.5 章节)。必须提供所有需要的资源并且合格、有资质(见第 5.1 章节和第 5.2 章节)。

传达质量管理体系对企业的重要性也属于企业管理层的职权范围。这意味着企业管理层发挥模范带头作用,并通过良好的内部沟通将质量理念带入企业(见第 5.1.5.7 章节)。改善质量管理体系也是企业管理层必须鼓励和支持的一个关键点。质量管理体系随着持续改进而改进(见第 3.5 章节)。

相关领导必须提供支持，必须明确强调他们在每个责任领域的领导作用。

ISO 9001:2015 第 5.1.2 章节提出要求，如何查明和满足客户要求以及如何查明和优化客户满意度（见第 7.1 章节）。企业领导也对法律和行政要求负责。当然不是由他们自己执行，而是委派给相关部门。

满足客户要求也可以在比如可行性分析时执行（见第 7.1.4 章节）。与之相仿，法律要求的查明和满足在不同部门展开，部分在劳动安全和环境管理部门生效。对于一般性的法律规则，较大的企业都有法务部门，中小型企业可以通过咨询律师获知。

机遇和风险并存，与机遇和风险有关的决策分析也必须由企业领导者执行。在实践中，一定要把机遇和风险持续传达给相关的领导层。在评估机遇和风险时，企业领导必须在场，并做出必要的决定（见第 4 章）。

3.1.4　总结

让企业管理层负责的要求可能会产生法律义务的约束。这显然意味着企业管理层全权负责满足所有法律要求。例如涉及产品责任、产品安全以及数据保护，也适用于保修和担保，更不用说与客户、供应商和员工签订的合同所产生的法律义务了。

3.1.5　参考文献

DIN EN ISO 9004: Leiten und Lenken für den nachhaltigen Erfolg einer Organisation – Ein Qualitätsmanagementansatz (ISO 9004:2009), dreisprachige Fassung EN ISO 9004:2009

IATF 16949, Qualitätsmanagement-System-Standard der Automobilindustrie, 1. Ausgabe, 1. Oktober 2016

QM-Systemaudit – Dienstleistungen - Besondere Anforderungen für Dienstleistungsorganisationen in der Automobilindustrie, 3. Ausgabe, Juni 2017, Verband der Automobilindustrie e. V. (VDA)

Qualitätsmanagementsysteme – Anforderungen (ISO 9001: 2015); deutsche und englische Fassung EN ISO 9001:2015

Rauch, Dr. Monika: Oberste Leitung: Führung und Verpflichtung, in: QM-System nach ISO 9001, Online-Version, WEKA MEDIA, Kissing 2018

Thode, Michael: Abschnitt 5.1.1 Allgemeines, in: QM-System nach ISO 9001, Online-Version, WEKA MEDIA, Kissing 2018

Thode, Michael: Abschnitt 5.1.2 Kundenorientierung, in: QMSystem nach ISO 9001, Online-Version, WEKA MEDIA, Kissing 2018

Wagner, Karl Werner; Käfer, Roman: PQM – Prozessorientiertes Qualitätsmanagement, 4. Auflage, Carl Hanser Verlag, München 2008

3.2 实现企业责任的基本原则

3.2.1 综述

在 IATF 16949 中，第 5.1.1.1～5.1.1.3 章节是完全新增的。它要求必须明确确定实现企业责任的基本原则，至少应包括以下内容：

- 员工行为准则
- 反腐败政策
- 道德准则 – 升级过程（举报系统）

本章节实际上不包含有关如何在企业中实施的信息，但是对员工和供应商有合规性准则的企业可以满足这一点，并且不会因 IATF 要求而产生任何额外成本。

中小企业也会碰到这一新要求。但是，例如一个小的准则（至少包含所要求内容的指导、同员工一起进行目标商定、纳入劳动合同）或者企业政策的扩展，在今天是很有意义的。

重要的是，管理层负责防止企业的违法行为。必须建立适当的结构和措施，以确保规则的遵守。内部指南、行为准则或合规手册非常适用。

如果有工会，请检查共同决定权。

在 IATF 16949 第 5.1.1.2 章节中，除了 ISO 9001:2015 的要求，管理层显然有责任检查所有核心和支持过程的效率和有效性（见第 2.4 章节），并不断改进它们。在实践中，该工作通常委托给过程负责人。根据 IATF 16949 第 5.1.1.3 章节，过程负责人必须由企业管理层确定，并具有相关能力（见第 3.8.6 章节）。

3.2.2 目的和意义

企业管理层具有组织和监督职责，因此有义务组织企业，使得企业及其员工遵守法规和内部规章制度。建立合规管理体系对中型企业构成了重大挑战。

IATF 没有对合规管理体系提出要求，但是本章会简要讨论这个体系。

合规是什么意思？

合规的定义："对相关法律法规的遵守、服从、符合和赞同（协会要求、本公司规范、德国企业管理准则等）。它具有普适性，不受行业局限。"（来源：莱茵 TÜV 合规指南）

在德国企业管理准则中，只有针对上市公司的合规管理体系的规范。

在企业中实施行为准则，主要是为了防止违反规则，以避免：
- 形象受损
- 不正确或非法的商业行为
- 私定价格协议
- 业务管理层的个人刑事责任和损害赔偿风险
- 企业面临的风险，主要来自内部腐败事件等
- ……

可以通过所谓的举报人热线匿名举报来加强企业及其员工的合规性管理。在大多数情况下，企业会任命合规官，作为合规事件举报人的联系人，他们负责培训和通知员工，同时记录并调查被举报的事件。

一个合规项目的目标主要是以下几点：
- 预防，提前避免违规
- 识别，尽快发现违规
- 在企业内部形成标准化，快速且持续地对违规做出反应

有证据表明，客户门户网站中对供应商的要求越来越高，要求供应商必须向企业解释其处理腐败、童工等问题的方法。

总的来说，合规规则的引入为企业带来了巨大的利益，因为它降低了企业、管理人员和员工等的民事和刑事责任风险。这也大大增强了商业伙伴和客户的信心。另一个目标是为企业所有员工提供有关其工作环境中相关行为要求的信息。

3.2.3 合规管理体系概述

本章节概述了在企业中导入行为准则的粗略步骤，首先是为了满足 IATF 的要求。有关导入介绍的文献几乎都晦涩难懂、粗略梗概，并且在许多情况下涉及复杂的合规管理体系。

但是，合规不仅限于内部反腐败的措施，它还要求每位员工采取负责任的行为。这里指必须遵守相关法律和内部准则。

德国工商会（IHK）在互联网上为中小型企业引入合规系统提供了非常清晰的信息。也可以使用 ISO 19600 合规。这是一本适用于所有行业和各种企业规模的国际指南。另一个实用指南是德国莱茵 TÜV 标准 TR CMS 101:2015 和 TR CMS 100:2015（表3-1）。它基于 ISO19600，可以根据前面提到的指南做非官方认可的合规认证。

标准不要求建立合规管理体系。然而考虑引入这样的系统并没有什么坏处，因此，本章节概述了实施这样一个系统的例子，并参考了其他文献。

表 3-1 莱茵 TÜV 标准包含以下目录

章节序号	标题
4	组织环境
4.1	理解组织及其环境
4.2	理解相关利益方的需求和期待
4.3	确定合规管理体系的有效范围
4.4	合规管理体系和优秀管理的原则
4.5	合规：义务
4.6	识别、分析和评估合规：风险
5	领导
5.1	领导的义务
5.2	合规战略，合规指导方针
5.3	组织任务、责任和需求
6	规划
6.1	对待合规：风险的措施
6.2	合规：目标及其实现计划
7	支持
7.1	资源
7.2	能力和培训
7.3	意识
7.4	沟通
7.5	文件化的信息
8	运行
8.1	运行规划和控制
8.2	控制的导入和处理方法
8.3	扩张过程
9	绩效评估
9.1	监控、测量、分析和评估
9.2	内部审核
9.3	管理评审
10	优化
10.1	非一致性、违规和纠正措施
10.2	持续改善

注：见 TR CMS 101:2015 和 TR CMS 100:2015。

提示　无论你决定采用哪种实施方式，都要确保得到法律支持。

其结构符合 ISO 19600，但文本稍有出入。

ISO 19600 和 TR CMS 101:2015 和 TR CMS 100:2015 的章节结构与 ISO 9001 和 IATF 16949 的高层结构相同。因此，可以使用相同的方式构建管理体系，并且可以使用同样的方法为所考虑的管理体系创建定义、规范、过程和文档。由此产生一个综合的（或一体化的、集成的）管理体系，在资源分配、透明度、可接受性和维护开支方面具有明显优势。

莱茵 TÜV 标准建立在七项原则之上，如图 3-2 所示，接下来进行简要描述。

1）合规文化：企业领导和管理者必须树立合规行为的榜样并发挥榜样的作用，以提高员工的接受度。

2）领导：所有管理者都必须在榜样职能范围内遵守所有法律法规、内部规章制度和道德规范，并以此要求员工。

3）员工参与：所有员工必须提高认识，明确哪些规则是务必要遵守的。例如行为准则、培训等就适用于此。

4）合规体系的行政管理：同质量管理体系一样，合规管理体系也必须受到控制、监督和评估。因此这些任务要进行委托。可以设置一个称为"合规官"的岗位，或者将该任务分配给现有职位，如管理代表。

图 3-2　基于 TR CMS 101:2015 和 TR CMS 100:2015 的合规七项原则

5）风险分析：企业需要清楚其法律环境，以识别和评估可能的风险，并采取必要的预防措施，将其纳入过程和工作流程中。

6）以系统为导向的方法：与质量管理体系一样，在合规体系中也应该有明确的要求，以遵循 PDCA 循环。

7）监督：持续改进过程是所有系统的持续目标。这也可以通过内部审计、测试或外部审计机构的监督在合规系统中完成。然后应分析所有信息，以防止违规行为，并采取措施尽量减少对企业的损害。

3.2.4 合规：满足 IATF 16949 的最低要求

由于 IATF 不要求合规管理体系，因此接下来将讨论实施的最低要求。

行为准则必须包括领导层对相关法规的明确承诺。这样的准则确保员工和管理人员的业务政策得到真正实施，并遵守法律。第一步是识别和评估可能的风险。为此，应确定可能的风险领域。只有在这种情况下，才能在准则中规定员工的相关要求。

一旦确定了可能的行动领域，就必须与已存在法规和要求的实际状态进行比较。只有这样，才能制定出与业务要求相适应的规章制度。这些规章制度应放在所有员工都能够访问的文件夹里。

因此需要注意以下几个方面：

- 任命一个负责人（合规官），负责回答员工和业务伙伴的问题
- 设立举报系统：这意味着可以为匿名举报提供通道
- 控制和监督机构
- 记录并向领导汇报
- 对已经证实的侵权行为进行制裁

在内容方面，通常涉及图 3-3 中所示的主题。

"联合国全球契约"的原则一般涵盖了企业中涉及的领域（图 3-4）。

图 3-3　行为准则内的重要主题

人权	工作	环境	反腐败
• 保护国际人权 • 没有人权损害	• 维护结社自由 • 剔除各种形式的强制劳动 • 废除童工 • 消除招聘和就业中的歧视	• 运用预防原则处理环境问题 • 提高环保意识 • 加快发展和应用环保技术	• 阻止腐败、贿赂和勒索

图 3-4　由"联合国全球契约"中行为准则导出的合规原则

联合国全球契约组织是世界上最大、最重要，倡导负责任的企业管理的倡议发起者。该倡议以其十项原则为基础，追求包容性和可持续发展的世界经济的愿景，以造福全人类和所有团体。

来自161个国家和地区超过13000多个民间团体、政治和科学企业和组织表明，他们希望共同分担这一愿景（来源：全球契约）。

3.2.5 总结

行为准则必须与企业的主要合规风险相关，这一点很重要。如果措辞简单且内容清楚，则员工的接受度更高。

提示有工会的公司尽早让工会介入。

企业联系人及其联系方式应包含在行为准则中，还有匿名举报的联系方式也应包含在内。

在行为准则中应规定对不当行为的可能制裁。

提高员工意识和事件状态信息公开非常重要。在任何情况下，这都会提高企业的接受度。如果员工行为准则已经扎根于企业，则可以为企业供应商制定行为准则。

建立职业道德政策的原则，并确保其执行情况也能得到验证。

3.2.6 参考文献

business-wissen.de: Regeln einhalten und davon profitieren: https://www.business-wissen.de/artikel/compliance-regeln-einhalten-und-davon-profitieren/

business-wissen.de: 4 Beispiele für einen Code of Conduct: https://www.business-wissen.de/artikel/compliance-4-beispiele-fuer-einen-code-of-conduct/

DIN ISO 19600:2016-12, Compliance-Managementsysteme – Leitlinien (ISO 19600:2014)

Fissenewert, Prof. Dr. Peter: Praxishandbuch internationale Compliance-Management-Systeme: Grundsätze – Checklisten – Zertifizierung gemäß ISO 19600, Erich Schmidt Verlag GmbH & Co., Berlin, 2015

Global Compact: Die zehn Prinzipien des Global Impact, https:// www.globalcompact.de/de/ueber-uns/Dokumente-Ueber-uns/DIE-ZEHN-PRINZIPIEN-1.pdf

Hansen, Inken: Der optimale Weg zum Mitarbeiter-Verhaltenskodex, https://www.stb-web.de/news/article.php/id/3926

Haufe Online Redaktion: Klein- und Mittelständler müssen ihre Scheu vor dem Compliance-Management überwinden, https://www.haufe.de/compliance/management-praxis/ die-scheu-der-kmu-vor-dem-compliance-management_230 130_447966.html, 11. 6. 2018

JuraForum: Erklärung zum Begriff Compliance: https://www. juraforum.de/lexikon/compliance

Weidenbach, Felix, Compliance-Systeme einrichten Ein Leitfaden für die Wirtschaft, IHK Nürnberg für Mittelfranken, Juni 2017

Rauch, Dr. Monika: Gesetzliche und behördliche Anforderungen an Produkt und Dienstleistung, in: QM-System nach ISO 9001, Online-Version, WEKA MEDIA, Kissing 2018

Schieder, Sebastian: Was ist Compliance? Hinweise zur Umsetzung im Unternehmen, https://www.stuttgart.ihk24. de/Fuer-Unternehmen/recht_und_steuern/Wirtschafts recht/Compliance_und_Geldwaesche/Compliance/676956, Stand Januar 2017

Thomann, Prof. Dr.-Ing. Hermann: QM in Dienstleistungsunternehmen, TÜV Media GmbH, Köln

TÜV Rheinland Cert GmbH: Compliance-Management-Systeme – Standard und Leitfaden, TR CMS 101:2015 und TR CMS 100:2015, 1. Auflage 2015

Viebranz, Dr. Jörg: Der Code of Conduct – noch mehr Regeln oder sinnvolles Kommunikationsinstrument?, https:// www.haufe.de/compliance/management-praxis/code-of-conduct-sinnvolles-kommunikationsinstrument_230130_420458.html

Vieregge, Rainer: Ein sauberes Image: Wie Ihr Unternehmen mit einem guten Compliance-Management rechtssicher wird, in: QM-System nach ISO 9001, Online-Version, WEKA MEDIA, Kissing 2018

3.3 确定和公布质量方针

质量方针文件规定了企业管理层对其产品或服务质量的要求。此外，质量方针为员工在企业内部的行为和对客户的行为提供了企业指导方针。

3.3.1 综述

作为基本标准的 ISO 9001 在第 5.2.1 章节中规定了质量方针有如下要求。

质量方针必须：

- 适合组织
- 充分支持组织的战略方向
- 提供定义和评估质量目标的框架
- 满足相关要求的义务
- 包括对质量管理体系持续改进的承诺

ISO 9001 第 5.2.2 章节规定了发布要求。此后，质量方针必须：
- 记录和控制
- 在组织内传达、理解和应用，以及在适当情况下可供相关利益方使用
- IATF 16949 没有进一步要求

3.3.2　目的和意义

一个简明易懂、可在企业内传达的质量方针是为了使所有员工了解企业管理层对质量管理体系的态度和承诺，继而可以意识到，自己是集体中的一员，与管理层一样对企业承担义务。

3.3.3　质量方针的确定

企业管理层有义务根据 ISO 9001 制订详细目标并设定框架。质量方针是从企业政策衍生而来的。质量方针决定了质量对企业、客户和产品或服务的价值。

企业政策描述了企业的愿景，质量方针决定了质量管理体系要达到的绩效，质量管理体系描述了质量目标。质量方针必须以书面形式编制，并向所有员工传达。

质量方针的内容在实践中差异很大，这取决于企业各自的产品或服务。然而，主要内容取决于 ISO 9001:2015 第 0.2 章节中列出的并在 ISO 9000 中明确规定的七项质量管理原则，包括以下几项内容：

1）以客户为关注的焦点：企业依赖客户，因此应该了解客户当前和未来的需求，满足客户的要求，并努力超越客户的期望。

2）领导的作用：领导层确定企业宗旨和方向的统一性。他们应该创造和维持一个环境，让人们能够充分参与企业目标的实现。

3）全员积极参与：企业各级员工组成了"人力资本"。员工的充分参与使得他们的技能得以发挥，给企业带来收益。

4）过程方法：如果将相关工作和资源作为一个过程来处理，则可以更有效地实现预期的效果。

5）改进：企业整体业绩的持续改善应该是一个坚持不懈的目标。

6）循证决策：有效的决策基于对数据和信息的分析。

7）关系管理：企业及其合作伙伴相互依赖，互利关系提高了二者创造价值的能力。

ISO 9004 还包含制订质量方针的进一步提示。它用了第 5.3 整个章节讲述战略和政策，对方案、实施和沟通给出了指导。

ISO 9001 中的要求是明确的。因此，在此基础上并借助 ISO 9004 为每家企业制定易于理解的质量方针（图 3-5）。

可以从其他公司的质量方针中获取启发，然后针对您自己的公司量身定制。

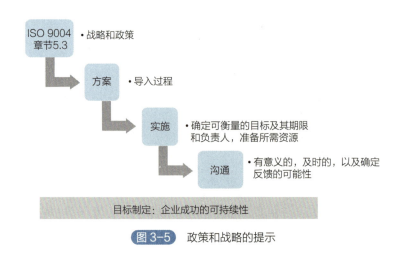

图 3-5 政策和战略的提示

3.3.4 确定、公布及监控质量方针

3.3.4.1 第一步：确定质量方针

首先，必须收集相关信息。然后，必须就各个方面做出明确说明。例如：

- 对质量的承诺
- 关于客户导向的声明
- 关于员工激励的声明
- 守时
- 可靠性
- 重视技术、人员等的要求
- 有效性和效率的评估

在同时用作职业安全和环境管理系统的综合管理系统的情况下，还可以添加有关职业安全和/或环境保护的声明。

制订质量方针后，当然可能包含超出 ISO 9001 第 5.2.1 章节中标准要求的其他要点，可以使用检查表检查是否已考虑所有标准内容（表 3-2）。

表 3-2　质量方针检查表

问题	备注
质量方针符合企业目标吗？	
质量方针是否支持企业的战略定位？	
质量方针是否为确定质量目标提供了框架？	
质量方针是否包括满足其他要求的义务？	
质量方针是否包含满足所有适用要求的义务？	
质量方针是否以文件形式提供？	
企业的质量方针公布了吗？	
质量方针是否被所有员工理解并应用？	
质量方针是否可供相关利益方使用并适用？	

➡ 工作辅助：质量方针检查表。

提示：企业领导层必须制定质量方针。质量管理代表可以提供提示并确保满足所有标准要求。

以下示例展示了质量方针的内容。这个例子基于 ISO 9001，仅能作为指导工具，因为质量方针的具体内容必须具体制定。

1）我们业务的另一个重要基础是所生产提供的产品/服务的高质量。

2）我们致力于满足客户要求，提高客户满意度。

3）为了达成这一目标，我们承诺：

- 拥有一个确定和灵活的组织
- 与有资质的员工合作
- 从我们的供应商处采购无缺陷的零件和材料
- 在所有业务领域引入和实施质量优良的、以客户为导向的流程
- 即使在销售后，也会照顾我们的客户
- 我们提供的质量，也这样要求我们的供应商和分包商

4）企业领导对质量总负责，所有员工都参与了持续改进的过程。

5）保证和有针对性地持续质量改进是我们企业全体员工的任务。它需要跨部门和跨职能边界的自觉承诺和积极合作。

6）我们致力于在交付产品/服务之前、期间和之后为客户提供最好的支持，并确保我们的产品/服务具有最高的安全性和可靠性。

7）所有员工都要被告知这些企业规划的约束性以及由此产生的责任。我们共同负责实现所需的产品/服务质量。

8）我们的管理人员充当榜样。管理层实施质量方针并监督其遵守情况。

9）所有过程和组织都以避免错误并从错误中吸取教训为前提去建立，从而按时提供高质量的产品/服务。

10）为了实现这一目标，定期审查我们的质量方针和既定流程，评估质量管理体系并制订新的质量目标。

3.3.4.2　第二步：公布质量方针

已制定或更新的质量方针要告知企业员工，这是企业领导层的任务。

 提示　选择一种能确保员工对质量方针能有最佳理解的方法。

有很多不同的方法可以在企业内传达质量方针。实践中以下方法是有意义的：
- 含有企业管理层签名和签发日期的通知
- 在企业内部网上发布
- 在企业内部刊物上发表
- 作为传单或质量手册的质量方针，例如与工资单一起发送
- 企业管理层在员工大会上宣布质量方针
- 在部门会议上传达质量方针
- 在质量管理体系培训中传达质量方针
- 将质量方针纳入质量管理手册

必须说服企业管理层支持质量方针，这一点很重要。质量方针的正确传达对于整个质量管理体系的认可程度至关重要。因为质量管理体系的成功实施主要靠员工来完成。这意味着企业的管理层可以在这一点上发挥其榜样示范作用。

3.3.4.3　第三步：监控质量方针

标准要求定期检查质量方针是否更新。这是有意义的，因为如上所述，它是构成质量目标的基础。只有在当前版本的质量方针可用的情况下，才能合理地传达。此外，只有在质量方针真实且适合企业的情况下，它才会被员工接受并且执行。通过年度管理评审进行最有效的审查，将评估质量方针的时效性作为评估点纳入企业管理层的报告中。

提示 质量方针的表达描述应使员工能够对照识别出和自己直接相关的内容。

3.3.5 总结

质量方针必须由最高管理层制订。制定的关键点是满足客户需求（不仅是满足直接客户的需求，而且还要满足其他利益伙伴的需求，例如社会、员工、供应商和业主），以提高客户满意度并持续改善。

质量方针必须源于企业政策，并为质量目标的形成奠定基础。它必须由企业管理层制定和传达，并定期进行审查。

提示 注意，在公司目标改变时，质量方针也必须随之进行调整。确保所有员工都知晓质量方针。

3.3.6 参考文献

Ein sauberes Image: Wie Ihr Unternehmen mit einem guten Compliance-Management rechtssicher wird, in: QM-System nach ISO 9001, Online-Version, WEKA MEDIA, Kissing 2018

DIN EN ISO 9001:2015: Qualitätsmanagementsysteme – Anforderungen (ISO 9001:2015); deutsche und englische Fassung EN ISO 9001:2015

IATF 16949, Erste Ausgabe 2016, Anforderungen an Qualitätsmanagementsysteme für die Serien- und Ersatzteilproduktion in der Automobilindustrie

Jahnes, Stefan; Schüttenhelm, Thomas (Hrsg.): Integriertes Managementsystem, WEKA MEDIA, Kissing 2010

Leiten und Lenken für den nachhaltigen Erfolg einer Organisation – Ein Qualitätsmanagementansatz (ISO 9004:2009); Dreisprachige Fassung EN ISO 9004:2009

Rauch, Dr. Monika: Gesetzliche und behördliche Anforderungen an Produkt und Dienstleistung, in: QM-System nach ISO 9001, Online-Version, WEKA MEDIA, Kissing 2018

Rauch, Dr. Monika: Was ist eine Qualitätspolitik und was fordert die ISO 9001:2015?, in QM-System nach ISO 9001, Online-Version, WEKA MEDIA, Kissing 2018

Thode, Michael: Abschnitt 5.2.1 Bekanntmachung der Qualitätspolitik, in QM-System nach ISO 9001, Online-Version, WEKA MEDIA, Kissing 2018

Thode, Michael: Abschnitt 5.2.2 Entwicklung der Qualitätspolitik, in: QM-System nach ISO

9001, Online-Version, WEKA MEDIA, Kissing 2018

Thomann, Prof. Dr.-Ing. Hermann: QM in Dienstleistungsunternehmen, TÜV Media GmbH, Köln

Viebranz, Dr. Jörg: Der Code of Conduct – noch mehr Regeln oder sinnvolles Kommunikationsinstrument?, https://www.haufe.de/compliance/management-praxis/code-of-conduct-sinnvolles-kommunikationsinstrument_230130_420458.html

Wagner, Karl Werner; Käfer, Roman: PQM – Prozessorientiertes Qualitätsmanagement, Carl Hanser Verlag, München, 4. Auflage 2008

3.4 策划和实施质量目标

质量目标源自质量方针，并针对各个领域、部门和/或直至员工级别进行定义。质量目标也可以分配给各个过程，从而包括在关键指标体系中。

3.4.1 综述

ISO 9001 第 6.2.1 章节要求管理层必须确保质量目标：

- 与产品和服务的一致性有关
- 与提高客户满意度有关
- 质量目标是可以衡量的
- 与质量方针保持一致
- 被监督和传达
- 有需要时进行更新
- 被记录并在版本变更时存档

ISO 9001 第 6.2.2 章节主要讲述质量目标的规划。要求规定组织必须确定如下几点：

- 需要做什么
- 为此需要哪些资源
- 责任
- 截止时间
- 结果评估方式

IATF 16949 还要求必须确保：

- 确定满足客户要求的质量目标
- 将它们向下分解到组织内的所有相关职能、过程和层级

• 确定质量目标的时间范围，每年至少一次
• 考虑相关利益方的要求

图 3-6 展示了质量目标的环境。

从企业战略出发，所有相关目标都必须通过关键绩效指标来体现。通常，以职能为导向的目标和以过程为导向的目标是固定的。

以职能为导向意味着根据战略目标确定领域、部门甚至员工的目标。

以过程为导向的质量目标意味着，该目标也来自于企业的战略目标，是为过程设定的，可能是分配至过程，直到确定过程负责人的目标。

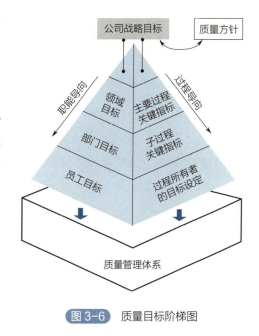

图 3-6 质量目标阶梯图

在实践中，质量目标通常以职能导向和过程导向关键指标的混合形式呈现。质量目标源于企业战略和质量方针。为了实现质量目标，目标分配给各领域、各部门，必要时分配至员工。在一个领域内运行着不同的过程，这意味着必须从领域指标中推导出过程指标，以实现领域目标。

3.4.2 目的和意义

通过定义和监控质量目标和相关指标，可以不断获得有关质量管理体系有效性、自身可靠性、客户满意度和供应商状态的信息。快速反应是有可能的，以便通过采取措施对质量管理体系进行持续改进、做出积极贡献。

3.4.3 质量目标的制定、测量和执行

3.4.3.1 第 1 步：根据质量方针制定质量目标

确定质量目标的出发点是：
• 企业战略
• 质量方针
• 战略目标

战略目标的每个方面都可以分配一个或多个质量目标。但是我们必须确保质量目标不会相互冲突。除了现有质量方针中的目标描述，文件化的业务及关键过程是可衡

量的质量目标的基础。

 可衡量的质量目标需要目标值和衡量参数。

例如，物流企业的质量方针规定了要提高客户满意度。作为可衡量的质量目标，确定了两个目标，即质量成本降低 $x\%$，并保留客户要求的证书（图 3-7）。

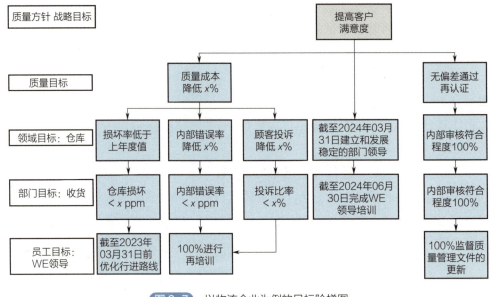

图 3-7 以物流企业为例的目标阶梯图

3.4.3.2 第 2 步：持续衡量质量目标

从图 3-7 的例子可以看出，质量目标的转换不仅影响过程目标，而且还影响与员工达成的目标协议——但是，必须以相同的标准监视这些不同目标的实现。

必须确定衡量的责任人和衡量时间间隔。如果目标未达成，则监控和启动改进措施的责任应分配给相关过程负责人；如果是员工目标，则分配给直属上级。有助于监测质量目标的衡量标准包含在关键绩效指标体系中，并持续监测。

3.4.3.3 第 3 步：检查质量目标

目标体系必须在企业内公开，员工相关目标仅与各员工以书面形式达成一致，团队相关目标则与各团队达成一致。对目标、领域或部门的了解有助于提高企业的透明度，并制订明确的目标。目标制订的前提是目标是可以实现的并具备所需资源。

例如通过关键指标体系进行持续监测。因此必须确定收集关键指标的责任和实际间隔时间。

质量目标计划与实际情况的比较在管理评审中进行。如果没有达到所追求的目标，则必须制订对策并实施。对策措施也完全有可能包括调整质量方针或质量目标。

如果约定的目标未能实现，则必须制订对策并实施，以改善目标与实际情况的差距。

对已证明不切实际的关键指标，应该加以修正。注意：但是，如果指标发生变化，就不再具有可比性，趋势展示也不再有意义。

3.4.4 总结

质量目标源于企业目标，必须加以定义。因此，质量目标是企业目标的一部分。关键绩效指标必须被定义、收集、评估并纳入到业务计划中。还必须确定数据收集的责任和有意义的收集时间间隔。所有员工必须了解质量目标。

3.4.5 参考文献

Brückner, Claudia: Qualitätsmanagement für die Automobilindustrie, 1. Auflage, Symposion Publishing, Düsseldorf 2009

Brückner, Claudia: Die neue IATF 16949 – Gründe für die Revision der ISO/TS 16949, in: QM-System nach ISO 9001, Online-Version, WEKA MEDIA, Kissing 2018

Brunner, Franz J.; Wagner, Karl Werner; Osanna, Peter H.: Taschenbuch Qualitätsmanagement – Leitfaden für Ingenieure und Techniker, 3. Auflage, Carl Hanser Verlag, München 2004

DIN EN ISO 9001:2015: Qualitätsmanagementsysteme – Anforderungen (ISO 9001:2015); deutsche und englische Fassung EN ISO 9001:2015

Harmeier, Jens: Key Performance Indicators zur Umsetzung der ISO 9001:2015, in: QM-System nach ISO 9001, Online-Version, WEKA MEDIA, Kissing 2018

IATF 16949, Erste Ausgabe 2016, Anforderungen an Qualitätsmanagementsysteme für die Serien- und Ersatzteilproduktion in der Automobilindustrie

Leiten und Lenken für den nachhaltigen Erfolg einer Organisation-Ein Qualitätsmanagementansatz (ISO 9004:2009); Dreisprachige Fassung EN ISO 9004:2009

Linß, Gerhard, Qualitätsmanagement für Ingenieure, 4., vollständig überarbeitete Auflage Hanser Verlag, München, 2018

Seghezzi, Hans Dieter; Fahrni, Fritz; Herrmann, Frank: Integriertes Qualitätsmanagement – Der St. Galler Ansatz, 3. Auflage, Carl Hanser Verlag, München 2007

Thode, Michael: Kennzahlen logisch ableiten und vernetzen, in: QM-System nach ISO 9001,

Online-Version, WEKA MEDIA, Kissing 2018

Wagner, Karl Werner; Käfer, Roman: PQM – Prozessorientiertes Qualitätsmanagement, Carl Hanser Verlag, München, 4. Auflage 2008

Zollondz, Hans-Dieter (Hrsg.): Lexikon Qualitätsmanagement – Handbuch des modernen Managements auf der Basis des Qualitätsmanagements, 1. Auflage, Oldenbourg Wissenschaftsverlag, München 2001

3.5 KVP：一项领导任务

持续改进过程（KVP）是全面质量管理体系的重要组成部分。KVP 不可或缺，用以减少浪费、优化流程并降低成本。企业必须处理诸如不遵守交货日期、产品质量差、全程运行时间太长、库存太多且未达到所需的生产率等问题。在专业文献中，这些问题也被称为最大的浪费因素。

主要有以下浪费类型：

- 生产过剩的浪费（生产能力过剩）
- 库存过剩的浪费
- 返修和废品的浪费
- 时间损失的浪费
- 生产过程中不必要的或太长的（运输）路线的浪费
- 不适当的、不符合技术规则的浪费

实施过程需要与此过程相关的领导者的认同，因为他们和他们的员工是 KVP 的驱动力。他们必须塑造和维持这个过程。企业内部的持续改进常常会带来变化，这意味着长久以来执行的流程有所改变。员工经常对这些变化持批评态度。

只有领导者才能及时引导员工做好变革准备，并向他们解释这一过程的必要性。

3.5.1 综述

KVP 一词可以追溯到日本的改善概念（请参阅第 9.6.7 章节）。图 3-8 显示了该术语的含义。今井正明认为，最基础的持续改进工作（日本人在竞争中取得成功的关键来自于此）、持续改善过程的哲学基于这样一个假设：如果每个系统都没

图 3-8　改善概念的含义

有不断更新或改进,那么它从建立之初就可能会瓦解。持续改善过程的信条是,企业的每一天都要在改善中度过。

德语中相对应的词汇"持续改进过程"恰当地描述了其共同核心:人们希望通过全面提高质量和效率来不断增强企业的竞争力。持续改善过程是一项管理任务,不仅包括员工的热情和资质,还包括面向客户和需求的流程定制设计和结构定制设计。

持续改进过程这一领导方法的可信度取决于领导者的可信度,领导者必须积极地实践这一理念并自上而下地做好准备。KVP 的引入只能自上而下,然后开始自下而上地运行。

一方面,持续改进过程的特征是自愿性;另一方面,必须有激励机制来推动这一进程向前发展。

公司管理层必须为个人或跨部门的改进措施提供必要的资源,并消除遇到的任何障碍。

KVP 在专业文献中的定义具有一致性。下面列举了一些定义。

"持续改进过程(KVP)被理解为企业所有相关人员的内在态度,以持续改进企业的所有流程和领域。KVP 是 ISO9001 质量管理的一部分,可与日本的质量理念相媲美。它是由美国物理学家威廉·爱德华·德明在 20 世纪 50 年代发展而来的。"

"KVP 包括改善不同领域的所有措施,例如生产、服务、其他工作流程以及其他个人工作活动。在不同领域,员工检查他们能够在何处改进、如何改进以及所使用的方法(包括工具)。实施众多小而快速的措施比将其变成一个大型的长期项目更重要。一种可能的改进方法是 PDCA 法。"

"KVP 是一种理念和思维方式,旨在通过不断的、通常是较小的改进来加强整个企业的竞争力。KVP 适用于所有业务部门,主要侧重于提高所有业务部门的产品、流程和服务质量。"

"KVP 是在小组和团队合作的背景下通过连续的小型改进步骤来实现的(与大型的、引人注目的创新形式形成对比)。KVP 的特点是小型员工小组和工作小组中的工作、计划措施的快速实施,以及侧重于本部门或本人责任和工作环境。改善或 KVP 是全面质量管理(Total Quality Management,TQM)的要素和基本原则,也是 ISO 9001:2015 必不可少的认证前提。"

ISO 9001 第 10.1 章节要求定义和实施可能的改进措施，以满足客户的要求。因此，必须满足以下要求：

- 改善产品和服务以满足客户和其他利益相关方的要求
- 考虑未来的需求和事件
- 纠正和阻止可能发生的负面影响
- 改善质量管理体系的绩效和效果

根据 ISO 9001 第 10.2.2 章节，改善过程中的所有工作都必须记录下来，并且易于理解。

遵守 PDCA 循环，以便能够证明系统的实施。

为了满足这些标准要求，有几种可能性，如下所述。对于 KVP，这可以是使用和启动系统的方法和工具，例如：

- 企业改善建议
- 质量环
- 研讨会和客户项目的结果

3.5.2 目的和意义

为了能够实现 KVP，系统性的方法是必不可少的。因此，应该注意持续改善过程的基本原则：

- 员工导向和客户导向
- 目标导向和结果导向
- 过程导向和质量导向
- 透明性导向和因素导向
- 优化导向和持续性导向

KVP 使得员工和管理人员密切合作，员工的知识和技能被纳入设计过程。企业内部必须有一种文化，使员工能够发挥其优化改善的潜力。此外，员工应该能够积极参与解决方案的制订。将其整合到流程中，一方面能够提高员工的积极性；另一方面也可以寻求和找到解决方案，这些解决方案将得到所有人的长期支持并取得成功。

KVP 的目标是通过提高生产率和质量来提高效率。这意味着经济和文化层面的改进。

提 示　牢固建立的持续改进过程系统可以稳定企业的上升趋势,并且随着时间的推移,它已作为员工和领导层的企业规范而积极地付诸实践。

3.5.3　KVP 的全过程

当谈到 KVP 时,我们并不是指一个单独定义的过程,而是必须使用不同的方法来启动和推进整个"KVP"过程。

在第一种方法中,KVP 处理需要识别和纠正的薄弱环节。一旦消除了这些问题,那么所涉及的主题将越来越多地集中在创造附加价值机会的讨论上。那么问题就不再意味着:"迄今为止我们的弱点在哪里?我们如何消除它们?"而是"我们的优势在哪里?我们如何扩展它们?"

因此,KVP 应该被理解为一种开发过程。首先是激活企业改善建议系统的工具。一旦它步入正轨,就会发展成一种超越任务分配的内在动力,在动机、沟通和学习心理方面产生了进一步的积极影响,其重要性不容小觑。

KVP 是一个基于"边做边学"的教育过程。它不仅从 KVP 会议开始,而且已经在每个工位上开展起来。即使在工作岗位上,员工也必须密切关注工作过程。在团队会议上提出和处理问题的动力正是源于此。

KVP 在企业中主要用于流程的不断改进。图 3-9 显示了在企业中应用整体的 KVP 来实现重要经济和社会目标的跟踪。

确认完之后可以开始导入 KVP。图 3-10 基本上阐述了导入 KPV 的五个步骤。

第一步,确定 KVP 的目标。

第二步,为了让所有员工理解 KVP,必须在企业中导入 KVP 议程。这通常是通过对管理层召开启动会议来完成的,管理层作为信息传播

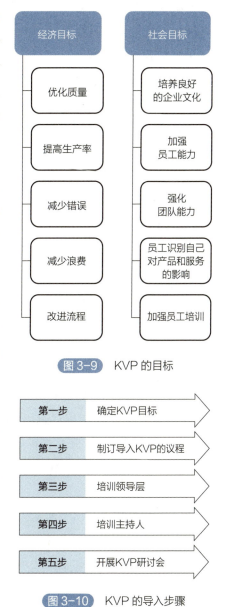

图 3-9　KVP 的目标

图 3-10　KVP 的导入步骤

者，来提高员工对此问题认识的敏感度。

第三步，必须对领导层进行将要在企业中执行 KVP 的培训。

第四步，培训主持人或所谓的 KVP 协调员，让他们能够主持企业中的 KVP 小组。

第五步，开展 KVP 研讨会。

根据目标设定的不同，KVP 可以获得如下结果：

- 减少工时
- 减少临时工的数量
- 组建流动岗
- 优化劳动生产率
- 优化区域交货准时性
- 优化质量区域
- 优化团队合作
- 工位整洁
- 改善领导和员工的沟通

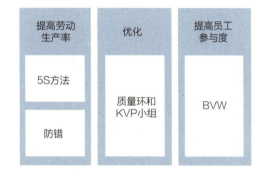

图 3-11 重要的 KVP 概念和方法

必须将 KVP 理解为企业发展的整体方法。这意味着企业管理层必须确定他们希望通过 KVP 实现哪些目标。KVP 成功与否取决于支持方法、概念以及 KVP 议程。图 3-11 提出了可用于执行 KVP 的重要概念和方法。这些会在下文进行介绍。本节将不对 5S 方法和防错进行详细讨论，这些会在第 9 章中介绍。

1. 质量环和 KVP 小组

质量环是一种工作组织工具，最初来自日本企业，旨在激励员工以小组形式提出自己的提示，以提高产品质量、生产经济性和工作条件。

在盖布尔经济辞典中，该术语的定义如下："质量环（Quality Circle）：企业员工的小型工作组（通常 3~15 人），他们自愿聚集在一起，分析自己任务领域中选定的问题和薄弱环节，以便制订解决问题的方法并实施改进提示。质量环小组定期开会，基本上没有等级制度；领导者担任主持人的角色。"

KVP 建立在 PDCA 基础之上。但是，对于 KVP 小组或质量环的应用，还应增加其他步骤：

- 收集问题，评估以及确定优先级
- 确定原因，评估以及确定优先级
- 建议优化潜力，评估以及确定优先级
- 开发措施，评估和做计划 (Plan)

- 实施措施 (Do)
- 将计划与实际做比较 (Check)
- 作为标准导入，生成后续措施 (Action)

> KVP 小组应该始终坚持这样一个原则：没有不能消除的弱点。

目标是改善企业的工作条件和工作质量，培养员工的自尊心和社交能力，并改善企业内部的团队动态活力。

> 通过参与质量环，员工对其工作活动和企业本身的认同程度会大大提高。因此，其主动性可以显著提高。

质量环不应被视为一个短期工具，而应该以长期和定期的方式进行。工作小组定期举行会议，讨论问题并提出改进提示。一个重要前提是企业必须为一个或多个工作小组提供资源。总而言之，质量环的特征如下：

- 一个工作小组由大概 5~8 人组成，定期举行会议，讨论问题、提出优化方案
- 小组会议在工作时间或下班之后举行，其工作时间是有偿的
- 小组会议由一名小组成员，或者如果有必要由一名领导来主持，但领导无权发布指令
- 如果需要澄清特殊问题，小组可以邀请相关责任部门的专家参与
- 会议结果应以书面形式记录，并转发给有关上级，其结果也应提供给非与会者
- 实施由相关的直属领导发起。如果是自主工作组，质量环的小组成员也可以决定实施

KVP 小组与质量环没有太大区别。这些概念具有很大的相似性，表 3-3 对此进行了比较。

表 3-3　质量环和 KVP 小组概念的比较

比较项	质量环	KVP 小组
目标	确定和实施各自过程、产品和服务的优化潜能	优化企业的工作环境和过程
小组构成	通常 8~15 名成员，相关部门共同组成	小组，通常与领域或过程相关（同类的）
频率	定期例会，比如一周一次，每次约一小时，通常在工作时间召开，或者有偿工作时间内（下班后，即加班）	

（续）

比较项	质量环	KVP 小组
方法步骤	使用多种方法；中立的主持人	使用多种方法；直属领导作为教练
主题范围	自己选择主题、确定问题	
措施	提出解决提示，确定措施并跟踪	
文件	会议纪要，措施计划	措施计划
演示文稿	结果展示文稿	阐述，比如在现场使用翻页纸或者白板
提示方案	可以纳入企业改善建议	
目标	根据部门目标协商小组目标	
工会	如果有工会，必须纳入其中	

　　建立这种持续的会议应被视为企业改进工作过程中的有用补充，在这个过程中员工的知识和潜力得到充分利用。质量环和 KVP 小组可以执行许多任务。任务和可能的结果示例如图 3-12 所示。

　　质量环和 KVP 小组工作的影响被认为是非常积极的。它们对企业、员工本身以及客户满意度产生影响，如图 3-13 所示。

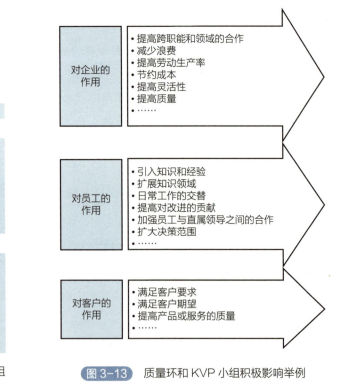

图 3-12　质量环和 KVP 小组的任务和成果

图 3-13　质量环和 KVP 小组积极影响举例

提示 在企业中建立质量环小组团队的决定触发必须来自管理层。必须将这些小组和企业自身的生产经营理念相关联。

然而，这些小组工作的持续实施需要员工、直属上级和企业管理层的不断支持。所有 KVP 小组或质量环参与者都必须承担不同的任务。这些任务在企业与企业间不尽相同，因为企业的规模和产品起着重要作用。表 3-4 更详细地解释了适用于每个企业的基本任务。

表 3-4　KVP 小组或质量环的基本任务

要求	业务领导	直属上级/教练	主持人/辅导员	协调员	专家	小组
建立小组	√					
融入小组概念企业政策和战略	√					
约定规则	√					
监控结果	√					
并入工会	√					
提出建议	√	√			√	√
提出邀请、通知员工		√				
组织上和精神上支持小组		√				
符合该区域目标结构的目标商定		√				
释放资源（时间、人员、预算）		√				
专业性支持		√			√	
方法论支持		√	√	√	√	
协助实施已确定措施		√				
管理层和企业领导的联络人				√		
组织性的和工作方法的总体规划（协助规划、选择参与者和主持人对信息评估和结果的准备）				√		
工作方法和主持的支持（工作小组的信息、选题、方法论支持、方法论培训、小组会议主持等）			√			
确定数量上和质量上的工作成果						√
问题分析		√				√
确定措施、实施（本领域）和监控	√	√				√
准备演示文稿和演讲						√
会议纪要和成果报告						√

导入质量环或 KVP 小组推荐使用图 3-14 和图 3-15 描述的过程示例。该过程最好可以集成到现有过程图的管理过程区域。

➡ **工作辅助**：过程导入和保持 KVP-QZ 质量环。

		公司标志

I. 管理过程

导入和保持 KVP 小组 / 质量环

过程
123

1. 过程信息

适用范围	职责	执行	参与	变更	信息
企业领导	业务领导	部门领导 员工	业务领导 领导层 协调员	管理代表	管理代表

第 1 页
共 2 页

过程输入： 确定的主题、提出问题	过程结果： 解决
过程目标： 处理过的措施	过程间隔： 连续的
衡量参数： · 参与率 · ……	工具、方法： 1）鱼骨图 2）防错法 3）PDCA 4）……
规则、准则： 1）IATF 16949 2）ISO 9001 3）ISO 9004 4）VDA 6.2	共同适用的文件 问题解决检查表

制作：	检查和批准：

版本 0
2018.6.15

图 3-14　KVP 过程示例 1

质量环或 KVP 小组定期召开例会或举行研讨会需要一名有能力的主持人。因此，主持人的培训应包括对方法的深入了解，例如：

- 头脑风暴
- 卡片法
- 鱼骨图
- 帕累托分析
- ABC 分析
- Excel 图表制作
- 演讲和主持
- 设计 KVP 板

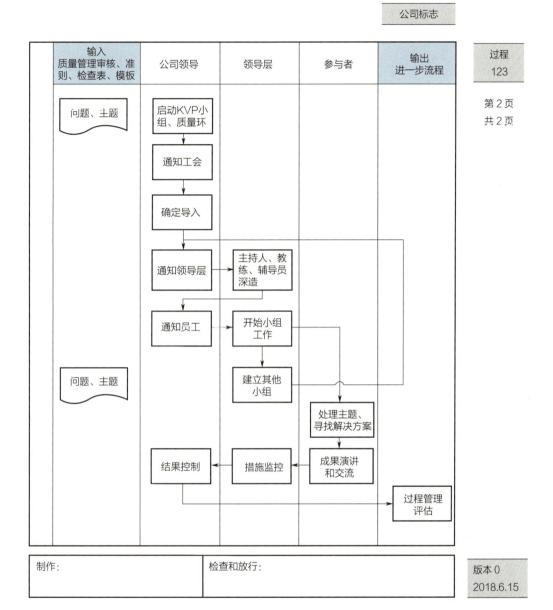

图3-15 KVP过程示例2

在职位或职能描述中,应确定KVP组织中不同角色的能力,并让员工了解这些角色。此外,应在资格矩阵中记录员工已获得的能力。因此,可以随时调整计划与实际的差距。导入工作组和信息流应自上而下,但结果的展示应自下而上,如图3-16所示。

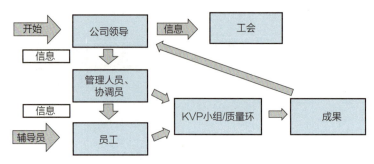

图 3-16 KVP 组织内的信息流

解决问题是研讨会过程中的一个基本方面,它必须以结构化的方式运行。它也应该在所有小组中以类似的方式开展。因此,提示为研讨会制订一份解决问题检查清单作为指导。表 3-5 给出了此类表单的说明。

➡ 工作辅助:解决问题检查表。

表 3-5 解决问题检查表

阶段	问题方面	职责	期限	状态
计划	收集问题、主题			
计划	根据重点给主题排序、确定优先级			
计划	确定优化主题			
计划	界定和描述问题			
计划	征求所需的信息			
计划	收集原因、确定优先级并评估			
计划	确定解决方案和措施并记录			
执行	实施解决方案和措施			
执行	遵守期限			
执行	记录状态			
检查	控制结果、做会议纪要、可视化和汇报演讲			
处理	进行计划与实际的比较			
处理	目标达成后确定标准			
处理	定义其他问题			

在处理问题、错误、薄弱环节时可以使用如图 3-17 所示的措施记录表。

➡ 工作辅助:措施记录表。

如果有足够的空间,工作结果应该在固定的地方持续展示,如会议中心。最好通过所谓的 KVP 墙板完成。这些隔板上张贴的都是工作成果，它们既可以作为工作平台，也可以展示结果演示文稿。这种展示的优点在于，每位员工随时可以获知最新信息。

当 KVP 小组和质量环的想法渗透到所有员工和管理人员时，每个人都确信改进可以实施，那么这种形式的 KVP 有一天会成为一种有意识的思维，它将融入日常工作和生活并占据一席之地。员工将更积极地开展工作，客户满意度将有所提高。

表格 措施记录									
方面									
系统	□	流程	□	产品	□	提示	□		
问题描述 / 错误照片 / 薄弱环节									
日期				制订人					
原因 / 提示（选填）									
日期				制订人					
确定的措施					期限		处理		现实
日期				质量代表 / 公司领导					
处理说明 / 效果预估									
日期						质量代表 / 公司领导			

图 3-17　措施记录表

2. 企业改善建议（BVW）

想要建立 KVP 的企业，通常企业已经存在改善建议制度。在大部分情况下，企业改善建议制度等同于 KVP。不过企业改善建议只体现了 KVP 的一部分，即员工参与持续改进过程的主动性。但是，这种自愿分享不一定是主动的。它需要在企业内部导入，并得到企业领导和管理人员的持续支持。经验表明，等待员工提出改进建议是不够的。因此，必须将企业改善建议集成到 KVP 中。

在企业改善建议中，不复杂的小型改进可以在现场快速得以实现；较大的具有深远影响的改进必须作为内部项目加以制订和实施。

企业改善建议制度的运行同 KVP 小组或质量环的导入和维护一样，应建立规范。可以采用过程的形式，或者如果存在工会，可以采取工会协议的形式开展。重要的是有一个规定，对管理人员和员工有约束力。

企业改善建议简称为 BVW。它是企业的优化工具。企业改善建议系统的特点是员工为改善企业的发展贡献自己的想法和建议。改善建议的奖励将再次通过财务来支付。企业改善建议系统是创意管理的重要组成部分。

表 3-6 中提到的企业改善建议流程必须精心计划并以结构化方式进行。在大多数情况下，它作为实践中的核心工具来使用。图 3-18 展示了一个改善建议表格的例子。

⇨ 工作辅助：改善建议。

典型的企业改善建议的组织机构有：

- 协调员
- 决策者
- 企业改善建议组织

表3-6 企业改善建议的流程

输入	工作活动	输出
创意	填写提交案例所需的表格，发送给协调员	已填好的表格
已填好的表格	协调员接收提示（有可能是数据库）并确认收到	确认函
将提示发给上级	协调员将提示发给上级	优化提示
优化提示	接收提示时检查提示是否实施以及确定奖金，返回给协调员	书面描述上级的决定
书面描述上级的决定	协调员将决定发给其他企业改善建议组织成员，通常是企业领导和工会	书面描述上级的决定
上级对决定的检查和注释	其他企业改善建议组织成员进行检查和注释，返回给协调员	已检查并做注释的决定
已检查并做注释的决定	告知员工结果，不论是好消息还是坏消息	书面通知员工
决定	员工获得节约金额的一部分作为奖励或者固定奖金	奖励

	工作辅助	表格
		改善建议

姓名	员工号	部门	编号

改善建议涉及：	☐ 工作流程
	☐ 工具
	☐ 材料
	☐ 灰尘、寒冷、炎热、光线、噪声
	☐ 安全
输入	☐ 环境保护
	☐ 能源和资源
	☐ 其他
	☐ 自己的工作岗位
	☐ 他人的工作岗位

改善建议简述

我声明，该优化案例是基于我本人的创意，代表我自己的努力成果。	
日期	签名
提交人	处理人

图 3-18 改善建议示例（节选）

协调员承担在 BVW 框架内出现的行政和协调任务。在大多数情况下，除了他原本的工作任务，他还将执行这些任务。

协调员必须要注意遵守所有法律和合同规定，尤其是必须注意企业改善建议的内部协议。

提示　在企业中，协调员的工作通常由管理代表或数据保护专员来完成。

决策者由直属上级或通常是管理者来担任，因为提出改进提示的动机就在他们手中。此外，只有他们可以决定自己所在的领域实施改进提示是否有意义。对于跨部门的问题，必须部署更多的领导力量。

对各个提案进行客观鉴定和公正评估很重要。这是 BVW 组织的核心任务。BVW 组织为协调员提供支持。BVW 组织的构成通常在企业协议中规定。企业管理层可以自行参与此过程，也可以将其权利转让给其他管理者；工会直接派出代表。BVW 组织通常由协调员管理。可以确定 BVW 组织的任期，这一点也记录在企业相关协议中。

提示 选择 BVW 组织成员的前提是必须具有较强的能力，因为，一方面，一项改善建议被接受后必须得到执行；另一方面，拒绝必须要有充分的理由。

此外，BVW 组织必须能够执行奖励制度，能够检查改善建议是否遵守知识产权法或与员工发明相关的法律法规，并且能够评估改善建议提案是否可以扩展到企业的其他领域。

奖励的多少根据节约潜力制订，分为固定贡献值和可计算贡献值。企业内部约定/协议确认了已建立的奖金分级制度。图 3-19 展示了一个奖金分级的例子。

奖金分级				
等级一	想法好，但无法实现或作用很小		价值 10 欧元的实物奖励	
等级二	想法很好且可行，但因为当前种种原因被拒绝		30 欧元	
等级三	好的优化案例，数量上无法统计			
		创意的应用领域		
	创意内容的质量	小（工作领域）	中（部门）	大（公司）
	低	50 欧元	70 欧元	100 欧元
	中	150 欧元	200 欧元	250 欧元
	高			
等级四	可实施的优化案例，数量上可以统计 第一年作用的 10%，最高可达 100000 欧元			

图 3-19 奖金分级示例

下面展示的例子是企业内部约定/协议的目录：
- 原则
- 改善建议的定义
- 例外情况
- 企业改善建议的主管部门
- 改善案例的提交
- 改善案例的评价
- 奖金分级

- 通用规定
- 期限和终止

不仅创建企业内部的约定/协议，而且对所提交改善建议的及时和认真的评价，都是企业改善建议的中心点。定期把员工提交的改善建议的状态告知员工，可以促进企业改善建议制度的接受性，即使改善建议无法实施，企业改善建议主管部门也要做出积极的反应。在任何企业中，企业改善建议系统都不会自动运行。它无时无刻不需要得到企业领导和管理层的支持，目的是不断促进 KVP 措施以及在企业中建立对其的接受。如果员工认识到 BVW 对企业领导和管理层的意义，那么员工的参与度就会更大。但是，还应发展用于宣传 BVW 的概念和预算。

3.5.4 总结

KVP 持续改进过程的目标在于提高企业竞争力、员工积极性，特别是客户满意度。

KVP 将各种不同的措施集结在一起：

- 激励员工
- 吸取经验
- 通过小的可衡量的步骤显示取得成功的问题解决方案
- 让相关员工参与到问题解决过程中
- 创建一个乐于创新和准备变革的企业

如果 KVP 持续改进过程得以全局整体实施，即不同的措施被整合集成，那么就能够：

- 提高内部和外部客户的满意度
- 减少资源和时间的投入

KVP 意味着全体员工对企业各个领域进行系统的、持续的改进，即有针对性地、逐条逐项地以及无特定目标地、全领域范围地进行。

应尽可能充分利用所有员工的全部潜力，不断改进产品和流程。这是关于发展优化文化和学习文化的问题。降低成本，优化流程，改进产品，因而让尽可能多的员工参与其中。每个人都拥有应该被使用的知识和技能！KVP 通过质量技术、工具和系统学而得到支持。

 在企业内部建立一个全局整体的 KVP 概念，而不仅是将其与企业改善建议提案系统联系起来。

3.5.5 参考文献

Brinkmann, Eberhard P.; Neckel, Hartmut; Simon, Armin: „Qualitätssteigerung durch Ideenmanagement", in: Kamiske, Gerd (Hrsg.): Digitale Fachbibliothek, Symposion Publishing, Düsseldorf 2010

Brunner, Franz J.; Wagner, Karl Werner; Osanna, Peter H.: Taschenbuch Qualitätsmanagement – Leitfaden für Ingenieure und Techniker, 3. Auflage, Carl Hanser Verlag, München 2004

DIN EN ISO 9001:2015: Qualitätsmanagementsysteme – Anforderungen (ISO 9001:2015); deutsche und englische Fassung EN ISO 9001:2015

Gabler Verlag (Hrsg.): Gabler Wirtschaftslexikon, Stichwort Qualitätszirkel, online im Internet: http://wirtschaftslexi kon.gabler.de/Archiv/85633/qualitaetszirkel-v6.html

Gabler Verlag (Hrsg.): Gabler Wirtschaftslexikon, Stichwort Betriebliches Vorschlagswesen, online im Internet: https:// wirtschaftslexikon.gabler.de/definition/betrieb liches-vorschlagswesen-29121

Gertz, Stefanie: Umfassendes Qualitätsmanagement mit TQM, in: QM-System nach ISO 9001, Online-Version, WEKA MEDIA, Kissing 2018

IATF 16949, Erste Ausgabe 2016, Anforderungen an Qualitätsmanagementsysteme für die Serien- und Ersatzteilproduktion in der Automobilindustrie

Institut für angewandte Arbeitswissenschaft: 5S als Basis des kontinuierlichen Verbesserungsprozesses, Springer Verlag, Berlin-Heidelberg, 2016

Jahnes, Stefan; Schüttenhelm, Thomas (Hrsg.): Integriertes Managementsystem, WEKA MEDIA, Kissing 2010

Kamiske, Gerd: Handbuch QM-Methoden – Die richtige Methode auswählen und erfolgreich umsetzen, 3., aktualisierte und erweiterte Auflage, Carl Hanser Verlag, München 2015

Gertz, Stefanie: Kreativitätstechniken für den Kontinuierlichen Verbesserungsprozess, in: Qualitätsmanagement in Dienstleistungsunternehmen digital, TüV Media GmbH, 2018

KVP ist eine Führungsaufgabe, in: QM-System nach ISO 9001, Online-Version, WEKA MEDIA, Kissing 2018.

KVP – Was ist das?, in: QM-System nach ISO 9001, Online-Version, WEKA MEDIA, Kissing 2018.

Kvp.de: Definition von KVP, https://www.kvp.de/kvp/Liker, Jeffrey K.; Meier, David P.: Praxisbuch – Der Toyota Weg: Für jedes Unternehmen, FinanzBuch Verlag, München 2007

Linß, Gerhard, Qualitätsmanagement für Ingenieure, 4., vollständig überarbeitete Auflage, Carl Hanser Verlag, München, 2018

Nutzbare Ideenquellen für den kontinuierlichen Verbesserungsprozess, in: Qualitätsmanagement in Dienstleistungsunternehmen digital, TüV Media GmbH, 2018

Onpulson: Kontinuierlicher Verbesserungsprozess: https://www.onpulson.de/lexikon/kontinuierlicher-verbesserungs prozess/

Refa Group: Was beinhaltet der Prozess?: http://www.refa.de/lexikon/kvp

Refa.de: Betriebliches Vorschlagswesen: http://www.refa.de/lexikon/bvw-betriebliches-vorschlagswesen

Ritsche, Klaus; Titze, Christa: Qualitätszirkel: Effektive Problemlösung durch Gruppen im Betrieb, 5. Auflage, expert Verlag, Renningen 2002

Schubert, Manfred: „Qualitätszirkel und KVP-Gruppen", in: Kamiske, Gerd (Hrsg.): Digitale Fachbibliothek, Symposion Publishing, Düsseldorf 2010

Schulungspaket QM-Prozesse optimieren – Methoden einführen – Kundenzufriedenheit erhöhen, WEKA MEDIA, Kissing, Stand August 2018 (Online-Anwendung)

Wagner, Karl Werner; Käfer, Roman: PQM – Prozessorientiertes Qualitätsmanagement, 4. Auflage, Carl Hanser Verlag, München 2008

Zollondz, Hans-Dieter (Hrsg.): Lexikon Qualitätsmanagement – Handbuch des modernen Managements auf der Basis des Qualitätsmanagements, 1. Auflage, Oldenbourg Wissenschaftsverlag, München 2001

3.6 对标

对标是自 20 世纪 80 年代以来众所周知的管理工具。该术语最初源自测量系统，是指在指定领域范围内确定自己所在地位置所需的参考点。企业使用该术语来获取有关其与其他企业相比较的信息。

对标有不同的形式，区别在于所考虑的对象及其方法。含有关键指标的对标特别有效。它被称为"硬性"对标。然而，"软性"对标也有其合理性，它不是比较硬性事实，而是解决某些问题的方法。两种形式的应用都是最佳的，因为不仅比较数字，而且还要知晓策略是如何实现的。

3.6.1 综述

有许多方法可以识别和实施企业改进的措施和方法。其中包括客户满意度分析、审计、内部企业改善建议，以及从内部偏差和错误中学习有关纠正和预防的措施。

管理体系的基本要求是实施持续改进过程这一显而易见的目标。因此，组织必须创造一种文化和环境，使人们能够参与其中，以便为寻找流程、工作活动和产品的绩效改进前瞻性地创造机会。这可以通过在 EN ISO 9004:2009 中列出的各种工作活动来实现。其中一项工作活动是对竞争对手的绩效和最佳实践进行对标。

VDA 卷 6.2 在第 8.4.2 章节中明确要求将企业范围的绩效数据与对标结果或其他方法进行比较，以便能够产生改进。要求提供以下信息：
- 劳动生产率
- 经济性
- 客户满意度
- 市场份额
- 服务范围

在 ISO/TS 16949 中，对标也被称为非常适合持续改进过程的措施和方法。

对标是借助参考点对过程和产品进行方法上的比较。比较对象是根据他们自身或其他组织的相似性找到的。对标的目的是通过比较对象的模型决定性地改进自己的流程和产品。在专业文献中，对标类型从不同方面进行了分类。不同类别的主要区别在于：
- 对标内容
- 对标对象
- 对标参数

后文将对以上对标类型做简单描述。

3.6.2 目的和意义

对标对任何企业来说都是推动企业持续改进的好方法，因为大量信息和激励措施流入企业。对标的目的是确定可称为"最佳实践"的方面，即行业或市场领军者应用的高标准。对标为确定和实现竞争优势创造了前提条件。在实践中，获取信息并不总是那么容易的，因为企业不愿意透露他们的策略。从协会获取相关信息通常更容易些。根据对标的不同使用情况，可列出三种类型：
- 通过指出自身绩效的不足，短期受益
- 通过促进持续改进过程，中期受益
- 通过提高自己的竞争地位，长期受益

借助对标可实现增值，例如包括以下几方面（来源：benchmarkingforum.de）。

1) 直接收益：
- 对企业进行中立和系统的分析
- 比较企业部门和企业
- 定义最佳性能
- 评估自己的强项

- 改善自己的弱点
- 确定性能缺陷
- 评估替代解决方案
- 显示潜力点（如成本、员工参与）
- 提供实际可行的改进的具体提示
- 减少企业决策中的不确定性

2）间接收益：

- 了解自己的业务流程
- 设定企业目标
- 审查企业战略
- 启动持续改进过程
- 提高和/或巩固竞争地位
- 创建影响预测
- 监督企业发展

3.6.3 对标内容分类

表 3-7 显示了对标的内容分类，分为产品、过程和策略。

表 3-7 对标内容分类

对标内容	说明	特征
产品	• 借助产品反向工程来实现 • 将待比较的产品拆分为各个部分 • 比较各个部分 • 评估差异	• 无对标对象也可实施 • 几乎完全与技术产品有关 • 与竞争产品有关的潜力改善 • 由于产品的一致性，很少有竞争优势
过程	• 比较过程步骤或者整个过程 • 基于关键参数的定量过程对标 • 有关企业内部、行业内部或跨行业的过程比较 • 专注于核心过程	• 目的是过程优化 • 定义"最佳实践"方法 • 很难找到对标对象 • 过程结构和目标参数应该类似 • 需要小心准备 • 谨慎选择对标对象
策略	• 企业策略的发展和检查 • 对本企业的定位和评估 • 可以通过领域或行业进行比较 • 与成功企业的策略做对比 • 通过与具有相同基本战略方向的企业进行对标，确定战略类型的必要组成部分 • 通过与另一家企业在相同或类似情况下已经运用的战略进行比较，对自己的战略查缺补漏	• 提供有关竞争对手绩效的必要信息，以客观地确定自己的观点 • 传授知识和成功因素，这些对其他企业使用某些战略来说是至关重要的 • 揭示了策略趋势

3.6.4 对标对象分类

如图 3-20 所示，对标对象的区别在于是可以在行业内部进行还是在行业之间进行。

内部对标	外部对标	竞争对标
• 与企业相关（一个驻地） • 与集团相关（独立于驻地）	• 与行业相关 • 独立于行业	• 与市场相关 • 与竞争对手相关

图 3-20　对标的形式

在内部对标中，企业可以从自己的结构和流程中筛选出改进的潜力，确定单个工作步骤或整个过程的最佳结果，并在可能的情况下标准化。内部对标的优势在于它在管理层中备受推崇。它相对简单且具有成本优势，数据保留在企业内部。缺点是缺乏对其他企业的视角可能会产生不利影响。

外部对标是与本组织外部的合作伙伴进行比较。它可以与行业相关、跨行业或与竞争对手相关。在所有三种可能性中，都在过程级别进行观察。

行业对标与竞争对标类似，其优点是对标对象之间没有直接竞争。因此信息的获取通常更加公开和简单。与竞争相关的对标类似，这些对标提供可比较或类似的产品和服务，但不是直接的竞争对手。这方面的例子包括为不同市场提供类似产品或服务的企业，但都在各自的市场活动互不侵犯。这种形式的对标可用于类似但不可替代的非竞争产品的制造商。

在与竞争相关的对标中，企业可以根据对标的对象、方法和过程，或竞争对手的财务状况、人员资格、购买条件、市场策略等得出结论。当然，在平等对标的情况下，合作伙伴可以从自身了解情况。

提示　　对于一家企业而言，基于竞争的对标有更高的价值，因为可以从中识别出自己的竞争优势和劣势。
　　在大多数情况下，不希望在竞争对手之间交换信息，这也是竞争对标难以实现的原因之一。

为了更轻松地获取信息，竞争对标的一种可能性是评估行业数据，例如可以从专业或行业协会获得，因此，无须披露自己的数据和信息。

请注意，应严格检查行业协会提供数据的可比性和可靠性。

与检查对标合作伙伴数据的合理性相比，检查协会数据要困难得多，因为关于统计方法只能得出很少的结论。然而，它们提供了很好的用途，例如驻地规定。确定过程改进很难从中推断出来，很难从中得出过程改进。

来自不同行业的企业在跨行业对标中进行合作。在这种情况下，企业之间交换具有不同来源的工序、方法和流程。企业可以从中受益，因为他们可以获得有关其他方法的信息，这些方法可以在本企业中得到有效发展和实施。

行业相关的对标同跨行业对标一样，支持企业中的持续改进过程，而跨行业对标因为其更广的视角为企业提供了更大的发展潜力。

这些对标形式的目的都是研判某些趋势。这不仅适用于一家企业，还应考虑向同一市场提供类似产品的一定数量的企业。然而，这种形式的营销存在风险，所获得的信息是有限的，并且几乎找不到新的解决方案。

通过跨行业对标，企业可以更好地获得新的信息并向其他企业学习。跨行业对标的重点是业务流程之间的比较。因此，必须明确定义流程。跨行业对标的一个优点是，非竞争对手的企业更愿意交换信息并披露技术诀窍。

3.6.5 对标参数分类

对标参数分为定性和定量两种。这些参数可以单独或组合使用。定性对标的第一阶段从自我评估开始，例如 EFQM 模型或 ISO 9004 自我评估。在第二阶段，定量评估是通过咨询外部对标专家来完成的，以便能够客观地解释结果。

由于使用了关键绩效指标，企业的业绩具有可比性，并且可以反映不同的事实。这也是参数对标的最大优点。图 3-21 显示了所有类型对标的概况。

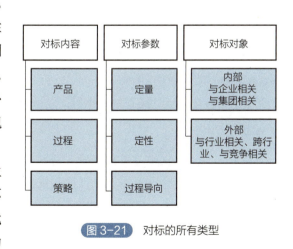

图 3-21 对标的所有类型

内部和外部对标项目通常首选过程对标，因为它最能支持现代管理系统的结构。

3.6.6 对标的步骤

过程对标为有效改进企业业绩创造了巨大潜力,因为它可以利用经过验证的流程管理方法和技术。虽然它是最浪费的方法,但它提供了最多的信息内容。可以使用不同的方法进行过程对标。一方面,可以使用关键指标来比较过程;另一方面,可以比较过程模型本身。这里考虑的主要是过程摩擦冲突、过程衔接、重复工作等。重要的是对其他过程的影响。

为评估过程的有效性,通常考虑以下三方面:

- 过程成本
- 时间
- 过程质量

为了使对标项目取得预期的成功,需要对流程进行详细规划。在实践中,通常遵循图 3-22 中所示的系统方法进行。

图 3-22 过程对标的阶段划分

第 1 步:规划阶段

在这一步制订对标方案。应该借助以下问题来确定对标方案:

- 企业是否有问题;如果是,那么有什么问题
- 应该达到哪些目标
- 优化潜力在哪里

在上述问题的基础上,指定相关的业务领域和/或部门,然后决定检查哪些对象。这些对象有可能是:

- 产品/服务
- 过程
- 策略

做出对标决定后,成立对标小组。团队制订项目计划,其中包括任务、职责和期限。

第 2 步:分析阶段

分析阶段从识别相关过程开始。分析阶段的转折点和关键点是要确定需检查的参数,因为这有可能使自己企业的业绩差距具有可比性。理想情况下,数据收集发生在相关的合作伙伴企业。

> **提示** 多家合作伙伴企业共同进行调查,即多家企业的员工共同参与同一家企业的调查。这样做的好处是,参与的员工之间有深入的经验交流。

根据建立的比较标准，可以生成调查问卷，允许查询和记录所有必要的信息。

> 提示　　对标的目的不是收集想象中的数据，而是只收集与实现目标相关的数据。

调查问卷表（图 3-23）是对标对象之间信息交流的基本工具。它的优势在于，所有参与人员都回答相同的问题。

→ 工作辅助：对标调查问卷表。

对标调查问卷		
问题	对标对象的回答	
上一业务年度的参考值	数值	说明
销售		
国内销售额		
国外销售额		
……		
成本结构／投资		
人员成本		
材料成本		
资金		
投资总额		
人员结构		
员工数量（商业的／工业的）		
员工平均年龄（商业的／工业的）		
继续再教育平均成本		
平均病假率（商业的／工业的）		
平均离职率（商业的／工业的）		
平均加班率（商业的／工业的）		
……		
发货		
原材料采购量		

图 3-23　对标调查问卷表（节选）

第 3 步：比较阶段

小组收集的数据将进行合并和处理。为此，数据必须有意义地相互关联或分组。然后结果将提供给相关企业。必须特别注意被称为基准、最佳表现或最佳实践的那些方面。

第 4 步：解决阶段

在比较阶段之后进行数据分析。数据分析可以在主持人的指导下在小组中完成，也可以在本企业内部完成。现在需要针对发现的业绩差距制订相应的措施。最合适的方法是将可能的措施转化为行动计划。在某些情况下，分析产生了进一步的信息需求，这些需求可以通过所涉及的对标合作伙伴之间进一步的信息交换来满足。

第 5 步：实施阶段

企业负责实施已确定的措施。对于更广泛的工作，应建立一个内部项目。许多事情也可以在正常的日常业务中处理。

重要的是为所有要执行的措施定义责任和期限。

第 6 步：监控阶段

对已确定的措施的执行进行监控是对标项目成功的关键。因为只有对措施状态的持续监控才能确保所有工作都得到处理，而不会毫无成果。它还确保在某些情况下如果不成功，则必须修改一项或几项措施。

3.6.7 总结

对标是一种重要的工具，用来比较策略、产品或过程。实施内部对标项目是最简单的，因为它们仅依赖于内部因素。然而，通过外部对标可以获得更有价值的信息和改进，但在竞争激烈的行业中，这在许多情况下很难实现，因为竞争对手不愿意透露自己的专业信息，这是可以理解的。

对标参数的组合在实践中证明是可靠的。关键参数与面向过程的方法应相关联。

对标比较的复杂性需要认真规划和实施。在实践中经常出现问题，主要是经验不足造成的。下面列出了一些可能的主要问题：

- 目标设定描述不清晰
- 对标目标与企业目标不一致
- 对标对象对目标的解释不同
- 数据收集不正确

系统地进行对标对于企业来说意义重大，因为它可以以最佳方式定位，并且能够分析自己的立场，从而制定有针对性的企业战略，进而提高其竞争地位。

为了实现有希望的和有效的对标，必须清晰地阐明目标，并且必须制订系统的方法。所有参与者都应该对项目有相同的了解。对标内容的范围不能太宽。问题和关键指标必须明确定义和制定，以使每个参与人员都具有相同的理解。此外，必须考虑到所有合作伙伴的利益，因为每个人都希望从该项目中受益。在确定应采取的措施时，应与有关人员一起制订这些措施，因为这些措施必须由他们来实施。必须为所有措施定义责任和期限，并持续监控。

3.6.8 参考文献

DBZ: Benchmarking-Nutzen: https://benchmarkingforum. de/benchmarking-wissen/nutzen/

Jankowiak, Stefan: „Benchmarking–Orientierung am Besten", in: http://www.controllingportal.de/Fachinfo/Grund lagen/Benchmarking-Orientierung-am-Besten.html, 10. 01. 2008

Mertins, Kai; Kohl, Holger: „Benchmarking-Techniken", in: Kamiske, Gerd (Hrsg.): Digitale Fachbibliothek, Symposion Publishing, Düsseldorf 2010

Schulungspaket QM-Prozesse optimieren–Methoden einführen–Kundenzufriedenheit erhöhen, WEKA MEDIA, Kissing, Stand August 2018 (Online-Anwendung)

Siebert, Gudrun; Kempf, Stefan: Benchmarking–Leitfaden für die Praxis, 3. Auflage, Carl Hanser Verlag, München 2008

Stausberg, Michael (Hrsg.): QM-Methoden, WEKA MEDIA, Kissing 2010

3.7 管理评审

管理层对管理体系的评估是所有质量标准的明确要求：要求持续监控其适宜性、充分性、有效性及其与现有质量管理体系组织战略方向的一致性，并着手进行改进。

3.7.1 综述

管理评审或管理审查是最高管理层定期对质量管理体系的状况和适当性进行的正式评估。在 ISO 9001 中，没有关于管理评审时间间隔的要求。但是在实践中，管理评审应以固定的时间间隔进行。

IATF 16949 在章节 9.3.1.1 节中明确规定，管理评审必须每年至少进行一次。如果存在满足客户要求的风险，则必须缩短时间间隔。

评估越频繁，如果未实现目标，则反应越快。间隔时间较短，可以迅速采取措施。许多企业将评审纳入定期的管理委员会会议。根据要求，还可以额外邀请其他级别或地区的所需人员参加评审。

精心规划和准备可以进行有效的管理评审。ISO 9001 和 IATF 16949 在章节 9.3.2

和 9.3.2.1 中明确说明了管理评审中必须包括的内容。

管理评审按照图 3-24 所述实施步骤进行。

对于 IATF 16949，还必须考虑条款 8.3.4.1，以便在管理评审中输入。该章节明确规定了产品和过程开发阶段的关键绩效指标，并将其纳入管理评审中。

管理评审的流程
1. 准备管理评审
2. 确定实施期限
3. 质量管理体系评审
4. 确定措施
5. 记录和公开措施

图 3-24　管理评审的实施步骤

3.7.2　目的和意义

管理评审不仅仅是标准要求的工具。正确使用并认真利用该工具，它始终可以为管理人员提供有关质量管理体系状态的简明概述，并显示出管理人员对生效的、有生命力的质量管理体系的兴趣（信号特征）。

管理评审与持续改进过程密切相关，通过管理评审验证质量管理体系的有效性，并在发现目标偏差或定义新目标时启动改进措施。

管理评审的结果应在企业内传达，这样会增加质量管理体系的接受度。

3.7.3　管理评审的准备和实施

3.7.3.1　管理评审的准备

管理评审数据的准备通常由企业的管理代表进行。数据以压缩形式呈现在质量报告中，并提交给管理层进行评估。

必须证明，现有质量管理体系的"持续适用性"得到保证。通过与现有规范或规范文档相关的产品、过程或体系审核的结果来提供此证据。个别评审报告应显示是否存在现有规范，例如员工可以理解的过程说明或工作指导，并因此可以正确执行。也可以从过程的绩效评价中获得证据。通过与设定目标相关的衡量参数来显示结果。该处理可以通过例如平衡计分卡或其他指标体系来完成。

已执行的内部评审报告显示了"充分性"的证据。在这一点上，重要的是质量管理文件的复杂性对于企业规模或加工深度在标准文档中的充分显示。

至少 ISO 9001:2015 中列出的要求被视为管理评审的输入。IATF 16949 包含了补充要求，如果根据 IATF 16949 进行了认证，则必须在评审中添加这些要求。

1. 以往评估的措施状况（ISO 9001）

在此阶段，将对先前管理评审中确定的措施的结果进行评估。至少应审查重要措施及其进展，以便能及时采取必要的步骤。如果措施尚未取得进展，则应由负责人判定其原因。

2. 与质量管理体系相关的内部和外部因素的变化（ISO 9001）

分析企业内部和外部因素是否发生了影响质量管理体系的变化，因此需要进行调整（例如驻地扩展、内部重组、开拓新市场等）。这必须在质量管理报告中给予说明。

3. 有关质量管理体系绩效和有效性的信息（ISO 9001）

对于这类信息，需要注意以下几点：

（1）相关内外部合作伙伴的反馈

必须认真对待客户的反馈，这是一个非常重要的问题，值得管理层高度重视。通常只收集和评估客户投诉，尽管原本应该考虑更有价值的重要来源，例如客户调查、客户返回信息、客户反馈等。此考虑涉及关键客户。

除客户之外，还必须在管理评审中纳入来自已识别的内外部合作伙伴的可能反馈。例如，来自供应商、员工和周边等的反馈。

（2）质量目标的实现程度

在管理评审中，质量目标应以计划与实际的比较一起列出，并在此基础上计算实现程度。

质量目标包含在客户满意度、经济性、环境保护和服务就绪等共同特性中。质量目标源于质量政策。这些应每年重新定义或不断更新。

（3）过程绩效与过程一致性

为了记录过程绩效和过程一致性，必须收集和评估与产品或服务相关的关键指标。这意味着，所有重要的生产或服务过程必须匹配关键指标，这些数据不断收集、评估并在理想情况下用可视化的方法呈现其趋势。

（4）不一致措施的现状

为此，总结纠正和预防措施的结果，并根据所采取措施的成功程度公布现状。

（5）监督和衡量结果

在质量管理体系内进行现场监督和衡量。过程监控关键参数的评估及产品监督和衡量结果必须纳入管理评审。

（6）审核结果

总结内部和可能的外部审核结果（例如客户审核）并呈现为趋势。审核结果应该持续分析，并与前几年（至少三年）的结果进行比较。

（7）外部供应商提供的服务

为了确保供应，应评估供应商，以避免供应链中的风险。这一点没有明确要求作为管理评审的输入，但在标准的章节7.4.1中做了要求。因此，提示将供应商评估纳入管理评审。

以下记录可供考虑：报价分析、供应商自我评估、参考文献评估、初始样品检测、供应商业绩评估（交货可靠性、数量可靠性、质量）及供应商审核。

4. 资源充足性检查（ISO 9001）

在这一点上，必须检查现有资源（人力、资本、基础设施）是否仍然充足，以及是否需要更多上述资源用于诸如新项目或客户等方面上。该决定应纳入管理评审报告中。

5. 由机会和风险分析得出的措施的有效性（ISO 9001）

质量管理报告应包括现状或声明，说明作为机会和风险分析的一部分而采取的措施是否也取得了成功。

6. 改进的可能性（ISO 9001）

列出过程、产品或服务中的所有改进。这适用于过程或产品中的所有改进。这些信息可能来自企业改善建议系统、会谈、研讨会以及KVP项目。

此外，在管理评审中显然可以考虑企业通常使用的财务指标，如利润、营业额、质量成本等，以及非财务指标，如全程运行时间、交货时间、返工、废品、投诉等。

7. 内部和外部错误成本（IATF 16949）

这些成本在大多数情况下都是在财务审计中收集的。这通常涉及检查、返工或报废成本，以及培训费用和特殊运费。

8. 监视过程效率和有效性关键指标的结果（IATF 16949）

关键绩效指标的结果必须包含在管理评审中。这可以通过将结果附加到管理评审中的方式来完成，或者将完成程度放到报告中。

9. 产品符合性（IATF 16949）

对于生产合格的监控，在产品或服务实现的过程中和结束时记录各自的结果。监测和衡量服务的实现，同时也记录偏差。为此需要以下规范和评估：

- 一个详细定义的错误目录
- 检测特性、检测和测量类型的详细规范
- 收集和评估所有检测记录、检测报告、错误提示和投诉报告

10. 可制造性评估结果（IATF 16949）

管理评审报告必须包括现有业务运行过程的变更、新设备和新设施或者根据 IATF 16949 第 7.1.3.1 章节要求的执行过可制造性评价的新产品。

11. 客户满意度（参见 ISO 9001:2015 章节 9.1.2）（IATF 16949）

确定客户满意度的反馈是非常重要的一点，值得管理层高度重视。通常，仅收集和评估客户的投诉，尽管本应考虑其他重要来源，如客户调查、客户退货、客户反馈等。企业必须在以下几点上实施与客户沟通的有效规则：

- 产品信息
- 查询、合同或订单处理，包括更改
- 客户反馈，包括客户抱怨

总而言之，以下信息应包含在评审中：

- 抱怨的评估
- 投诉的评估
- 抱怨和/或投诉产生的措施状况
- 内部错误的评估，包括由此产生的措施

12. 维护和修理关键指标的评价

这些关键指标的结果必须在管理评审中进行评估，并且根据结果，可能必须对维护和修理流程进行更改。

13. 售后质量保证和商誉的关键指标（IATF16949）

如果存在售后质量保证和商誉的义务，则必须建立关键绩效指标。其结果将纳入管理评审中。在大多数情况下，这些将是财务指标。

14. 通过风险分析确定的现场故障（IATF 16949）

在故障可能性和影响分析中，还须考虑和评估可能导致的现场故障。这些须在管理评审报告中列出。

15. 实际现场故障（IATF 16949）

如果发生实际的现场故障，则必须在管理评审报告中列出这些故障。

提示　　为了呈现一个全面的画面，在任何时候，扩展自己的标准要点，是可能而且值得的。

例如，企业通常的财务指标，如利润、营业额、质量成本等，以及非财务指标，如在管理评估中考虑全程运行时间、交货时间、返工、废品、投诉等。

表 3-8 概述了来自 ISO 9001 和 IATF 16949 的要求。

表 3-8　ISO 9001 要求和 IATF 16949 补充要求总览

输入	ISO 9001 要求	IATF 16949 补充要求
审核结果	9.3.2	
客户反馈	9.3.2	
客户满意度		9.3.2.1
客户评价		9.3.2.1
售后质量保证和商誉的关键指标，如适用		9.3.2.1
维修相关的关键指标		9.3.2.1
过程绩效和产品合规性	9.3.2	9.3.2.1
可制造性评估结果		9.3.2.1
过程效率和有效性关键指标结果		9.3.2.1
预防和纠正措施状态	9.3.2	
先导措施的后续措施	9.3.2	
影响质量管理体系相关利益方的变更	9.3.2	
优化推荐	9.3.2	
实际的和潜在的现场故障		9.3.2.1
内外部错误成本评估		9.3.2.1
外部供应商业绩状态	9.3.2	
资源的充足性	9.3.2	
组织知识		
过程评价		9.3.2.1
产品实现过程和支持过程的评估	5.1.1	
将市场和客户要求转化为新绩效	7.2.1.1	
发展评估（产品和过程）		8.3.4.1

3.7.3.2　确定实施期限

实施管理评审的期限必须及时告知。为此应制订一个日程安排计划，该计划除了介绍管理评审数据结果外，还应包括管理层认为其他重要的主题（表 3-9）。

表 3-9 质量管理体系评估日程安排计划示例

企业名称		日期	时间
该年度管理评审日程			例如 2023 年
参加者		分发者	
	1	结果介绍	
	2	领导评估	
	3	确定必要的措施、责任人和期限	
	4	检查现有的质量目标	
	5	其他	
备注			

将管理评审中考虑的输入项纳入日程安排计划可确保不会忘记任何事项。

3.7.3.3 质量管理体系评审

为了编制管理评审报告，必须收集好所有相关信息，尤其是以下内容：

- 行动计划
- 已收集的质量关键指标和质量目标的结果和趋势（如平衡计分卡）
- 客户满意度报告和关键指标
- 产品和过程一致性报告和关键指标
- 利益相关者清单（例如以 SWOT 分析的形式）
- 已确定的风险和机遇的状态和措施（例如以 SWOT 分析的形式）
- 抱怨评估
- 准备资源时有关结果和问题的总结
- 有关已完成审核及其结果的报告

查看文档，将它们放在一起，并对结果进行汇总。它们作为附件附在概览表中。所显示的管理评审的输入状态（图 3-25）构成了评估质量管理体系有效性的基础。

➡ 工作辅助：管理体系评审表。

管理体系的评估以研讨会的形式进行是最有效的。重要的是，所有要求的评估由参加者进行，并在必要时制订优化措施以及确定相关问题和解释。

表格 管理评审					
管理回顾——质量管理体系 2018，基于 ISO 9001:2015 和 IATF 16949 的要求				e 满足 t 部分满足 n 不满足 nb 不做评判	
参与者					
输入	目标		状态	注释 / 措施	
	理论值	实际值			
上一次管理评审的措施状态					
			e		
			n		
内外部主题的变化（注释）					
内外部利益相关者的反馈（注释）					
质量目标的满足程度					
			t		
			e		
不符合措施的状态					
			e		
			e		
过程绩效和过程符合性					
			e		
			e		
监控和测量的结果					
			e		
			e		
审核结果					
			e		
			e		
外部供应商绩效					
			e		
			e		
检查资源的适合性（注释）					
从机遇与风险分析中得出的措施有效性					
			e		
			e		
优化的可能性					
			e		
			e		
内外缺陷成本					
			e		
			e		
过程效率和有效性关键指标的监控成果					
			e		
			e		
产品合规性					
			e		
			e		
可制造性评估结果					
			e		
			e		
客户满意度调查结果					
			e		
			e		
保养和修理关键指标的结果					
			e		
			e		
担保和商誉关键指标的结果					
			e		
			e		
通过风险分析确定的现场故障（注释）					
实际现场故障					
			e		
			e		

图 3-25　管理体系评审表（节选）

研讨会的结果记录在概览表中。接下来企业管理层必须根据结果对质量管理体系的有效性进行评估。结果必须考虑 ISO 9001:2015 章节 9.3.3 和 IATF 16949 章节 9.3.3.1 的要求。当然也可以添加其他评判准则。

（1）优化可能性

生产符合标准的产品以及服务的现有要求可能会根据质量报告中的现有数据进行修改或重新定义。

（2）质量管理体系的变更要求

必须说明，是否有必要修改质量管理体系。例如，包括整个质量管理体系的文档都是基于内部网提供的，或者由于新客户和产品必须建立新的流程等。

（3）对资源的需求

对质量管理体系的评审，必须就物质、财务、人员和机械设备资源的需求做出决定，以便必要的措施能够得以执行。

（4）IATF 的其他要求

如果未达到客户要求的关键指标（客户关键指标），则最高管理者必须实施文件化的行动计划。

有效性评审可以在表格中进行，该表格附在汇总表上（图 3-26）。

▶ 工作辅助：质量管理体系评审表。

表格 管理评审							
QM/ISM 体系有效吗？							
资源都需要吗？							
需要进一步的其他安全要求吗？							
过程必须改变或者重新制订吗？							
所有法律的、合同的和官方的要求都正确实施了吗？							
所有法律的、合同的和官方的要求都注意到吗？							
所有过程都被监控了吗？							
过程有效性衡量必须扩展/变更吗？							
服务/产品必须在顾客要求方面优化吗？							

评估人：MaxMustermann

_____
签名

_____
地点、日期

图 3-26　质量管理体系评审表

3.7.3.4　确定措施

管理评审执行的结果必须是措施计划，该计划必须显示：

- 哪些措施对改善质量管理体系及其过程以及产品改进来说是必需的
- 实施需要哪些方法（例如财务的、人力的、时间的）
- 谁负责实施措施以及何时完成措施

商定的措施计划也应同时用作监控手段,即应包括措施实施的状态观察(表 3-10)。

表 3-10 包含状态的措施计划

序号	措施	负责人	参与者	期限	跟进日期	完成日期	备注	成果评估/日期
1	报废和返修成本过高。近25%的订单需要返修后才能发货。部门经理必须在月度报告中向企业管理层汇报废品和返修成本	Mustermann先生	措施负责人	2020年2月15日		2020年2月12日		该报告于2020年2月18日发布
2	目前在管理文件中标记为"草案"的文件必须通过并生效。准备一份未完结的草案清单,并将其传达给流程负责人	Mustermann先生、部门经理	领域负责人	2020年2月20日	2020年3月20日		因新项目无生产能力	
3	采购并未完全处理完供应商的评估。必须制订一份待评估供应商的最新清单,未完成的评估必须进行下去	采购		2020年4月20日				
4	……							

从管理评审的陈述和决定中,可以得出优化潜力以及必要时可以将其纳入行动计划的措施。应及时分配措施的责任人和截止日期。

这些措施可以通过内部审核进行监控。措施的状态包含在下一年的管理评审报告中。

管理评审的结果应在公司内部传达,例如张贴出来(图 3-27)。这一情况增加了质量管理体系的接受度。这样所有员工都可以了解到这一点。

管理评审结果
我们的质量管理体系由公司领导评定为有效 非常感谢所有员工的大力支持
评定日期:2020年1月10日
评定人:Mustermann先生、管理层
以下仍需优化: • 记录和处理内部错误 • 在规定期限前收集和评估关键指标 • ……

| 日期:
2020年1月12日 | 签名: | 部门:
GF |

图 3-27 管理评审结果公示示例

⬤ 工作辅助：管理评审结果公示。

3.7.4 补充：质量相关的成本

内外部缺陷成本包含在管理评审中。下文将对这些成本进行讨论。

无论是在谈论质量成本还是质量相关成本，我们总是指质量差或为避免质量差而产生的成本。因此，如果我们指的是旨在保证所期待质量的成本，我们就会谈论一致性成本。另一方面，非一致性成本是由质量不足引起的成本，即缺陷成本和缺陷后果成本。

错误预防成本是组织各领域预防和纠正措施产生的成本。

缺陷预防的质量策划：在新产品和变更产品正式投产前，由于缺陷和纠正措施带来的对质量要求的进一步发展提高。

内部质量能力调查：查明用于实现所提供产品的员工、机构和措施的质量能力。

外部质量检查：通过体系审核和/或对欲购买或已购买的产品进行质量检查，来查明供应商的质量能力。

检测规划：计划和准备质量测试及相关评估，用以确定结果。

测量工具的开发和试制：在未启动相关费用时，对测量工具进行预测试和测试的开发和实施。

质量管理中的培训：准备并进行内部和外部培训项目，以对组织员工进行质量管理原则和方法的授课和深造。

质量优化项目：所有用于改善质量能力和增强质量意识的内部工作。

同竞争者的质量比较：确定竞争者个体的质量，包括在比较质量要求范围内的所有调查（对标）。

间接质量控制：个体实施的间接控制，例如在纠正和预防措施的基础上，旨在满足质量要求。

内部质量审核、管理评审：所有类型的内部质量审核（体系、过程和产品审核），所有管理评审和所有质量管理的表达方式。

质量管理的领导：领导和监督所有质量管理构成元素，包括组织的管理代表。

其他错误预防工作：无法正确分配给错误预防费用的上述质量成本要素之一的错误预防工作。

到货检验：买方对这些已交付或待交付的单元进行的所有类型的质量检验，例如详细信息、构成元素、材料、程序等，由买方或个体购买者安排。

中期检测：对尚未完全实施的单元或其部分进行的所有类型的质量检测。

最终检测：在风险通过之前对完全实施的单元进行的所有类型的质量检测，例如在将所提供产品交付到仓库或客户之前的检测，包括重复检测。

对自身外部安装的检测：在将服务移交给客户之前对安装结果进行质量检测。

验收检测：与委托人（客户）或其代理商绩效验收有关的质量检测。

测试设备购置：所有检测工具购置的资金和准备成本。

测试工具的使用和维护：所有检测工具和检测辅助工具的使用、维护、校准、调整及标定成本。

质量鉴定：单元的基本质量检测以达到单元必要的或期望的资格的质量检测。

实验室检查：利用实验室方法对材料单元进行质量相关的检查和调查。

检测文件：与质量检测有关的文件（质量管理元素文件）的创建、归档和管理所产生的成本，同时还要考虑产品责任和安全要求。

其他检测费用：质量检查的其他工作和配置，不能正确分配给检测费用的上述质量费用要素之一，例如使用与质量数据有关的录制设备。

缺陷统计成本：缺陷评估成本、分类检测、问题调查、索赔处理。

缺陷生产成本：废品、废品处理、购置备件。

缺陷后续成本：缺陷产生的间接的额外费用，也在于企业其他领域、产品责任。

缺陷相关的损失：缺陷成本（如返工）、收入减少（如价格折扣）、生产率损失（如性能损失、额外费用、生产停台、生产能力受损）、形象损失（如新客户数量负增长、市场地位减弱、企业文化受损、规模缩减）。

以下是内部缺陷成本。

废品：内部发现的废品。

返修：内部发现的已完成的返修。

分类检测：内部发现的分类检测。

重复检测：内部发现的重复检测。

与质量有关的数量偏差：因可避免的错误导致的浪费，导致少于可能的产出。

价值降低：由于部分不满足质量要求，不可避免地减少销售收益。

问题调查：在个体实现期间和之后用于查明解决质量管理问题。

与质量相关的停机时间：由于质量相关的原因，无法继续进行产品生产或质量检查的非计划性时间。

其他内部错误成本：由于内部发现的错误而产生的其他成本，这些成本无法正确分配给内部发现的错误成本的质量成本要素之一。

以下是外部缺陷成本。

废品：在验收前由委托人（客户）发现的废品。

返工：在验收前由委托人（客户）发现的返工。

售后质量保证：交付后即风险转移后的服务成本，以满足由于自我承认的义务（例如召回）或委托人（客户）的合理质量相关索赔而产生的售后质量保证和售后质量保证索赔。

生产者责任：在生产者和产品责任范围内解决由于有缺陷的产品造成的物品、人员或财产损失。

其他外部错误成本：由于外部发现的错误而产生的其他成本，这些错误无法正确分配给质量成本要素之一。

由于传统的成本核算体系通常不针对质量管理的特定信息需求，因此质量控制的一个重要任务是建立质量成本核算系统，以补充现有的成本核算，该系统可以用于记录和报告企业所有领域的相应质量成本。

要考虑的成本包括与质量管理体系相关的所有成本：
- 认证
- 质量管理文件
- 文档软件
- 质量证明
- 外部咨询费用

缺陷成本是由于在质量要求框架内未满足产品要求而引起的。必须区分内部和外部缺陷成本。

3.7.5 总结

如果将管理评审的结果视为改进的手段，而不是标准要求的烦人的弊端，那么它们将带来巨大的益处。

重要的是，将管理评估视为企业管理层的任务，进而视为一种管理工具，以便定期评估质量管理体系的适当性和有效性。这使其成为策略制订的工具。

ISO 9001 和 IATF 16949 对管理评审的要求已提高。这绝不是毫无意义的，因为这些是支持持续改进过程以及整个质量管理体系的基本点。

3.7.6 参考文献

Brückner, Claudia: Qualitätsmanagement für die Automobilindustrie, 1. Auflage, Symposion Publishing, Düsseldorf 2009

Brückner, Claudia (Hrsg.): QM-System nach ISO 9001, WEKA MEDIA, Kissing 2010

Brunner, Franz J.; Wagner, Karl Werner; Osanna, Peter H.: Taschenbuch Qualitätsmanagement – Leitfaden für Ingenieure und Techniker, 3. Auflage, Carl Hanser Verlag, München 2004

DIN EN ISO 9001:2015: Qualitätsmanagementsysteme – Anforderungen (ISO 9001:2015); deutsche und englische Fassung EN ISO 9001:2015

Gertz, Stefanie: Was fordert die ISO 9001:2015, in: QM-System nach ISO 9001, WEKA MEDIA, Kissing (Online-Werk), 2018

Harmeier, Jens: Managementbewertung nach ISO 9001:2015, in: QM-System nach ISO 9001, WEKA MEDIA, Kissing (Online- Werk), 2018

IATF 16949, Erste Ausgabe 2016, Anforderungen an Qualitätsmanagementsysteme für die Serien- und Ersatzteilproduktion in der Automobilindustrie

Jahnes, Stefan; Schüttenhelm, Thomas (Hrsg.): Integriertes Managementsystem, WEKA MEDIA, Kissing 2010

Schulungspaket QM-Prozesse optimieren – Methoden einführen – Kundenzufriedenheit erhöhen, WEKA MEDIA, Kissing, Stand August 2018 (Online-Anwendung)

Strompen, Peter: Die IATF 16949 – Interpretation der Anforderungen der IATF 16949:2016, TÜV Media GmbH, TÜV Rheinland Group, Köln 2017

Wagner, Karl Werner; Käfer, Roman: PQM – Prozessorientiertes Qualitätsmanagement, 4. Auflage, Carl Hanser Verlag, München 2008

Zollondz, Hans-Dieter (Hrsg.): Lexikon Qualitätsmanagement – Handbuch des modernen Managements auf der Basis des Qualitätsmanagements, 1. Auflage, Oldenbourg Wissenschaftsverlag, München 2001

https://www.qz-online.de/forum/iso-9001-2015/artikel/aufbaueiner-managementbewertung-review-1279730.html

3.8 明确职责和权限

3.8.1 综述

企业管理层必须确保在企业内部明确规定职责、权限和沟通。这对于保证产品和过程的一致性以及维持和持续改进质量管理体系是必要的。

3.8.2 目的和意义

乍一看，职责和权限的定义听起来像是管理的简单要求，然而深究起来，这些决策需要仔细考虑，因为它们会对企业产生深远的影响。错误通常是由于没有明确定义责任和权限而引起的。

系统地确定和公布责任和权限的目的是明确规定：
- 谁应该决定什么
- 谁从何人处得到哪些信息
- 谁负责什么

这意味着每个员工都知道分配给他们的职责、每个人都知道该做什么。确定的职责和权限必须记录在案。这通常是通过组织结构图和职位描述来完成的。

3.8.3 职责介绍

理想情况下，在组织结构图中显示管理和执行人员的职能范围。进一步的责任可以在管理手册和过程描述中定义。所有任务的职位描述均有与责任和权限有关的详细信息。

职责可以以职位为导向或以过程为导向的方式分配。图 3-28 是以职位为导向的职责分配（组织结构）。

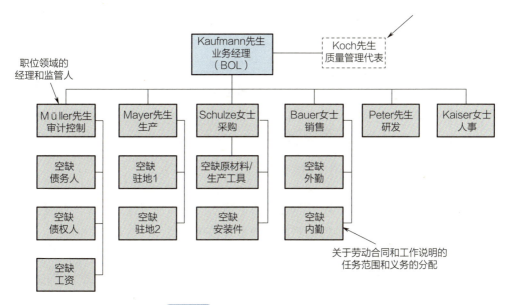

图 3-28 以职位为导向的职责分配

以职位为导向的描述在实践中更常见。每个职位都分配给部门经理，部门经理有权向其下属发布指令。员工的任务范围和义务受劳动合同和工作说明的约束。

以过程为导向的职责分配（图 3-29），执行工作活动的责任记录在过程描述中。

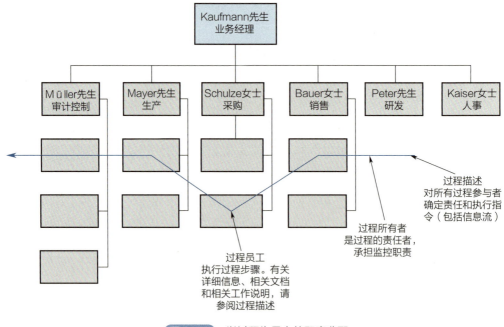

图 3-29　以过程为导向的职责分配

监控功能由过程所有者发起。过程中的员工将从工作说明和过程描述中获知相应的规定。

然而在某些情况下,组织结构图不具有指导意义。当工作与项目密切相关时就是这种情况。可以考虑建立一个开发部门,用来定义与项目相关的职责。这最好直接在项目计划中完成。这意味着一个项目的项目经理可以成为另一个项目的团队成员。但是,这种组织形式经常带来资源规划方面的问题。

3.8.4　权限介绍

每个员工的职责和权限最好以职位或岗位描述的形式加以说明。职位描述为可能的培训需求提供了基础。重要的是要透明地呈现各个职位的任务描述。独立于具体员工创建单个职位的描述是有意义的。以这种方式,每个职位只需要描述一次。图 3-30 是一个质量管理代表职位描述的示例。

➡ 工作辅助:职位描述。

 提示　职位描述的发布可在质量管理文档中找到,如企业内网。这提高了透明度,因为人人都知道企业每个职位的任务。

表格 职位描述	
职位名称	
直属上级	
直属下级	
职位代理	
由谁代理	
为谁代理	
任务	➤
主要任务	➤
次要任务	➤
	➤
资质	➤
专业的	➤
个人的	➤
	➤
职权	➤
	➤
与其他岗位的合作	➤
	➤
能力	➤
专业能力	
方法能力	➤
社会能力	➤

图 3-30　职位描述示例

3.8.5　根据质量管理体系确定职责

ISO 9001 章节 5.3 规定了企业角色和责任分配的最低要求。
- 质量管理体系必须符合标准要求
- 过程必须提供预期的结果
- 必须向管理层报告质量管理体系的绩效
- 必须要求整个企业以客户为导向
- 在规划和实施变更时，必须保持质量管理体系的完整性

归根结底，本节的重点是质量管理体系的责任在于企业管理层，因此，必须确保企业内部有规章制度来履行这一责任。

这意味着仍然可以任命一名质量代表来处理这些任务。

质量代表必须持续向管理层报告。

3.8.6 确定产品和过程符合性的职责

IATF 16949 在其补充中更加具体，它在章节 5.3.1 中要求记录的任务有：

• 满足客户的要求，包括特殊特性的选择、质量目标的定义和培训、纠正措施的定义、产品开发、产能分析、物流、客户记分卡、供应商门户网站的访问权限

以及在章节 5.3.2 中要求：

• 分配责任，当出现质量问题时员工能够停止运输和生产
• 有被授权的员工能够有权采取纠正和预防措施
• 确保所有班次都有被授权负责产品符合性的员工

可以用责任矩阵来表示此标准的要求，见表 3-11。

表 3-11 责任矩阵示例

任务	生产领导	班长 1	班长 2	班长 3	员工
质量评估	E, I	E	E	E	D
验证安装程序	I	E	E	E	D
处理质量问题	E, I	E	E	E	D
停止生产	E, I	E	E	E	D
……	……	……	……	……	……

注：E 意为决定，I 意为信息，D 意为执行。

此外，可在排班表上标注出拥有决策权的员工。

基本要求是拥有决策权的员工是有相关技能资格的。从本质上讲，当经理不在现场时，拥有决策权的员工（代理人）在晚班、夜班或周末班次中变得尤为重要。拥有决策权的员工必须具有以下方面的技能资格：

• 产品质量评估
• 验证调整过程
• 处理质量问题

IATF 16949 明确要求必须授予所有班次的员工停止生产的权力，并且必须告知管理负责人。关于这一点也可使用责任矩阵和轮班计划表为工具。此外，规定可以写在职位描述、工作指导和过程描述中。

控制不良产品的过程说明非常适合满足这一要求。

此外，IATF 16949 章节 5.1.1.3 要求：
- 确定过程负责人，其负责相应过程及其结果
- 管理过程的任务转移给过程负责人（过程所有者）。具体到个人责任的划分具有很高的价值
- 企业管理层必须指定过程负责人，过程负责人不仅负责过程的实施，还对过程结果负责；还应指出被指定者必须具备必要的能力。IATF 16949 章节 7.2.1 要求，除了必要的技能和能力外，还要特别关注满足客户要求

最适合作为过程所有者的是在过程中参与最多的那些员工，或者对过程正常运转最感兴趣的人。

 提示　过程所有者应在管理层中选择，以便始终接收有关业务目标变更、优先级等的最新信息。

必须完成以下任务：
- 定义过程边界
- 对各自过程的效率和有效性负责
- 引入和监控合适的过程绩效指标
- 进行原因分析
- 监控过程的符合性
- 汇总信息和员工培训
- 发起过程改进
- 协调过程改进

实施过程需要管理层赋予过程负责人以必要的权力：
- 参与目标和框架条件的制订
- 规划、控制和管理
- 处置和调整必要的资源
- 分配任务
- 遇到严重困难时升级
- 需要时调整关键指标
- 设计工艺流程
- 启动和监督措施

当然，过程负责人也要履行其任务、权限和责任，如图 3-31 所示。

在大多数情况下，过程负责人并不执行该过程操作里的所有任务。因此，根据过程的复杂性，与子过程负责人员一起建立过程团队。

过程团队的重要任务有：
- 设计过程
- 与过程负责人一起定义绩效指标
- 子过程的持续改善
- 持续监控数据收集
- 进行原因分析
- 导入措施并监控
- 记录子过程
- 给出提示，进行可能的指标调整

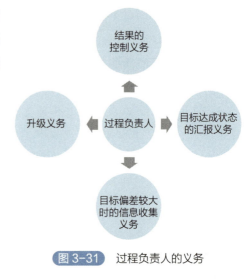

图 3-31　过程负责人的义务

提示　子过程的过程团队任务应仅与一个主过程相关。

IATF 章节 8.3.2.2 要求负责产品开发的员工：
- 必须具备必要的能力
- 必须掌握将使用的开发工具和方法。

所使用的开发工具和方法必须首先由企业确定，然后其与员工的现有技能进行比较。这样就确定了必要的培训需求。

提示　标准要求指定负责的员工。任务说明可在职位描述中列出，职责可在组织结构图中做出解释。

3.8.7　总结

将责任和权限转移给整个企业的所有员工，这为员工识别质量问题并为自己工作结果的质量负责奠定了基础。

企业管理层可以自由确定为哪些员工分配职责和权限。但是，该定义应该是系统性和逻辑性的。企业仍然有义务对所有员工公布这些决定。许多企业定期发布通告，以告知职责和权限的更改或重新分配。在规模较小的企业，发布通知就足够了。

管理层全权负责完成这些任务，但这些任务不一定由管理层执行。

3.8.8 参考文献

Brückner, Claudia: Qualitätsmanagement für die Automobilindustrie, 1. Auflage, Symposion Publishing, Düsseldorf 2009

Brückner, Claudia (Hrsg.): QM-System nach ISO 9001, WEKA MEDIA, Kissing 2010

DIN EN ISO 9001: Qualitätsmanagementsysteme–Anforderungen (ISO 9001:2008), dreisprachige Fassung EN ISO 9001:2008

ISO/TS 16949:2009: Qualitätsmanagementsysteme–Besondere Anforderungen bei Anwendung von ISO 9001:2008 für die Serien- und Ersatzteilproduktion in der Automobilindustrie, 3. Ausgabe 2009

Pfeifer, Thilo; Schmitt, Robert (Hrsg.): Masing–Handbuch Qualitätsmanagement, 5. Auflage, Carl Hanser Verlag, München 2007

Wagner, Karl Werner; Käfer, Roman: PQM–Prozessorientiertes Qualitätsmanagement, 4. Auflage, Carl Hanser Verlag, München 2008

Zollondz, Hans-Dieter (Hrsg.): Lexikon Qualitätsmanagement–Handbuch des modernen Managements auf der Basis des Qualitätsmanagements, 1. Auflage, Oldenbourg Wissenschaftsverlag, München 2001

3.9 保证企业的产品安全

IATF 16949 中完全加入了第 4.4.1.1 节，要求必须有文件化的过程来管理与安全相关的零件及相应的生产过程。这并不意味着特定过程必须被文件化，相关流程方法步骤也可集成到不同的、可能已存在的过程中。2018 年 2 月，德国汽车工业协会质量管理中心（VDA QMC）发布了一卷汽车供应链中产品偏差情况下的产品安全和产品合规性。2018 年 3 月，第一版 VDA 黄皮书面世，讨论了产品的完整性（产品安全＋产品合规性）。可以认为黄皮书旨在取代现有的红皮书，因为它不仅包含对产品偏差的处理，且涵盖了产品完整性的全部范围。

此外，还有一项产品安全法于 2011 年 12 月 1 日生效。该法总共执行了 11 条欧洲内部市场指令以及德国法律中关于通用产品安全的指令 2001/95/EG。该法律也不容忽视。

许多原厂制造商（OEM）明确要求必须有产品安全代表，并且产品安全代表的名字需要放在客户的网站上，例如宝马（BMW）汽车公司的客户特别要求，状态为 2017 年 9 月。

企业管理层对产品安全负责。这是不可授权的。责任适用于整个供应链和产品生命周期。例如，产品安全和产品合规性的任务及其责任可以分配给产品安全代表、部门或领域。必须任命相应的负责人。

对相关人员进行资格培训，并为他们提供必要的职权。

3.9.1 综述

供应链中的每家企业都必须确保其产品的安全性和合规符合性。除德国法律外，在向他国交付产品时，还必须遵守适用于其他国家的法律。

自从新版 IATF 16949 面世以来，产品安全一词已不仅仅是汽车行业的质量特征。IATF 16949 把产品安全放在一个单独的章节里，只为强调其重要性。

当不安全或有缺陷的产品投放市场后，产生的负面产品连带责任是原厂制造商（OEM）和其供应商都难以承担的。太多后果来自于这种被视为"最坏情况"的意外事件，其后果包括从品牌形象的巨大损失到交付失败造成的财务损失。

不仅仅从今天开始，由于其高度依赖性，OEM 早都要求他们的供应商指派产品安全代表。这使其成为整个质量保证过程中的关键位置。企业的专家们必须从内部、客户和法律方面监督质量保证过程。

定义：在 VDA 黄皮书中，产品定义如下："产品是指构成动产或其他动产或不动产的一部分的所有制品。这也明确适用于其中包含或独立的软件和服务（例如 E-Call、排序操作、第三方返工、开发服务）。"

3.9.2 目的和意义

运行良好的质量管理体系可以为降低风险做出巨大贡献。IATF 16949 的新要求为实现标准化又迈出了一步。因此，整个供应链中的质量、产品安全性和法律合规性的要求得到满足。

本节以简洁易懂的方式介绍了产品安全和合规性的特点，并根据 VDA 卷宗对产品安全和合规性在企业内的实施提出了组织结构和过程方面的提示。

3.9.3 企业内的实施

首先有必要解释产品安全和产品合规性这两个概念。VDA 在其黄皮书中定义如下所述，并将这两个术语总结为"产品完整性"。

产品安全："在市场上提供的产品，如果按规定或可预见的方式使用，不会危害个人安全或健康"。

产品合规性："所有提供的过程、产品和服务必须符合约定的客户要求及出口国、进口国和客户指定目的地国的法律和行政要求。"

每个企业都有不同的产品完整性风险，这必须予以明确。基本上，必须首先考虑至少三种标准，以便得出行动指示：

- 法律法规和客户安全要求
- 产品和市场观察
- 产品偏差的程序

对于大中型企业而言，执行产品完整性的任务很少由管理层来完成，因此会进行委派。

在VAD黄皮书中，列出了必须遵守的要点，如图3-32所示。

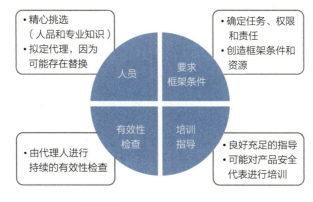

图3-32　产品完整性的代理任务

必要的技能资格要求因企业而异。但是，对指定员工进行培训还是有意义的，因为对产品责任和产品安全法的了解以及对不同方法和风险评估的了解是必不可少的要素；此外，必须对所生产的产品有详细的了解。

VDA对产品安全代表资质的主题和内容给出了非常全面的建议提示，但是不一定全部都指派给一个人。如果产品存在偏差，则在两版VDA卷中都可以找到关于产品完整性的非常好的指导说明。

首先，作为预防措施，应在企业内部建立升级机制，并明确责任。VDA推荐，例如制订关于产品完整性的企业制度，供所有员工使用。

建立一个多学科跨部门的决策机构非常有用，该机构至少由以下领域的专家组成：
- 质量管理
- 生产
- 销售
- 客户服务
- 法务
- 产品开发
- 产品安全和产品符合性

在产品安全或产品符合性相关偏差的情况下平稳运行的另一个先决条件是固定的沟通过程。为此，必须确定和了解供应链和企业中的联系人。

此外，文件应该标准化，包含以下内容：
- 发现偏差的日期
- 所涉及产品的名称
- 偏差种类
- 风险评估
- 查明偏差者的姓名
- 上报者
- 定义为偏差的零件数量
- 潜在受影响产品的限制数量

根据企业定义的召回管理流程在启动召回后这些标准化报告必须立即投入使用。

记录指南的提示可以在 VDA 第 1 卷"文件和存储"中找到。

图 3-33 展示了一个报告流程。

RAPEX（快速信息系统交换）风险分析的结构非常清晰，还包含一个辅助表格，用于确定产品的消费者群体。使用辅助表格按照以下步骤进行风险分析（来源：BAUA，联邦职业安全与职业健康办公室）：

1）对产品及危害进行清晰明确的描述

2）选择消费者类别

3）描述伤害风险

4）确定伤害的严重程度

5）确定概率

6）确定风险

7）检查是否已确定最高风险

8）转发风险评估

在风险分析中，应考虑关键和重要的产品和工艺特性。

在事实分析的基础上做出决定，并由决策机构通过和实施。

```
┌─────────┐  ┌──────────────────────────────────────────────┐
│  偏差    │  │ • 偏差由OEM、供应商或其他来源上报              │
└─────────┘  └──────────────────────────────────────────────┘

┌─────────┐  ┌──────────────────────────────────────────────┐
│         │  │ • 根据车辆系统或子系统是否受到影响，由OEM或供应商进行初步分析 │
│ 初步分析 │  │ • 如果发现潜在偏差，那么同时确定是否交付给多个OEM │
│         │  │ • 其他OEM进行初步分析                          │
│         │  │ • 如果发现偏差，则必须进行风险分析              │
└─────────┘  └──────────────────────────────────────────────┘

┌─────────┐  ┌──────────────────────────────────────────────┐
│         │  │ • OEM在供应商的帮助下对车辆级别进行风险分析     │
│ 风险分析 │  │ • 风险评估应根据RAPEX进行，该系统相对简单       │
│         │  │ • 记录初步分析                                 │
└─────────┘  └──────────────────────────────────────────────┘

┌─────────┐  ┌──────────────────────────────────────────────┐
│  OEM    │  │ • 如果确定有缺陷，OEM向有关部门报告，并告知供应商 │
│ 分析结果 │  │ • 之后根据潜在风险启动产品召回                 │
│         │  │ • 如果OEM无法确定缺陷，则由供应商进一步验证是否有必要上报 │
└─────────┘  └──────────────────────────────────────────────┘

┌─────────┐  ┌──────────────────────────────────────────────┐
│  供应商  │  │ • 如果确定有缺陷，零部件供应商向有关部门报告，并告知OEM │
│ 分析结果 │  │ • 之后根据潜在风险启动产品召回                 │
│         │  │ • 记录分析                                     │
└─────────┘  └──────────────────────────────────────────────┘
```

图3-33 报告流程

提示　建立内部沟通交流网络，以交换可能的预警和经验教训。

3.9.4 产品安全代表的角色

在汽车工业中，产品安全和产品责任有着至关重要的作用。大多数原厂设备制造商已在其生产设施中建立了产品安全代表制度，并同样要求其供应商（例如大众的Formel Q或宝马集团的特定要求）。这一要求的基础是确定责任风险，这些风险应在整个产品形成过程和产品开发中最小化，并在工艺开发中得到控制。

管理层负责产品安全代表资格培训的内容和质量。培训需求是沿着整个产品生命周期中的阶段按照代表层级确定的。

图 3-34 简要描述了产品安全代表应如何在整个产品生命周期中参与维护产品的完整性。

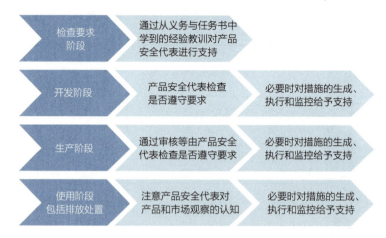

图 3-34　对产品安全代表的提示性支持

表 3-12 举例说明了产品安全代表或可以分配给多个产品安全代表的可以执行的任务。

表 3-12　产品安全代表任务举例

序号	任务
1	查明缺陷预防相关主题时给予支持和合作
2	制订或更新设计失效分析或过程失效分析时给予支持
3	在经验教训框架内重新启动时给予支持
4	进行有关产品安全和客户产品安全要求的产品安全审核
5	有偏差时采取行动、实施监控措施时给予支持
6	对产品测试给予支持
7	进行风险分析并给予支持
8	在预防性质量保证时给予支持,如产品先期质量策划（APQP）
9	产品批准时给予支持
10	持续的产品监督（损坏部位分析）
11	处理索赔和内部缺陷（8D、5W、鱼骨图……）时给予支持
12	向企业管理层汇报
13	在发生损坏时更安全地处理步骤（升级、沟通等）
14	定义流程,遵守法律法规
……	……

VDA 黄皮书还提供了一个检查清单，其中包含产品安全代表最重要的任务。

产品安全代表组织或产品安全代表的任务如下：

- 从产品完整性的角度支持产品、结构或功能组群选择
- 通过适当的过程确保遵守法律法规
- 建立产品完整性要求或调整特定产品
- 借助产品完整性要求监控产品形成过程
- 支持产品批准
- 伴随生产：1）根据产品完整性要求进行线路检查；2）进行/安排产品符合性(COP)抽检，发现偏差时采取措施
- 如果交付的产品出现偏差，请提前确定升级过程，包括反应计划和责任
- 吸取教训
- 确定驻地的产品完整性知识及培训需求，并给予支持

注：以上来源于 VDA 黄皮书——产品完整性，第 52 页。

3.9.5 总结

必须对产品安全和产品符合性的要求进行风险分析，并记录结果。

无论如何，必须考虑整个产品生命周期。其基础是 VDA 卷宗"供应链中的共同质量管理"。

遵守产品完整性和合规性是整个供应链的基本要素。重要的是企业内完善的产品一体化组织以及在供应链内部建立沟通网络。

因此，根据 IATF 必须记录一个流程，其组成部分有：

- 定义职责
- 升级流程
- 反应计划
- 沟通流和信息流
- 可追溯性

确定和评估产品安全所有适用法律和监管要求并将其传递给企业的相应客户也很重要。

目标必须是在产品完整性和合规性发生偏差的情况下快速有效地处理相关事实，并就下一步如何进行尽快做出决定。

原则上，企业领导对有关产品完整性的所有问题负责，包括规范、程序、方法和工具。

> 认证实用提示：记录管理产品安全相关的产品所需的流程。将标准中列出的13个要点纳入过程中。
>
> 不要忘记 IATF 要求的设计和工艺 FMEA 的特殊放行。这意味着必须由顾客进行放行。

3.9.6 参考文献

BAUA – Bundesamt für Arbeitsschutz und Arbeitsmedizin: RAPEX Risikoanalyse und Hilfstabelle, https://www.baua.de/DE/Themen/Anwendungssichere-Chemikalien-und-Produkte/Produktsicherheit/Marktueberwachung/Rapex.html

IATF 16949, Qualitätsmanagement-System-Standard der Automobilindustrie, 1. Ausgabe, 1. Oktober 2016

Strompen, Dr. Peter: Die IATF 16949 – Interpretation der Anforderungen, TÜV Media GmbH, TÜV Rheinland Group, Köln 2017

Verband der Automobilindustrie (VDA): Produktsicherheit und Produktkonformität in der automobilen Lieferkette bei Produktabweichungen, 1. Ausgabe, Februar 2018 Online-Download-Dokument

Verband der Automobilindustrie (VDA): Produktintegrität – Handlungsempfehlung für Unternehmen zu Produktsicherheit und -konformität, 1. Ausgabe Mai 2018 Online-Download-Dokument (Gelbband)

Verband der Automobilindustrie (VDA): Das gemeinsame Qualitätsmanagement in der Lieferkette – Produktentstehung, Produktherstellung und Produktlieferung – Risikominimierung in der Lieferkette, 1. Auflage, Oktober 2011

Verband der Automobilindustrie (VDA): Das gemeinsame Qualitätsmanagement in der Lieferkette – Produktentstehung, Reifegradabsicherung für Neuteile, 2. überarbeitete Auflage, Oktober 2009

Verband der Automobilindustrie (VDA): Das gemeinsame Qualitätsmanagement in der Lieferkette – Produktherstellung und -lieferung, 1. Auflage, Oktober 2007

Verband der Automobilindustrie (VDA): VDA-Band 1 Dokumentation und Archivierung, Ausgabe 2008

第 4 章
应对机遇和风险

识别并应对机遇和风险属于企业日常业务的一部分。企业现在所处的环境越来越复杂且充满活力,这就是为什么企业必须在短时间内很快做出正确决定的原因。错误决定往往会对企业构成潜在风险。来自经济领域的大量负面信息表明,在实践中,很少有企业能够系统地处理可能的机遇和风险。

2008—2009 年金融危机和随后发生的全球经济危机给大多数企业带来了特殊的挑战,直至出现破产加剧的现象,这无疑是促使人们重新思考机遇和风险这一主题的主要推动因素。这当然是自 ISO 9001 和 IATF 16949 修订以来,情况完全改变的原因之一。实施风险分析和考虑机遇正升级成为标准的一个中心点。

在汽车标准的框架内,需要识别确定风险的方法,以便能够在适当的情况下采取纠正措施。人们引入失效模式及后果分析(FMEA),它是一个量化风险的工具。与主要考虑财务因素的风险管理不同,FMEA 更注重质量,更注重增值过程。当然,这是在 IATF 16949 框架范围中的。

这意味着到目前为止,对风险的考虑主要是基于一种处理新产品以及其生产或引进新工艺产生的风险的评估和预防的质量方法。这不是一种全面的、从企业的角度出发的方法。

由于金融市场的风险,技术风险、周期性风险、环境风险、基础设施风险等都包括在内,现在对这些风险的考虑要广泛得多。

此外,根据 1998 年通过的《企业控制及透明度法》(KonTraG),企业有义务为未来的业务发展提供超出通常会计准则的资金。

标准里面没有关于如何进行风险管理的陈述。

2009 年底发布的 ISO 31000 展示了一个与此相关的系统的方法。2018 年进行了英语版修订和出版（也有一个德文版本草案）。该标准不构成认证的依据，适用于所有部门，通常为在公司中考虑所有风险提供了良好的基础。

4.1 综述

在企业中实施风险管理的义务直接源于《企业控制及透明度法》，间接源于《关联责任法》。

KonTraG 的目标是强化现有的控制手段，特别是股份法和会计法。为此，HGB 中包含的会计规则和管理委员会一般审慎义务的定义已在 AG 法中进行了修订、扩展。这些规则适用于股份公司形式的企业，但也适用于股份有限公司，只要这些企业有一个以上的股东，并且不是由企业经理独家控制，并且在一定程度上不从事商业活动。

风险管理是公司领导层的责任，应更加重视机遇。公司通常设立一个中央执行和协调机构。在大公司中，可以选择一个单独的管理机构或管理委员会作为公司内部的执行职能，承担管理责任。然而，在小公司中，执行和管理责任主要由管理层承担。

该中央风险管理职能的典型任务是：

- 管理和协调风险管理过程
- 内容和技术支持
- 识别、评估、定义和实施措施以及风险监控
- 向员工和相关方提供信息

公司领导层的基本任务是：

- 制定风险政策，包括有关风险和企业生存能力的声明
- 风险管理的组织实施
- 识别风险管理的职责、结构和内容

有众多的内部和外部利益相关方要求公司进行风险管理。图 4-1 显示了可能的群体类别。他们的主张可能大不相同，然而，公司的目标必须是满足尽可能多的利益方的要求。一个通用的风险管理系统在这里很有帮助。

图 4-1　可能要求进行风险管理的群体

措施执行情况的监控可以在内审时一起进行

通过应用 ISO 31000，可以满足不同利益群体的大多数需求。

4.2 目的和意义

随着系统全面地引入风险管理，企业的成功与否受到了控制，风险管理对企业成功产生了积极影响。通过分析和评估可能的风险，并就如何应对风险和剩余风险做出决策，可能会保护公司避免面临不可预测的"灾难"。这使其能够确保其生存，产生客户满意度并确保其交付能力。建立了风险管理的公司增加了所有股东利益相关方的信心，如企业主、客户和政府。风险管理首要任务是确保企业生存并进一步发展。

4.3 基于风险的思维

在 ISO 9001:2015 章节 0.3.3 及其相关的附录 4（A4）中更详细地解释了基于风险的思维。很明显，在新版 ISO 9001 中，风险问题似乎没有完全修订更新，目前仅仅体现在预防措施的要求中。在修订版中，这些都被去掉了，取而代之的是对机遇和风险的考虑。明确要求的对风险和机遇的考虑能够主动提高对组织所有过程中可能存在的风险的认识。

风险和机遇："风险是不确定性的影响，任何此类不确定性都可能产生积极或消极的影响。风险导致的正面影响可能提供改进机遇，但并非所有风险的正面影响都会带来改进机遇。"（ISO 9001:2015 第 0.3.3 章节）

4.4 标准对风险和机遇管理的要求

如前所述，风险管理的应用贯穿于 ISO 9001 和 IATF 16949 的整个标准中。为了清楚地阐明这一点，表 4-1 概述了标准对风险管理的要求。

企业可以自主选择考虑风险和机遇的方法。例外情况是，根据 IATF 16949 认证的公司或希望在此后获得认证的公司，需要使用 FEMA 这一方法。

总的来说，标准考虑了机遇及其所包含意义这一主题，章节 0.3.3 给出了机遇的几个含义。例如：

- 客户获取
- 新产品和/或服务的开发
- 减少浪费
- 提高生产率
- 因考虑风险而产生的改进机遇

更多机遇示例见第 6.1.2 节：

- 采取实践中总结出的新方法
- 新市场开发
- 新客户的获取
- 建立伙伴关系
- 新技术的使用

因此，风险管理是一个预警系统，其指标使公司能够在早期阶段识别风险。因此，任何及时发现的风险都可能成为改进的机遇。

表 4-1 标准对风险管理的要求

ISO 9001 章节	IATF 16949 章节	要求
4.4		在确定质量管理体系过程时，应考虑质量管理策划（planning）框架中定义的风险管理措施
5.1.1		管理层必须确保促进以过程为导向的方法和基于风险的思维
5.1.2		管理层必须确保风险影响、确定和处理产品和服务的符合性以及提高客户满意度的能力
6.1.1		需要解决风险和机遇，以确保质量管理体系： • 有效运行 • 增加机遇 • 减小或避免风险 • 寻求和实施改进措施
6.1.2		必须规划应对机遇和风险的措施，并评估其有效性。处理风险的可能性有： • 规避风险 • 接受风险是为了抓住机遇 • 消除风险源 • 改变发生的可能性和结果 • 分散风险 • 在周密分析研究后决定接受风险
	6.1.2.1	在风险分析中，在召回行动、产品审核、市场投诉、维修、客户抱怨、废品和返修行动方面的经验教训应该被考虑在内。必须记录并保存这些结果

第 4 章 应对机遇和风险

（续）

ISO 9001 章节	IATF 16949 章节	要求
	6.1.2.2	引入降低风险负面影响的流程，以便： • 识别潜在的错误及其原因，包括文件记录的措施 • 通过学习以前的经验教训来防止复发
	6.1.2.3	必须识别和评估所有生产过程和生产设施的内部和外部风险，以便根据结果制订应急计划。根据客户的风险和影响，制订应急计划
7		识别和提供各种必要的资源（人员、运营设备、基础设施等）时必须考虑可能的风险，例如： • 高患病缺勤率 • 不可预测的上升人员波动 • 关键人员的迁移或基础设施方面： • 由于缺乏设备、工具、物流、信息和通信系统而导致不能给客户提供足够的产品和服务 • 同时，在满足能力、意识、沟通和文件方面的具体标准时，必须考虑到风险
	7.1.3.1	• 在工厂，设备和辅助设施规划的初始设计和持续改进中都要进行风险识别和引入风险降低措施 • 定期对工厂、设备和辅助设施规划流程进行风险相关的重新评估
	7.1.5.2.1	由于不良状态触发的测量设备与预期用途相关的风险评估
	7.2.3、7.2.4	内部审核员和第二方审核员必须具备并证明有能力采用以过程为导向的方法和拥有基于风险的思维。过程审核员还必须掌握过程相关风险分析（FMEA）的处理
	7.3.1	证明所有员工都知道不合格产品的定义和相关风险
	7.5.3.2.2	7.5.3.2.2 和 8.1、8.2.1 没有明确要求"风险"，但技术规范的变化可能导致风险分析的变化
8.1		提供生产或服务所需的相关过程的策划并管理对风险缓解或消除措施产生的影响
8.2.1		要求是制订与客户沟通的明确规则。如果采用不明确的规则，则可能会造成由于缺乏沟通而出现质量问题的风险
	8.3.2.1	在设计开发规划中，必须准备和审查风险分析（FMEA），并采取措施降低潜在风险
	8.3.2.3	内部开发的集成软件的自我评估必须优先考虑对客户的风险和潜在影响
	8.3.3.1	产品开发输入应包括对开发输入和公司风险缓解能力的风险评估。应考虑生产可行性分析中确定的风险
	8.3.3.3	必须在风险分析的背景下确定内部特定特性。内部特定特性和客户定义的特性必须在风险分析中给予确定，例如 FMEA
	8.3.5.1	产品开发的结果应包括产品相关风险分析（FMEA）
	8.3.5.2	生产过程开发的结果应包括过程相关风险分析（FMEA）
8.4		章节 8.4 涉及外部供应产品、过程和服务的控制。这包括先前指定为外包的流程。必须根据一定的标准选择和评价供应商。这并不排除供应链中的风险。这就是为什么这里也应该进行风险评估的原因
	8.4.2.1	用于识别和管理外部过程的文件记录过程必须要有对产品、材料或服务进行的风险评估，并在此基础上，结合供应商的表现，对供应商进行评估

（续）

ISO 9001 章节	IATF 16949 章节	要求
	8.4.2.3.1	供应商必须对其软件进行自我评估，首先包括评估对客户的风险和潜在影响
	8.4.2.4.1	第二方审核必须首先基于风险分析进行规划，也可用于评估供应商风险
	8.4.2.5	供应商发展措施必须首先在风险分析的基础上进行确定
	8.5.1.1	在预批量和量产的生产控制计划中必须包括来自设计开发的风险分析的信息。此外，应在风险分析中定义的时间进行控制计划审查和修订
	8.5.2.1	根据风险程度和错误对客户、员工和最终消费者的重要性，必须对影响汽车行业的所有产品进行分析
8.5.4		本节要求确保对产品的保护。然而标准中没有关于相关风险的具体说明 但从实际出发，分析存储、运输等过程中涉及的风险，制订包装、运输、存储等方面的要求，是有意义的 因此，还必须考虑解决潜在的风险，例如： • 存储、包装和运输过程中的错误操作 • 测量和检测能力或工具不足 • 错误的过程
	8.5.6.1	指导和响应变更的文件记录过程应为所进行的风险分析提供证据
	8.5.6.1.1	对生产过程中的临时变更进行风险评估（例如 FMEA）
	8.7.1.4	返修过程中的风险必须使用风险分析（FMEA）进行评估
	8.7.1.5	返修产品控制的风险必须使用风险分析（FMEA）进行评估
9.1.3		章节 9 要求对质量管理体系的效益进行评估。应分析监控工作并衡量工作的结果。这些分析结果特别适用于评估实施的风险管理措施的有效性
	9.1.1.2	必须定义风险分析的适用统计方法，如设计 FMEA 或过程 FMEA
	9.2.2.1	审计方案首先应以风险为基础
	9.2.2.3	过程审核应特别包括过程相关风险分析（过程 FMEA）的审核
9.3.4		管理评审应包括风险管理
	9.3.1.1	如果存在满足客户要求的风险，则必须增加管理评审的频率
	9.3.2.1	管理评审条目应包含通过风险分析确定的市场故障
10.2.1		当出现不合格时，应采取适当的纠正措施。因此，章节 6.1 基于风险的策划需要更新
	10.2.4	预防错误方法的使用应在文件化过程中予以确定。该方法的细节应在与过程相关的风险分析中定义
	10.3.1	为达到持续改进的目的，必须引入涉及风险分析处理的文件化过程，如 FMEA

4.5 风险管理过程

风险管理过程包括逻辑和系统方法的应用，包括风险的沟通、识别、分析、评估和处理。由于标准对风险管理的众多要求，该过程肯定只能在全局、大范围、粗框架内提出，然后可以在一份相关的文件或一份清单中具体说明在进行风险分析时应考虑的事项。另一种可能性是在任何相关过程中立即进行风险分析。

风险管理过程的必要基础是：
- 确立责任人
- 确立风险评估方法
- 确立风险处理方法

还需要确定风险策略或风险政策。图 4-2 显示了一个可能的风险管理过程。

提示　在过程总览图中建立风险管理过程最有效的是在管理过程类别层级中构建。

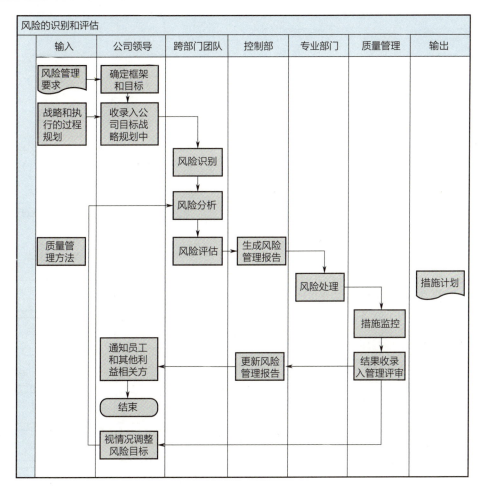

图 4-2　质量管理体系中的风险管理过程示例

风险管理过程也可以很好地借助各个标准都提到的 PDCA 循环来展示。与 PDCA 循环的关联如图 4-3 所示。

首先做风险目标的规划和锚定（Plan）。然后在公司建立并实施风险管理流程（Do）。"检查（Check）"方面包含通过有针对性的行动消除或至少降低风险的策略。

ISO 31000 中包含了建立风险管理过程的非常好的指示。各个步骤如图 4-4 所示，下面将进行更详细的解释。

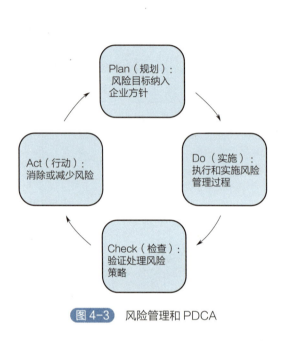

图 4-3　风险管理和 PDCA

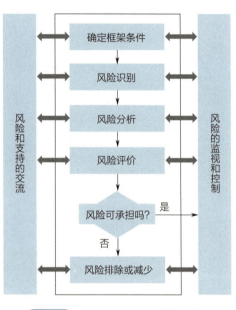

图 4-4　ISO 31000 风险管理过程

4.5.1　确立框架条件

在风险管理过程开始之前，应为其实施确立框架条件。框架条件一方面是指风险管理的内容，特别是企业风险管理的基础；另一方面，它指的是风险管理结构。

企业上下游关系（企业及其环境）构成了可能产生的外部风险的基础。这意味着在确定企业上下游关系中发现的条件必须包含在框架条件中。这里，企业环境代表了公司的所有利益相关方群体。图 4-5 展示了内部和外部框架条件的示例。

图 4-5　企业上下关联的内部和外部框架条件

4.5.2 风险识别

确定了框架条件后,下一步是进行风险识别。

必须根据目标查明风险,以识别可能的威胁和差异。对此必须弄清楚影响设定目标的原因和现实状况。风险评估应包括整个风险管理过程。

以下问题有助于分析:
- 如果风险出现,会发生什么?(识别风险)
- 后果是什么?(风险分析)
- 发生的可能性有多大?(风险评估)

风险评估的目的是收集必要的信息并进行分析,以便做出正确的决策。

必须描述已识别的风险,以便对风险状况能有形象的认识。整个管理层都将参加研讨会,然而,为了确保没有遗漏和疏忽,其他层级的员工也应参与其中。

风险不应一次性考虑,而应持续长期地观察评估,因为随着时间的推移,风险也可能发生变化。例如,2009年金融危机带来的风险,而2010年已经不一定与之相关。

风险识别研讨会也可以由外部顾问召开并实施。这样做的好处是,一方面他们掌握了比较完备的方法、具备一定的能力;另一方面,风险识别的中立性得到了保证。风险识别研讨会的结果是形成文字表达的风险目录。

使用例如强弱分析等方法识别风险。

SWOT分析(参见第2章)是一种把机遇和风险与企业的优势和劣势相比较的好方法。

表4-2展示了一个应用SWOT分析的例子。

表4-2 SWOT分析示例

内外部战略影响因素	优势 管理体系、研发专业知识……	劣势 国内销售、极低的资金储备……
机遇 欧共体扩大消费者要求质量……	我们有能力有优势抓住机遇吗? 我们的高质量高价值产品符合客户的质量要求	我们是否会因为我们的弱点而错失机遇? 由于我们公司只活跃在德国国内,我们的产品很难在东欧市场投放
风险 低工资国家的供应商高价产品……	我们的优势是否足以应对风险? 因为我们在研发方面的专业知识储备,所以我们能够抵挡低工资国家供应商的竞争	我们的劣势会带来什么风险? 我们的资金储备太低,无法投资东欧市场

全面识别风险需要有系统的方法，例如，可以按风险类别进行识别，见表4-3。

表4-3 风险类型示例

风险分类	具体说明
市场风险	客户需求变化、新技术、社会人口变化、新竞争对手
企业风险	虚假信息、错误决策、法律和合同风险、重要员工流失（加入竞争对手企业）、欺诈
财务风险	失去贷款和支持资金、利润率变化、银行利率、汇率、原材料价格、股票价格的变化
企业周边环境风险	自然事件、政治发展、经济危机
战略风险	企业继任者不明确，进入新市场
运营风险	信息技术故障、过程错误、人为故障、停产、员工疾病、供应商或外部服务提供商不能提供产品和服务、工作事故、火灾

风险识别的结果是一个按类别系统地记录风险的风险目录。在 Excel 中可以很好地创建一个有意义的能说明问题的风险目录，至少应包含图4-6所示的序列：

- 序号：风险的连续编号
- 风险类别：将风险分配给定义的类别
- 风险类型：将风险分配给定义的类型
- 风险名称：对风险的简短命名
- 风险描述：对风险的简要描述
- 影响（评估）：预先将风险分为低、中、高三类。在此基础上，对相关风险进行实际评估
- 措施：考虑可能的预防或降低风险的措施
- 责任：划定对措施的负责区域范围
- 日期：对完成日期的初步规划

序号	风险类别	风险类型	风险名称	风险描述	影响（评估）	措施	责任	日期
1	战略	市场	新技术	由于缺少资源不可能被实施	高	检查替代实施的可能性	技术部	一季度末
						检查增加资源	企业领导	一季度末

图4-6 风险目录示例

在研讨会上决定是否采取措施。它也可以设定一个边界值，低于这个边界值的风险将不予处理。

| 提 示 | 讨论所有风险，即使没有超出您定义的评估范围内的上限值。|

4.5.3 风险分析和评价

研讨会产生的风险目录构成了实际分析和评估相关风险的基础。可以使用特殊的计算机程序来实现这一点。根据公司的规模，Excel 表格或 FMEA 等方法也适用。也可以为每个风险制订一份带分析和评估的标准表格。

可以使用不同的方法和处理方式来评估风险，例如：

- 失效模式与影响分析（FMEA）
- 头脑风暴
- 检查清单
- 原因分析
- 错误交叉影响树分析

风险分析应检查风险产生的后果和可能的原因，并确定其发生的可能性。应制订一个评价表格来评价风险。在实践中对风险出现的可能性和后果严重性分别引入一个三阶段模型来加以阐明。

风险出现的可能性：

- 不可能
- 可能
- 很有可能

风险带来后果的严重性：

- 低（低风险）
- 中风险
- 高风险

图 4-7 是风险评估表格的示例。

➲ 工作辅助：风险评估。

将进一步分析可能发生或极有可能发生的风险，并估计和评价承担风险的后果。最后，乘以参数的数值。

可以使用不同的策略来决定要对哪些风险采取措施：

- 风险预防策略
- 风险降低策略
- 风险转移策略

标准表格 风险评估

	威胁程度 出现的可能性			可能的损失												对基本价值观的影响									风险评价		
				人员			房产			技术设备/基础设施			运营过程			诚实			信任			可支配性					
	低	中	高	低	中	高	低	中	高	低	中	高	低	中	高	低	中	高	低	中	高	低	中	高	低	中	高
生产																											
外泄																											
闯入																											
盗窃																											
破坏																											
间谍活动																											
欺诈																											
环境风险																											
……																											
沟通																											
IT 故障																											
操纵																											
没有访问数据的授权																											
……																											

n= 小
m= 中
h= 高
u= 不可能
w= 可能
z= 很有可能

摘自：TÜV QM- 咨询师

图 4-7 风险评估表格

风险预防策略应具有以下特点：

- 主动避免风险源
- 放弃高冒险行为
- 放弃冒险及生存的危险
- 不考虑出现的可能性和可能的损失规模

作为一个单独的应用手段，这种策略是不合适的，因为它将不可避免地停止企业业务活动。它只能在个别情况下使用。

风险降低战略的特点是：

- 降低潜在风险
- 将潜在风险降低到可容忍的水平
- 在控制措施到位的情况下，可以开展高风险的工作
- 降低风险出现概率
- 降低损失程度

这种策略特别适用于被确定为具有威胁性影响的潜在风险。

风险转移策略不会改变实际威胁，但会将风险转移给第三方。这方面的一个典型例子是将风险业务通过保险进行风险转移或将风险流程转移给分包商。

尽管采用了这些策略，管理层仍将面临一些残余风险，还必须对此准备好并能够承担可能的后果。

在风险评估之后，识别出的风险可以整理到另一个文件中，在该文件里也可以同时查看机遇。这个文件在 IATF 16949 认证中可以分类为：

- 利益相关方
- 主导过程
- 支持过程

根据 IATF，核心过程中的风险通常通过产品和过程 FMEA（PFMEA）进行处理（图 4-8）。

➡ 工作辅助：风险和机遇分析。

风险和机遇分析												
											编写日期	
					风险评估			机会评估				
利益相关方	要求	风险	机会	出现概率	损失程度	风险评估分	出现概率	损失程序	机会评估分	责任人（部门）	姓名	日期	状态
企业领导	经济和可持续的企业发展、盈利	重要客户转移到竞争对手	不相关	1	4	4			0				
...													
员工	安全的工作岗位	销售额急剧下降	不相关	1	4	4			0				
...													
供应商	按期支付	供应商提高价格	不相关	2	3	6			0				
...													
客户	按时保质高值的供货	由于多次不能按要求供货而导致的客户不满意	不相关	3	4	12			0	销售部	木斯特先生	2021.08.31	处理中
质量认证机构	行之有效的质保体系	吊销质保体系认证证书	不相关	1	4	4			0				
...													

图 4-8　风险和机遇分析示例

4.5.4　排除或减少风险

在对所有风险进行讨论并达成一致理解后，将值得考虑的风险填入措施计划表，并制订措施来消除或减少这些风险。可以通过单独的行动计划（表 4-4）来完成，或者按初始设计方案直接在风险分析中进行。

表 4-4 风险管理措施计划

风险		执行计划			
风险编号	风险描述	预防措施	责任人/日期	出现后措施	责任人

重要的是,所决定的措施不能任其松散地进行,而是负责这一过程的责任人要对其进行持续的监控。例如,可以通过定期召开会议的方式进行,在会上对措施的状况提出问询;或者通过内部审核的方式进行。

提示 为每个措施设定责任人和完成期限。定期监控措施执行情况,例如进行内部审核。

4.6 风险管理和产品责任

产品责任问题是每个公司在风险管理方面面临的一个特殊挑战。相关法律构成了产品责任的基础,责任人对此必须知晓。必须记住,技术要求是不断变化的。

产品责任涉及制造商和所有参与分销的人,目的是保护终端消费者免受不安全产品的伤害。为此,图 4-9 中列出了德国产品缺陷的责任体系。

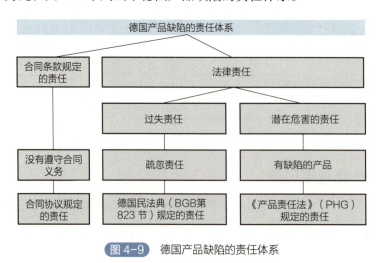

图 4-9 德国产品缺陷的责任体系

仍需区分保修和产品责任。保修是卖方或企业的法律责任或对所售物品的法律符合性和物品无缺陷的承诺，客户有权要求更换、减少或补充供货。

制造商不管是否有过错都应独立承担产品责任。法律意义上的制造商都是供应链的"源头发起人"：

- 最终制造商
- 供应商
- 经销商、批发商等
- 贴牌制造商（以他们的名义提供产品的发运公司或贸易公司）、手工工匠

德国的产品责任有几个基础依据，这些在表 4-5 中进行了展示。《民法典》（BGB § 823）规定的产品责任是违法行为的结果，即应受到谴责的存在过错的失职行为。这些都是主观故意（有意识地和故意地做某事或不做某事，以及购买便宜的东西）和疏忽（没有适当注意）。另一方面，根据《产品责任法》（PHG），所有可以想象的、合理的和可能的质量管理和质量保证措施都应得到了实现。

表 4-5　德国产品责任的基础依据总览

	合同责任	法律责任	
	合同对损失后果的责任	过失责任（根据 BGB § 823 规定的不允许的处理方式引发的责任）	潜在危害责任（根据《产品责任法》规定的责任）
责任的前提条件	合同中一方过错性地没有遵守合同和由此产生的损失	故意或者疏忽造成的没有遵守应尽的义务，但没有其他违法行为，以及由此产生的损失	有缺陷的产品（过错不大）以及由此产生的损失
应赔偿的损失	所有间接和直接损失（包括精神赔偿），包括纯财产损失	对受 BGB § 823 保护的条款的所有间接和直接损害（包括精神赔偿）	所有因人员伤亡（包括精神赔偿）和个人财产损失造成的间接和直接损害
不赔偿的损失		纯财产损失	企业基础设施、运营设备和公共设施的损失
员工/辅助工的责任	辅助工（临时工）在履行合同义务时所犯的过错，如同其自身过错一样承担责任	企业主、雇主只有在存在过错的没有按照规定正确选择、指导或监督造成损失的雇员的情况下才承担责任	无限制的，因为这不是人员过错问题，而是产品错误问题
免责协议	有一部分情况是可能的，在一定条件下与受害方达成相应协议	如同合同责任（实际上并不重要，因为受害人与受害人之间通常没有合同关系）	在损坏发生之前是不可能的
年度限制	自提出索赔之日且受害方知晓后，当年的年末算起 3 年，但不迟于不遵守合同义务行为发生后 10 年或 30 年	自提出索赔之日且受害方知晓后，当年的年末算起 3 年，但不迟于不允许的行为发生后 10 年或 30 年	3 年期从受害方知晓或者必须知晓关于损害、产品缺陷和赔偿人之后开始
取消	不会因为时间的流逝而取消	不会因为时间的流逝而取消	产品投放市场 10 年后

（续）

合同责任		法律责任
证据文件	受害方必须首先证明合同伙伴客观上违反了义务，随后必须证明他处理过程中没有过错	首先，受害方必须证明产品有缺陷、受保护的合法资产受到损害，然后反向举证：制造商必须证明他没有违反义务或行为无过错	受害方必须证明产品缺陷、损害以及产品缺陷与损害之间的因果关系（没有反向举证）

ISO 9001 第 7.2.1 节要求识别产品要求以及法律法规要求。这也是《产品责任法》和《民法典》的要求。为此，必须将这些相关因素纳入风险分析。

出于这些原因，大多数原始设备制造商（OEM）要求在公司所有生产现场都有一名产品安全代表作为联系人放在 OEM 门户网站上。它也同样在政府职能部门进行备案命名。

不仅风险管理的实施，而且文件化的质量管理，都可以在处理不合理的产品责任要求方面发挥积极作用。

文件化的措施，如试验结果、材料检测、初始原型产品、仔细和连续一致地实施的设计和过程 FMEA 等，可在设计和开发中就已经在防止错误的产生了。

把所有供应商都纳入质保体系中来。

即使产品投放市场后，对其观察也不应停止，而是应立即纠正可能出现的错误。这是通过仔细评估投诉并通过持续的联系客户来获得所有可能的信息。如果应急计划中还包括如何进行可能的召回行动的说明，这也是有用的。

其他预防措施是训练有素的员工和最佳满足所有要求的工作场所。

认证经验：不仅注重风险评估，还要考虑机遇。

4.7 应急计划的制订和评价

汽车专用标准明确要求应急计划以及工厂、设备和基础设施规划，因为不可预见的事件可能会对基础设施产生重大影响。只考虑停电或计算机故障、罢工、供应商不能供货或重要员工不能工作和运营设备不能使用故障。

ISO/TS 16949 对应急预案要求很少。另一方面，在 IATF 16949 中应急计划具有完全不同的含义，这在第 6.1.2.3 节的要求如下：

a）必须识别和评估所有生产过程和生产设施的内部和外部风险。这意味着这些方面将来也必须包括在 FMEA 中。

b）必须根据涉及的风险为每个客户制订应急计划。

c）必须针对重要生产设施故障、产品、工艺和服务供应商供应中断、自然灾害、火灾、供应系统中断、人员短缺、工作环境干扰等制订应急计划。

d）应急计划应构成向客户和其他利益相关方发出通知流程的基础，以便将影响其业务运营的要点告知他们。

e）、f）应急计划必须定期检查有效性（或者借助于模拟测试），并且至少每年由多学科小组评价和更新。

g）必须要有应急计划的文件，变更必须可见，包括触发变更的人员。

应急计划主要是为了确保当不可预见的事件发生时，能够继续满足客户的要求。为了制订应急计划，首先需要收集必要的工作和运营资源信息，以完成各主要业务组织单位的任务。其中包括：

- IT 设备
- 电信设备
- 打印机
- 复印机
- 传真机
- 机器设备
- 工具
- 检验和测量设备
- 其他组织和工作资源

提示　在生产企业中，应定义瓶颈或关键机器设备，并在紧急情况下采取适当的措施。机器设备发生故障时，经常可以把工装夹具换装到另一台设备上（应急计划），根据订单的数量和供货时间继续生产。机器设备通常是不特定的，但工具通常是特定的。

应急计划中应特别考虑以下几点：

- 电话列表
- 外包临时工雇佣公司名单
- 关于可能的班次延长的内部协议

- 充足多配置的机器和工具
- 供应商名单,特别是设备和工具,包括工作场所附近的工具制造商,以及他们的紧急联系信息
- 内部和外部维修公司名单
- 引入安全库存
- 应急发电机
- 货车租赁公司名单等
- 相关管理人员和员工的报警和信息链的规则
- 定义备选替代工作位置
- 要给予应急计划相关的员工必要的访问IT应用程序的授权,包括其他备选替代地点的员工
- 通信媒体的切换应确保可以通过通常的地址或电话号码联系到员工
- 相关工作人员出席在场和可被联系上的规则
- 可能的客户信息交流规则

在应急手册或应急计划中应规定基本运作流程,示例如图4-10所示。

➡ 工作辅助:应急计划。

> ⚠ **提示** 始终要把应急计划和风险分析联系起来。

 应急计划

应急计划	版本状态/日期		
	团队		
	修订人		

紧急情况分类	紧急情况后果	预防	措施	内部信息	外部信息	风险等级
停电	停产	应急发电机	通知维修部 开启应急发电机 等待电力供应到位,开启设备,需要时调整参考位置零点 制订与客户达成一致的应急交货计划	企业领导 生产领导	供电局 电话号码	高
	电子办公设备、服务器等的失效	镜像备份的服务器备机	向主管部门或者维修部报修,等待故障排除,开启计算机,制订与客户达成一致的应急交货计划	IT领导 企业领导		中
外贼闯入	偷盗	门窗常闭	上报到部门领导	企业领导	电话号码	低

图4-10 应急计划(节选)

4.8 总结

风险管理是一项领导任务。特别是它在"领导"和"规划"方面比以前发挥了更重要的作用。明确的是风险管理不是按照具体规范要求做的。然而公司应识别可能影响生产或提供服务的风险。应识别并适当考虑风险。

ISO 31000 支持这种方法。标准中使用的方法基于 PDCA 循环（Plan：确定公司政策中的风险目标，Do：风险管理过程的贯彻和实施，Check：风险处理策略的控制，Act：采取措施、消除或降低风险）。

这个标准非常适合作为风险管理的指导框架。然而，ISO 31000 认证尚不可能进行。但是审查可由有资质的合格的第三方在内部或外部进行。

将风险管理纳入质量管理体系有助于监督，因为风险管理可以在内部审核时进行审查。

请尽可能考虑到所有可能发生的紧急情况，并且有足够的措施来应对你所知晓的紧急情况。

4.9 参考文献

DQS GmbH: Risikobasiertes Denken und Handeln, www.dqs.de, Frankfurt am Main, September 2015

Qualitätsmanagementsysteme–Anforderungen (ISO 9001: 2015);Deutsche und Englische Fassung EN ISO 9001:2015

DGQ: Was ist risikobasiertes Denken in ISO 9001:2015?, https:// www.dgq.de/fachbeitraege/was-ist-risikobasiertesdenken-in-iso-9001:2015/

DGQ (Hrsg.) : Risikomanagement: Risiken beherrschen–Chancen nutzen, DGQ-Band 12–41, Beuth Verlag, Berlin 2007

DIN EN ISO 9001: Qualitätsmanagementsysteme–Anforderungen (ISO 9001:2008), dreisprachige Fassung EN ISO 9001:2008

Gleißner Prof. Dr., Werner, Grundlagen des Risikomanagements: Mit fundierten Informationen zu besseren Entscheidungen, 2. Vollst. und überarbeitete Auflage, Vahlen-Verlag, München, 2016

Gillet, Friedrich: Risikobasiertes Denken in der neuen ISO 9001, Optimum Unternehmensberatung, Köln 2016

Harmeier, Jens: Risikomanagement nach ISO 9004:2009, in: QM-System nach ISO 9001, (Online-Werk), Kissing, 2018

IATF 16949, Qualitätsmanagement-System-Standard der Automobilindustrie, 1. Ausgabe, 1. Oktober 2016

IN ISO 31000:2018-05 – Entwurf – Titel (Deutsch): Risikomanagement – Leitlinien (ISO 31000:2018); Text Deutsch und Englisch

Jahnes, Stefan; Schüttenhelm, Thomas (Hrsg.): Integriertes Managementsystem, WEKA MEDIA Verlag, Kissing 2010

Kranefeld, Anja: Swot-Analyse, in: Schulungspaket QM Prozesse optimieren – Methoden einführen – Kundenzufriedenheit erhöhen, Online-Version, Kissing: WEKA MEDIA 2018

Strompen Dr., Peter: Die IATF 16949 – Interpretation der Anforderungen der IATF 16949:2016, TÜV Media GmbH, TÜV Rheinland Group, Köln 2017

Thoman, Prof. Dr. Hermann (Hrsg.): QM in Dienstleistungsunternehmen, TÜV Media GmbH, TÜV Rheinland Group, Köln, Stand 2018

TÜV SÜD Akademie GmbH: Produktsicherheit – Produkthaftung, Rev. 00, 2016

Weis, Prof. Dr., Udo: Risikomanagement nach ISO 31000 – Risiken erkennen und erfolgreich steuern, WEKA MEDIA Verlag, Kissing 2009

第 5 章
对支持职能的要求

在 IATF 16949 的基础参考标准 ISO 9001:2015 的第 7 章中,描述了支持核心过程所必需的过程重点是 QMS 资源。

旧版"第 6 章 资源管理"在新版中被变换命名为"第 7 章 支持"。在本章节中总结了如图 5-1 所进一步展示的、在 ISO 9001:2008 年版的很多不同地方都可以找到的要求。

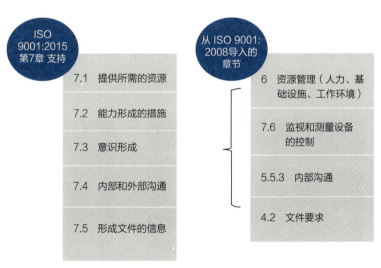

图 5-1　ISO 9001:2015 的第 7 章

对于以上每个章节,IATF 16949 都包含了一系列的补充和进一步的要求:
- 工厂、设备和设施的策划(第 7.1.3.1 节)
- 生产场地的清洁(第 7.1.4.1 节)

- 测量系统的评估（第 7.1.5.1.1 节）
- 校准的记录与核实（第 7.1.5.2.1 节）
- 对内部和外部实验室的要求（第 7.1.5.3.1 节）
- 能力（第 7.2.1、第 7.2.2、第 7.2.3、第 7.2.4 节）
- 质量意识（第 7.3.1 节）
- 员工的主动性（第 7.3.2 节）
- 形成文件的信息（第 7.5.1.1 节）
- 文件的保留（第 7.5.3.2.1 节）
- 技术说明（第 7.5.3.2.2 节）

通过以上提到的这些转换，标准中阐明了生产和服务提供过程中所涉及的所有内容都会对生产或服务产生影响。本章总结了实现核心流程的基本要素。

提示　仅确定资源是不足以满足标准要求的。必须要明确怎样做资源核查和资源提供。

乍一看上去，新的汇编内容显得有些混乱，因为在本章中概述了资源供应、必要的沟通和文档信息的处理等诸多复杂的过程。如图 5-2 所示，新章节的归类使它们之间的相互关系更加清晰了。

在后续的章节中进行了图 5-2 所示的分类描述的展开讲述。首先，要处理财务资源的提供方式，因为这是企业提供更多资源以进行进一步开发和扩展的基本前提。

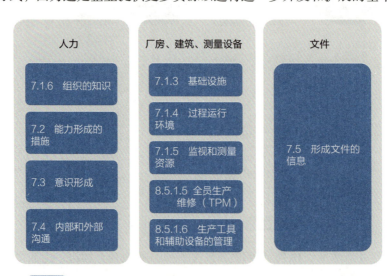

图 5-2　标准章节的分类（来源：ISO 9001:2015 和 IATF 16949）

5.1 资源的提供

资源的提供是质量管理体系在企业有效实施和运行的基本前提，也是满足客户要求，从而提高客户满意度的基本前提。只有拥有有技能资质的员工和足够的物质资源，才能实现企业计划的目标。

5.1.1 综述

充足的有技能资质的员工和物质资源可以提高客户的满意度并帮助企业取得成功。除了物质资源之外，还包括相应的基础实施、工作环境以及过程运行环境等资源。它们都会对生产或服务过程带来积极影响。

基础设施包括建筑物、保障设施和生产设备。这些必须以产品或服务要求为导向。

只有员工和领导具备胜任其各自任务的能力并且有很高工作意愿的情况下，企业才能成功。然而这样做的基本前提是具有相应的基础设施，因为这会对直接参与产品制造或服务提供的员工的积极性产生重大影响。

在确定和提供必要的资源时，首先与按照哪个标准做认证关系不大。出发点是要实现的目标。然后必须据此制订行动计划。只有在描述了行动之后才可以与相应的标准进行比较，检查是否仍然存在被忽略的标准要求。有结构层次、有理由地确定和提供资源可以将资源进行高效的利用。

一般来讲，这些标准阐述了如何确定和提供必要的资源。大多数标准对人员、基础设施以及工作环境都有明确的要求。但是也不能忘记财务金融行为、供应商和商业合作伙伴。ISO 9004 指南在这方面提供了非常有价值的参照。

在批准和使用必要的资源之前，必须要确定所有的要求，以便能够实施一个明智且经济的计划。图 5-3 概述了此处需要考虑的资源。它在 ISO 9001 的基础上补充了财务金融行为。

如果能有效、高效和及时地确定和提供图 5-3 中的资源，它们会为企业的成功做出贡献。

请注意，不要将必要资源的确定和提供作为成本，而应将其视为投资，因为它们将使您尽可能完美地满足客户对产品或服务的要求，从而尽可能地提高客户的满意度。

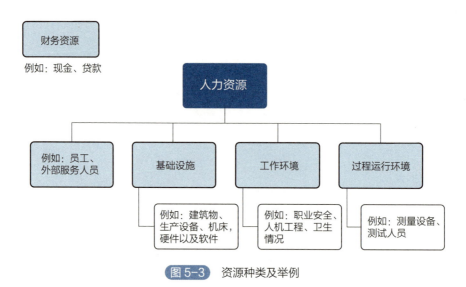

图 5-3 资源种类及举例

在企业中为了能够提供所需的资源，首先需要的是财务资源支持。

财务资源的确定与质量目标紧密相关。为了实现这一点，还必须使用财务手段。这些不仅应该做出年度或者中期计划，而且应该经常使用，并据此有效地优化过程，以此对企业的财务业绩产生积极影响。

在 ISO 9001 和 IATF 16949 中对财务资源的确定和提供并没有明确要求，只在 VDA 6.4 标准中考虑到了这一点。

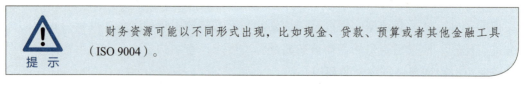

提示：财务资源可能以不同形式出现，比如现金、贷款、预算或者其他金融工具（ISO 9004）。

对财务资源必须实施计划、监督和控制，以满足客户的要求。规模较小的企业通常没有结构化的预算系统，因此对可能的财务资源只进行单个计划。在这种情况下是不太容易在企业中建立相应流程的。

财务和投资计划以及对成本的持续监控是基本要求。这意味着需要定期评估所确定的资源的可用性和适用性。

这可以通过几种方式实现，例如：始终将计划数据和实际数据进行比较，以及收集和评估关键指标。经典指标指的是经典运营经济指标以及评估质量绩效指标。例如减少由于内部缺陷、材料浪费等造成的内部成本，以及降低由于投诉、产品责任事件以及质量保修等产生的外部成本。

5.1.2 目的和意义

企业的决定性资源是人力资源。首先必须将必要的知识作为基本前提，以便满足员工技能需求并保质保量地完成每一项工作。这意味着基本上所有的职能都会受到人力资源的影响。每位员工都会以某种方式为制造或提供高质量、高价值产品和服务做出贡献。

通过深思熟虑地使用资源可以实现高效的计划和使用所有必要的资源，以及负责任地对待企业里的资源。

对于资源的确定和提供必须按照 ISO 9001 追求以下目标：对 QM 系统的实施、保持和持续改进的所需资源必须被确认和提供。

5.1.3　确定以及保持所需的知识

标准对于要使用的人员的资质等要求已经进行了拓展。新的内容包括对于组织的知识的考虑，参考 ISO 9001:2015 的 7.1.6 章节以及第 7.2 章节及其后的部分中对必要能力的重要性的强调，尤其是对企业内部员工和内部审核员的能力以及对于进行必要的沟通的重要性提出了要求。

企业所需相关知识就是员工必须具备能力的基础。在 ISO 9001:2005 的第 7.1.6 节对这些要求进行了总结。

因为知识对其他的生产要素起到支持作用，因此稀缺的知识资源正日益成为企业管理层的思维焦点。这不仅适用于服务型企业，制造型企业同样适用。总的来说，企业的特点的确在于信息、技术能力和制造能力几个方面组合在一起产生的竞争优势。在最近的几十年中，企业发现知识是知识密集型价值创造中的一种可持续资源。通过拥有有共同利益和目标的员工，能够把改进能力、创造能力和解决问题的能力融合在一起。技术在这里仅仅起到辅助作用。人们已经意识到，知识越来越成为一个战略上的成功因素。随着员工离开企业，损失的知识、经验和技能往往也会被低估。这种"宝贵经验"应该被系统地保留下来，但也需要时常进行更新。员工也越来越多地被视为知识的载体。这些知识的载体支持必要知识的保留（在正确的时间），有效地使用这些知识并有针对性地进行传递，以便知识可以为企业价值创造做出贡献。

企业并不需要建立一个知识管理系统，而是应该强调以下方面。所需的知识必须：

- 被确定
- 保持、更新并且可用
- 能够根据变化的要求进行调整

企业必须确定如何达到必须具备的知识水平，以及如何使用已有的知识。

这就意味着企业必须首先确定在哪些主题领域里知识必须要被积累。通常情况下，企业所需要的知识是非常多样化的，可以总结为图 5-4 所示。

在文献中把知识按以下类型做了区分：

• 过程知识：关于运行顺序以及过程、工作步骤顺序、过程之间知识转移的相互关系的知识

• 大事件知识：大事件和趋势的知识（包括内部和外部）

• 社会构建知识：从不同的语言系统、组织文化、项目小组、工作小组发展而来的知识

• 内在的知识：通过执行工作而获得的经验

• 编码知识：员工离开企业后仍然可以使用的知识

• 概念知识：识别大纲模式，对基本假设进行抽象整理出要点的能力

图 5-4　必须积累知识的主题领域示例

在有关知识管理的专业文献中，对知识进行了如下进一步的分类：

• 明确的知识：与上下文之间关系微弱，储存在文件里，易于告知和传递，通过语言表述、模仿（例如：项目记录）

• 隐含的知识：与员工个人紧密相关，"储存"在脑子里，不可见，会受到个人见识和直觉的影响，难以告知和传递（例如：使用生产工具的经验）

现在需要将企业必要的知识进行合编，更新，使其"有形"可被使用并之后建立相应的能力。

此处应参考德国联邦经济与技术部（Bmwi）的指南，里面展示了一个很好的可能性："知识资产负债表—德国制造—编制知识资产负债表指南 2.0"。这个指南还有一个配套的工具箱。该指南为首先确认哪些知识是现有的、哪些知识是必要的构建了良好的基础。

但是，从根本上讲，应该考虑是否不在企业中引入系统的知识管理，因为这些标准并不明确地指向一个知识管理系统，而是指向"那些所需的知识"。

在建立完整的知识管理系统概念之前，应该首先在多学科团队中明确地执行表 5-1 所示的清单中的项目。

为何第 7.1.6 节会被重新收录？ISO 9001:2005 的附录 A7 对此提供了更多有价值的信息。最后企业应保护自己免受知识损失的影响，例如：

• 员工离职

• 信息流中的错误

表 5-1　知识系统化检查表示例

方面	是	否	备注
所有员工都可以查看我们的员工对项目、过程、产品、服务以及关于客户和供应商的知识，并且这些知识是在不断更新积累的			
有合适的工具来管理知识			
知识在企业内部网上展示，所有的员工无论何时何地都可以访问			
知识检索和输入的方式是高效且易于使用的			
知识在过程运行中直接进行储存（例如，在客户会议之后，由负责客户服务的员工输入添加的内容而非秘书）			
离职的员工通常会将自己专有的知识传递给留下的员工			
企业的"指定监视人"查看知识是否被及时，并尽可能真实地被收录			
在企业中有义务经常参与培训，提升自己			
激励员工将知识传授给企业中的其他同事			
得益于所有员工具有的知识，企业已经"领先一步"			

注：来自于《小型企业创新》，圣加仑大学瑞士中小企业学院。

除此之外还应该鼓励企业更多地通过以下方式处理知识相关主题：

- 从经验中学习
- 从咨询中学习
- 从绩效比较中学习

为了达到标准的要求，第一步要做的是确定必要的知识。

5.1.3.1　确定必要的知识

必要的知识指的是执行组织的过程并保证产品和服务的符合性所必需的知识。想找到一个确定相关知识的方法并不容易。

可以用于对必要的知识确定的已知方法例如有：

- 知识地图
- 过程审核
- 以知识为导向的过程分析
- 员工问卷
- 研讨会

企业政策是确定"缺少的知识"的基础。为此必须将知识作为企业理念或企业政策中不可或缺的宝贵资源。促进知识共享以及推进对可用知识的利用也应该作为管理基本原则的固定组成部分。

用来确定缺少的知识的方法和工具有：

- 技能资格矩阵
- 培训计划
- 缺口分析
- 德国联邦经济与技术部（Bmwi）：知识资产负债表

在战略层面上展示组织内部知识的另一种方法是通过使用"能力轮"，"能力轮"主要由 KlausNorth 教授和来自 IHK 的 Lahn-Dill 共同开发而来（图 5-5）。它通过可视化，展示了人员的能力。在该可视化图中可以清晰地看到人员的实际状态、目标状态以及可能的发展目标。

→ 工作辅助："能力轮"。

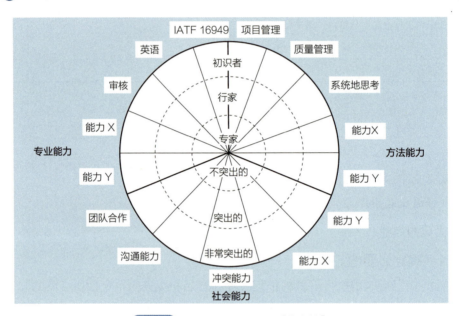

图 5-5 质量管理中员工的"能力轮"

注：来自于《知识管理》，线上版本，Kissing: Weka Media 2018。

"能力轮"像切蛋糕一样被分成几部分，并将其中包含的能力分成三类：
- 专业能力
- 方法能力
- 社会能力

下一步是将专业能力和方法能力各分成三个等级：
- 初识者拥有理论知识，但是实践经验却很少或者没有
- 行家具有扎实的实践经验
- 专家具有丰富的实践经验，甚至能够解决超出标准的复杂问题

- 社会能力划分为不突出的、突出的、非常突出的

然后将这些方格进行填充并展示员工在质量管理的要求下应该具备的能力。比如通过阴影线条可以表示员工的实际能力，或通过不同的颜色可以区分部门所有员工的能力。现在，需要哪些资质就显而易见了。

"能力轮"不仅展示了现有知识的情况，还能显示出一个企业、一个部门或者一个员工知识方面的缺陷。根据上述分析就可以确定企业需要哪些培训和技能资质了。

5.1.3.2　保存、更新和使用知识

必须确保知识的保持。如今，通过现代信息技术的支持，已研发出一些特定的软件以实现知识的保存和更新。其中的一个例子是用于创建和更新 QM 文档的文档管理系统。这些方法都可以确保让所有员工获得最新的文件。

当然，在许多其他领域也存在这种系统。通过这种系统，免去了由于员工离职、生病或者休假而无法获取这些知识的麻烦。这意味着专业知识的记录非常重要，这样才能保持知识的传递，例如，继任者或者新员工可以通过相关的信息传递措施获得支持，因此所谓的专家汇报、经验传授的传递过程就建立起来了。

对数据和信息的系统化处理是保持和提供知识的基础。

但是必须注意，知识的保持并不仅仅意味着知识的存储，而且知识还必须保持在最新状态并持续发展。标准要求的绝对不是对于知识的精细记录，而是根据每个企业具体情况，对于与产品或服务的符合性密切相关的知识资源的有意义的控制。

这意味着，只有不断的检查确认必要的知识并与现有的知识进行比较，才有可能实现对知识库的不断更新，从而引入相关的培训和技能资质。

5.1.3.3　根据变化的要求调整所需的知识

这方面的重点是在必要的时候通过例如更改框架条件的方法使得员工获得更多附加知识。该要求的实施可以很好地与 PDCA 循环连接起来，如图 5-6 所示。

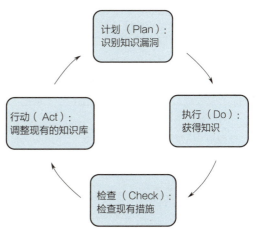

图 5-6　通过 PDCA 循环框架获得附加知识

有许多方法和工具可以用来满足标准的要求（表 5-2）。

表 5-2　企业获取知识的方法和工具

方法 / 工具	确定必要的知识	保持知识	查明并提供知识	获得知识
8-D 方法				✓
工作岗位措施（轮岗工作、丰富工作内容、加大工作量）		✓		✓
平衡计分卡（发展角度）	✓	✓		
会议		✓	✓	✓
最佳实践（从最佳实践示例中学习）		✓	✓	✓
检查清单		✓		
内容管理系统		✓	✓	✓
文献管理系统		✓	✓	✓
以前的经验（前员工作为顾问、指导老师等）		✓	✓	✓
电子网上学习 / 混合学习		✓	✓	✓
发展伙伴关系、合资企业、人际网络			✓	✓
成功因素分析	✓			
专家汇报		✓	✓	✓
专家数据库 / 专家技能要求、员工技能要求、能力矩阵、知识地图、黄页、技术能力矩阵、能力轮	✓	✓	✓	✓
专家会、经验交流会、质量圈、知识共同体（实践社区）		✓	✓	✓
外部培训、展会、会议				✓
常见问题（FAQ）			✓	✓
失效模式和影响分析（FMEA）				✓
面向业务流程的知识管理（GPO-WM）	✓	✓	✓	✓
创意管理 / 运营建议制度				✓
智能存档		✓		
内部研讨会、座谈会、培训		✓	✓	✓
持续改进过程（KVP）				✓
经验教训、项目回顾		✓		✓
微型品（简短形式的文档）		✓		✓
微型培训（简短培训）		✓		
员工问卷	✓			
员工谈话	✓			
伙伴 / 双人搭档（指导、教授、主持、师傅 - 学生系统）		✓	✓	✓

（续）

方法 / 工具	确定必要的知识	保持知识	查明并提供知识	获得知识
项目数据库			✓	
过程审核	✓			
过程描述、工作指导书		✓	✓	
自带说明的文件夹结构			✓	
可用于合作的软件（群组软件［Outlook、Lotus Notes］、Wiki、Sharepoint、博客/微博、OneNote、内网等）		✓		✓
搜索引擎			✓	✓
工作活动形式（知识市场、酒吧营地、世界咖啡馆等）			✓	✓
知识资产负债表——德国制造	✓			
知识库			✓	✓
知识转移过程			✓	
基于知识的过程分析/活动分析				✓
基于知识的战略发展	✓			
知识传递、知识树（专家和管理人员更换时）		✓	✓	✓

注：来自于 ISO 9001:2015 标准中的知识管理（DGQ 和 GfWIM）。

5.1.4 获得与发展能力

"能力涵盖了一个人在生活中获得并可使用的所有技能。这包括了所有的知识方面和思维方法，是一个人在能力、技能和潜力方面的个人财产。"（来源：business-on.de）

技能是一项"精神上的、面向实践的、能做某事的能力。绩效的先决条件，除了表现的动机，还有才能（绩效 = 动机 × 才能）。才能既可以是先天的（天赋），也可以是后天获得的（技能），并且会根据人与人之间的影响程度而有所不同。"（来源于盖布尔经济辞典）

ISO 9001:2005 将能力定义为"运用精神能力、认识和技能来达到预期结果的能力"。

能力这个概念是一个统称，它涵盖了：

- 精神能力
- 认识
- 技能

能力调查的目的不仅在于查明纯粹的知识水平，而且也要评价执行一项具体的工作所必需的技能水平，如图 5-7 所示。

按照要求执行特定过程所需要的必要能力是由工作活动决定的。文献和专门确定能力的咨询企业提供了能力评估的复杂方法。能力评估的第一步是确定企业的要求。这是以体现在运营工作中并被分配给特定职位的战略目标为基础的。职能描述也必须以此为基础。

拥有有能力的员工对每个企业而言都是非常重要的。因此确定每项工作所需的能力就变得意义非凡。与之相应的是，企业必须评估每个员工现有的能力。

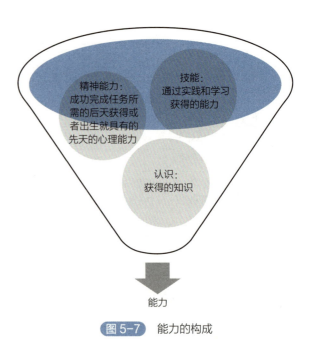

图 5-7　能力的构成

为了确定所有必要的能力，企业可以使用所谓的能力类别。文献中有不同的模型，但在真正的工作中，大多的能力分类会如图 5-8 所示，其中通常将领导能力归类为方法能力。

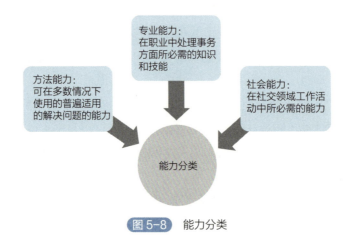

图 5-8　能力分类

提示　重要的是将确定的能力文件化，并公布给员工。

员工谈话（参见本书第5.1.5.1节）是确定能力的基本方法，以此可以一起共同讨论已经创建好的职能描述中的所有要点。当员工能够进行自我评估时，相当快地就能达成一致。还有一种可能性是借助于包含了所有职能描述要点的清单，上级进行外部评估，并且员工也可以进行自我评估。通过所得到的信息便可以知道需要进行哪些培训了。

需要注意的是，确定技能培训需求的同时，对思想意识形成方面也要采取措施。根据IATF 16949的第7.3.1章节，对此必须出示证明，并将结果存档。

图5-9展示了需要进行培训的几种不同原因的示例。这些列出的以及其他未列出的原因，有助于触发以下述为目标的培训：

- 提升知识
- 提升技能资质
- 提高员工主动性
- 提高竞争力
- 满足客户需求
- 提升企业吸引力
- 达成企业目标

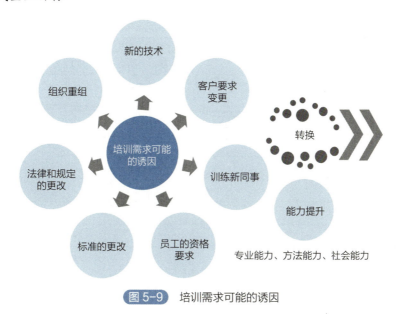

图5-9 培训需求可能的诱因

ISO 9001的第7.2章节对员工的能力有明确的最基本的要求。在IATF 16949所列出的进一步要求中对该主题进行了进一步的扩展。最新版的IATF 16949首次对内部审核人员提出了明确的能力要求。

对员工的能力要求（ISO 9001:2015 的第 7.2 章节）类似于对待知识的要求。这说明知识和能力是紧密结合的：

- 必须确定所需要的能力
- 必须保证能力（并在必要时进行保持）
- 必须对能力进行传授，并且必须检查能力发展措施的有效性
- 能力必须能够被证明

IATF 16949 还有以下方面附加要求：

- 一般能力
- 工作岗位能力
- 内部审核员的能力
- 第二方审核员的能力

因此企业有义务确保影响产品要求满足（直接或者间接）的员工必须具备相应适当的能力。企业必须确认对"适当"的定义。员工的能力指的是他能做什么。能力是硬性事实，可以将其描述为职位说明中的具体要求。

与知识在企业中的创建类似，有许多方法和工具可以用于确定和保持能力，见表 5-3。

表 5-3 确定和保持能力的方法和工具

方法和工具	确定能力	检查能力	传递/发展能力	检查有效性	证明能力
建立有意义的过程指标				✓	
工作岗位措施（轮岗、丰富工作内容、增大工作内容）			✓		
平衡计分卡（发展前景）				✓	
最佳实践（从最佳实践示例中学习）		✓	✓		✓
检查清单		✓	✓		
内容管理系统			✓		
文献管理系统			✓		
历史经验（从前作为顾问、导师等）			✓		
电子学习/混合学习		✓	✓		✓
发展伙伴关系、合资企业、人际网络			✓		
专家汇报	✓				✓
专家数据库/专家技术要求、员工技术要求、能力矩阵、知识地图、黄页、技能矩阵、能力轮	✓		✓		✓

（续）

方法/工具	确定能力	检查能力	传递/发展能力	检查有效性	证明能力
专家组、经验交流、质量圈、知识社区（实践社区）、外部培训、展会、会议活动	✓		✓		
内部研讨会、座谈会、培训			✓		
微型培训（简短培训）			✓		
员工调查	✓				
员工访谈		✓			
伙伴/双人搭档（指导、练习、实习、师傅-学生系统）			✓		
项目数据库	✓				
过程审核				✓	
合作可用的软件（群组软件[Outlook, Lotus Notes]、Wiki、Sharepoint、博客/微博、OneNote、内网等）			✓		
活动形式（知识市场、酒吧营、世界咖啡馆等）			✓		
知识审核		✓		✓	
智慧资本——德国制造	✓	✓		✓	✓
知识转移过程	✓				✓
以知识为导向的过程分析/活动分析	✓	✓		✓	✓
知识传递、知识树（更换专家和管理人员时）			✓		

注：来自于 ISO 9001:2015 标准中的知识管理章节（DGQ 和 GfWIM）。

5.1.4.1 确定需要的能力

所需的能力由以平衡计分卡（计分卡：人力资源/资格）形式呈现的战略管理和战略目标的实施演绎而来。

这种情况涉及的是执行质量相关工作的员工。这也意味着它通常适用于所有员工。为此必须首先确定对应的工作岗位应该拥有的能力，可以通过例如已经提到的"能力轮"来实现，也可以通过能力矩阵来完成（图 5-10）。

➡ 工作辅助：能力矩阵。

5.1.4.2 发展能力

在确定能力矩阵中的空缺之后，必须计划和实施适当的培训和继续教育。不管使用哪种确定方法，都应为每个能力设定一个目标值，因为没有必要将每个员工都培训成专家。这意味着，可以给定不同的"目标资质等级"，然后为其定义并且执行对应的培训措施。

另外一种可能是雇用具有相应资质的人员来从事空缺的职位。

图 5-10　能力矩阵示例

5.1.4.3　传授和监控能力

这个要求从对员工进行入职后岗前培训就开始了。为此，例如应建立一个"员工录用和指导"的过程，该过程给出了清晰的要求以及对应的标准（图5-11）。在这种情况下，职能描述或岗位描述变得非常重要，因为从中可以得出有关各个职位所需技能的结论。如果没有具备必要的能力，那么必须采取措施，例如：对该职位的人员进行培训或者重新安排。特定工作的要求可以在职能描述或岗位描述中找到，这类描述是对技能资质进行目标值-实际值比较的基础。在职能或岗位描述中，注明了在能力矩阵中被指定为目标的任务、责任和技能。图5-12展示了职能描述的示例。

⊃ 工作辅助：职能描述。

5.1.4.4　分配和安排员工

在聘用员工之后，重要的是他在工作的第一天就能得到指导，并且根据其工作内容接受相关培训。这是 IATF 16949 中提出的要求。职业安全方面的内容也应该在首次指导时进行培训。这还包括了个人防护设施（PSA）的分发以及如何使用它们的说明。在首次参观企业场所时很适合完成这项任务。

第 5 章 对支持职能的要求

提 示　确保在新员工入职的第一天就对其进行工作安全指导培训。这是一项必不可少的要求，以防发生工伤事故。

临时工也需要考虑到，不论工作安全指导培训是需要由您进行还是涵盖在与临时工中介企业所签订的合同中。

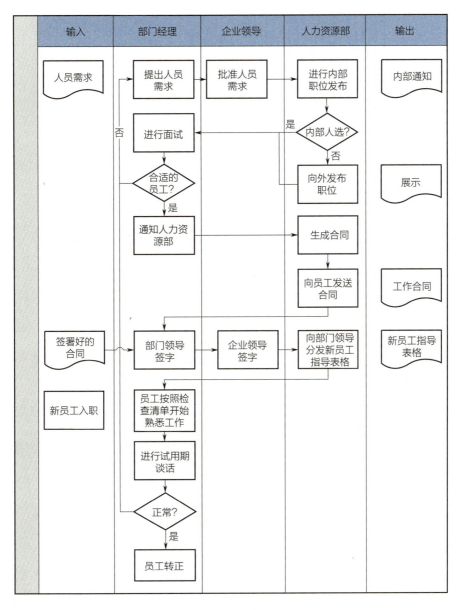

图 5-11　员工录用和指导过程

	表格 职能描述	
岗位名称		
直接领导		
直属下属员工		
岗位代理		
由……代表		
代表		
任务	➢	
主要任务	➢	
次要任务	➢ ➢	
资质	➢	
专业方面	➢	
个人方面	➢	
权限	➢ ➢	
与其他岗位的合作	➢ ➢	
能力		
专业能力	➢	
方法能力	➢	
社会能力	➢	

图 5-12　职能描述示例

入职指导和培训的文件参见图 5-13。

◐ 工作辅助：入职培训计划。

在第一个工作日对员工进行关于一般通用知识和职业安全相关的主题的指导后，必须在工作岗位对员工进行关于工作内容相关的直接指导，并且将其现有能力、技能和资质与所要求的做比较。

对员工培训的要求应该以一个过程的形式加以确定，如图 5-11 所示。

◐ 工作辅助工具：员工雇用和指导过程。

在将目标值与实际值做比较之后，就能够找出可能的差距，以此确定必要的培训需求。员工技能资质状态的文档（包括进一步发展计划），就可以通过技能资质矩阵很好地完成。目前已经可以使用专业工具来完成这项任务。

表格 入职培训计划			
姓名		入职时间	调任时间
员工号		专业领域/部门	
根据职能描述的岗位名称			
员工/租赁员工需要进行以下常规培训:			
入职后熟悉工作阶段的主题	培训老师	入职日期	员工签字
企业介绍 - 组织、组织结构图、产品领域 - 客户结构、供应商			
企业巡视 - 向同事介绍自己 - 了解自己的工作岗位 - 自己领域内的产品与服务			
介绍质量管理体系/环境管理体系…… - 在哪里被记录?			
企业建议体系的介绍			
工作安全 - 逃生路线 - 灭火器 - 紧急出口 - 急救箱 - 报警计划 - 禁止吸烟 - 风险重点			
对于商业伙伴员工/租赁员工(如不相关,请划掉删除):			
内容	实施者	日期	员工签字
- 发放个人防护服 - 发放工作服			
- 查阅个人身份证件 - 查叉车证件 - ……			

图 5-13　入职培训计划示例(节选)

5.1.4.5　技能资质矩阵(员工素质表)

技能资质矩阵是一个能够系统地描述员工实际掌握技能的理想工具。在 ISO 9001 和 IATF 16949 的框架内,它可以提供证据来证明已经确定了员工的能力和技能,并且将对其进行培训。通过持续输入培训需求,员工的发展情况也记录到了这样的一个矩阵当中。然后就可以清楚地看到员工可以胜任什么样的工作,以及应该向什么方向发展了。

这个矩阵也是领导根据员工相应的技能将其分配到不同工作岗位或工作步骤并对员工必要的顶岗快速做出反应的计划工具。

技能资质矩阵在很多企业中都被加以运用,以便清晰地展示出所需的资质以及当前的资质水平。资质矩阵通常只应用于工业领域。在 ISO 9001:2015 和 IATF 16949 中进一步将员工的能力放在首位后，这种展示的形式在全企业范围都广受欢迎。

技能资质矩阵中收入的相关方面因领域而有所不同。技能资质矩阵是个人技能资质比较的方法之一。它有许多不同的可能表示，图 5-14 展示了生产领域中的一种技能资质矩阵。

➲ 工作辅助：技能资质矩阵（员工素质表）。

为了填写技能资质矩阵，需要首先进行目标值 – 实际值分析来展示员工已经能胜任哪些工作，以及他应该掌握哪些能力。

利用员工谈话来获得他在私人领域所拥有的隐藏能力。

在为每位员工评估列出了达到的技能资质水平之后，很明显就能确定培训需求。填好了的技能资质矩阵为领导提供了巨大的便利条件：

- 代理计划的理想工具，因为可以从中很清楚地看到谁可以替代谁的工作
- 现有技能资质在领域之内是透明的
- 发现员工的隐藏能力
- 可以作为员工谈话的基础
- 培训的有效性可以直接在矩阵中进行评估

如果有工会，应将其纳入员工谈话中。

企业通常会忽视特定的资质培训。原因可能主要在以下几点：

- 成本方面
- 用于培训计划的资源太少
- 有关培训要求的信息不详细
- 没有针对员工的进一步发展计划
- 缺乏顶替的人力资源，所以没有办法找到可能的培训时间

IATF 16949 要求必须进行工作岗位相关的培训，这一要求也属于这个领域。这意味着按照相关的工作指导书直接在工作岗位进行带有证明的培训。

第 5 章　对支持职能的要求

技能资质矩阵（员工素质表）

部门：生产部

		工作流程													能力			
姓名	工作流程1	工作流程2	工作流程3	工作流程4	工作流程5	工作流程6	工作流程7	工作流程8	工作流程9	工作流程10	工作流程11	工作流程12	工作流程13	工作流程14	班次领导	控制	计划	沟通	团队协作	×××
A先生	4	1	2	3	×	1	1	2	2	3	×	1	1	1	×	4	×	2	2	×
	KW36				KW38	KW38					KW40	KW40	KW42						

技能资质阶段

×	不符合
1	需要培训
2	已培训
3	培训中
4	训练中

技能资质分级通过：　　　　　　　　　　　　日期：

图 5-14　技能资质矩阵（员工素质表）

能力获取的有效性可以通过员工怎样完成他的工作任务来展示。对其的检查可以作为审核的一部分来进行，也可以通过随机检查进行。员工谈话也是一种有效的手段。

总体而言，可以看出员工的能力发展是企业取得成功的重要工具。因此不能否认的是，企业的人员培养必须要系统地进行。就像技能资质矩阵的示例中所展示的那样，目标值与实际值的比较除了可以实现所期望的质量效能之外，还可以提高员工技能培训的效率和有效性。

5.1.4.6 培训和发展员工

在企业内部和外部进行的定期培训课程确保了维持当前的质量水平。制订培训计划的基础有：

- 企业目标
- 企业政策
- 客户要求
- 法律和政府要求
- 作为基础的行业标准和其他规范
- 员工谈话
- 新项目

图 5-15 展示了培训需求诱发原因的示例。

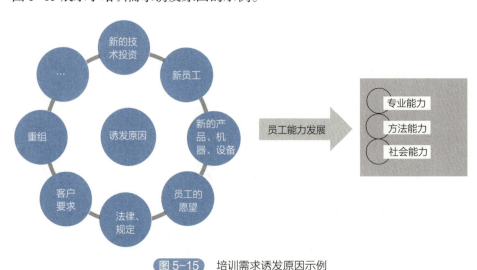

图 5-15　培训需求诱发原因示例

培训是措施，帮助确保所有员工根据工作活动要求进行培训和训练，从而确保他们拥有足够的专业知识。此外，通过对必要的工作活动要求进行定期的审查，来确保计划并且执行进一步的培训措施。

员工入职熟悉工作和培训始终是由各自的上级领导负责的。

IATF 16949 第 7.2.1 章节要求一个文件化的流程，该流程制订了如何确定培训的需求，以及如何获得必需的能力，以便使员工能够凭借这些能力来完成工作，达到满足客户要求的目标。

培训的过程不应仅局限于只是必要的培训，还应着眼于未来的发展前景，从而朝着人员发展的方向前进，只有这样才能确保高质量的效能并且承担市场条件变化和技术进步的影响。

工作所需的技能资质由直属领导根据工作岗位内容来确定。员工技能资质的变更通常情况下会通过在年度培训计划中确定的对培训和进修的需求来实现，另外还必须确保所有的员工，不论是新雇员还是调岗人员，都应在工作岗位进行直接培训（IATF 16949 第 7.2.2 章节）。

临时员工也必须参加工作岗位的直接培训。

员工技能培训必须与企业的目标相对应。这个企业目标是进一步培训计划的基础。第一步就是对必要的培训以及个人的发展前景进行分析。

为了制订远远超出培训需求的人才战略，需要做一个复杂的人员发展计划，这不仅仅取决于内部因素，而且还取决于外部因素和要求（图 5–16）。

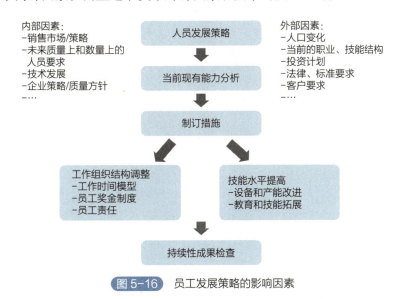

图 5–16　员工发展策略的影响因素

人员发展的目标是，对于每个组织在现有的员工技能和技巧的基础上所拥有的潜力，一方面对其进行有效的利用，另一方面将其发展为可持续竞争力所必需的能力。

盖布尔经济辞典对"人员发展"做出了如下定义：

"对于企业而言，企业绩效骨干人员的成长、激励和发展变得越来越重要。持续变化的劳动力市场以及永久缩短的知识半衰期要求企业加大努力来发展员工的能力。技术和组织的变革也需要持续的学习过程。支持员工在专业以及个人方面的发展，还可以使企业绩效骨干和核心技术人员愿意长期留在企业。"

一个结构条理清晰的人员发展可以实现以下目标：

- 提高员工的行为能力
- 提升员工的技术能力
- 查明现在及未来的要求
- 对员工进行详细的新工作岗位培训
- 持续的员工发展谈话
- 定期确定培训需求
- 评估培训的有效性
- 提升人员在下列方面的意识：自身工作的重要性、可能出现的错误的后果、员工对实现质量目标的贡献
- 对培训和指导的持续性记录

5.1.4.7　ISO 10015 作为培训指导准则

ISO 10015 准则为规划和实施培训提供了宝贵的指导。它是一个针对特定领域、以教育为本的标准，为企业提供了培训和继续教育的指南。

ISO 10015 尤其可以用作管理工具，因为它含有对所需步骤的描述，并开发了用于控制有效培训和继续教育过程的方法。

在这个背景下，ISO 10015 提供了一份拥有合理结构的指南，可用于帮助企业专注于有效和高效的培训。它为高层管理人员提供了一系列指导，例如如何使其计划的继续培训的措施能与其产品和服务目标相对应，以及如何将其用作企业绩效提高的战略手段。

这个标准有效的版本结构如下：

- 引言
- 第 1 章应用范围
- 第 2 章引用的标准
- 第 3 章术语
- 第 4 章培训指南

- 第 5 章监控和优化培训过程
- 附录 A
- 当前状态
- DIN EN SIO 10015 质量管理体系 – 培训指南 1999–12
- 语言：英语、法语
- ÖNORM 10015 质量管理体系 – 培训指南（ISO 10015:1999）2008-08-01 语言：德语

标准的结构和内容如下。

第 1 章——应用范围

指南描述的是企业员工培训和继续教育的战略制订和实施，以此来不断提高企业的产品质量或服务质量。指南继续一贯的风格，注重以维护和改进此类策略为中心，尤其是在管理方面。ISO 10015 不适用于以认证和注册为目的，它也不是旨在让培训提供者使用它来为他们的服务做营销。

第 2 章——引用的标准

请参考 ISO 8402 中的术语定义，并且注意总是要以当前的 ISO 9000:2015 标准为基础。

第 3 章——术语

本章节说明的是指南中必要的概念术语，这些术语在 ISO 9000:2015 没有做进一步的阐述。

第 4 章——培训指南

在第 4.1 节中首先展示了由四个阶段构成的培训过程。该培训过程的结构符合 ISO 9001 的要求，如图 5-17 所示。ÖNORM 10015 中的有关章节以及附录 A 中相应的表格分配在了各个步骤中。

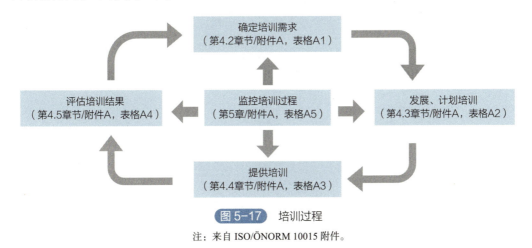

图 5-17 培训过程

注：来自 ISO/ÖNORM 10015 附件。

第4章第1节——责任与能力

在第4.1.2章节中明确指出,什么时间准备好进行与企业产品或服务相关的培训的决策过程应由最高管理层来负责。第4.1.3章节再次明确指出,所进行的培训课程可以增强员工的能力以及员工在相应过程中对自身角色的认知。

第4章第2节——确定培训需求

章节	关键字
第4.2.1节	分析影响产品质量工作的必要培训需求。为此应评估员工的能力并制订计划,以达到以下目的: • 排除技能空缺 • 确定和记录必要的培训
第4.2.2节	作为输入应考虑以下因素: • 质量和培训政策 • 质量管理要求 • 资源管理 • 过程开发
第4.2.3节	能力要求应加以记录并且定期检查 培训需求的确定应该参考企业的不同需求源头,例如: • 组织或技术方面的变更 • 现有的培训计划 • 流程评估 • 能力评估等
第4.2.4节	对应每个相关过程所记录的能力评估应通过不同的方法定期进行,例如: • 访谈 • 观察以及小组讨论,还有专家的意见
第4.2.5节	应该对现有能力和所需能力进行目标值-实际值的比较
第4.2.6节	应该定义填补技能空缺的解决方案。解决方案不必只与培训有关,也可以包括企业中的其他措施
第4.2.7节	如果培训是填补技能空缺的一种措施,则应该在考虑目标和预期培训成果的基础上确定并记录培训需求,并将此部分纳入培训计划当中

第4章第3节——发展、计划培训

章节	关键字
第4.3.1节	这一阶段是培训计划的基础。它包括排除技能空缺的措施以及确定对培训结果进行评估
第4.3.2节	应该确定培训过程限制条件 这些限制可以是: • 法律和政府方面的要求 • 培训预约时间 • 实施培训的资源等
第4.3.3节	培训方法及其选择标准应该加以确定 • 方法例如训练或者研讨会 • 标准可以是预算或者费用
第4.3.4节	应当制定培训计划的说明规范 本章节展示了一种可能的说明规范的目录,可以轻松地将该说明规范转化为检查清单
第4.3.5节	选择内部或外部培训机构应该通过考试来决定

第 4 章第 4 节——提供培训

章节	关键字
第 4.4.1 节	培训提供者负责执行培训计划中所制订的所有工作。如果有必要，企业组织可以提供协助
第 4.4.2 节	企业组织可以通过各种方式为培训提供者提供支持： • 提供信息 • 指出技能缺陷 • 在培训师与接受培训的学员之间建立联系 • 为培训师提供工具、装备等 • 使培训师与学员能够进行信息反馈，并给相关负责人提供反馈信息

第 4 章第 5 节——评估培训结果

负责人应确保在培训后的指定时间进行培训结果评估，以便可以确定学员是否达到了需要的能力水平。

为此，应该创建一份报告，其中包含培训和能力达到的所有相关方面。此外，还应考虑可能需要采取的纠正和预防措施。

培训完成也应记录在培训计划中。

第 5 章——监控和优化培训过程

培训过程的每个阶段都应该受到监控。培训过程被视为质量管理体系的一部分。

各个阶段的所有记录都可以用于监控。根据这些记录数据，应引入和实施纠正和预防措施，然后可以在不同的阶段进行改进。

附件 A

附录包括了五个表格。每个表格都对应培训过程中的一个阶段。表格的内容结构合理，可以被整合到清单和 / 或过程说明中。

重点

指南的重点部分是第 4 章。在第 4 章中详细说明了四个阶段的培训过程，并附有建议和示例。

5.1.4.8 证明能力

该标准要求保留记录信息作为能力的证明。

典型的记录示例包括：

• 对能力要求的记录，例如"能力轮"、能力矩阵
• 入职熟悉工作计划
• 职能描述或岗位描述
• 员工谈话记录
• 培训证明，例如出勤证明或证书

- 内部指导证明
- 培训计划
- 培训效果记录

5.1.4.9 内部审核员的能力

审核的成功很大程度上取决于审核员的资质！关于审核员的资质标准，必须区分是进行内部审核、供应商审核还是认证审核，以及应该采用哪套规则和标准来进行审核。

IATF 16949 非常重视内部审核员的能力。如果仅按照 ISO/TS 16949 中的要求，即内部审核员必须具有所要求的能力，那么在 IAFT 16949 中的要求则被大大地扩展。"内部审核员系统－过程－产品"与"第二方审核员"之间是有区别的。

对所有的审核员而言，都有一个最低要求。该要求可以在 IATF 16949 的第 7.2.3 和 7.2.4 章节中找到。ISO 19011（审核管理系统指南）中也能找到更多的信息。

基础是所有合格的审核员都应列在一个名单之中，并且拥有下述的最低能力和图 5-18 所示的知识。

角色	需要具备的知识	
所有内部审核员（第一方）必须证明具备相应的知识	• 以过程为导向的方法，包括基于风险的思维方式 • 相关的客户特殊要求 • ISO 9001:2015和IATF 16949的要求 • 质量技术和方法，例如Core Tools • 审核计划，审计执行，撰写审核报告以及计划措施	必须提供成功完成培训课程的证明，包括证明培训老师能力的证据
流程审核员需要的附加知识	• 相关的生产过程 • 与生产过程相关的风险分析，例如FEMA和生产控制计划	
产品审核员需要的附加知识	• 产品相关要求 • 与测量设备和检测设备相关的方面	
供应商审核员（第二方）需要的附加知识	• 相关的客户特殊要求 • 要进行审核的组织的特殊要求	

图 5-18 内部审核员所需具备的知识

内部审核员的要求在 ISO 19011 和 IATF 16949 中都有规定。

内部审核员一般的能力包括以下方面：

- 审核执行能力，例如审核原则、审核程序、审核技巧
- 方法能力，例如统计学方法的基础、测试计划及测试技术的基础、过程控制、

关键数据系统等

- 管理系统和参考文献,例如文件管理、保留期限
- 引领谈话技巧,例如交流和行为准则

专业知识是以审核的类型(体系审核、过程审核、产品审核等)和由此派生出的审核标准,以及企业所在的行业(服务提供商、制造业、高科技产品等)为定义基础的。此外还需要了解企业自身的管理体系。管理体系要始终适应企业自身的需求。因此非常必要的是,审核员应把质量管理体系的要求和使用该管理体系的企业一起综合进行考虑,这样才有意义。

审核员应完成使他们得到充足的知识和技能的培训,他应该具有技术、管理和专业职能的工作经验,这需要判断、解决问题,并与其他管理人员或同事、与客户或者其他利益关系人来进行沟通。审核员还应该参加审核员培训课程,这有助于增加执行审核所必需的知识并提高其技能。

经验是审核员的优势。审核员应该已经具有非常重要的审核工作经验。审核经验应该扩展到整个审核过程,并应在同一领域的审核组长的监督和指导下来获得。

在 ISO 19011 的第 7.3.3 章节中定义了审核员应该具有的个人素质:

- 职业道德(无党派、真诚、谨慎等)
- 思想开放(愿意去考虑替代性的想法或观点)
- 社交(与人打交道委婉识趣)
- 理解总结概括能力(迅速和依靠直觉地掌握并理解情况)
- 做决定的能力(通过逻辑思维及时地给出结论)
- 谨慎细致(适度的职业上的谨慎细致)

ISO 19011 的第 7.3.4 章节包含了对审核员特定的专业知识和技能的要求:

- 理解管理体系和参考文献,以便识别审核范围并运用审核标准
- 记录组织情况,以理解组织运营的相互关系
- 了解相关专业领域所适用的法律、法规和其他要求,以便了解和注意观察适用于要审核的组织的要求的遵守情况。

提示　　理想的审核员是企业的合作伙伴而非高高在上的权威老师。他们熟知基本要点,而且也不是官僚主义;还是具有质量管理和行业知识的专家并具备领导特性,并且是独立的、不带有偏见的。

ISO 19011 的第 7.5 章节中给出了关于保持审核员技能和审核能力的相关信息。可以通过以下列举的示例性事实活动证据来保持审核技能:

- 额外的工作经验
- 培训
- 个人大学学习
- 私人课程
- 参加会议、研讨会和大型会议
- 其他相应的活动

此外，审核员还应该是开放的、易于接受审核的环境，并且具有成熟、健康的判断能力。

由于法律、标准、法规、技术和业务流程在不断地发展和调整，因此对审核员而言，保证其长期持续的资质技能发展也很重要。参加相应的活动，例如内部/外部培训，以及关于标准更新的研讨会等，都是出于这个目的。

另一个好机会是来自不同组织单位或不同地方的审核员之间的经验交流活动。在这些活动中会涉及各种主题、经验或者最新的发展情况。例如，可以在较小规模的研讨会中制订新的方法或解决方案。

通过定期参与审核及技能培训等措施，可以保持审核的能力。此外还要求有文件化的流程来确保内部审核员具有胜任工作的能力，并且这种能力也能够得到保持以及不断提高。企业必须在流程中包含内部审核员必须执行的审核的最低数量要求。

客户要求必须在流程中给予考虑。

实践证明，借助技能资质矩阵来表示审核员的能力是非常有用的，该矩阵也反映了企业对审核员的特殊要求，例如每年进行审核的次数。

5.1.4.10　激发员工意识

在企业员工中形成质量意识（交付质量合格的产品）是至关重要的。

在 ISO 9001:2015 的第 7.3 章节中列举出了对此的最低要求，即企业所有员工都要有意识地了解下列方面的信息：

- 质量方针
- 相关的质量目标
- 员工自己对质量管理有效性的贡献，包括提高质量能够给企业带来的优势
- 如果没有满足质量要求导致的后果

在 IATF 16949 的第 7.3.1 章节中补充道，必须将所有建立和保持员工质量意识的

证据加以保留。此外，ISO 9001:2015 还增加了其他的要求：
- 客户要求的相关知识
- 不合格产品带来的相关风险

原则上来说，这些要求都跟企业质量管理体系（QMS）的内部沟通交流有关。这种沟通必须是自上而下的，即从管理层开始向下进行。管理者示范性地遵循质量管理体系原则必须清楚地能够观察到。

沟通交流可以通过以下方式进行：
- 会议
- 全体员工大会
- 培训
- 张贴出来的通告
- 周期性全员通知邮件

关于成功沟通的证据必须要进行保存。

5.1.5 企业内部员工激励

在 IATF 16949 的第 7.3.2 章节中还要求必须记录员工的激励过程，并在其中规定要给员工提供实现其质量目标要求的可能性。这个激励过程的目的是支持发展对新技术和革新的理解力。

对此一个有效的方法是"Kaizen"（日语"改善"，意为"通过改善而变得更好"）。在第 11.6.6 章节会对此方法进行介绍。

员工激励的定义并不新鲜。关于这个主题有许多专业书籍和专业文章。

专业文献中对这个概念有许多定义。下面将介绍一种以员工动机为参照的通用性定义。

在盖布尔经济辞典中可以找到一个通用的定义："促使个体选择某种行动方案以实现某种结果，并能确保这个人保持以一定强度按照指示的方向做事的一种个人状态。与人类有限的生物学驱动相反，在参与社会化过程中已经对激励动力和个人动机进行了学习或被教授。激励的概念则常常用于行动驱动力或需求的层面上。"

员工激励还有其他定义："1）术语：领导或企业对员工的影响，以此来改善其行为和 / 或绩效……。2）可能影响到的层面：①物质环境：工作环境（清洁度、工作用品设备、工作时间、薪酬奖金等）；②心理环境：领导的管理风格、与同事的相互协作、团队合作等；③私人环境：家庭、朋友、业余休息时间、工作与生活的平衡等。"（盖布尔经济辞典）

员工的激励在大多数企业中都是反复讨论的话题。如何激励员工？或者他们为了完成分配到的任务是不是必须要自主激发自身的动力？领导们能够激励员工吗？

技术文献中有许多关于激励的管理理论。还有一些著名的实验，例如霍桑实验（Hawthorne-Experimente）、亚伯拉罕·马斯洛（Abraham Maslows）的需求层次或是弗雷德里克·赫兹伯格（Frederick Herzberg）的有关工作满意度的研究。汽车行业标准也说明，有干劲的员工可以提供优质的产品和服务，并为持续改进质量管理体系做出贡献。

在实践中一次又一次表明，提高员工薪酬或奖金只能在短时间内激励员工。这就是所谓的外部激励。

外部激励意味着激励是来自外部因素的，例如奖励或者惩罚。这意味着进行的行为活动是为了获得奖励或者避免受到惩罚。

第二类激励即是所谓的**内在激励**。这意味着从自己的动机出发来完成工作，因为员工个体对此有兴趣，而且这项工作能给他带来快乐。内在动力更强，更可持续，也更有效。

在专业文献中，理论方面的概念明确指出必须满足某些先决条件才能够产生真正的动力。这些先决条件例如绩效的结果一定会影响员工。此外，员工必须感受到受到了公平对待，并且企业应该保持开放和透明。

激励员工绝非易事。企业各级管理层愿意积极地激发员工内在动力是企业员工激励的基础。事实证明，有动力的员工的工作效能要比没有动力甚至感觉受到挫败的员工的工作效能要高得多。

激励员工除了员工谈话、个人职业发展、得到指导或解决冲突之类的系统方法之外，还有鼓励员工进行公开交流、信息透明化以及通过各自的领导风格和相互信任的合作等基本前提条件。

通过物质资源进行奖励和认可只会在很小程度上激发员工的动力，在实践中，事实表明工作绩效甚至可能下降。员工需要认可、表扬、尊重和关注。在许多情况下当员工要承担更多责任和更艰巨的任务时，这对于他们来说才是更有价值的。

原则上，员工的积极主动性越强，他们就越能为工作做好准备，内部沟通也会更有效。员工愉悦地开展他们的工作，才能保证企业内部流程能够顺利进行，更能促进团队合作精神。此外，员工也可以更灵活地应对不同的情况。总体而言，正确使用员工动机要素能够帮助质量管理体系进行持续改进，并且保持较低的员工流动率（图5-19）。

总的来说，"员工激励"这个术语是指通过创建激励措施，使员工通过个人的工作投入和对企业美好前景的充分信念,坚定地致力于企业的发展,并争取最佳的业绩。

正确地进行员工谈话是一项重要的激励工具。通过结构化、系统化的讨论,鼓励并且发展领导层与员工之间的合作。进行员工访谈也是领导层可用的最重要的管理工具之一。

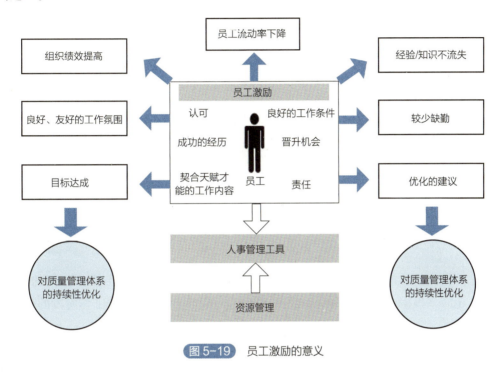

图 5-19　员工激励的意义

5.1.5.1　员工谈话

员工谈话是反馈和指导性的谈话。但是这并不能代替建设性的和近期的批评以及问题和冲突的解决。员工谈话是领导层与员工之间良好沟通和信任合作的基础(图 5-20)。

员工谈话有许多不同的形式,例如:
- 激励谈话
- 发展谈话
- 信息反馈谈话
- 半年度、年度例行谈话
- 反向谈话
- 冲突谈话

不同类型的谈话适用于不同的原因场景。谈话的准备和进行应始终以相同的结构方式进行。本章节中介绍了一种可能的处理步骤。

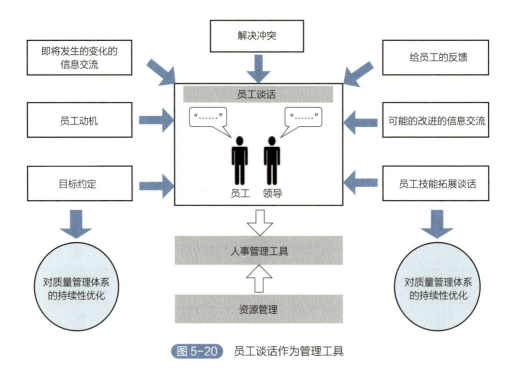

图 5-20 员工谈话作为管理工具

进行员工谈话的目的是建立一种访谈文化，以此来促进员工与上级之间的合作。此外，还应该根据个人处理事情的发挥空间和发展机会，为下一个工作阶段的合作奠定基础。

员工谈话的主要目标是：

- 回顾：过去一年中任务完成和合作的情况
- 展望：员工在下一年通过具体的支持措施来完成相关任务和合作的约定

谈话的相关的主题是：

- 促进认可、尊重、赞赏和建设性的批评
- 回顾上一工作阶段的合作情况
- 展望即将到来的工作阶段
- 分析当前的工作形势状况
- 目标商定
- 考虑发展机会
- 确定可能的培训要求

提示

员工谈话作为人事管理的重要工具，应该有清晰的架构，并系统地在上级与员工的对话中进行，因为上级领导为了实现质量管理体系的持续性优化，需要与员工之间进行相应的信息交流。

第 1 步：员工谈话的准备工作

员工谈话应该只在领导和员工两个人之间进行。员工谈话应该及时与员工沟通进行安排，至少应该提前 14 天做计划；时间范围大概是一到两个小时，而且谈话应该在正常工作时间内进行。

请确保谈话气氛不受干扰，例如，可以在远离工作岗位的会议室中进行。

事实证明，事先告知员工有关谈话的内容是非常有用的，这样他就可以提前为对话做准备。最好以包含相关问题的谈话提纲的形式来进行提前告知，例如表 5-4 所列。工作辅助工具中提供了该提纲。

⇨ 工作辅助：员工谈话提纲。

表 5-4 员工谈话提纲

回顾：任务的完成与合作
• 过去一年的大部分时间用于哪些工作内容范围？ • 在过去一年中，任务领域发生了什么变化？ • 在过去的一年中，哪些做得好 / 不够好（例如：工作量 / 工作质量、工作的组织安排、按时完成任务、以客户为导向、工作投入、主动性、创新能力、领导能力、合作）？ • 哪些既定目标实现了 / 没有实现？ • 哪些有利的 / 阻碍因素影响到了任务的执行与合作？ • 员工的个人强项和缺点是什么？ • 过去的一年哪些鼓励支持措施实施了，哪些没有实施？ • 您如何评价这些鼓励支持措施的成功？这证明了什么？没有证明什么？
展望：任务的完成与合作
• 在接下来的一年哪些任务很重要？ • 如何改善与上级、工作组内成员及其他岗位同事的合作？ • 在接下来的一年应商定哪些与完成任务和合作有关的目标？ • 这需要什么前提条件？ • 员工在哪些领域范围需要进一步的知识或经验？ • 员工怎样才能最好地获得这些知识和经验？ • 在接下来的一年应该商定哪些支持措施（例如：上级对技术和 / 或行为的指导、接受新的任务、参与项目、轮岗、具体的进一步培训的措施等）？

领导应为谈话做好准备，例如通过做笔记并为应讨论的项目设定优先级。

表 5-5 显示了关键词列表的示例，领导可以借此为准备员工谈话提前熟悉下关键词列表。

➡ 工作辅助：领导准备谈话的关键词列表。

表 5-5 领导准备谈话的关键词列表

领域	关键词
合作主题	熟悉和解释任务、标准类文件、任务分配、企业中的信息流、参与决策控制与反馈、保留与支持、认可和批评、领导行为
任务和工作环境	工作目标，工作重点，工作数量，工作质量，工作流程，处理和决策空间，与团队、领导、客户、供应商等的合作，领导任务
愿望与期望	在当前任务中的愿望与期望，培训需求和愿望、对进一步发展的愿望和期望、其他变更愿望
其他	……

第 2 步：邀请员工谈话

员工的邀请应该是书面化的、正式的、人事管理化的，这表达了对员工的尊重。对话提纲应附在邀请函里。邀请函可以根据图 5-21 所示的示例来创建。

➡ 工作辅助：员工谈话邀请函。

```
Hans Musterman 先生

本企业
                            地点_____    日期_____

员工谈话

    尊敬的 Musterman 先生，我们的目标是促进管理人员和员工之间的可持续合作。
为此，我们再次邀请员工进行年度谈话。
    这将使我们有机会详细讨论您过去一年中在工作中遇到的问题。此外，在个人谈
话中，还应就任务完成情况和工作成果、合作情况以及对您来年职业发展的具体支持
措施等达成共同协议。
    我们诚挚地邀请您在_____（日期）的_____（时间）在_____房间进行这次谈话。
您大约需要为这次谈话留出两个小时的时间。
    随此信函附上一份谈话提纲，谈话提纲是这次谈话的基础，您可以照此进行准备。
请您提前考虑对您而言重要的话题，这样我们才能进行建设性的、以目标为向导的谈话，
从而获得预期的成功。
    我们期待着这次谈话。
    谨致问候！

签名_____

附件
```

图 5-21 员工谈话邀请函示例

第3步：进行员工谈话

谈话的进行应根据已定义的规则系统地进行。谈话过程中应考虑在表 5-4 与表 5-5 中已经列出的各项内容。下面是各时间节点：

- 问候
- 告知谈话的原因、目的和流程
- 对部门/员工任务当前情况的阐述
- 回顾：在过去一年中完成的任务与合作
- 员工的个人优势和劣势
- 展望：在接下来一年要完成的任务与合作
- 达成目标与优先级的协议
- 如有必要，达成对员工职业发展支持措施的协议
- 记录结果
- 存档

在谈话中最重要的就是对话双方能：

- 彼此认真地对待对方
- 认真聆听
- 通过问题来形成对话
- 不要就谈话前已经形成的观点进行讨论
- 不要评价
- 共同追寻谈话的结果

记录谈话的结果非常重要。最好的方法是使用先前制定好的纪要格式，这样能够将所有讨论的事实数据加以记录。然后由双方签署该表格，并将副本发给员工。完成的记录构成了下一时间段之后对话的基础，见表 5-6。

⊃ 工作辅助：员工谈话记录。

提示　　尝试理解正在与您交谈的人。积极倾听并且始终由您提问。最后对结果进行总结。尝试始终保持眼神交流。

员工必须能够确保对所记录的结果进行妥当的处置应用，仅限保留在谈话双方之中，不外传。谈话后可以按照双方协定为人事档案写一份单独的记录，例如包括培训和目标之类的协定。但是只有在互相同意的情况下才能完成。最后应该共同设计和确定下一阶段的目标。

表 5-6　员工谈话记录

进行员工谈话的信息	
日期：	时间段：
员工：	入职时间：
部门：	职务：
经理：	职务：
员工谈话的内容 / 结果的信息	
回顾（时间段为从　到　）	
任务完成情况	
合作	
展望（时间段为从　到　）	
任务完成情况	
合作	
对员工的支持措施和进一步的培训活动	
商定的目标	
日期 / 签名：	经理　　　　　　　员工

第 4 步：员工谈话的跟进

后续跟进与前期准备员工谈话一样重要。谈话后，每个参与人员都应该回想对话的过程和结果，尤其是针对以下问题：

- 所有话题都被谈论到了吗？
- 谈话过程是否令人满意？
- 员工访谈的结果是否令人满意？

如果在这之后有一方认为有必要进行进一步的讨论，则应该及时安排下一次谈话。表 5-7 是各个阶段的概览。

如果在员工谈话中考虑到以下因素，可以提高员工的积极性：

- 公正地反馈员工的工作绩效表现
- 就目标达成共同协议，这些目标应为有意义的挑战和通过努力能实现的结果

• 确定持续监督执行情况的发展计划在员工能力允许的情况下,扩大其行动和自主设计的发挥空间,过滤掉无用的或多余的工作,并将其从工作范围中剔除

表 5-7 员工谈话各阶段概览

谈话阶段	内容	辅助工具
前期准备	组织安排谈话 发给员工邀请	谈话提纲 领导使用的关键词列表 书面邀请
进行谈话	进行共同谈话 • 问候 • 交流对话原因、目的和过程 • 部门/员工工作任务范围的当前状况 • 回顾:过去一年任务完成以及合作的状况 • 员工个人的强项和弱项 • 展望:下一年的任务与合作 • 目标和优先级协议 • 必要的员工职业发展的支持措施协议 • 结果记录 • 存档	员工谈话记录 注释说明 领导使用的关键词列表
后续工作	• 谈话的反思 • 发展计划实施的监督	

5.1.5.2 信息和交流

有很多因素会让员工感到不安,从而降低他们提高绩效的积极性。当信息在企业中的流动程度不够甚至错误时,一个自动就会给员工造成巨大不安的决定性的因素是,信息在企业内部流动不畅或者在一个不恰当的范围内传播。管理人员往往过于专注于日常业务,而忽视了对员工的管理。

与员工之间的交流是最重要的管理工具之一,因为员工的积极性一旦被打击,就很难被"拉回来"了。

管理人员最根本的任务是通过与员工的坦诚沟通来营造信任的氛围。特别是在出现问题的情况下,员工必须明白问题是什么,存在哪些原因、相互之间的关系和影响。

这对于管理人员来说意味着:
• 展示存在感
• 与员工进行个人谈话
• 作为值得信赖的谈话伙伴
• 创造信任和安全感

- 坦诚地讨论问题

沟通并不是单一维度的事情，而是包括了各个方面。因此，除了单纯的信息之外，接收者和发送者之间的关系、发送者的表达和动机都起着重要作用（图 5-22）。

有效的沟通必须经过检验，并且有理有据。重要的谈话或信息发布都要经过深思熟虑和细心准备。表 5-8 列出了应该事先考虑的客观要点。

图 5-22　沟通的四个方面

表 5-8　信息分享前的考虑要素

要点		内容
1. 信息	1	企业
	2	质量管理体系
	3	企业工会
	4	新员工
	5	……
2. 信息的内容（示例）		认证 • 目的和意义 • 日期 • 准备过程 • 执行和付出努力 • 对全体人员的影响
3. 信息的形成	1	内容（数据、数字）
	2	展示方式
	3	传达方式（个人谈话、邮件、告示、企业内网……）
4. 通过谁传达？	1	企业领导
	2	部门经理
	3	秘书
	4	……
5. 受众指向谁？	1	领导层
	2	员工
	3	客户
	4	供应商
	5	……

信息必须以专业的方式准备和传达，这样才能使有关人员理解。

专业的交流是一个与质量相关的过程，所以必须对其加以管理。

沟通的基本含义如下：
- 与他人面对面时就会发生沟通，即使没有对话也是如此
- 在对话中，总是可以观察到语言和非语言的表述。如果这些内容之间相互矛盾，那么非语言表达似乎是更可信的
- 每一次对话都是在客观事实和相互关系层面上展开的
- 在谈话过程中，双方对因果假设关系的认知是相同的还是不同的，导致了对客观行为评估的相同或者不同
- 与伙伴的平等或不平等关系对谈话影响很大

有效的沟通意味着所传递的信息能被相关人员理解。

图 5-23 所示的沟通模式说明，信息的准备必须围绕着能够让别人理解内容来进行。这一客观行为在专业文献中用四耳模型表示（图 5-24）。这种沟通模式是由弗里德曼·舒尔茨·冯·图恩（Friedemann Schulz von Thun）发展起来的，它说明了正确传递信息的重要性，使人们理解信息的含义。

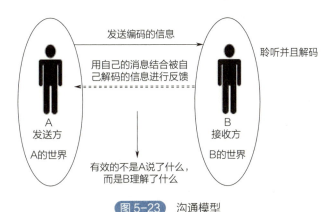

图 5-23　沟通模型

发送方同时发送四条信息，接收方同时接收四条不同的信息，这意味着，接收方可以说是用四只耳朵接收信息的。

接收方对信息的理解经常与发送方不同，这就会导致误解，从而引发冲突。这种情况给人际沟通带来了困扰。四只耳朵都有可能发生误解。

沟通中最大的错误往往是关系和事实层面的混淆，主要是因为关系方面往往是非语言表达的。因此，即使是轻微的意外因素，也会导致关系层面的持久破坏，尤其是在关系已经很紧张的情况下。

图 5-24 四耳模型

从上述阐述中可以清楚地看出，必须学会正确地沟通才能实现下列目标：

- 使事实层面变得通俗易懂、条理清晰
- 提高对冲突可能性的认识
- 要能主动倾听
- 能够给予客观的反馈
- 使用不同层级的员工都能听明白的方式说话
- 通过使用演示文稿等容易理解的说明性工具提高谈话和会议的效率

信息不充分、缺乏沟通往往是造成员工积极性不高、工作质量下降的原因。ISO 9001 规定，最高管理层必须确保企业内存在合适的沟通流程，并在企业内部传达有关质量管理体系有效性的信息。这基本上意味着企业高度依赖员工对企业目标的接受和认同。然而，这种认同感只有在最高管理层的决定得到传达的情况下才能产生。这说明沟通在质量管理体系中起着重要作用。

最高管理层的首要任务是建立合适的沟通结构，使信息能够进行横向和纵向的交流。这意味着必须在质量管理体系中建立、记录和引入流程，以便能够给全体员工提供相关信息。这对于 QM 体系来说，意味着除了来自日常业务的话题之外，还有：

- 公布质量政策和质量目标
- 传达客户的要求
- 质量管理制度的有效性得到传达
- 给出关于目标实现情况的信息

只有这样才能让全体员工积极参与到持续改进的过程中来，调动他们的积极性，促进绩效的提高。

管理层应通过员工谈话的方式，将责任传递下放给员工，使沟通过程在企业中得到有效落实。

应在流程汇总图中建立内部沟通的流程，通过该流程的指引，将所有员工纳入沟通的结构和流程中，为成功的质量管理制度创造前提条件。这包括管理人员随时准备讨论。这种"门户开放政策"能够促进信息在各部门之间不断地流动。

执行伙伴式交流意味着重要的关键点也能够被观察到（表5-9）。

表5-9 正确沟通的关键点

关键点	说明
积极倾听	把讲到的内容再简单地总结概括一下，使内容得到理解。说话的人有受到倾听者尊重和重视的感受
正确地被告知	如有不清楚或误解，不要争论，而是要进行询问，提出问题，对不清楚的地方再进行讨论
给予反馈	就谈话内容表达共鸣，是正确沟通的基本要求。这种行为能激发员工的积极性

5.1.5.3 合作

合作是充满信任的共事的基础。信任不是理所当然的，而是必须要赢得的。只有通过管理层和员工之间的合作，才能以目标为导向，努力寻求解决方案，从而推动持续改进的进程。

管理层应该让员工成为参与者，使他们为实现他们自己的意向和计划而深受鼓舞。团队合作是最适合的方式。团队在企业内部形成学习型单位。通过组建问题解决小组或改进小组等方式，总是在事实和关系层面上进行知识转移。

因此，这种基于伙伴和合作的相互交流沟通方式是对管理层的基本要求之一，如果在企业中还未建立这种沟通方式，那么在管理研讨会讲座中应加以介绍。

5.1.5.4 领导者的榜样作用

管理者具有榜样作用。这意味着他们对员工做出要求，自己也要在每天的企业日常工作中做出表率。

专业文献中介绍了多种管理方式，图5-25所示的管理方式是一种在实践中被

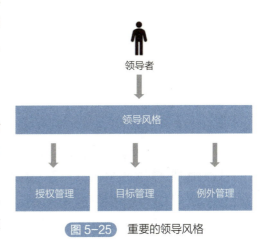

图5-25 重要的领导风格

证明有效的激励员工的方式。

委托管理（MbD）的特点是，管理者将其职能领域的任务和决策转移给一个或多个员工。委托的内容是日常业务中的任务，以及难度较大的任务和决策，并有相应的权限、指示权和代表权，但责任仍由各经理人承担。

任务委托必须有周密的计划，应该有长期的、系统的安排。此外，管理者应在自愿的基础上将自己职责范围内的任务委派出去，即不能有任何形式的强迫。另外，管理者必须了解员工的能力，还要为他们提供必要的时间上的灵活空间来完成任务。

以下要素对委托管理起到指导作用：
- 代理计划
- 委派完整的任务
- 任务的详细解释
- 经理在实施过程中提供支持
- 持续地进行结果监控
- 持续与被委托管理的员工进行交流
- 对员工给予认可，但也要进行批评

然而，只有当被选派执行委托任务的员工在执行过程中没有感到过于轻松或者不能胜任，并获得足够的信息、充分了解情况时，这种管理方式才是成功的。

 管理者必须愿意主动交出任务。

如果将部分管理任务委托给其他员工，管理者就能更容易地完成他所要执行的核心管理任务。

另一种在专业文献中经常被讨论，但在实践中经常遭到批评的管理方式是目标管理（MbO）。它是指通过目标约定进行管理，并以下述三个阶段为基础：
- 目标设定阶段
- 实施阶段
- 绩效评估阶段

标准要求给职能部门和职能层级制定可衡量的与质量政策相一致的质量目标。通过进行目标约定，来支持质量目标的实现。

这种管理方式的基础是管理者和员工共同制定目标。明确了任务领域和责任，以便使员工能够达到预期的结果。

目标约定过程可以用 PDCA 循环来说明（图 5-26）。

第 5 章 对支持职能的要求

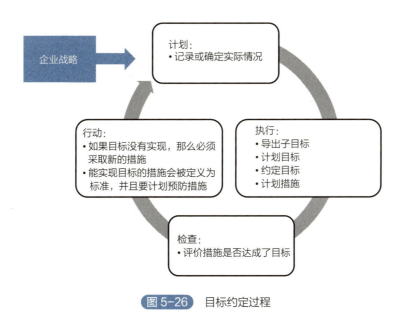

图 5-26 目标约定过程

在目标管理中，必须制定可衡量、可实现的目标，管理者必须对结果进行持续监控，并在必要时出台措施。目标应清晰明确地进行表述，并以书面形式记录下来。如果企业有工会组织，则必须让它参与这一目标管理过程。

理想情况下，目标约定过程是一个共同确定从企业目标中推导出部分目标的过程。一般来说，要制定质量和数量的目标。这些目标都是以书面形式规定的，并规定了具体的时间段，可能还会为实现这些目标设置奖金。然后，该员工制定合适的计划来实施相关措施。该计划应包括一个优先次序。由员工负责实施。只有在员工请求支持、边界条件发生变化或有目标实现不了的严重危险时，领导才会介入。由领导来对其进行持续监控。

领导应定期举行反馈会议，必要时应以改正措施的形式来提供援助。

目标约定通常是工作合同的一部分，也是可变收入的基础。这种管理方式经常被人诟病，在实践中往往会执行不力。这其中的原因有很多，比如：

• 不清楚目标设定的原因；此外，所有相关人员往往不能确认是否制定了正确的目标

• 在将目标实现程度和不同员工的个人业绩联系起来，以及在目标的规划、制定

219

和评估方面，组织付出了大量的、高成本的努力
- 领导的管理负担重
- 目标制定得不明确

但是如果方法运用得当，目标管理是一种可以让领导和员工共同使用的、有效的管理手段。员工借此可以看到自己在企业的重要性，从而大大提高了员工全力准备投入工作的热情和积极性。

例外管理（MbE）是一种根据例外原则进行企业管理的模式，它追求的目标是通过将实现子目标的任务和决策委托给下级管理层，以减轻最高管理层的负担、增强下级管理层的责任感。它体现了授权管理的进一步深化。MbE是实践中最著名、最常用的管理原则，分五个阶段实施：
- 定义目标
- 定义与计划目标的偏差范围
- 确定目标
- 将实际状况与目标状况进行比较
- 在偏离目标的情况下，领导进行介入干预

该方法的优点是减轻了高层管理人员的负担；基层管理人员的积极性很高，因为他们在商定的框架内可以独立工作。

这种方法的缺点在于，只有在部分目标没有实现的情况下，企业的领导才会使用这种管理模式。这种方法也提出了一个问题，即该方法是否有利于持续调动下层管理人员的积极性？因为企业管理层是在特殊例外情况下才进行干预的，即原则上不信任下层管理人员能够独立管理特殊情况，因此这种方法有很高的风险，偏差很有可能被隐藏。

另一种员工激励的形式可以是对员工直接地进行询问。员工询问是企业变革的重要步骤。员工询问的目的不是询问本身，而是由询问引发的绩效改善。

进行员工询问通常会从企业员工中收集定量数据并进行评估。询问可以通过发放问卷的方式进行，也可以利用现代技术进行网上问卷调查。

为此，必须制定一份有意义的调查问卷。在这里，员工除了标准化问题外，还有机会介绍个人意愿和改进潜力。

注意这种形式的员工激励只有在立即将结果和措施的实施情况告知员工的情况下才会成功。实践证明，定期对员工进行询问调查，并以令人信服的给予员工反馈的企业，会得到员工的大力支持。此外，企业也会收到不同方面的信息启发。这种方式也可以测量到员工的满意程度，因此该工具可以作为员工情绪的晴雨表来使用。

➲ 工作辅助：员工调查问卷。

成功的员工询问调查基于以下几个方面:
1)目标方向必须是可识别的。
2)必须确保匿名性和数据保护。
3)问卷中的问题必须明确描述。
4)问卷中的问题不宜太多。
5)要有填写个人建议的选项。
6)结果沟通要及时。
7)员工信息不可以被泄露。
8)参与调查应是自愿的。
9)必须确定定期询问调查时间周期。
10)必须对所采取的措施的有效性进行评估。

5.1.5.5 工作组织方面的措施

扩大员工的处理空间范围,也有助于提高员工的积极性。一般来说有四种工作组织方面的措施,如图 5-27 所示。

1. 工作轮岗

通过工作轮岗模式,员工按照规定或自选的时间和顺序更换工作岗位。这个过程中工作岗位的布局没有改变。以下是该方法的运行步骤:

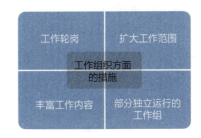

图 5-27　工作组织方面的措施

- 由管理层发起项目
- 由人事部门制定框架方案
- 确定目标
- 与负责部门主管、车间工长制定岗位轮换方案
- 通过小组会议或个人谈话的方式向有关员工介绍项目情况
- 确定满足要求的对口领域
- 将员工提出的改进建议纳入项目
- 在确定领域内启动项目
- 在一个确定的时间后对项目进行评估

轮岗时间间隔不宜安排太紧,因为无论如何,员工都必须需要时间熟悉自己的新任务。

这种方法追求的目标是员工能够胜任更多不同的任务，以促进创造力和责任感，并防止总是完成相同的任务而让工作日常变得越来越单调。这就提升了员工调度的灵活性，员工个人的技术能力也得到了拓展和提升，员工参与此过程积累的经验也促进了企业的持续改进。

这种方法的好处是，员工通过处理不同领域的工作任务，在其他员工请假或休假的情况下，可以很容易地替代处理他的工作。此外，衔接处的信息损失也减少了，能够最大限度地减少生产过程的中断。

2. 扩大工作范围

扩大工作范围也有类似的结构，同时任务的种类也将被扩大。这种方法是将在不同工作场所进行的结构相似的活动合并到一个工作场所，并且由一名员工来完成。在这个方案中，必须改变工作岗位的布局设计。

这种模式也是为了减少劳动密集型生产的单调乏味，以提高员工的满意度，从而提高工作绩效。此外，由于工作领域更综合、责任领域更大，相关员工的创造力也被激发出来；员工将更强烈地认同各自负责的产品和流程，因为他们将负责更大的责任领域。由于减少了双重或多重工作，节约了成本。

这种模式通过以下步骤来完成：

- 由管理层发起项目
- 确定合适的领域
- 确定部门具体措施和责任
- 实现规划，有时在项目组内进行
- 规划并实施必要的资质培训措施
- 定期对采取的措施进行监控

需要拓展的工作任务不能太复杂。这样就降低了对员工技能资质的要求，使该模式能够更快地实施。

由于不仅同一生产步骤的任务可以合并，而且上游和下游任务步骤也可以合并，所以可以为企业带来很高的效益。

3. 丰富工作内容

与上述两种模式不同的是，丰富工作内容的方式会对组织结构进行干预。它摒弃了将管理工作和执行工作分离的方法，赋予员工更多的责任。个别员工的职责范围将会扩展到价值较高的工作或间接工作，如质量检查、返工、材料供应和处理、维修、细节规划等。

这样可以减少工作岗位劳动损耗，增强员工的责任心和创造力，提高员工的素质。此外，由于衔接数量较少，生产过程中的中断次数也将降到最低。

在丰富工作内容方面可以采用以下步骤：
- 由管理层发起项目
- 委托相关领域的工作
- 确定部门的具体措施和责任
- 由相关管理人员规划实施
- 规划和实施员工必要的技能培训，如果可能，可以通过在工作中学习的方式来实现
- 定期监测检查项目
- 在一个确定时间后对项目进行评估

为了能够顺利实施这一方法，应该提前记录员工的能力。此外，上级必须愿意将责任进行委托交付。

4. 部分独立运行的工作组

第四种方法是成立半自治的工作组，这里简单介绍一下。这些工作组都是为了能够独立地开展即将到来的工作，能够自我控制运行的工作小组。要做到这一点，他们必须拥有上级交付的决策权。

这种方法的目的是将各工作组执行活动所需的所有力量集中起来。这些工作组都是小单元，通常由 3~7 位经常在一起工作的员工组成。这个小组自行负责一个完整的产品或零部件的制作，或成立小组领导委员会，以便在规定的时间内相应导出自己组内的规划和组织架构。下列方法已在部分独立运行的工作组模式中得到应用：
- 在不同的工作岗位之间轮换（工作轮岗）
- 集成邻近的、与生产有关的工作活动（扩大工作范围）
- 集成新规划的工作内容（丰富工作内容）

任务和工作活动的类型和组成必须适合小组工作，必须对员工进行例如团队合作能力等方面的软性培训。

可以采取以下步骤来引入这种方法：
- 由工厂运营管理层与企业董事会管理层合作启动项目

- 确定先行试点项目
- 确定工作组的任务
- 定义工作和系统的结构
- 确定目标和实际技能资质
- 确定团队，筛选合适的员工
- 制定和实施培训方案
- 工作组执行任务
- 在一个确定时间后进行评估

这种综合方法的缺点是需要持续较长的实施阶段，而且由于要求进行很多培训，初期成本也较高。从长远来看，这种方式提高了生产效率和生产质量，提高了工作场所对员工的吸引力，也提高了员工个人的积极性。

5.1.5.6 质量管理范畴内的冲突管理

标准中没有对冲突管理提出要求。但是，处理好矛盾，避免矛盾升级，是合作中一个非常重要的因素。

未解决的冲突会使员工产生挫折感，损伤员工的积极性，导致受影响员工的工作效率不高。因此，管理者尤其要处理好这个问题。除了预防冲突，冲突管理的主要目标之一就是解决冲突。冲突管理的基本内容是沟通协调冲突各方的立场和利益。冲突管理的目标必须是不把冲突看作是一种威胁，而把它看作是一种日常事件。另外，冲突的处理不能只是在某一个岗位或部门，而是要让企业的每一个管理者都能处理好冲突。

在处理冲突时，必须首先熟悉冲突这个概念。

冲突这个概念本身来自拉丁语 conflictus，意思是"碰撞"，也有"战斗"的含义。盖布尔经济辞典给出了如下定义：基于个人和社会群体不同利益的辩论过程，以不同的方式制度化地进行。自由百科维基对这个词的描述是："冲突（拉丁语中 confligere=相互对立，战斗；PPP：conflictum）是感知到的差异的结果，这些差异相互之间是对立的，需要一个解决方案。冲突研究调查了冲突的原因并制定解决策略，以限制冲突的影响。"这两个定义都意味着有分歧和争议需要解决。

可将冲突管理纳入组织的流程图。在冲突管理的框架内，尤其管理人员必须掌握一些技能，使他们能够在早期阶段确定冲突局势，并制定和实施解决问题的策略。如果把冲突管理看作是一个组织的过程，那么就必须根据各自企业的情况进行个别调整。图5-28所示的冲突管理过程必须充满"生命力"。

图 5-28 冲突管理过程

第 1 步：确定冲突

在处理冲突之前，必须首先确定冲突。这要求企业的管理者要接受冲突管理的培训。引起冲突的原因不同，因而冲突的类型也不同，每种冲突都有不同的特点。冲突可以分为如下类型：

- 利益冲突
- 角色冲突
- 关系冲突
- 权力冲突

当一些既定的目的明显达不到时，就可以进行预见性判断。这涉及各种类型的目的，而这些目的则是根据企业目标设定的。一旦达不到预期效果，就会产生冲突。

必须认清并认真对待冲突信号。这些信号比如有（来源于 Neuberger/Oswald 1996）：

- 拒绝、抵制、反抗：不断地抵触；对所有的建议说不；做一些有悖于要求的事情
- 攻击、报复、主导：故意误解；犯错；捣乱；讽刺或冷嘲热讽的插话
- 固执：顽固不化；不理智；死板的完美主义；逐字逐句地、模式化地执行指令
- 逃避行为：提出虚幻的想法；不正视要求和批评；不守时；不在现场；健忘
- 推脱和影射：把错误归咎于他人；对小事就发怒；对不重要的事情做出不恰当的反应
- 放弃：不感兴趣；默不作声；温顺
- 消极：展现幼稚行为；不提具体要求；把自己当小丑
- 确保社交安全：躲在别人身后；确保不出现失败

摩擦增多、辞职率上升，是冲突即将发生的明显迹象。冲突隐藏的时间越长，就越难控制。冲突信号有不同的发生原因，必须考虑到这一点。这方面的例子有：

- 由于缺乏沟通和/或信息不对称而产生的误解
- 衔接约定不足
- 恶劣的批评文化
- 团队素质不均衡
- 企业内部权力斗争

- 责任划分不明确

要知道，不同层次的冲突是可以区分的，这对后面的冲突分析也很重要：
- 理性层面：事件相关
- 情感层面：感觉相关
- 社会层面：关系相关

最难处理的层面是情感层面和社会层面。因此，接下来的方法步骤主要集中在这两个层面，因为这两个层面是导致企业冲突最多的层面。

当人们想按照自己的想法去塑造甚至改变另一个人时，往往会产生关系冲突。这种情况通常是在无意识中发生的。其基础是冰山模型，可以追溯到精神分析学的创始人西格蒙德·弗洛伊德（SigmundFreud，1856年—1939年），是他的人性论的一部分。

弗洛伊德这样解释这种现象：冰山八分之一在水面之上，八分之七在水面之下。在沟通方面，这意味着，例如，在主题层面的会议上只会对这八分之一的问题进行讨论，其余八分之七的问题并未提及，它们背后隐藏着同情、反感、恐惧、喜悦等。这个层面的冲突也叫隐形层面冲突。恰恰是这种隐形冲突，往往使冲突难以解决（图5-29）（来自于marketinginstitut.biz 的附件）。

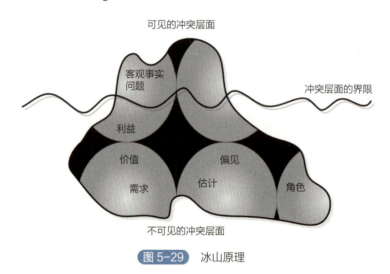

图5-29　冰山原理

第2步：分析冲突

对冲突的分析可以通过一个对照检查明细表来说明（表5-10）。为此应任命一名独立的调解人，在不做任何判断的情况下访问冲突所涉及人员，以便能够对冲突进行分析。调解人可以是企业内部的人，也可以是熟悉冲突管理的外部调解人。

➡ 工作辅助：分析冲突对照检查明细表。

表 5-10　分析冲突对照检查明细摘要

日期：	
参与者：	
调解人：	

访谈主题	具体问题	备注
关于冲突	这次冲突发生的背景是什么？	
	这次冲突是关于什么的？	
	冲突有关各方有何解释？	
	冲突是否已经公开？	
冲突参与方	冲突的参与者有谁？	
	哪些人之间存在冲突？	
	各方怎么处理这一冲突？	
冲突参与方之间的关系	各方之间以何种关系相处？	
	他们之间相互交往是怎么样？	
	企业/部门在这次冲突中扮演了什么角色？	
冲突参与方的目的	各方希望通过这次冲突实现什么？	
	他们冲突的背景是什么？	
	冲突会带来什么好处？	
冲突的过程	冲突引发的原因是什么？	
	目前冲突的状况如何？	
	在冲突中各方使用了什么工具手段？	
	有展露什么情绪吗？	
冲突解决	至今为止有没有实施策略来解决这次冲突？	
	这些策略有效果吗？	
	哪些解决方案可以成功？	

第 3 步：处理冲突

对冲突进行初步分析后，必须要好好处理这些冲突。这需要进一步谈话讨论并做好充分的准备。被委托的调解人，在冲突话题方面不一定非常专业，应该参考遵循处理冲突谈话指南（表 5-11）。所提出的基本框架必须根据情况需要进行补充。

➲ 工作辅助：处理冲突谈话指南。

此外，为了调解谈话能够取得成功，调解人必须遵守以下几个关键点，以便能够与冲突伙伴成功进行沟通：

- 为谈话做了充分准备
- 从内心为谈话做好思想准备
- 认真、全神贯注、积极地倾听
- 与冲突各方建立良好的关系
- 尝试找到解决方案
- 能够达成协议

表 5-11 处理冲突谈话指南

阶段	☑		具体内容
谈话开始	☐	1	问候欢迎参加者
	☐	2	准确地确定谈话主题
	☐	3	阐明谈话的原因
	☐	4	确定谈话时间段
	☐	5	请谈话参与者对谈论话题畅所欲言,不受拘束
谈话期间	☐	1	询问冲突的起因和动机
	☐	2	展示调解人视角冲突的现状
	☐	3	展示参与者视角冲突的现状
	☐	4	确定处理冲突的可能目标
	☐	5	确定解决方案
	☐	6	一起达成协议
谈话结束	☐	1	遵守时间表,必要时提醒会议结束
	☐	2	如有必要,商定下一次谈话
	☐	3	告别

第 4 步:解决冲突

解决冲突的方法有多种。总的来说,图 5-30 所示的四种策略经常会被用到。

通过撤退策略可以避免冲突,但这往往意味着冲突继续恶化,无法消除。

传统的冲突解决策略是让步和说服。这两种策略密切相关,互为对立面。这两种战略的特点是,冲突中总要有赢家和输家。这意味着,冲突及其解决被视为一场只有一方能赢的战斗,一方作为胜利者离开现场,另一方作为失败者留下。因此,这个策略的前景并不乐观。

图 5-30 解决冲突

在更宽容的战略中包含了妥协。通过谈判，如冲突谈判，制定出所有有关各方都认为可以接受的解决方案。但是，这种策略并不能消除冲突，只能缓解冲突，因此冲突无法彻底被解决。

如果能正确运用，合作战略有望获得最大的成功。没有谁对谁错，也没有胜利方和失败方，而是把共同处理和解决冲突作为这种战略的优先考虑方向。冲突各方不把对方视为对手，而是共同制定解决策略。

一个成功的冲突管理随着问题的解决而找到结论。为此，必须确定作为替代方案的措施。这些措施应记录在案并加以持续监控。

5.1.5.7 内部和外部的沟通

内部沟通是企业最重要的基石之一，它促进了员工表现自己的意愿。只有充分了解情况的员工才能为改善工作做出贡献。内部沟通应以透明的信息制度为基础，应具体说明改变、目标、任务和问题。直接、开放的沟通形式对激发员工的积极性有很大帮助。

企业应该在方式、范围和文件方面提供适当的沟通流程，并要与以下要素相称：

- 企业的规模和结构
- 业务流程的复杂性
- 员工的技能和经验

由企业领导负责建立合适的沟通渠道，任何沟通渠道和媒介都可以使用。

ISO 9001 在 7.4 节中要求企业管理层建立与质量管理体系相关的（内部和外部）沟通流程。这方面的流程有明确详细的规定：

- 主题
- 时间点
- 接收者
- 方式和方法

在 IATF 16949 中对这方面没有另行规定。

在 VDA6.2 的第 7.4.1 章节中，还要求沟通过程必须至少在三个方向上建立信息流：

- 自上而下：从管理层到员工的信息
- 自下而上：从员工到管理层的信息
- 基于过程：部门之间和员工之间的信息

对于内部沟通渠道，应考虑如图 5-31 所示的这几个方面。

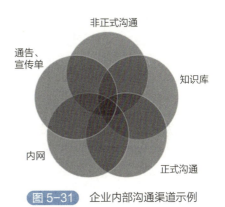

图 5-31 企业内部沟通渠道示例

从 ISO 9004 中也可以得到有价值的提示，它在第 7.4 节中再次明确指出，沟通应"既要垂直又要水平"，并强调要根据"接收人的要求"量身定制。

1. 内部沟通

会议是内部沟通的重要形式之一。为了有助于激发员工的积极性和提供信息，会议必须包含明确的规定，例如下列几个方面：

- 准时出现
- 负责人必须制定每次会议的议程，会议的框架条件要明确
- 在会议期间，必须按照规定的时间处理这些项目
- 会议时间不得超过一小时

在流程描述中，定期举行的会议可以按照表 5-12 中的内容来进行安排。

➲ 工作辅助：内部定期会议沟通表。

表 5-12　内部定期会议沟通表示例

会议类型	参与者	时间间隔	文件类型
管理层会议	• 企业管理层 • 领导小组 • 流程负责人	半年一次或根据需要	管理评估 会议纪要
领导层会议	• 领导层	一月一次或根据需要	会议纪要
销售会议	• 销售主管及相关员工	一周一次或根据需要	会议纪要
研发会议	• 技术主管及相关员工	一周一次或根据需要	会议纪要
内勤会议	• 内勤主管及相关员工	一周一次或根据需要	会议纪要
生产会议	• 生产主管 • 带班工长 • 员工	一月一次或根据需要	会议纪要
劳动安全会议	• 劳动安全专家 • 管理者代表 • 领导层	每季度一次或根据需要	会议纪要
质量管理环小组	• 管理者代表 • 生产主管 • 相关领导层	一月一次或根据需要	会议纪要
员工谈话	• 领导层 • 相关员工	一年一次或者根据需要	会议纪要

可以将以下几点作为会议的目的纳入流程描述中：

- 客户要求的确定和沟通
- 协调客户反馈意见的处理，如投诉等
- 澄清技术问题

- 介绍有关职业安全、环境保护、质量管理的新信息
- 评估质量管理体系并在必要时改进
- 让员工了解经济方面的收益
- 评估新产品或服务
- 确定培训需求等

为处理不同的事件情况建立一个沟通矩阵也是很有帮助的,它概述了谁参加了哪些沟通交流活动的会议,以及谁将被告知相关的信息。图 5-32 是一个沟通矩阵的示例。

➡ 工作辅助:沟通矩阵。

说明: D= 实施责任 Ü= 监督责任 M= 员工 I= 特别通知	沟通矩阵					表格					
						编号:					
	企业管理层	部门主管	项目主管	管理者代表	商务管理	IT EDV 部门	生产	维修	人力资源	供应商	客户
沟通事件											
投诉											
供货困难											
生产计划											
基础原始数据											
可生产性分析											
风险评估考虑											
错误可能性及影响分析											
8D 报告											
质量管理文档											
质量管理体系认证											
内部审核											
客户审核											

图 5-32 沟通矩阵示例

2. 外部沟通

企业的成功在很大程度上也取决于与外界的沟通。在这里,与客户的沟通尤为重要。本章将特别讨论这方面的问题,因为在标准的第 8.2.1 章节中明确要求,管理部门必须确保查明客户的要求,以提高客户的满意度。IATF 16949 和 VDA 6.2 还要求,除非另有约定,关于沟通方式及与媒体的沟通必须事先与客户沟通,必须保密,任何分包给分包商的合同必须与客户协调。

有效的沟通能创造信任,同时也会提高客户的满意度和客户的忠诚度。必须注

重查明客户的确切要求。外部沟通如图 5-33 所示。

一个企业本身及其产品和服务应该被公众正面感知。为此，有多种媒体，如平面媒体、广播电视或互联网等。对外沟通交流的任务通常被划分到公共关系和媒体工作或广告和营销领域。这些任务一般由企业的市场营销和/或管理层来完成。可能的策略在本书中没有详细论述，因为它们不属于质量管理范畴。为此，我们有必要参考常见的市场营销文献。

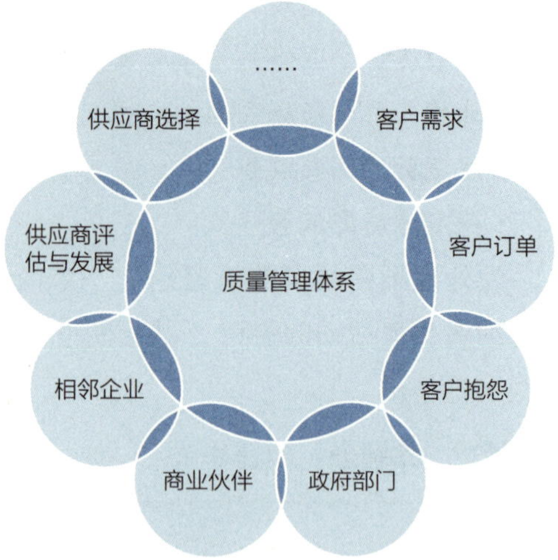

在所有的标准中，客户满意度是最重要的衡量参数。必须明确客户的愿望和期望（见 IATF 16949 的第 8.2.2、8.2.3、8.2.4 及 9.1.2.1 章节）。有不同的方法可以做到这一点（图 5-34）。

图 5-33　外部沟通示例

图 5-34　确定客户需求的方法示例

通过定义明确客户需求的方法和工具，产生了更多的确定客户需求的可能性。例如可以包括以下：

- 建立具有市场营销功能的部门
- 参观展览交易会

- 成为协会组织成员
- 参考专业期刊和技术文献的评判分析
- 开发与客户的联合项目
- 定期开展客户服务活动、举行客户会议
- 进行市场研究分析

企业领导必须明确定义分配责任，这样才能完成必要的任务。因此，企业领导作为客户与企业之间的中介，在确保所交付的产品或所提供的服务符合客户要求方面起着决定性作用。

> **提示** 企业内部应建立明确的合同和报价谈判准则。最有效的方法是创建相关流程和工作指导，并将其集成到质量管理体系中。

图 5-35 和图 5-36 展示了一个相关过程描述的例子，其中给出了确定客户要求的规定。

➲ 工作辅助：客户要求的确定流程描述。

流程描述 客户要求的确定					
适用范围	责任人	执行	共同作用	变更服务	信息
企业管理层	厂长	部门主管	厂长	部门主管	管理层代表
过程输入： 客户调查、审核报告、投诉统计数据、竞争对手数据的结果			过程结果： 客户满意度		
过程目的： 查明的、已经完成的客户要求			过程间隔： 持续		
测量值： 投诉率 < 2% 客户满意度 > 90% ……			工具、方法： 1. 评估工具 2. ……		
规定 / 指导方针： 1. ISO 9001 2. IATF 16949			更多适用的文件： 处理询价、报价、合同		

修订号	修订日期	修订部门（人）	修订批准部门（人）	批准日期
1				
2				
3				

图 5-35 客户要求的确定流程描述 1

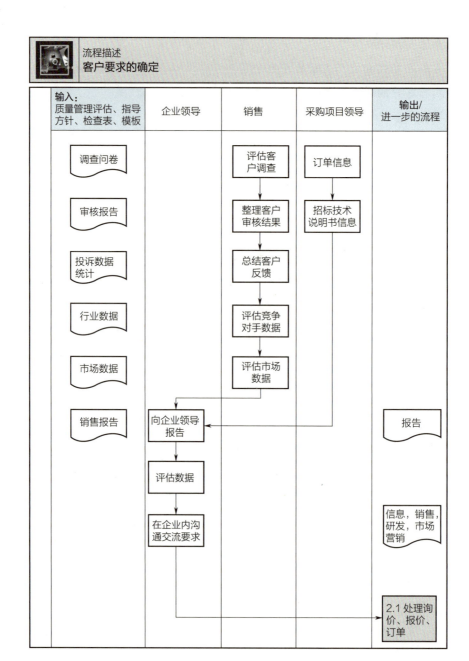

图 5-36 客户要求的确定流程示例 2

5.1.6 与客户的沟通交流

所有对客户沟通的要求都可以在标准的第 2 章及后续章节中找到。

ISO 9001:2015 的第 8.2.1 章节（原第 7.2.3 章节）包含了基本要求，并已扩展到一些其他方面。

之前的沟通要求：
- 提供产品和服务
- 处理询价、订单、合同、合同修订
- 处理客户的反馈和投诉

新增的沟通要求：
- 关于客户财产控制的规定，应视为对第 8.5.3 章节的补充
- 制定应急措施的具体要求

IATF 16949 在第 8.2.1.1 章节中只有一项附加要求，即要求与客户的所有沟通必须使用与客户商定的沟通方式，包括计算机语言和数据格式。

原则上，在标准中只要求开展与客户沟通交流的活动，但未明确规定如何进行沟通活动。

尽管如此，所有这些要求必须得到满足，因为标准其他地方的要求已经涵盖了第 8.2.1 章节中的要求，比如下面提到的被要求的关键点：
- 关于如何处理询价、订单、合同和合同修改的流程描述和工作指导
- 处理投诉的准则
- 处理客户财产的准则
- 应急计划

为了满足本节中的要求，请检查企业是否已经有这方面的相关规范。

5.1.7 总结

为了确定和提供所需资源，必须详细规划和实施各个步骤的责任和指导方法。只有这样，才能满足客户对相应产品和服务的要求。员工和上级之间的讨论是合作成功和满意的基础。如果以换位思考方式进行谈话，就可以消除可能的误解和冲突，或者根本不会发生误解和冲突。如果在员工谈话中考虑到以下因素，可以提高员工的积极性：
- 公正地反馈员工的绩效表现
- 就目标达成共同协议约定，这些目标即为有意义的挑战和值得追逐的结果
- 确定被持续监控的发展计划
- 在员工能力允许的情况下给予其处理事情和进行创意的自由发挥空间
- 过滤掉无用的或多余的工作，将其从工作范围中剔除

除了专业能力外，管理者还必须具备必要的社会交往能力，以此对员工进行以目标为导向的管理和激励。因此，上级应将冲突管理作为管理任务之一。管理者不必自己解决每一个冲突，但是，他们必须意识到自己有责任启动解决方案进程。

企业的大部分问题都是由于缺乏沟通造成的。为了使管理层和员工之间沟通高效，管理者必须知道员工需要哪些信息。管理者往往认为内部沟通是多余的，这常常令员工感到遗憾。因此，应该进行开放性的沟通，带有目的性地反思。然而，即使有了正常的沟通，也必须不断努力促进沟通。

在对外沟通交流中，要注重以客户为导向。为了使客户满意，企业应以客户的意愿为导向、为基础来快速反应。为此，正常的内部沟通也是必不可少的。

汽车行业的客户满意度以五大支柱为基础：
- 产品质量
- 售后服务质量
- 价格认知敏感度
- 企业形象
- 个人关系质量

由此，客户满意度从众多企业业绩指标中脱颖而出，成为企业竞争力的决定性因素。

5.1.8 参考文献

Ausbildernetz: Konfliktlösungsstrategien, www.ausbildernetz. de/plus/waehrend/gruppen/loesungen/strategien.rsys

Bmwi: Wissensbilanz–Made in Germany–Leitfaden 2.0 zur Erstellung einer Wissensbilanz, https://www.bmwi.de/ Redaktion/DE/Downloads/W/wissensmanagement-fw 2013-teil3.pdf?__blob=publicationFile&v=1)

Bmwi: Toolbox zur Wissensbilanz, https://www.bmwi.de/ Redaktion/DE/Downloads/wissensbilanz-toolbox2.html

Brecht, Agathe; Bornemann, Dr. Manfred; Hartmann, Günter; John, Ute; Keller, Christian; Röllecke, Thomas; Schmidt, Olaf; Soyez, Nadine; Vollmar, Gabriele; Weubel, Michael; Wiktor, Kerstin: Wissensmanagement in der Norm ISO 9001:2015, Deutsche Gesellschaft für Qualität (DGQ) und Gesellschaft für Wissensmanagement (GfWM), 2016

Brückner, Claudia: Wissensmanagement als Wettbewerbsvorteil, in: QM-System nach ISO 9001, Online-Version, WEKA MEDIA, Kissing 2018

business-on.de: Definition Kompetenz, 28.06.2013, http:// www.business-on.de/kompetenz-definition-kompetenz-_id 42274.html

Business-wissen.de: Konfliktmanagement, www.businesswissen. de/handbuch/konfliktmanagement-grundlagen/

Dannemeyer, Petra: Konflikte lösen, Gräfe und Unzer Verlag, München 2007

Deutsches Institut für Marketing: Das Eisbergmodell oder die Sichtbarmachung der Beziehungsebene, https://www.marketinginstitut.biz/blog/eisbergmodell/

DIN EN ISO 10015 Qualitätsmanagementsysteme – Leitfaden für Schulungen 1999-12 Sprachen: Englisch, Französisch

Gabler Wirtschaftslexikon, Stichwort: Mitarbeitermotivation, Gabler Verlag, online verfügbar unter: http://wirtschafts lexikon.gabler.de/Archiv/85272/mitarbeitermotivation-v5.html, außerdem die Stichworte Personalentwicklung, Fähigkeit und Motivation: https://wirtschaftslexikon. gabler.de/definition/personalentwicklung-52604, https://wirtschaftslexikon.gabler.de/definition/faehigkeit-36322, https://wirtschaftslexikon.gabler.de/definition/motivation -38456

Haberleitner, Elisabeth; Deistler, Elisabeth; Ungvari, Robert: Führen, Fördern, Coachen, Piper Verlag, München 2009

Harmeier, Jens: ISO 10015 – Leitfaden für Schulungen – Die Norm und ihre Umsetzung, in: QM von Dienstleistungen nach VDA 6.2. In Thomann, Hermann; Träger, Thomas (Hrsg.): Qualitätsmanagement in Dienstleistungsunternehmen. Aktualisierbares Loseblattwerk. 61. Ergänzungs- und Aktualisierungslieferung, TÜV Media, Köln März 2018, qmd.tuev-media.de

Hoppe, Annette: „Die Mitarbeitermotivation – Ein kleiner Leitfaden (für großes Engagement)", in: Marktplatz Mittelstand (Hrsg.): Mittelstand Wissen, Mai 2009

IATF 16949 Anforderungen an Qualitätsmanagementsystem für die Serien und Ersatzteilproduktion in der Automobilindustrie IATF 16949:2016 (D)

ISO 10015: Qualitätsmanagement – Leitfaden für Schulung (ISO 10015), 1999

karriere-navi.de: Intrinsische und extrinsische Motivation: https://karriere-navi.de/intrinsische-und-extrinsischemotivation-unterschiede-beispiele/

Kranefeld, Anja: Interne und externe Kommunikation, in: QM-System nach ISO 9001, Online-Version, WEKA MEDIA, Kissing 2018

North, Prof. Dr. Klaus: Brandner Andreas; Steininger Thomas, MSc: Wissensmanagement für Qualitätsmanager, Erfüllung der Anforderungen nach ISO 9001:2015, Springer Fachmedien Wiesbaden, 2016

North, Prof. Dr. Klaus: Wissensorientierte Unternehmensführung, Gabler Verlag, Wiesbaden 2005

ÖNORM 10015 Qualitätsmanagementsysteme – Leitfaden für Schulungen (ISO 10015:1999) 2008-08-01 Sprache: Deutsch

Qualitätsmanagementsysteme – Anforderungen (ISO 9001: 2015); deutsche und englische Fassung EN ISO 9001:2015

Thode, Michael: Abschnitt 7.3 Bewusstsein, in: QM-System nach ISO 9001, Online-Version, WEKA MEDIA, Kissing 2018

Thode, Michael: Abschnitt 8.2.1 Kommunikation mit den Kunden, in: QM-System nach ISO 9001, Online-Version, WEKA MEDIA, Kissing 2018

Universität St. Gallen: Checkliste für das Wissensmanagement im Unternehmen, https://www.kmu.admin.ch/kmu/ de/home/praktisches-wissen/kmu-betreiben/innovation/schritte-des-innovationsprozesses/der-innovationsprozess/unterstuetzende-prozesse.html

Vollmar, Gabriele: Wie Ihre Organisation Wissen erlangt, in: Wissensmanagement, Online-Version, WEKA MEDIA, Kissing 2018

Vollmar, Gabriele: Wie Sie notwendiges Wissen bestimmen, in: Wissensmanagement, Online-Version, WEKA MEDIA, Kissing 2018

Vollmar Gabriele: Wie Sie das Wissen aufrechterhalten, in: Wissensmanagement, Online-Version, WEKA MEDIA, Kissing 2018

Wissensmanagement in der ISO 9001:2015, in: QM-System nach ISO 9001, Online-Version, WEKA MEDIA, Kissing 2018

5.2 提供必要的工作环境

5.2.1 综述

员工及其具备的技能对企业来说是非常重要的。但是，如果企业没有相应的基础设施，员工的一切培训措施都是没有价值的。那么什么是基础设施呢？

根据 ISO 9001:2015 第 7.1.3 条，基础设施定义为，例如建筑物和公用设施、机器和设备（包括硬件和软件）、运输设施或信息和通信技术。

IATF 16949 中还要求跨部门团队对现有工厂能源设施、设备和建筑设施图进行持续评估。

在所提供的基础设施中，工作环境的设计必须适合在那里工作的人（第 7.1.4 章节）。IATF 16949 也对所有设施的清洁度有明确要求。

5.2.2 目的和意义

这些要求的目的是为了不断优化和创造一个清洁、合适的工作环境，使系统化的生产流程成为可能。

这应包括维修和保养的各个方面，以及工具、测试和测量设备的功能维护，因为，对实现正常运行的基础设施和工作环境而言，这些是必不可少的。

5.2.3 基础设施及过程环境

5.2.3.1 提供和保持必要的基础设施

标准要求，必须确定、提供和维护必要的过程环境（基础设施是其中的一部分），以确保产品或服务符合要求。

一个设计得当的工作环境对员工的工作积极性和工作绩效有着积极的影响。工作环境是由人的因素和物的因素组成的。ISO 9001 要求的最低标准是考虑到劳动职业安全和环境保护的要求。在 ISO 9004 中有进一步的建议。

基础设施必须在硬件和软件方面考虑到产品和服务的要求以及最佳的物资流通（图 5-37）。基本前提是建筑物、工作场所、设备以及相关的供应和处理设施要符合当前的技术水平。这也满足了劳动职业安全等法律要求。

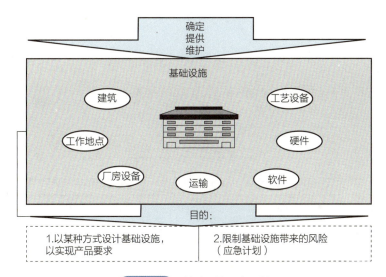

图 5-37 基础设施要求示例

工厂和设施的开发和规划必须由一个跨部门团队来进行。这意味着所有相关部门的专家都参与其中。该小组可由以下人员组成：

- 来自本企业的：研发人员、生产人员、设计人员、质保人员、维修人员
- 来自客户企业的：采购人员、质保人员、物流人员、生产人员、工厂设施人员
- 如果需要，还包括来自供应商的员工

团队会议的成果应该是有最优物资流通方式的工厂结构计划或布局。

 提示　对现有基础设施和流程环境的所有改变都必须在风险评估中重新审查；这些评估的结果必须纳入管理审查。

5.2.3.2 提供和保持必要的工作环境

在设计过程环境（原工作环境，如图 5-38 所示）时，必须确定工作场所对员工的不同影响因素。根据产品或服务的不同，这些影响因素例可以是：

- 噪声
- 振动
- 气候（温度、湿度、气压）
- 照明
- 颜色
- 粉尘、气体和蒸汽
- 工作方式
- 卫生状况等

 提示　将休息活动室和其他社会交往设施纳入考虑范围。

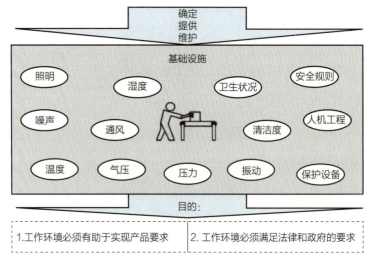

图 5-38　过程环境（原工作环境）

这是通过审核、法律规定的风险评估和定期测量和检查来实现的。

 提示　对设定影响要素的控制最好通过风险评估的方式进行，并通过定期的 SOS（清洁、秩序、安全）审计来检查。

劳动职业安全要求必须每年由劳动职业安全专家进行检查，劳动职业安全专家可以来自内部，也可以是委托外部专家，并通过潜在危害分析和会议纪要进行记录。

通过培训课程让员工了解健康和安全条例，其中一些是法律规定的。应急演练，如火灾报警、急救课程或危险物品的处理，给员工带来高度的安全感。必须定期计划、实施和记录电气系统和机器的测试以及必要的测量，例如噪声或废气状况。员工在工作场所工作时，必须穿戴必要的个人防护用品，如工作安全鞋、手套、安全帽等。必须提供所需工作环境的证明，例如：

- 工作场所研究
- 员工满意度分析
- 满足政府和法律的要求和条款的证明
- 测量记录
- 审核报告
- 现场检查等方面的记录

在 IATF 16949 的第 7.1.4.1 章节中还要求必须注意工厂车间的清洁度。

生产运营设施必须保持与产品相适应的整齐和清洁状态。这意味着必须规范维修和保养。首先要保证工作秩序和清洁，才能保证生产的质量。

提示　对现有基础设施和工作环境的任何改变都必须在风险评估中进行重新审查。这些评估的结果必须纳入管理评审。

5.2.3.3 维修和保养

尽管在 IATF 16949 的第 8.5 章节中提出了要求，但内部维修应包含在此处。这是因为，系统性的维修对于保证基础设施的正常功能至关重要，必须为此制定和出台相应的维护方法。对于规模较大的企业，实施不动产管理或建筑管理是很有意义的。

现代企业的自动化程度很高，这就要求对机器进行持续的保养，同时还要进行预防性和预见性的维护工作，以便通过系统的高可用性，随时能够可靠地满足客户的要求。所有工作设备必须进行预防性维护，以保证其持续的运行准备和保证产品质量能力。维护和保养的目的是为了确保设备的最佳可用性、良好的工作条件和安全，并节约资源。

在 IATF 16949 的第 3.1 章节中，预防性维修定义为"按照规定的时间间隔计划的工作（例如基于时间的定期检查和大修），这些工作消除了伴随生产过程的发展可能出现的设备故障和计划外生产中断的潜在故障原因"（IATF 16040，第 3.1 章节）。

一般来说，维修工作包括：

- 保养（定期对机器和设备进行清洁、润滑、防水、防腐蚀等处理，以减少故障或功能限制）

- 检查（监测机器和设备的状态，以尽早发现和消除设备状态变差）
- 修理（消除机床或设备的实际损坏或故障）

在 IATF 16949 中，不再有预防性维护一节，取而代之的是第 8.5.1.5 章节：全员参与的全面生产性维修（TPM）。然而，这并不意味着可以不考虑预防性和预见性维护。

虽然 IATF 16949 第 8.5.1.5 节并不要求有一个完整的 TPM 系统，但规定了以下最低要求：

- 确定所有必要的生产设备
- 确定生产设备所需的备件
- 提供一切必要的维护资源
- 相关工具、检测和测量设备及包装
- 遵守适用的客户特定要求
- 界定和评估维修系统的目标，并定期进行审查；其参数/指标有 OEE（整体设备效率）、MBTF（平均故障间隔时间）、MTTR（平均维修时间）等
- 对预防性维护设立关键绩效指标
- 关键绩效指标的结果必须纳入管理评审
- 在未能实现目标的情况下采取的措施
- 使用预防性和预见性维修的方法
- 定期保养设备

预防性维护在工业 4.0 背景下不可或缺，必须加以重视。

工业 4.0 中的维修：目的是利用信息和通信技术将工业中的机器和流程智能化、网联化。

预防性维护甚至被描述为"工业 4.0"下总结的现代化工作的核心组成部分。它阐述和分析了如何利用数字化、生产设备的监控和评估等方面数据来优化维护策略和措施。

预防性维护包括收集和评估过程和机器设备数据。这显示了机器和设备需要维修的时间和频率。评估的目的是尽量减少停机时间。当然，如今已普遍对机器和设备进行监控，但还没有达到普及数字化监控方式的程度。

维修工作的文件通常通过维修记录来实现。编制维修计划的依据是厂家的建议和规范。图 5-39 和图 5-40 展示了一个保养记录的例子。

工作辅助：保养记录。

第 5 章 对支持职能的要求

表格
保养记录

机器（名称/编号）：	
月/年	

每天记录				
润滑脂容器：液面 检查/修正				
天	机器操作员签字		天	机器操作员签字
1			17	
2			18	
3			19	
4			20	
5			21	
6			22	
7			23	
8			24	
9			25	
10			26	
11			27	
12			28	
13			29	
14			30	
15			31	
16				

图 5-39　保养记录 1

表格
保养记录

每周记录				
压力 检查/修正				
理论设定值：××：××bar				
周	时间段	执行人签字	是否需要修正	日期
1			是（　） 否（　）	
2			是（　） 否（　）	
3			是（　） 否（　）	
4			是（　） 否（　）	
5			是（　） 否（　）	

每周记录			
变速器油：液面 检查/修正			
月份	执行人签字	是否需要修正	日期
1		是（　） 否（　）	
2		是（　） 否（　）	
3		是（　） 否（　）	
4		是（　） 否（　）	
5		是（　） 否（　）	
6		是（　） 否（　）	
7		是（　） 否（　）	
8		是（　） 否（　）	
9		是（　） 否（　）	
10		是（　） 否（　）	
11		是（　） 否（　）	
12		是（　） 否（　）	

图 5-40　保养记录 2

为了准确地掌握已发生的故障情况,在没有软件帮助的情况下可以用表格(图 5-41)记录下来,并按固定的时间间隔进行合并整理。在此基础上,再进行问题的解决,如采用帕累托分析法(Paretianalyse)。

● 工作辅助:故障记录。

表格 故障记录	
机器/设备编号_____ 报告编号_____ 维修间隔_____	
名称_____ 生产商_____ 成本中心_____	
故障描述:	
维修措施:	
可能导致故障的原因:	
可能避免故障的措施:	
费用	
材料	
机器运行时间	
工时	

图 5-41 故障记录

维护系统的目的一定是:
- 展示本企业合适的维修策略
- 建立一个能够高效执行的组织
- 增加设备的可用性
- 减少停机时间和故障时间
- 减少成本

提示:如果是涉及维修和保养的特殊程序,请在工作或检测指导中说明应执行的步骤。
企业内部的维修人员必须具备必要的技能资质,并经过培训。
维修和保养中使用的检测设备要执行检测设备管理和监督的特殊流程。

在一个组织良好的维护系统框架内,企业不仅可以通过遵守 IATF 16949 的最低要求,还可以通过采用全面生产性维修(TPM)的方法来实现优化改进。这种方法的理念不同于传统方法,它能让员工有效地参与进来,以提高设备效率。

下面着重介绍下全面生产性维修(TPM)。

TPM 是"来自日本的一种方法,旨在使组织内部使用的设备发挥最大的效能。全员参与的生产性维护,即 TPM,旨在通过简单的、重复性的维护任务来改善特定设备的状况和性能。基于团队合作和共识的文化，TPM 团队被鼓励采取积极主动的维修方式。一个团队是由机器操作员以及参与调试机器和维修机器的人员组成的。TPM 类似于基于设备可靠性的维修。"（来源：Onpulson.de）

Wirtschaftslexikon24.net 上进一步解释强调了员工在这一概念中的重要性："全员参与的生产性维修（TPM）代表了生产设施的优化使用概念。企业各层级的所有员工都参与其中。全面生产性维修包括保养、检查和修理措施。操作机器的员工扮演着特殊的角色。他们不仅要负责维护，还要保证生产设备处于完美状态"。

 TPM 不是一个维修系统，而是一个整体概念。

关于 TPM 的最初想法可以追溯到 20 世纪 60 年代。凭借这一理念，丰田成功地将生产线的效率从 50% 以下提高到 80% 以上。

根据 TPM 方法，产品质量、工艺安全、设备状态和维修工作密切相关。TPM 是一种跨部门的方法，它从维护、生产管理、物流和质量管理的整体角度出发，在本书中只做概要介绍。

下面简要介绍一下 TPM 的基本情况，如图 5-42 所示，其基础是 5S 方法。

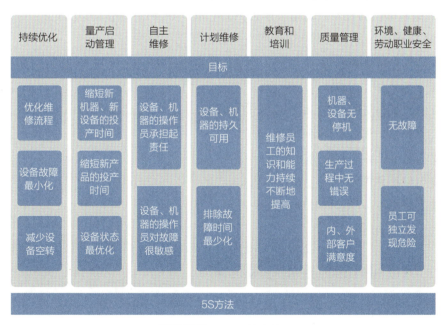

图 5-42　TPM 基本情况

TPM 优点不言而喻：缩短机器和设备的停机时间，减少企业各方面的浪费，从而提高工作效率和企业效益，内部和外部客户的满意度也得到了极大的提高。

TPM 的关键指标是 OEE（设备综合效率），它是产量损失、质量损失、设备利用率的乘积。该指标在 IATF 16949 第 8.5.1.5 章节中，是除了 MTTR（平均维修时间）外，被用作保养和维修目标的指标。关键指标 MTTR 描述了修理一个故障部件或设备并使整个机器或设备恢复生产运行所需的平均时间。MTTR 的计算方法是总维修时间除以特定时间内的维修作业总次数。

对于那些仍然使用只在机器或系统出现缺陷或故障时才进行维修的企业，这种做法是在浪费大量的设备潜力。如果考虑到维修 4.0 的策略（见上文），即使是预防性的保养和服务，其实在今天也已经过时了，因为在某些情况下，单纯的预防性更换零件也会导致不必要的成本。

在这样的背景下，IATF 16949 的意图很明确，就是鼓励企业建立一个面向 TPM 的体系。

对所有相关员工进行 TPM 基础知识和设备自身工作内容的培训，对持续改进都会带来积极影响。通过这种以目标为导向的培训，可以实现工厂效益的最大化。

以人为本是 TPM 理念的核心。TPM 的成功首先在于大大增强了在机器旁边操作员工的责任感。生产操作员工不再是仅仅执行生产任务，而是接手他所用设备的日常维护工作。这样可以减轻维修人员的工作，使他们能够集中精力解决设备的主要问题。中央维修部门的重要性也增加了，因为它规划和协调所有维修工作。

TPM 的成功对企业和成本结构的下列方面起到了作用：

- 员工的积极性和技能
- 安全
- 清洁的工作场所
- 减少设备和机器的计划外停机时间
- 提高技术设备和机器的可用性
- 减少维护费用
- 促进对设备和机器的持续改进过程
- 减少废品和返工

5.2.4 保证可信的监控和测量结果

在 ISO 9001:2015 中，第 7.1.5.1 节描述了对监控和测量所必要的资源的供给使用的一般要求。

在这些要求中，企业必须首先明确哪些产品符合性需要测量和监控、用哪些检查和测量设备来进行；必须确保所使用的资源适合于有关的监测类型；明确要求要有书面证据文件。

IATF 16949 仍然对测量系统分析（MSA）的评估提出了额外的要求（第 7.1.5.1.1 章节），本书在第 9.3.6 章节核心工具中对此进行了说明。

ISO 9001:2015 条款 7.1.5.2 规定，测量设备应按规定的时间间隔对照测量标准进行验证和 / 或校准，以确保测量结果的有效性。此外，还应有一个标记，使测量装置的状态能随时被识别。必须提供保护，以防止状态变化、损坏和 / 或恶化。如果确定测量设备不适合测量，例如损坏或设置改变，必须检查是否已经影响到以前的测量结果，必须进行风险分析。

如果测量设备不能按照相应的校准标准进行监测，那么必须有使用自有标准的证明文件。

IATF 16949 在 7.1.5.2.1 节中对校准和核查的记录有进一步的要求。

IATF 明确要求有一个管理校准 / 核查记录的文件化流程。这一流程必须包括具体说明哪些证据以何种形式存在，以及由谁签发；必须记录这些文件的保存期限和地点以及查阅的可能性。此外，还要求记录证明使用了正确的软件版本，并对所有测量系统的维护和校准进行记录。

这两个标准不仅是单纯地谈论检查和测量设备的控制，而是更全面地深入谈到了保证测量结果可靠性的要求和对所涉及的测量设备的要求。

提示　　IATF 16949 的一个新特点是，必须建立一个文件化的流程来管理校准或验证记录。

尽管如此，还是要像以前一样，对测量设备进行系统的管理。

测量设备的监控在实践中称为检具管理或仪表管理。单从这个概念就可以看出，背后有各种必须遵守的步骤。

对于测量设备的监控可以参考不同的准则和标准。通常这也是客户要求的。此外，还有一个关于检具管理的 DIN 标准——ISO 10012:2004，它可以应用于个人的企业和供应商。它支持使用的测量设备监控流程，这个流程也是使用合适检具的重要前提。这个标准很有帮助，因为它涉及测量设备质量保证的所有要求，特别是测量设备的适用性、管理和保管使用。

几何尺寸测量设备的使用者和校准实验室在实践中以 1991 年发布的 VDI/VDE/DGQ 2618 系列指南为指导，目前该指南正在修订中。表 5-13 总结了该准则的内容。

表 5-13　VDI/VDE/DGQ 2618 系列对测量设备监控的内容总结

篇章	内容
VDI/VDE/DGQ 2618 第 1 篇	检具监控的检测指导：引言
VDI/VDE/DGQ 2618 第 1.1 篇	检具监控：几何尺寸测量工具监控的指导 – 基本知识
VDI/VDE/DGQ 2618 第 1.2 篇	检具监控：几何尺寸测量工具监控的指导 – 测量的不确定性
VDI/VDE/DGQ 2618 第 3.1 篇	检具监控：平行度的检测指导
VDI/VDE/DGQ 2618 第 4.1 篇	检具监控：圆柱调整块、塞规和环规的检测指导
VDI/VDE/DGQ 2618 第 4.2 篇	检具监控：检测销子/螺纹检测销子的检测指导
VDI/VDE/DGQ 2618 第 4.4 篇	检具监控：具有平行或球形测量表面的调整块以及球间尺寸和针尖尺寸的检测指导
VDI/VDE/DGQ 2618 第 4.6 篇	检具监控：检测缸和检测芯棒的检测指导
VDI/VDE/DGQ 2618 第 4.7 篇	检具监控：卡规检测指导
VDI/VDE/DGQ 2618 第 4.8 篇	检具监控：圆柱螺纹定心轴、螺纹塞规和螺纹检测棒的检测指导
VDI/VDE/DGQ 2618 第 4.9 篇	检具监控：圆柱螺纹定位环、螺纹环规的检测指导
VDI/VDE/DGQ 2618 第 4.12 篇	检具监控：锥法线和锥度规的检测指导
VDI/VDE/DGQ 2618 第 6.1 篇	检具监控：平板玻璃和平行检测玻璃的检测指导
VDI/VDE/DGQ 2618 第 7.1 篇	检具监控：几何尺寸测量工具监控的指导 –90° 钢角的检测指导
VDI/VDE/DGQ 2618 第 9.1 篇	检具监控：内、外、深度测量的游标卡尺的检测指导
VDI/VDE/DGQ 2618 第 9.2 篇	检具监控：深度卡尺的检测指导
VDI/VDE/DGQ 2618 第 9.3 篇	检具监控：高度卡尺的检测指导
VDI/VDE/DGQ 2618 第 10.1 篇	检具监控：外径千分尺的检测指导
VDI/VDE/DGQ 2618 第 10.2 篇	检具监控：带有可更换的测量插件、用于螺纹测量和其他测量任务的外径千分尺的检测指导
VDI/VDE/DGQ 2618 第 10.3 篇	检具监控：精密千分尺的检测指导
VDI/VDE/DGQ 2618 第 10.4 篇	检具监控：几何尺寸测量工具监控的指导 – 嵌入式千分尺的检测指导
VDI/VDE/DGQ 2618 第 10.5 篇	检具监控：深度千分尺的检测指导
VDI/VDE/DGQ 2618 第 10.6 篇	检具监控：高度千分尺的检测指导
VDI/VDE/DGQ 2618 第 10.7 篇	检具监控：两点接触式内部千分尺的检测指导
VDI/VDE/DGQ 2618 第 10.8 篇	检具监控：三线接触式内部千分尺的检测指导
VDI/VDE/DGQ 2618 第 11 篇	百分表的检测指导（参照 DIN 878，10.83 版）
VDI/VDE/DGQ 2618 第 11.1 篇	检具监控：百分表的检测指导
VDI/VDE/DGQ 2618 第 11.2 篇	检具监控：带有机械指针的百分表的检测指导
VDI/VDE/DGQ 2618 第 11.3 篇	检具监控：接触杠杆测量设备的检测指导
VDI/VDE/DGQ 2618 第 12.1 篇	检具监控：外部测量用杠杆测量设备的检测指导（带有快速按钮）

（续）

篇章	内容
VDI/VDE/DGQ 2618 第 13.1 篇	检具监控：内部测量用杠杆测量设备的检测指导（带有快速按钮）
VDI/VDE/DGQ 2618 第 13.2 篇	检具监控：两点接触式内部测量设备的检测指导
VDI/VDE/DGQ 2618 第 14.1 篇	检具监控：带有电感探头和测量仪的长度测量设备的电子长度测量设备的检测指导
VDI/VDE/DGQ 2618 第 16.1 篇	检具监控：垂直长度测量设备的检测指导
VDI/VDE/DGQ 2618 第 18 篇	平尺的检测指导（参照 DIN 878 第一部分，08.73 版）
VDI/VDE/DGQ 2618 第 19 篇	直尺的检测指导（参照 DIN 878 第一部分，08.73 版）
VDI/VDE/DGQ 2618 第 22 篇	90° 钢角（平角、角度量仪）的检测指导（参照 DIN 875，03.81 版）
VDI/VDE/DGQ 2618 第 27 篇	特殊量规和测试设备的检测指导

在 VDI 准则 VDI/VDE 2623 中，描述了校准过程中所需要的和产生的数据交换。本指南的目的是实现不同系统（部门、企业、工厂等）之间快速、安全的量具数据交换。任何测量设备的相关数据都要进行收集和汇总，这是测量设备管理所必需的，以保证工艺和质量。相关数据主要集中在两个方面：

- 校准申请
- 通过电子传输校准过程产生的校准数据

管理测量设备

检具管理稳定可靠的基本前提是明确谁来负责测量设备的规划、采购、入库、保管、提供、标识、标签等工作，及时按期完成，并保证及时校准。

提示　　建立职责分配的流程描述或工作指导，并将责任在组织结构图和职能说明中加以体现。

1. 测量设备规划

检具管理的第一步是规划所需的测量设备。在规划机器、工厂、设备和工艺时，就应该考虑到这一步骤，因为高质量和符合要求的产品的生产决定性地取决于测量设备的质量和功能。

对测量设备的要求由企业各部门或职能领域向检验设备管理部门提出，该部门通常设在质量保证部门。然后，该部门检查是否有现成的测量设备，或者是否必须采购。一个新的采购计划触发了报价程序，在这个程序中，先获得包括技术说明在内的报价，然后再下订单。核对认可报价后，就可以采购测量设备了。

在实际工作中，所需测量设备往往由质检部门直接进行规划，而由采购部门进行购买。

货物验收由测量设备负责人按检测指导的标准进行。在测试过程中，测量设备既要在理想的环境条件下进行测试，也要在以后使用地的实际生产条件下进行测试。如果设备发生变化，例如维修过，则必须进行新的检测。退役的测量设备必须重新规划和更换。测量设备负责人的验收很重要，因为测量设备必须先纳入测量设备库存表（表5-14），并做好标记，然后才能交给需求人。

➲ 工作辅助：测量设备库存表。

表5-14 测量设备库存表

名称	生产商	类型	序列号码	测量范围	盘点号码	使用地/使用者	被监控	备注

测量设备应由主管负责人验收，要防止测量设备无标签、无事先收录入库存表就进入生产部门使用。

2. 测量设备的盘点和标识

测量设备的库存以及整个监控可以在计算机辅助系统中进行，可以借助索引卡或CAQ系统来完成。这可以防止错过即将到来的校准或验证日期。

在通常情况下，序列号码被用作库存号，这个号码在测量设备上也有，多数情况下是以刻字的形式出现的。同时，为测量设备建立一个信息卡，这个信息卡伴随其整个生命周期，信息卡包含所有相关信息（图5-43）。信息卡可通过以下不同方式进行识别：

- 雕刻（蚀刻、激光、电火花刻字仪）
- 贴纸
- 铭牌
- 条形码
- 芯片系统
- 颜色编码

第 5 章　对支持职能的要求

➡ 工作辅助：测量设备信息卡。

表格
测量设备信息卡

测量设备信息卡		识别编号：（序列号码）											
测量设备名称		类型			测量范围			由（　）制表					
使用地		使用者			生产商			序列号					
供应商		购置日期			投入使用日期			保修至××××年					
测试特性：	下限	上限	校准标准			其他							
✕	E	1	2	3	4	5	6	7	8	9	10	11	12	13
结果 1													
结果 2													
结果 3													
结果 4													
结果 5													
测试日期													
完成													
校准指导说明：													
修理方式和范围：													
测试工具分级及原因：													

图 5-43　测量设备信息卡

3. 测量设备的标记、存放和使用

在测量设备发放到工作位置之前，必须确定下一次校准的时间和其当前的状态。

测量设备的状态可以用标签牌、贴纸或者挂签附在测量设备上。此外，如表 5-15 所列，测量设备清单中必须包括该测量设备，以便随时了解何时需要检查校准哪个测量设备。

➡ 工作辅助：测量设备监控表。

表 5-15　测量设备监控表

号码				检测指导					
名称				检查间隔					
日期	理论值	实际值	检查决定和要求一致是否	是否有必要制定措施	措施	备注	下一次校准日期	检查员

此外，所有测量设备如果因损坏、维修或超过校准间隔时间等而被封存，则必须以同样的方式进行标记。图 5-44 展示了关于标明测量设备形式的建议。

➲ 工作辅助：测量设备的标记。

图 5-44　测量设备的标记形式示例

通过使用贴纸、标牌或挂签可以可视化的方式表示测量设备在接受监控中、目前可以使用或不可以使用等。下次检查校准日期的标记通常是通过市场流通中常见的标准测量设备标牌或贴纸贴到测量设备上来进行的。不过，标记还可以显示测量设备的其他状态：

- 使用的可能性
- 已校准 / 未校准
- 测量范围的限制 / 说明
- 上次校准的校准记录
- 调整值

与采购测量设备一样，对测量设备的存放也必须做好规划，以确保按规定进行存储，并防止外部因素（如湿度、温度等）的影响。测量设备正确使用的前提条件是能够随时可以找到并被贴上标记。

> ⚠ 提示：对测量设备的标记、保管和使用也要明确责任。

4. 测量设备的校准

在校准测量设备时所使用的术语经常会出现一些不确定性。因此将最重要的一些术语统一定义如下。

校准："校准是确定和记录测量仪器或控制单元的显示值与测量目标的实际正确值的偏差。在对测量设备进行校准时，要在规定的条件下确定输入变量和输出变量之间的相关性，并将其记录下来。输入变量是指被测量的物理量，例如扭矩或旋转角度。输出变量往往是测量设备的电输出信号，但也可以是读数。"（来源：Atlas Copco）

调整："调整是指对测量设备进行设置或调整的过程，使其与理论值的偏差尽可能小，并处于设备规定的合格范围。调整是一个永久改变测量仪器的过程。调整往往与校准密切相关。这两个程序的目的是发现和记录偏差。在校准过程中，如果测量设备的显示或控制单元的输出变量超出了允许的公差范围,则必须调整测量设备,直到测量值在允许的公差范围内。"(来源:Atlas Copco)

官方标定:"官方标定包括按照官方校准规定进行质量检测和标识,即是法律规定的领域范畴。其中,用于定价的测量设备(商店的秤、燃油泵)和医疗设备(如临床温度计)必须进行校准。官方标定由政府官方标定机构执行,请勿与术语校准一词混淆。"(来源:Atlas Copco)

测量:"测量是对物体的大小、长度、重量、容量或其他方面的测定。有一些相关术语与测量本身的含义相似,但取决于目的(如权重、计算或量化)。基本上,测量属于'通过实验方法找出物理特性并记录'的范畴。"(资料来源:《测量技术词汇》,keyence)

原则上,校准可以在内部和外部进行。在进行内部校准时,必须满足以下因素:
- 训练有素的人员
- 参考标准件
- 根据 VDI/VDE 2627 或根据 DIN EN 17025 的要求,有合适的实验室和测量室
- 为所有相关工作提供足够的资源
- 进行校准的测试操作指导
- 相关标准和准则

外部检测实验室必须根据 DIN EN ISO 17025 进行认证,并且必须提供检测工作领域被明确标注的证书。外部检测实验室提供的校准记录必须要同时附上与所检测领域相关的企业证书和认证。

必须规定测量设备的校准周期。

> 检查间隔是指测量设备两次被检查之间的时间间隔。必须保证所有的测量设备以固定的时间间隔进行检查。

检查间隔由检测设备负责人确定,至少必须考虑以下因素:
- 制造商的建议
- 环境影响(温度、湿度)
- 可能受到操作者的影响
- 使用频率
- 测试设备对监测产品质量的重要性
- 校准费用
- 以前的维修保养和校准经验

- 测量设备的使用经验（易损性、故障、功能安全）
- 测量设备的性能（磨损和流动性变化趋势、热性能等）
- 测量设备测量的不确定性

除了计划内的校准外，还必须考虑到计划外的校准，如发生特殊事件，如损坏、改造、维修、测量设备长期存放或使用频率超过计划等。

如果相对于要检测的特征特性预留的测量安全边际余量不大，则存在风险，即所要求的一致性由于测量设备本身的最小漂移将不再能够得到保证。在这种情况下，有必要选择比最初计划的更小的校准间隔，甚至在每次测量前进行校准。

生产过程中可以得到的经验值，可以作为第一步的依据：

- 标准检具：6个月
- 手持测量仪器（长度和角度测量的标准检测设备）、机械式测值感应器和传感器：6~12个月
- 坐标测量机（外形和轮廓测量装置以及尺寸和外形的一体测量仪）：12~24个月

无论是内部还是外部校准，其结果都应记录在案。这些记录必须保存为证据。

对于校准记录，IATF 16949在7.1.5.2.1节中要求外部校准服务机构必须遵守的内容，同时也适用于内部校准。内容设计必须注意以下几个方面：

- 由于设计变更进行的修改
- 显示所有不在校准、技术说明书或验证范围内的测量值
- 对投入流通的故障计量器具进行风险评估
- 如果测量设备在计划的检查期间无法使用，必须有文件证明以前存在的测量结果的有效性（包括测试标准、上次和下次校准日期）
- 在怀疑产品或材料有缺陷的情况下，要通知客户
- 证明检具经校准或验证后符合规范要求
- 证明在产品和过程控制中使用了正确的软件版本
- 校准和维修保养记录
- 核查用于产品和过程控制的软件

5.2.5　生产工具、检具和量具的维护

生产工具以及检测和测量工具必须与机器和其他设备一样，在一个系统中进行规划和监测（来自IATF 16949第8.5.1.6节的要求）。

这里还应考虑本节的要求，以确保工艺环境的保持维护。理想的情况是，它们应该纳入设备维修整体概念。必须引进合适的系统，以便对生产工具、检具和量具实现以下目的：

第 5 章 对支持职能的要求

- 使保养和修理体系化
- 提供合格的使用人员
- 考虑到工具的进出库
- 使工具更换程序系统化
- 提供对文件和标识的规定和辅助工具
- 对调机流程进行规定
- 确保客户自有设备的标识清楚

此外，必须确定并提供开发、制造和验证工具的资源。这通常由一个企业自己的设计和工具制造部门负责。但是，如果将工具管理相关工作外包，不应忽视对流程进行监控。

不过对此并不需要出一个单独的书面过程描述。

> ⚠ **提示**　如果生产工具、检具和量具相关工作外包给外部服务商，则必须对他们的工作进行监督。

➲ 工作辅助：生产工具基础信息（图 5-45）。

表格
生产工具基础信息

生产工具基础信息
工具编号：　　　　　　　　　　　　　工具类型：
供应商：
客户 / 产品：
零件名称：　　　　　　　　　　　　　图号：
投入使用：
维护周期：　　　　　　　　　　　　　页数：

产品		保养 / 修理 / 更改的状态和描述	日期	完成人
件数	总数			

零件列表

备件列表

保养说明

图 5-45　生产工具基础信息示例（节选）

内部和外部实验室

IATF 16949 规定了对内部检测实验室（第 7.1.5.3.1 章节）和外部检测实验室（第

7.1.5.3.2 章节）的要求，下文将详细说明。这两个部分是 IATF 16949 中新引入的，与以前的要求相比，其内容大大扩展了。

ISO/TS 16949 以前的要求现在没有变化，只是增加了一个说明：企业必须检查外部检测实验室的服务是否在已经获得的认证范围内。

内部实验室必须有明确的服务应用范围，证明其有能力进行所需的检测和校准服务。

服务应用范围必须是质量管理文件的一部分。

必须明确并满足以下技术要求：
- 实验室使用程序的适当性
- 实验室工作人员的能力
- 产品测试
- 能够按相关过程标准正确地提供服务的能力
- 有时候需要根据情况注意客户要求
- 检查所属相关记录

这意味着，必须为内部实验室创建一个文件，这通常称为"实验室手册"，它描述了内部实验室有资格进行的测试、评估和校准，以及相关工作中使用的设备。此外，还应列出执行任务所依据的方法和标准，并不断更新。

提示　　对于实验室人员的资质证明，应制作一个员工技能资质汇总表，说明哪些员工有资格从事哪些工作。

外部实验室也必须有明确定义的工作范围。

对于该范围内的工作，必须通过以下方式证明其能力：
- ISO/IEC 17025(或类似的国家标准)的认证
- 或其他可以满足客户要求的证明

如果没有足够的实验室来测试设备，也可以考虑由设备制造商进行校准。但是，在这种情况下，设备制造商必须满足内部实验室的要求。必须确保这一点。

5.2.6　总结

为了建立和维护基础设施和工艺环境，必须详细规划每一个步骤、实施的责任人和相关程序方法，只有这样，才能满足客户对相应产品和服务的要求。

深思熟虑和及时的规划保证了所有资源都能在适当的时间得到充分的利用。

| 提 示 | 确保所使用的测试软件已经通过验证，并且进行测试和测量的工作人员具有这方面的资质。
对所属测量系统进行测量系统分析。 |

5.2.7 参考文献

Al-Radhi, Mehdi: Total Productive Management (TPM), in: Kamiske, Gerd, F. (Hrsg.) Handbuch der QM-Methoden, 3. aktualisierte und erweiterte Auflage, Carl Hanser Verlag, München, 2015

Atlas Copco: Was bedeuten die Begriffe Kalibrieren, Justieren, Messen und Eichen?, https://www.atlascopco.com/ de-de/itba/local/kalibrierung/faq-kalibrierung/definitionkalibrieren

DIN EN ISO 9001:2015: Qualitätsmanagementsysteme – Anforderungen (ISO 9001:2015); deutsche und englische Fassung

Glossar der Messtechnik, kexence: Was ist Messen?, https://www.keyence.de/ss/products/measure/measurement_library/basic/measurement/

IATF 16949 Anforderungen an Qualitätsmanagementsysteme für die Serien- und Ersatzteilproduktion in der Automobilindustrie IATF 16949:2016 (D)

Industrie 4.0-Magazin: Was macht die Instandhaltung intelligent?, https://www.i40-magazin.de/allgemein/was-machtdie-instandhaltung-intelligent/

May, Constantin; Schimek, Peter: TPM Total Productive Management: Grundlagen und Einführung von TPM – oder wie Sie Operational Excellence erreichen, CETPM Publishing; Auflage: 3., korr. Aufl., 2016

MINDTAINR: Total Productive Maintenance: So verbessern Sie Ihre Instandhaltung mit TPM, https://blog.mindtainr. de/total-productive-maintenance-instandhaltung-verbes sern/#historie, 2018

Onpulson.de: Total Productive Maintenance, https://www.on pulson.de/lexikon/total-productive-maintenance/

Plattform Industrie 4.0: Was ist Industrie 4.0?, https://www. plattform-i40.de/I40/Navigation/DE/Industrie40/Was Industrie40/was-ist-industrie-40.html

Rouse, Margaret: Mean Time To Repair (MTTR), https://www. searchstorage.de/definition/Mean-Time-To-Repair-MTTR, Stand Mai 2016

Schober, Markus: tpm Total Productive Maintenance: Praxisleitfaden zur Erhöhung der Gesamtproduktivität, Bachelor + Master Publishing, 2014

Stompen, Dr. Peter: Die IATF 16949 – Interpretation der Anforderungen der IATF 16949:2016, ÜV Media GmbH, TÜV Rheinland Group, Köln 2017

TCW Transfer-Centrum GmbH & Co. KG: Total Productive Maintenance (TPM), https://www.tcw.de/beratungsleis tungen/sonstiges/total-productive-maintenance-tpm-220

Thode Michael: Abschnitt 7.1.5.1 Allgemeines, in: QM-System nach ISO 9001, Online-Version,: WEKA MEDIA, Kissing 2018

Wildemann, Horst: Total Productive Maintenance, TCW Transfer-Centrum GmbH & Co. KG, 22. Auflage, München 2018

Wirtschaftslexikon24.de: Total productive maintenance, http://www.wirtschaftslexikon24.com/d/total-productivemaintenance/ total-productive-maintenance.htm

Wittenhorst, Tilmann: Industrie 4.0: Deutsche Unternehmen von Predictive Maintenance nicht überzeugt, https://www. heise.de/newsticker/meldung/Industrie-4-0-Deutsche-Unternehmen-von-Predictive-Maintenance-nicht-ueber zeugt-3969087.html, 2018

5.3 质量管理体系文件的规定

5.3.1 综述

文件和记录在管理系统中扮演着重要角色。在 ISO 9001:2015 和 IATF 16949 中总结性地谈论了"文件化的信息"。对质量管理体系的认可与一些清楚地显示对员工的要求、关系和流程的文档有关。在各个工作流程中创建的证明文件也是如此。

文档指的是带有规定特性的质量管理文件。这些文件通常包括对产品、流程和项目的要求。除了明确要求支持质量管理体系的标准文件，如质量方针、质量目标、表格、对照检查清单、质量管理手册、过程说明、工作指导等，还有一些其他文件，例如：

- 具有普遍适用性的文档，例如组织说明、内部准则等
- 处理订单和订单所必需的文档，例如客户订单、客户图样、说明书、订单文件等
- 处理项目所必需的文档，例如项目计划、手册、产品规格等

质量管理意义上的记录是创建的材料和数据，包括测试报告、测试记录、客户订单记录、开发批准报告、供应商评估结果、管理评估报告、审核报告、培训证书等。

文档和记录之间的最大区别是，文档具有标准特性，并且需要使用版本控制进行更新。但是，许多材料最初都是文档，经过处理后成为记录，例如通过填写清单和表格形成记录。记录一旦完成便无法更改。例如，可以引用评估结果的文档，事后不得对此结果文档再次更改，这么做是为了有适当的证据，以防客户投诉。

文件和记录不仅限于纸张，还可以在其他媒介上获得。

ISO 9001 第 7.5.1 ~ 7.5.3 章节的要求构成了所需文件的基础，这也为所有的标准提供了基础。所有其他行业标准，例如汽车行业内的标准，都设置了其他要求。IATF 16949 扩展了下面有关文档的要求：

- QM 系统的文档（第 7.5.1.1 节）
- 记录的存储（第 7.5.3.2.1 节）
- 技术要求说明（第 7.5.3.2.2 节）

VDA 当前正在更新其"第 1 卷文档和保存 – 质量要求的文档和保存指南，2008 年第 3 版"，到目前为止已提供并给出了"黄皮书 1 记录信息和存储，2017 年第 4 版完全修订版"。因此，可以为 IATF 16949 中的要求提供帮助性的理解说明。

ISO 9001：2015 不再要求企业要有一本"质量管理手册"，但 IATF 16949 对其仍然保留（第 7.5.1.1 章节）。

5.3.2 目的和意义

这些要求的目的是，确保在处理文件信息时，每个员工都能随时获得必要的有效文件。

管理文件包括了支持员工日常工作的规范性文件，并构成了各自管理制度的基础框架。质量管理体系文件的目标有以下几个方面：

- 确保和标准的一致性，即符合标准的要求，这是成功认证的基本前提
- 持续改进：通过对企业流程的定义、描述和监控，具备了实现持续改进的条件
- 员工的积极性：必须将企业的员工纳入到质量管理体系中来，这样才能激发员工的积极性，使他们不断地进行工作改进

如果企业能为员工提供结构清晰的规范文件，并确保进行相关记录并保存归档，便可以随时证明其文件和记录已经满足标准要求。

5.3.3 文件化信息的处理

IATF 16949:2016 大幅增加了"需要记录的过程"的数量。当然这也是由于新增加的要求所决定的。

在这些标准里有时也提到程序，例如，在 IATF 第 8.5.1.3 节中提到，"在可能的情况下"必须使用"统计方法程序"进行认证（来源：IATA 16949）。然而，程序与过程之间存在着重大的差异。

程序和过程的定义："程序是对如何进行单个流程的描述。细节详细程度深入到包括工作步骤、参与员工、文件、硬件和软件。一个过程描述的是做什么，详细程度相对比较粗糙。过程有确定的输出变量，可以测量。"（来源：https：//lin quacert.com/faq/）

这两个标准都要求提供一系列的文件化信息资料，IATF 16949 总共要求 23 个过程书面描述（表 5-16）。根据上述定义，过程被粗略地加以描述，最好是以流程图的形式，其中包含额外的文件，如相关工作的操作指导或检测指导。

表 5-16　IATF 16949 要求的过程书面描述

章节	内容	提示
4.4.1.2	与产品安全相关的产品和生产过程管理的文件化过程	
7.1.5.2.1	管理和记录校准/认证的文件化过程	
7.2.1	确定培训需求包括增强质量意识的措施的文件化过程	
7.2.3	内部审核员能力的文件化过程	纳入培训文件化过程
7.3.2	员工激励的文件化过程	
7.5.3.2.2	对客户的所有技术标准/规范进行评估、分发和实施的文件化过程	纳入形成文件的信息的控制文件化过程
8.3.1.1	有文件记录的产品研发文件化过程	
8.3.3.3	确定产品或服务特性的文件化过程	
8.4.1.2	选择供应商的文件化过程	
8.4.2.1	外包流程的文件化过程	
8.4.2.2	确保所有外部提供的工艺流程、产品和服务符合客户指定的出口国、进口国和目的地国的法律和政府监管要求的文件化过程	纳入法律要求的控制文件化过程
8.4.2.2	法律和政府监管要求的控制文件化过程	
8.4.2.4	供应商评价标准的文件化过程	纳入供应商选择文件化过程
8.5.2.1	标记和可追溯性的文件化过程	
8.5.6.1	变更的控制和处理的文件化过程	纳入形成文件的信息的控制文件化过程
8.5.6.1.1	使用替代控制和监控方法的规范的文件化过程	
8.7.1.4	返修工作批准/委托的文件化过程	纳入解决问题文件化过程
8.7.1.5	修理批准/委托的文件化过程	纳入解决问题文件化过程
8.7.1.7	继续使用有缺陷产品的文件化过程	纳入解决问题文件化过程
9.2.2.1	内部审核计划的制定和实施的文件化过程	
10.2.3	解决问题的文件化过程	
10.2.4	防错方法应用的文件化过程	纳入解决问题文件化过程
10.3.1	持续优化改进的文件化过程	

提示　这并不意味着必须孤立地描述每一个过程，而是说规范和要求可以在可能的位置与现有的过程进行整合或结合。

ISO 9001:2015 和 IATF 16949 包含了关于一般情况下在质量管理体系内和在产品实现过程中生成文件和记录的要求（表 5-17）。

表 5-17　ISO 9001:2015 和 IATF 16949 形成文件和记录的要求

ISO 9001:2015 以及 IATF 16949 的章节	形成文件的信息	
	文件	记录
4 组织及其环境		
4.3 确定质量管理体系的应用范围	√	
4.3.1 不进行产品开发	√	
4.4 质量管理体系及其过程（参见"要求的过程"一表）	√	
5 领导作用		
5.1.1.3 过程负责人		√
5.3.1 为员工分配责任和权限		√
5.5.2 质量方针	√	
6 策划		
6.2.1 质量目标	√	
6.1.2.1 风险分析的结果		√
6.1.2.3 应急计划和变更	√	
6.2 质量目标及其实现的策划	√	
7 支持		
7.1.5.1 资源的适用性		√
7.1.5.1.1 客户对替代测量系统分析（MSA）包括结果的认可接受		√
7.1.5.2 校准/认证的基础	√	
7.1.5.2.1 检测设备监控的记录		√
7.1.5.3.1 内部实验室（质量管理文件的一部分）	√	
7.1.5.3.2 外部实验室（证书）	√	
7.2 能力证明		√
7.2.3 内部审核员的能力（给别人进行培训的证明、所有合格审核员的名单）		√
7.2.4 第二方审核员的能力（审核员资质）		√
7.3.1 所有员工均已意识到他们对产品质量影响的证明		√
7.5.1 与企业有关的形成文件的信息	√	
7.5.3.2 外部文件信息的适度控制和标记	√	
7.5.3.2.1 记录保存基本原则的文件	√	

（续）

ISO 9001:2015 以及 IATF 16949 的章节	形成文件的信息	
	文件	记录
7.5.3.2.2 生产执行变更的日期记录		√
8 生产运行		
8.1 运行策划和控制	√	√
8.2.3.1 如果客户未提供有关其要求的书面信息，则在接受之前要与之进行确定	文件	记录
8.2.3.1.1 客户允许的偏差许可证明		√
8.3.3 开发的输入		√
8.3.2.3 进行自我评估的记录		√
8.3.3.3 在图样、风险分析、生产控制计划、工作指导中涉及的特性文件和标识	√	√
8.3.4 开发的控制措施		√
8.3.4.4 客户要求记录的产品批准		√
8.3.5 开发的输出成果		√
8.3.5.2 生产工艺过程开发的结果		√
8.3.6 开发的更改		√
8.3.6.1 客户要求记录的批准/特殊批准、硬件和软件的更改状态		√
8.4.1 用于控制外部提供产品、过程和服务的形成文件的信息	√	√
8.4.2.3.1 供应商软件开发中自我评估结果的记录		√
8.4.2.4.1 第二方审核的审核报告		√
8.5.1 有关生产和服务提供的控制的形成文件的信息	√	√
8.5.1.1 生产控制计划	√	
8.5.1.2 "标准工作"的工作指导和规范准则	√	
8.5.1.3 对设备调机员工的要求	√	
8.5.1.3 调机过程、首件和尾件评估的记录		√
8.5.1.5 文件支持的 TPM 系统		√
8.5.1.6 工具技术要求变更，包括变更状态的记录		√
8.5.2 标识和可追溯性		√
8.5.2.1 可追溯性计划的开发和记录	√	
8.5.3 在客户或外部供应商财产由于损失、损坏或其他原因导致不能使用时必须要有相关的文件		√
8.5.6 跟踪变更，包括被授权人员变更		√

（续）

ISO 9001:2015 以及 IATF 16949 的章节	形成文件的信息	
	文件	记录
8.5.6.1 过程变更的验证和确认记录		√
8.5.6.1.1 有关替代生产控制措施的工作指导	√	
8.5.6.1.1 重新启用周期性检查的证明	文件	√ 记录
8.6 产品和服务的批准		√
8.7.2 有关不合格产品、措施、特殊批准的责任的记录信息		√
8.7.1.4 拆散和返工的工作指导	√	
8.7.1.4 返工产品重新投入使用的记录		√
8.7.1.5 包括检查和可追溯性要求的拆散和返工的工作指导	√	
8.7.1.5 修理后的产品重新投入使用的记录		√
8.7.1.6 发生产品缺陷事件的详细记录		√
9 绩效评价		
9.1.1 用来监控、测量、分析和评价的方法的证明		√
9.1.1.1 工具更换和设备维修的文件记录		√
9.1.1.1 过程变更生效记录		√
9.2.2 实施审核计划程序的记录		√
9.3.3 管理评审的结果		√
9.3.3.1 措施计划		√
10 持续改进		
10.2 不合格和纠正措施		√

5.3.3.1 标准的要求

对质量管理体系文件的一般要求也可在第 4.4 节及其后的章节中找到，进一步的要求在第 7.5 节及其后的章节中找到。

（1）第 4.4.1 章节（ISO 9001:2015）

该章节解释了一般普遍性要求。需要建立和实施一个有记录的质量管理体系，目的是不断提高其有效性。因此必须要能够：

- 企业流程得到识别和分析
- 对这些过程之间的相互作用进行分析和管理控制
- 规定了方法和技术，以确保有效和高效地执行和管理这些过程

- 为执行和监控这些进程提供必要的资源和信息
- 必须指定过程负责人
- 过程被纳入风险分析（对第6.1章节的具体化）
- 对过程进行检查、测量和分析
- 采取合适的措施，实现计划成果，并不断改进

不要忘记监控影响产品合格一致性的外包过程，并在QM体系中对其进行体现。

根据第4.4.2节，必须创建和保存执行的文件化的信息资料，以便能够按计划执行定义的流程。

（2）第4.4.1.1章节（IATF 16949）

为确保所有产品和过程，包括所有外部提供的过程、产品和服务的符合一致性，根据第8.4.2.2章节的规定，要求对过程进行记录。这个过程必须包括处理所有客户的要求和适用的法律与监管要求。

（3）第4.4.1.2章节（IATF 16949）

为了能够对与产品安全相关的产品和过程的处理方式进行管理，必须要有文件化的过程。这一章节对影响开发和生产的产品安全提出了非常广泛的要求。这些要求的处理在第5.9节中做了说明。

（4）第7.5.1章节概述（ISO 9001:2015）

本节包含一般文件要求。质量管理制度的文件范围主要取决于工作活动的规模和类型、企业的复杂程度，很大程度上取决于人员的能力和资质。

文件的类型和形式没有规定，既可以是纸质的，也可以是电子的，ISO 9001不再要求有质量管理手册（QMH）。

根据ISO 9001的规定，质量管理体系的文件必须包括以下内容：
- 该标准所要求的形成文件的信息（文档和记录）以及组织开展工作所需的过程
- 企业有效策划、执行和控制过程所需的文件
- 客户要求以及法律和政府官方要求

（5）IATF 16949第7.5.1.1章节

在本节中对质量管理手册进行了更详细的解释，这也是IATF 16949的要求。然而，有人指出，质量管理手册也可以由若干份单独的文件组成，在这种情况下，必须

有一份清单说明哪些文件属于质量管理手册的内容。

以下要求适用于质量管理手册的内容：

a）适用范围，包括对例外情况的说明；

b）所有记录在案的过程，包括与质量管理体系相关的顺序和相互作用，或说明它们的参考模型，例如通过过程图。

c）外部流程控制

d）展示企业内哪些地方处理了客户特定要求的矩阵或清单列表。

其中 d）多次反复导致人们的不确定感觉。为此，这里引用了 IATF FAQ 16949:2016 中的解释：

"根据 IATF 16949 第 7.5.1.1d）的规定，要求一份文件（可以是表格、清单或矩阵）作为质量管理手册的一部分。该文件应涵盖认证组织的所有直接客户，包括 IATF-OEM、非 IATF-OEM 和其他汽车客户（如一级、二级供应商等）。

"例如，二级供应商必须考虑他所有客户的客户要求，包括某些客户的特定要求。但是，第二级供应商不需要考虑汽车 OEM 的客户要求，除非 OEM 是他们的直接客户。"

"需要注意的是，非 IATF-OEM 客户和其他汽车客户可以在发给供应商的内部文件（如《供应商质量要求》）中陈述他们的客户要求，也可以在向公众提供的特殊文件（如互联网公告）中陈述。"（资料来源：IATF 16949:2016——常见问题（FAQs）2017 年第 8 期）

在 IATF 16949 b 和 c 中，第一次做了很好的区分。它讲的是组织的过程（可以在过程图中找到，第 4.4.1 章节中也提到了），还有就是如表 5-16 中提到的这些质量管理体系所需的文件化过程。这些都可以纳入本组织的过程之中，或以其他形式记录下来。在 IATF 16949 的前几版中，这些都是（至少在其他方面）被要求的文件化程序。

图 5-46 是质量管理手册目录的一个示例。

🡒 工作辅助：质量管理手册。

如图 5-47 所示，质量管理文件有一个分级层次结构。

质量管理手册最好不超过 20 页。
它是写给员工的，应该向员工介绍企业及其管理制度。
所需文件可在手册中以矩阵方式展示。
标准中没有关于手册结构的要求。
例如可以通过过程矩阵或过程图来描述企业过程的相互作用。

	目录 质量管理手册		
序号	手册章节	版本	发布日期
0	封面	1	
1	目录	1	
2	企业描述	1	
3	应用范围	1	
4	例外部分	1	
5	体现客户要求的矩阵/清单列表	1	
6	流程图	1	
6.1	过程图	1	
6.2	管理过程	1	
6.3	支持过程	1	
7	企业政策方针	1	
8	企业的战略性目标	1	
9	组织与责任	1	
9.1	组织结构图	1	
9.2	管辖权	1	
10	管理系统对应的标准章节的分配	1	
11	文件管理系统的使用说明	1	
12	变更服务		
制定人:		批准人:	

图 5-46　质量管理手册目录示例

（6）第 7.5.2 章节形成文件的信息的创建和更新（ISO 9001:2015）

对创建和更新形成文件的信息（文件和记录）必须要有一个流程。这意味着企业必须引入记录和维护文件控制体系。以下几点需要特别注意：

• 文件必须经过批准后才能发放

• 必须定期对文件进行评估，必要时进行更新，并在公布前重新审批

• 必须标明文件的变更和修改状态

• 在工作场所只能有可以使用的文档

• 所有文件必须清晰可辨、易于识别

• 外部来源的文件，如客户提供的技术说明文件，必须纳入控制系统并进行标注

质量管理手册
• 质量管理体系的陈述
• 对标准中的要求的总结

过程描述
• 对于过程的描述

工作指导、检测指导、检查清单、表格
• 工作场所的工作活动描述
• 记录填写内容的标准文件

图 5-47　质量管理文件的层级关系

无效的文件必须防止继续被使用,如果要求保留这些文件,则必须加以明确标明。

在 VDA 的黄皮书"形成文件的信息和存储"第 3 节"术语"中,文件的定义如下:

文件:"是指除口头沟通以外的所有内外部业务运行信息,因此符合 ISO 9001:2015 中'形成文件的信息'的定义。因此,文件一词既包括数字存储的信息,如数据载体、驱动器、电子邮件、数据库或其他 IT 系统的内容,也包括纸质文件、缩微胶片、影像或照片等物理信息。如果原始文件受到控制,则转化的文件也要受到控制。"(摘自:《VDA 黄皮书形成文件的信息和储存》,第 11 页)

VDA 黄皮书"形成文件的信息和存储"第 3 节第 12 页"术语"中也规定了创建者、检查和批准者的定义。

创建者:"是文件的作者或信息总结人。"

检查和批准者:"相信被检查文件的内容和形式的正确性,并通过他的批准将临时文件(草案状态)转变为一个记录或有效的规范文件中。"

创建文件必须遵守以下要素定义:

- 谁参与了创建?
- 必须使用哪些模板?
- 哪些内容必须记录在案?

文件的创建者应该在专业技术上对相关领域非常熟悉。

对文件的检查,需要精确地规定企业组织结构中的检查对象(人员)。这意味着应该确定:

- 谁可以检查什么?
- 哪些内容和形式被检查?
- 谁负责检查文件是否是最新的?

文件只能由专业技术上能够满足要求的人员进行检查。这意味着他们必须非常熟悉相关程序。

文件的批准同样需要精心准备。在这一点上必须做出以下规定:

- 谁可以批准哪些文件?

- 涉及哪一层级人员？
- 企业的流程是怎样的？

 实践证明，由质量管理部门进行文件的批准是一个很好的主意，因为该部门员工进行检查，以确定是否满足了所有的形式要求，是否考虑到了 ISO 9001:2015 和 IATF 16949 的所有相关要求。

更新时一定要考虑到以下这几点：
- 谁可以变更文档？
- 哪个层级人员参与了变更过程？
- 谁来决定引入变更？
- 如何将变更纳入到批准过程中？

 有软件支持的文档极大地简化了创建、复核、发布和分发过程，因为这些步骤是根据工作流程按照顺序从上一步骤转到下一步骤进行的。

（7）第 7.5.3 章节形成文件的信息控制（ISO 9001:2015）

图 5-48 所示步骤是形成文件的信息控制所必需的。

 图 5-48 所示的步骤必须在文件化的过程中加以规定。受控文件的特点是，它始终是最新的、可被明确识别和可被核查的。

必须能够出示标准要求的所有必要（证明）记录。在标准中提到的有：
- 证明
- 记录
- 形成文件的信息

标准的这一章节还包含了对形成文件信息存储的要求。

 文件处理和记录过程必须以文件的形式存在。

必须对文件进行检查和批准。变更和当前的

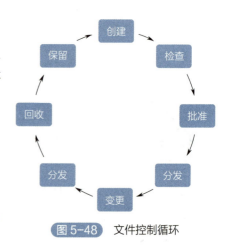

图 5-48　文件控制循环

修订状态必须在文件中可以被识别出来。相关版本必须提供到工作场所进行使用，或者企业员工必须能够访问这些版本。

记录的创建和存储是一次性的。它们提供了满足客户和产品要求的证据。在规定的保存期内，所有数据必须始终可读、可识别和可查找。必须确保记录安全储存，保证防止丢失、伪造或磨损。保密信息的保存要给予特别注意。保存期间要遵守法律规定以及客户的要求。

此外这部分还指出，现有质量管理体系中包含的外部文件，如客户的文件，也必须进行相应的控制管理。

将新的或变更的文件及时通知所有相关员工，这一步很重要（图5-49）。

图 5-49　形成文件信息的分发

 质量管理手册的结构应该是也可以应要求向第三方（如客户）发放，但是过程描述和工作指导因为包含了大量的技术知识秘诀，这些文件只能在企业内部查阅。

对每份文件或每组文件必须有下列规定：
- 谁得到哪些文件
- 储存地点
- 如何获取文件

为了确保没有过时，以及有可能不是最新版本的文件继续流传，还必须考虑到下述这些方面：
- 谁负责收回文件？
- 是否对可能直接在现场销毁的文件做出了规定？
- 哪些人参与收回文件？

在形成文件的信息存储期间必须考虑法律要求以及客户要求。

1. 记录的保留（存档）（IATF 16949）

另外，作为补充，IATF 要求必须定义记录保留的要求。在 VDA 黄皮书"形成文件的信息和存储"的第 3 节"术语"中，给出了关于"记录、存储和保留期限"的定义如下。

记录："是一个记载所取得的结果的文档，或者提供所执行工作的证明。记录包括生产证明、检测记录、（测量）记录、报告、专家评判意见等。"

存储（保留）："是指从文档创建到销毁的长期、有序、受保护且不易更改的存放或数字信息存储，以便在必要时能够访问必要的信息。在保留期内，必须保证文档的可支配性和可读性。"

保留期限："从一个事件（例如创建日期、员工辞职等）开始，到文档销毁的指定时间结束。对保留期限的这些和其他具有约束力的要求是基于适用于企业的文件分类系统，并且可以满足法律、官方和运营要求。"

  有关归档的规范最好在文件化信息控制过程中制定，在该过程中，整个过程都受到控制。

在控制管理记录时，还必须考虑以下几点：

• 法律、官方和客户要求必须整合在一起

• 对于与产品和流程的批准，工具、产品和工艺流程的开发，合同及其变更有关的记录，必须有一个规定的保留期限。必须考虑生产周期以及有关备件供应的其他要求，并且还要延长一年。通常这个期限是 15 年。

  满足这些要求的最简单方法是使用带有保留期的文档矩阵，或者利用带有保留期的文档管理系统中的某个特定领域。

2. 技术规范（IATF 16949）

技术规范是带有规定特性的重要文档，例如客户标准、技术说明规范、客户图样等，即对材料或产品的要求。IATF 16949 在这里要求对它们进行及时评估，至少要在收到后十个工作日之内进行评估。

可以通过例如表格（图 5-50）对及时评估进行证明，该表格作为附件与资料一起提供给相关部门，部门要在随单上填入资料到达本部门的日期并签字确认。处理技术规范的过程可以作为单独的过程，也可以集成到文档和记录的控制过程中。

技术规范是与质量管理体系相关的客户体系的特定要求（图 5-51）。

➲ 工作辅助：技术变更转交单。

表格 技术变更转交单			
技术规范在附件中有			
进入 QM（日期）	姓名		签字
返回 QM	姓名		签名

章节	姓名	版本	状态/日期
图样			
客户标准			
请将此表签字并返回 QM			

在此证明已收到上述文件。

姓名	日期	部门
		企业领导
		技术领导
		研究和开发
		采购
		销售
		工作准备
		物流
		……

图 5-50　技术变更转交单

建立一个有关文档分发和收回的关键指标。这使您可以大致了解是否能够遵守两周的截止期限。形成文字的信息控制过程描述不要忘记加上外部文档控制来作为补充。

表格 客户文件接收		
承办人	□文件	□图样
询价号：_____	由：_____	图样编号：_____
订单号：_____	由：_____	制图日期：_____
客户：		零件号：_____
图样变更：	索引：_____	旧_____ 新_____
需要首批样件	□是 □否	首批样件日期：_____
		量产日期：_____
签字：_____		地点、日期_____

图样接收确认

收到质保文件	签字：	日期：
收到工作准备文件	签字：	日期：
收到 VK 文件	签字：	日期：
收到设计文件	签字：	日期：
收到工具调整文件	签字：	日期：
收到有限元分析文件	签字：	日期：
收到 EK 文件	签字：	日期：
收到 WE/WA 文件	签字：	日期：
失效图样撤回		日期：
库存确定于：		原有库存_____件
当前生产数量		日期：_____
检测计划和测量报告更改		日期：_____
进行首件取样		日期：_____
□重新取样	□产品更改	日期：_____
备注_____		
_____		
地点、日期_____		签字：_____
填好的表格存档在质量保证部。		

图 5-51 客户文件接收单

5.3.3.2 VDA 文卷的支持作用

2008 年出版的 VDA 第 1 卷是一个指南，主要为质量记录和质量要求相关的文档编制和保留提供支持，尤其是在涉及特殊特性时。它处理汽车行业中与质量或安全相关的文档要求。

在 VDA 中介绍了文件必要性的法务和法律背景，解释了对文件的要求，并阐述了具有特殊保留义务的文件的必要性和规则。

第三版于 2008 年 10 月发布，着重于关键特性的文件化和存档。该指南的应用已经简化，因为资料存档已限制在满足法律要求的最小、最必要的范围内。

该卷的内容结构见表 5-18。

表 5-18　2008 版 VDA 第一卷的内容结构

章节	标题	主要内容
1	引言	对于整卷的概览
2	概念解释	相关术语介绍
3	提供证明的原因	
3.1	质量控制	文件存档的原因
3.2	法律，合同，标准	相关法律和其共同适用的文件资料示例的解释和概述
3.3	产品责任、刑法、责任和谨慎义务，设备与产品安全法规	在产品开发、制造、销售和维修保养中考虑法律要求
3.3.1	产品责任	关于产品责任法的说明
3.3.2	刑法	关于惩罚后果的说明
3.3.3	责任与谨慎义务	明确定义企业在此承担的责任
3.3.4	设备和产品安全法规	是将产品和设备投放市场的前提条件要求
4	证明文件	
4.1	考虑范围	VDI- 准则 4500 和本卷中的补充内容的参考
4.2	文件资料性质	解释证书和文档之间的区别，并讲述文档特性
5	存档	对存档概念的解释
5.1	存档的要求	对存档、存档地点、保护设备示例、存档媒介要求的解释
5.2	存档的范围	对范围的解释
5.2.1	关键特性示例	具有关键特性的零件和系统的示例以及法律示例
5.2.2	关键特性的质量要求文件与质量记录	质量要求文件和质量记录的示例
5.3	关键特性文件资料的使用与存档期限	质量要求文件和质量记录之间的区别，在带有解释的图片中展示存档时间期限
5.4	涉及关键特性的文件资料标识	标记特性的示例展示
5.5	标识和可追溯性	可追溯性信息的说明
6	缩写说明	

当前发布的 2017 年 VDA 黄皮书 1 具有完全不同的结构（表 5-19），并为文档制作和保留提供了有价值的信息。与第三版相反，它也是作为指南，并且仅限于如何在产品生命周期的框架内处理形成文件的信息。

表 5-19　2017 版 VDA 黄皮书 1 的内容

章节	标题	主要内容
1	引言	卷册概述
2	目的	卷册用途说明
3	概念和定义	
4	信息系统	不同文件和记录的介绍
5	处理信息	
5.1	处理沟通	说明
5.2	文件资料	文件化的信息控制的目标
5.3	控制标准	说明
5.4	创建	程序
5.5	分类	把文件进行分类
5.6	处理临时文件	草案处理程序
5.7	处理副本	视为临时文件
5.8	重新分类	重新分类的要求
5.9	编纂成册	文件夹中文件摘要的说明
5.10	检查	检查程序
5.11	批准	批准程序
5.12	发布	发布程序
5.13	传达介绍	传达新内容或更改内容的规范
5.14	应用	一律使用当前有效版本
5.15	检验与调整	文件更新
5.16	失效	失效程序
5.17	存档	文件保留
5.18	删除 / 销毁	删除或销毁程序
6	存档要求	如何保留或者存档的程序
7	7.1 – 7.3	分类体系学说明和实例
8	过渡阶段的规则	IT 系统以及 VDA-QMC 下载区的须知

5.3.4　总结

为了构建、实施、引入和不断完善 QM 系统，需要以下文档：

- 质量管理手册
- 质量政策和质量目标

- 过程描述
- 考虑外包流程
- 相关记录

文件必须受到控制，也就是说，它们必须能够：

- 被创建、批准和放行
- 被评估
- 必要时进行修订
- 随时可找到且可被识别

记录主要用于：

- 证明符合法律要求和客户要求
- 作为质量管理体系在运行中的证明
- 如有必要，作为产品责任要求的证据

文件和记录的控制过程及其所有相关规范必须被确认和记录。

5.3.5　参考文献

Band 1 Dokumentation und Archivierung – Leitfaden zur Dokumentation und Archivierung von Qualitätsforderungen/ 3. Auflage 2008

Brückner, Claudia: Die neue IATF 16949:2016 – Gründe für die Revision der ISO/TS 16949, in: QM-System nach ISO 9001, Online-Version, WEKA MEDIA, Kissing 2018

IATF 16949 Anforderungen an Qualitätsmanagementsystem für die Serien und Ersatzteilproduktion in der Automobilindustrie IATF 16949:2016 (D)

LinquaCert: Was ist der Unterschied zwischen Verfahren und Prozess?, https://linquacert.com/faq/

Managementsysteme – Qualitätsmanagement – ISO/TS 16949 und IATF 16949 (www.tuv.com/media/germany/60_syste me/mobility_1/iso_ts/Revision_der_Zertifizierungsregeln _zur_ISO_TS_16949.pdf)

Qualitätsmanagementsysteme – Anforderungen (ISO 9001: 2015); deutsche und englische Fassung EN ISO 9001:2015

Strompen, Dr. Peter: Die IATF 16949 – Interpretation der Anforderungen der IATF 16949:2016, TÜV Media GmbH, TÜV Rheinland Group, Köln 2017

VDA-Gelbband 1 Dokumentierte Information und Aufbewahrung, 4. vollst. überarbeitete Ausgabe, 2017

第 6 章
在企业中的实施

ISO 9001:2015 第 8 章以及 IATF 16949 在标准修订中采用了全新构思,并进行了大量扩展。本章展示 ISO 9001:2015 和 IATF 16949 的主要部分,介绍了新产品在从无到有的生产过程中对于行动的要求。

所有与"生产和服务提供"有关的要求如图 6-1 所示。

总体而言,与 ISO/TS 16949 相比,IATF 16949 的要求是按照时间顺序安排的:从生产计划到采购,到不合格品处理。

第 8.1 章节和第 8.2 章节描述了企业在识别、传达和实施客户对产品和服务的要求时所必须满足的前提。ISO 9001:2015 的第 8.3 章节或 IATF 16949 包含了对于产品和生产工艺研发的要求。

整个采购和供应商的相关问题均包含在第 8.4 章节中,其中包括"外包流程"和重新认证审查。

第 8.6 章节涉及产品和服务的批准,包括重新认证审查、外观相关产品和外部产品符合性控制的要求。因此,相关的法律和政府要求以及与 IATF 16949 第 9.1.1.1 章节相关的验收标准的要求也包含其中。

第 8.7 章节"不合格输出的控制"中对处理不合格结果的要求已大大扩展。在这里读者可以找到对于特殊批准产品和服务的要求,以及对有缺陷、可疑、返工和客户维修产品的控制,对有缺陷产品的进一步使用以及通知客户的要求。

章节 8.1	生产规划和控制要求
章节 8.2	自身产品和服务要求
章节 8.3	产品和服务研发要求
章节 8.4	外部提供的产品和服务控制
章节 8.5	生产和服务实现控制
章节 8.6	产品和服务的批准
章节 8.7	不合格产品的控制

图 6-1 ISO 9001:2015 第 8 章节和 IATF 16949 的内容架构

6.1 生产规划与控制

6.1.1 综述

企业必须在产品和工艺实现之前完成其开发过程。ISO 9001:2015 和 IATF 16949 的 8.1 章节中的内容对应于旧版标准第 7.1 章节的要求。以下工作必须执行：

1）必须确定产品和服务的要求以及验收标准（例如技术要求）。

2）必须确定工艺标准和对工艺的控制（例如工艺参数）。

3）参考第 7.1.3 章节，必须确定必要的资源，以便能够提供符合要求的产品和服务。

4）为了按计划执行工艺流程并实现产品和服务的符合要求性，必须提供书面纪录信息作为证据。

5）外包流程必须受到控制和监控。

6）必须跟踪任何类型的更改，并评价计划外更改的后果，包括必要的措施。必须提供并保留与此相关的书面信息。

IATF 16949 在本节中仅有一个附加要求，其中规定：如果为客户开发产品和项目，则必须保密。产品信息必须保留在内部，不能外传。

一般来说，第 8.1 章节对企业而言并没有特别重大的更改，因为这些要求均可在旧版中不同章节中找到。但是可以由此推断，在认证审核中将更详细地着重检查企业对这些要求的处理方式。

高质量的计划阶段可预防生产阶段出现问题。对此，在汽车与汽车零部件供应行业里，编纂了 QS 9000 APQP，即汽车行业质量管理体系产品质量先期策划手册，它被看作是指导方针。同样还有 VDA 蓝皮书：新零部件成熟度保证以及供应链中的风险最小化，以及 VDA 手册 3.2：汽车生产商和零部件供应商可靠性保障。在大多数情况下，OEM 需要根据 APQP（Advanced Product Quality Planning，即产品质量先期策划）进行质量先期策划。

6.1.2 目的和意义

产品质量先期策划的目的是为产品和工艺开发或产品和工艺更改定义逻辑和结构化的计划过程。这种方法是识别并确保最佳质量和最低成本。IATF 16949 中新增的关于使用集成软件进行产品开发的第 8.3.2.3 章节就体现了这一目的：在软件开发中应使用与产品开发中相同的标准。

6.1.3　产品质量先期策划

除了客户要求和特定技术要求,在规划中还应考虑物流要求、可制造性和验收标准以及项目计划。

德国质量协会(DGQ)对 APQP 的定义如下:"APQP:Advanced Product Quality Planning(产品质量先期策划),是一种用于预先策划产品质量的结构化程序方法。APQP 的核心思想是,着重在产品开发过程中决定产品的质量。因此,APQP 的目的是在产品进入批量生产之前识别出必要的更改,从而避免错误并能确保满足客户要求。统一的文件结构可以使生产更加一目了然,并能够使生产控制变得更加容易。APQP 适用于开发过程中的所有阶段,由于 AIAG(Automotive Industry Action Group,即汽车工业行动小组)的缘故,尤其广泛应用于汽车行业。"

对于根据 APQP 进行先期质量策划,可以使用一种带有标准工具的结构化方法,可以满足两个当前标准第 8.1 章节的所有要求。其中时间顺序、工具的应用以及各个步骤的执行可能会有所不同。首先,必须组成一个多部门综合性团队,并分配各自的任务;然后可以执行 APQP 的各个组成部分。APQP 在第 11.3.1 章中有详细说明。表 6-1 列出了本书中各个阶段步骤的进一步说明。

表 6-1　基于每个阶段输出的 APQP 阶段概述(第 11.3.1 章节)

编号	APQP 阶段	章节
阶段 1:规划与方案		11.3.1
1	设计目标	11.3.1
2	可靠性和质量目标	11.3.1
3	临时零件清单	11.3.1
4	临时工序图	11.3.1
5	特殊产品和工艺特性的临时清单	8.2.4
6	责任书/任务书	11.3.1
阶段 2:产品设计和开发		11.3.1
1	设计潜在失效模式及后果分析(FMEA)	11.3.6
2	便于制造和装配的设计	11.3.1
3	设计验证	11.3.1
4	分包商的状况	8.5
5	原型产品控制计划	8.2.3
6	技术图样、技术要求和材料要求	11.3.1,8.3.9
7	图样和技术要求变更	11.3.1

（续）

编号	APQP 阶段	章节
8	对新设备、工具和设施的要求	7.2
9	特殊产品和工艺特性	8.2.4
10	对测量、检测和测试设施的要求	7.2.4.1
11	对于可制造性的团队责任	8.1.4.1
阶段 3：工艺设计和开发		**11.3.1**
1	包装标准	11.3.1
2	过程和质量管理体系的评价	11.3.1、4.4、5.7
3	工艺流程图	4.3
4	工厂结构图（布局图）	8.2.3
5	特性矩阵	11.3.1
6	工艺潜在失效模式及后果分析（FEMA）	11.3.6
7	试生产 QM 计划	8.2.3
8	工艺和操作指导	4.3，8.3.3
9	检具能力测试计划	11.3.7
10	临时工艺能力测试计划	11.3.8
11	包装技术要求	11.3.1
12	管理层支持	11.3.1
阶段 4：产品和工艺验证		**11.3.1**
1	生产试运行（0 系列）	11.3.1
2	检具能力测试	11.3.8
3	临时工艺能力测试	11.3.8
4	根据生产零件批准程序（PPAP）进行生产零件批准	11.3.4
5	生产确认测试	11.3.1
6	包装评价	11.3.1
7	量产 QM 计划	8.2.3
8	质量策划的完成和批准	11.3.1
9	管理层支持	11.3.1
阶段 5：产品启动和生产		**11.3.1**
1	质量波动的减少	11.3.8
2	提升的客户满意度	9.1
3	按时供货和客户服务的改善	11.3.1

第 11.3.2 章节介绍了等效于 APQP 的内容：VDA 第 3 卷的要求，并且在其他章节中，将介绍用于实施 APQP 的其他支持方法。第 11.4、11.5 和 11.6 章节绍了可用于支持核心工具的其他方法。

6.1.4 产品和服务要求

ISO 9001 和 IATF 16949 的第 8.2 章节包含了在报价和合同阶段对产品和服务的要求相关的所有方面。最重要的是它涉及可制造性评价要求以及与客户的沟通（第 7.1.6 章节）。

原则上，ISO/TS 16949 的要求没有重大变化，可以在第 7.2 章节中找到要求。

必须对每种类型的生产或产品技术以及每种制造过程和产品变更进行可制造性分析。此外还要求根据生产运行、对标或其他选择的方法，评价企业是否能够按照技术要求在顾客要求的数量和时间范围内制造产品。

在 IATF 16949 的第 8.2.3.1.3 章节中的可制造性评价中，还要求必须采用多部门参与的方法。

可制造性评价方法可以自由选择。在大多数情况下，可制造性评价已经在报价阶段作为下订单的先决条件被要求了。质量保证协议（QSV）和/或客户系统特定的要求中也对此进行了明确规定，例如大众汽车的 Formel Q。质量要求在质量保证协议中进行了定义（表 6-2）。

提示　质量保证协议不应包含任何产品特定的、技术的或者商业的要求，因为这些要点在其他文档中已经进行了规定。

表 6-2　质量保证协议目录示例

序号	协议要点
0	合同对象
1	前言
2	适用范围
3	质量管理、环境、职业安全管理体系
4	客户特殊要求
5	分包商的质量管理
6	审核
7	研发协议

(续)

序号	协议要点
8	设备和工艺能力
9	潜在失效模式影响分析（FMEA）
10	首件样品、工艺变更
11	检测计划和检测执行
12	质量偏差
13	文档及可追溯性
14	进货检验
15	仓储、包装、运输
16	产品责任
17	保密条款
18	遵守其他进一步的要求
19	共同适用文件
20	质量保证协议的有效期
21	通用规定
22	……

互联网上有很多质量保证协议。拟定自己的质量保证协议时，建议先做一下法律咨询。经济可行性绝对应该首先进行评估。为此，可以使用一种表格形式，以后将其技术制造可行性结果并入其中，从而可以进行总体评价。

经济可行性考虑应包括以下内容：

- 有足够的资源吗？（员工的专业技术水平、材料使用、机器、工作负荷能力、财务资源等）
- 有组织上的可行性吗？
- 该项目的实施从法律角度来看可行吗？（法律、标准、专利、技术规则等）
- 实施过程中有任何风险吗？

➥ 工作辅助：可行性评估。

可行性评估最好使用表格（表6-3）来进行，然后由多部门团队的相关决策者批准或不批准。

➥ 工作辅助：制造可行性评估。

制造可行性评估的结果必须形成文件并提供给客户。

在解释了上述两种情况之后，最终决定是否可以接受该顾客询价请求。

表6-3 制造可行性评估示例

是	否	评估要点
		产品描述（使用要求等）是否充分，且是否进行了可行性评估？
		是否可以按照描述满足技术性能要求？
		产品可以按照图样中规定的精度制造吗？
		可以在所要求的 C_{pk}（过程能力指数）值内制造产品吗？
		有足够的生产能力来制造产品吗？
		方案中是否允许使用有效的移动搬运设施？
		如不出现下列异常情况，产品能够生产出来吗？
		生产设施成本
		工具成本
		替代制造方法
		产品是否需要统计基础上的工艺控制？
		统计基础上的工艺控制是否已用于同类产品？
		同类产品在统计基础上的工艺控制在哪里使用？
		工艺是否可控且稳定？
		C_{pk} 值是否大于 1.33？
结论		
可制造		产品可以按照技术要求制造，无须做任何更改
可制造		需要更改（请参阅附件）
不可制造		必须进行设计更改以便按照技术要求制造产品

6.1.5 产品和服务开发

ISO 9001:2015 的第 8.3 章节中的新内容是，整个产品和工艺开发不能完全排除在质量管理之外。

如果企业认为可以不进行开发，则必须以书面形式说明其理由。该理由还必须说明如何仍然可以以满足客户要求并提高客户满意度的方式来制造产品和提供服务。如果将开发外包给服务供应商，则企业必须证明对控制开发过程负有主要责任。

根据 IATF 16949 第 4.3.1 章节，企业必须要有开发生产过程，不能有任何例外。

总体而言，与以前的版本相比没有重大更改。标准在以下部分进行了补充和新增：

• 第 8.3.2.1 章节"开发策划 – 补充"：在此说明何时使用多部门参与方法以及必须由谁参与这些过程

- 第 8.3.2.3 章节使用集成软件的产品开发：产品的质量保证过程必须使用内部开发的集成软件。为了评价软件的开发过程，必须需要一种评价软件开发的相应方法。必须保留有关自己的软件开发技能自我评价结果的文件化信息，并且必须考虑根据风险和对客户的潜在影响进行的优先级排序。软件开发（如果有）必须包含在内部审核计划中。在产品开发中，如果有软件开发，也必须将对其要求作为输入进行考虑。带有集成软件的产品开发软件和硬件的更改状态（请参阅第 8.1.5.2 章节）必须记录在有关变更的文件化信息中（第 8.3.6.1 章节）。
- 第 8.3.3.3 章节：这节补充的是，必须制订程序以控制和跟踪产品和生产过程特性。
- 第 8.3.4.4 章节：此处引用了 ISO 9001:2015 第 8.3.4 章节，并且要求企业在交付或提供产品或服务之前先放行外部供应商交付或提供的产品和服务。

6.1.5.1　产品和工艺开发的系统方法

标准对产品和工艺过程开发的要求是非常系统化，且都是彼此相互交织构建的。进行系统化工作执行的最佳方法是一个包含产品和工艺过程开发所有阶段的项目计划（图 6-2）。

▷ 工作辅助：产品和工艺开发项目计划。

产品和工艺开发项目计划						客户：		零件名称：		零件号码：	
请选择右边的时间段：另附表栏。						使用时间段：	计划持续时长　实际启动　■完成程度　实际持续				
项目：	责任人：	计划启动	计划持续	实际启动	实际持续	完成程度	使用时间段：1 2 3 4 5 6 7 8 9 10 11 12 13 14 15 16 17 18 19 20 21 22				
策划和定义											
确定开发目标		1	5	1	4	100%					
确定可靠性和质量目标		3	2	4	5	40%					
制作临时性零件明细表		0	0	0	0	0%					
检查和批准		0	0	0	0	0%					
产品开发											
执行失效模式与影响分析		0	0	0	0	0%					
制造和装配开发		0	0	0	0	0%					
执行设计验证		0	0	0	0	0%					
执行设计评价		0	0	0	0	0%					
绘制技术图样（包括电子存储数据）		0	0	0	0	0%					
制定技术要求		0	0	0	0	0%					
制定材料要求		0	0	0	0	0%					
图样和技术要求变更		0	0	0	0	0%					

图 6-2　产品和工艺开发项目计划（节选）

 外部提供的服务也需要进行开发。

为了每个新产品或工艺的开发能够以相同的方式进行，必须按照详细的规定描述这一过程。此外，强烈建议在系统中以及在纸质文件中为新产品和工艺创建标准化的分级存档文件。

6.1.5.2 集成软件的处理

IATF 16949 第 8.3.2.3 章节中新加入了使用集成软件进行产品开发的方法。如果企业负责软件开发以及结果的自我评价，则标准明确要求了要有质量保证流程。软件开发必须集成到内部审核计划中。

通常软件开发阶段与产品开发阶段没有显著差异。因此，产品开发的所有要求也可以应用于软件开发，但是必须使用 IATF 标准中未包含的其他评价标准。

自我评价能够参考使用例如 Automotive SPICE 进行。确切的方法在蓝皮书"Automotive SPICE-Guidelines，第一版 2017"中做了详细描述。

软件过程改进和能力测评包括两个方面：

- 工艺改进
- 成熟度保证

如果根据汽车 SPICE 执行了自我评价，那么可以将软件开发过程划分为 0~5 级作为结果。SPICE 中定义了六个成熟度级别：

- 0级，不完整的
- 1级，已经实行了的
- 2级，已在管理中的
- 3级，已经建立的
- 4级，可以预测的
- 5级，已经优化的

成熟度在评价中确定。SPICE 确定了如何进行这种评价以及必须达到哪些标准才能达到成熟度水平。

自我评价的另一个方式是 CMMI（Capability Maturity Model Integration，即能力成熟度模型集成）。CMMI 还包括两个阶段：

- 分阶段成熟度
- 分阶段能力水准

SPICE 和 CMMI 提供了有关软件质量状况的关键数据。客户当然也可以指定自己的评价方法，例如：可能包括供应商的自我评价或客户审核。

此外内部和外部审核员不必掌握完整的方法。审核员应熟悉评价方法及其文档，以便能够评价何时满足软件开发中的要求、何时不满足以及是否已引入和实施必要的纠正措施。

6.1.6 总结

质量策划的重要部分是确定对产品和服务的必要质量的要求,以便能够根据客户要求交付相应质量的产品和服务。本书讲述的方法支持此过程。

新增加的有关软件开发的部分绝对是必要的,因为现在已经明确要求软件开发和产品开发应同样处理。

6.1.7 参考文献

Brückner, Claudia: Die neue IATF 16949:2016 – Gründe für die Revision der ISO/TS 16949, in: QM-System nach ISO 9001, Online-Version, WEKA MEDIA, Kissing 2018

Deutsche Gesellschaft für Qualität: Kurzinfo APQP – Advanced Product Quality Planning, https://www.dgq.de/the men/apqp/

Gertz, Stefanie: Hauptabschnitt 8 „Betrieb": Das sind die Neuerungen in der ISO 9001:2015, in: QM-System nach ISO 9001, Online-Version, WEKA MEDIA, Kissing 2018

IATF - International Automotive Task Force: IATF 16949:2016 – Häufig gestellte Fragen (FAQs), April 2018

IATF 16949 Anforderungen an Qualitätsmanagementsystem für die Serien- und Ersatzteilproduktion in der Automobilindustrie IATF 16949:2016 (D), https://www.iatfglobalover sight.org/wp/wp-content/uploads/2018/06/IATF-16949-Fre quently-Asked-Questions-1-20_April-2018_GERMAN.pdf

DIN EN ISO 9001:2015: Qualitätsmanagementsysteme – Anforderungen; deutsche und englische Fassung

Stompen, Dr. Peter: Die IATF 16949 – Interpretation der Anforderungen der IATF 16949:2016, TÜV Media GmbH, TÜV Rheinland Group, Köln 2017

TÜV Akademie: DIN EN ISO 9001:2015, Artikelserie zur Normenrevision im Qualitätsmanagement – Teil 6, München 2016

6.2 生产管理和控制

6.2.1 综述

标准第 8.5 章节要求企业必须证明具有受控的提供生产和服务的条件,包括交付客户和交付后的业务工作。

6.2.2 目的和意义

为了有效甚至高效地生产并满足客户要求，对生产进行系统的控制至关重要。这些标准为此提供了很好的工具，以便能够实现设定的目标。

系统监督和控制的目的是定义逻辑化和结构化的生产过程，包括如何应对变更。此方法旨在明确并确保最佳质量和最低成本。

6.2.3 生产控制计划

汽车标准明确要求生产控制计划。在 IATF 16949 第 8.5.1.1 章节中要求制订生产控制计划，编写生产控制计划时可参考标准附录 A.2 的内容。

生产控制计划也称为控制计划或质量管理计划，本质上描述了在生产过程的每个阶段实施的措施。这包括对从进货到发货的产品和工艺过程监控的所有要求。必须在整个产品生命周期内维护和使用生产控制计划。这意味着对原型产品，预批量产品和量产产品都必须制定相应的生产控制计划。

生产控制计划支持根据客户要求生产优质产品，以实现稳定可控的流程。这是通过针对整个系统开发，选择和实施增值监控方法的结构化方法来实现的。生产控制计划中汇总了所使用的监控系统，从而最大限度地减少产品和工艺过程的波动。

生产控制计划必须在系统、子系统、组件或材料等所有层级以及原型、预批量、量产等所有阶段都可用（附录 A1 IATF 16949）。此外，更改后必须更新生产控制计划。

由跨部门综合性团队创建的生产控制计划是后续产品和生产工艺批准过程的重要文件。如果使用生产控制计划，通常可以减少废品，提高产品质量。产品和工艺将被系统地进行评价。此外还可以识别出工艺特性和产品特性可能的波动变化。由于生产控制计划将资源集中在对客户来讲重要的产品和工艺流程上，因此能够提高客户满意度。如果能够正确使用，它还可以通过识别和传达对产品和工艺特性以及跟踪方法和特性的变更从而有助于沟通交流。根据 IATF 16949 附录 A2 的要求，PLP 的构建如图 6-3 所示。

➔ 工作辅助：生产控制计划。

每个过程步骤都将在生产控制计划中命名。生产控制计划列出在每个工艺步骤中所使用的机器设备，然后加上对工艺步骤或产品很重要的产品和工艺特性。

可能存在一个或多个影响产品特性的工艺特性。特殊特性在一个额外栏中标记。

它们必须与 FMEA 中的相匹配。生产控制计划显示了用于跟踪产品或工艺特性的检测或测量系统。如有必要，还将指定抽检范围和频率。生产控制计划通过指定控制方法和反应计划，可以确保对工艺步骤的监控，并能提出用于可疑或有缺陷产品的应急措施。

	表格 生产控制计划 / CP（检查计划）/ QM（质量管理计划）		
□原型　　□预批量　　□量产 生产控制计划编号	联系人 / 电话	日期（制定）	日期（变更）
零件编号 / 上一次变更状态	项目组	客户设计批准（如果被要求）	
零件名称	供应商 / 工厂 批准 / 日期	客户质量批准（如果被要求）	
供应商 / 工厂	供应商编号	其他批准（如果被要求）	其他批准（如果被要求）

零件 / 工艺步骤编号	工艺步骤 /工作流程名称	生产用机床、工装、工具	特性		特定特性分类	方法				偏差措施
			序号	产品		产品 / 生产工艺技术要求 / 公差	测量技术评价	抽检	控制方法	
				生产工艺				范围　频率		

图6-3　生产控制计划的构建

- 生产控制计划是"活跃的"文档，也就是说，它必须被更新：
- 在出现已交付的有缺陷的产品时
- 在产品、工艺、测量参数、FMEA、数量、次级供应商、物流发生变化时
- 在导致采取纠正措施的投诉时
- 在基于风险分析来定义的周期性检查时

如果存在客户要求，则必须在检查或更新生产控制计划之后请求客户批准。

ISO 10005 是质量管理计划的指南。

这里请参考支持质量管理计划创建的 ISO 10005:2009 指南，该指南包含质量管理计划的说明。质量管理计划是从现有的符合 ISO 9001 要求的质量管理系统演绎而来的。因此，质量管理计划和 ISO 9001 第 5 章"领导作用"、第 7 章"支持"、第 8 章"运行"和 9 章"绩效评价"有着非常大的关联。

该指南的结构如下。

序言

1　适用范围

无论企业是否已有质量管理体系，均可使用该指南。其目标是产品实现。它不是用于策划质量管理体系的工具。它可用于工艺、产品、项目或合同的质量管理计划。它是一个指南，因此不能用于认证目的。

2　标准的相关方面

请参考 ISO 9000 中的术语定义，并注意始终使用标准的当前适用版本。

3　概念

本节讲述了这个指南中必要的从 ISO 9000 当前适用版本中导出的必要的术语。

4　制定质量管理计划（QM 计划）

见表 6-4。

表 6-4　ISO 10005 第 4 章的内容

章节	主要内容
4.1	确定是否需要质量管理计划。举例说这可以是非常有意义的： • 用来进行质量管理体系的特殊应用的展示 • 为了满足法律和政府要求 • 展示满足质量要求 • 降低风险
4.2	确定质量管理计划的输入
4.3	确定质量管理计划的应用范围。必须考虑以下因素： • 特殊的工艺和质量特性 • 客户和利益相关方的需求，最理想的是与他们协调好 • 通过质量管理体系的现有文档提供支持
4.4.4 4.4.5	• 应该确定制订质量管理计划的职责和应用的质量管理活动 • 所要求的活动的实施应记录在质量管理计划中，或给出指示去参考现有相关文件 • 质量管理计划可以集成在其他计划中，例如项目计划 • 应协调和定义企业与客户以及其他利益相关方的角色、责任和义务 • 质量管理计划的内容、格式和详细程度应进行商讨协调 • 质量管理计划可以以表格、文本或流程图形式展示（有关示例请参见附录 A）

5　质量管理计划的内容

见表 6-5。

6　检查、接受、引入、修改质量管理计划

见表 6-6。

附录 A 和 B

• 附录 A：质量管理计划示例

• 附录 B：与 ISO 10005：2005 对应

质量管理计划使过程、产品、项目或合同的特定要求与生产方法和工序流程联系起来成为可能。如果还存在其他计划,则质量管理计划应与其进行协调使用。质量管理计划指南将质量管理计划定义为一个文档,该文档规定了为满足特定项目、产品或工艺过程要求,要何时以及由谁使用哪些工艺过程、工序方法以及与其相关资源。

表6-5　ISO 10005 第5章的内容

章节	主要内容
5.2	应明确确定应用范围
5.3	如有必要,应列出质量管理计划中的输入
5.4	在QM计划中应给出每种情况的特定质量目标
5.5	• 应确定相关责任人 • 应计划、实施、控制和跟踪质量管理体系或合同所有必需的活动 • 应包括以下活动: • 工艺顺序及其相互作用影响 • 与所有相关人员沟通要求 • 评价所有质量审核结果 • 同意质量管理体系相关的例外情况的批准 • 实施和监督修正预防措施 • 检查和批准质量管理计划实施中出现的偏差
5.6、5.7	特殊情况所需的文件、记录和数据应受到控制
5.8(5.8.1~5.8.3)	• 应在质量管理计划中确定材料(规格)和人力资源,包括培训或特殊培训 • 基础设施和工作环境应在质量管理计划中列出,例如制造和服务设施,工作间、工具和技术设施,信息和通信技术,以及辅助服务和运输手段
5.9	特殊要求应在质量管理计划中列出或应予以指示
5.10	质量管理计划应包含与客户的沟通渠道: • 联系人 • 通信记录 • 客户反馈流程
5.11（5.11.1、5.11.2）	质量管理计划应包含下列要点: • 规则、标准、技术要求、质量特性、政府部门要求、验收标准以及设计和输入的结果 • 测试以及测试负责人 • 应由经验丰富的机构提供有关如何进行设计和开发过程的说明 质量管理计划也应包含下面内容的说明: • 变更控制 • 负责变更申请的责任人 • 变更核查 • 接受或者拒绝更改的修正 • 变更验证
5.1.2	采购主题应从以下几个方面纳入质量管理计划中: • 采购产品的关键特性 • 与供应商确定关键特性 • 选择、评价和控制供应商的过程 • 关于供应商的质量管理计划的信息和提示(如有必要) • 验证是否符合采购产品的特殊要求 • 外包设施和服务

（续）

章节	主要内容
5.1.3	• 生产或提供服务是质量管理计划的核心 • 应确定实施生产和/或提供服务所必需的输入、制造活动和结果： 　▪ 工艺流程 　▪ 工艺说明和工作指导 　▪ 检测的工具、技术设施和方法 　▪ 人员招聘 　▪ 人员培训 　▪ 法律和官方要求、行业规则 　▪ 生产和/或提供服务的质量标准 • 应提供装配工艺过程的安装指导和必要的测试 • 对于客户服务、质量管理计划应包括有关企业如何确保满足要求的信息
5.1.4	• 应确定产品标识的方法 • 考虑追溯性的产品标识方法，包括处理官方要求的方法、记录的使用以及对检测状态标识的特殊要求
5.1.5	应规定客户财产的处理方法，例如： • 客户提供的产品的检测控制和标识 • 客户提供的产品的缺陷、损坏或丢失的控制
5.1.6	存储、包装和发货要求应在质量管理计划中予以规定
5.1.7	质量管理计划应确定如何标记和控制有缺陷的产品以及如何进行返工和维修
5.1.8	质量管理计划应包含以下方面的监控过程： • 跟踪和测量产品和工艺过程的要求 • 要监督的质量特性 • 验收程序和验收标准 • 统计过程控制（SPC）程序 • 必须在有见证人的情况下进行测试的内容 • 第三方进行测试的内容 • 产品批准标准 检测和测量设备的监督，包括校准状态
5.1.9	审核

表6-6　ISO 10005第6章的内容

章节	主要内容
6.1	应检查质量管理计划的适当性
6.2	引入质量管理计划时，企业应考虑以下事项： • 分发 • 培训 • 监控
6.3	如果发生以下情况，应更改质量管理计划： • 输入发生变化 • 已实施的改进措施应纳入质量管理计划中 • 授权人员的变更 • 进行的更改应让所有相关人员知道 • 质量管理计划中的适用文件发生更改时
6.4	质量管理计划的经验应纳入新计划中

6.2.4 特殊特性

对于生产控制计划，特殊特性（BM）的处理很重要。

IATF 16949 第 3.1 章节中定义了特殊特性如下："可能影响安全性或政府法规的遵守，适合的外形、功能、性能或进一步加工的产品特性或生产工艺参数"。

IATF 的第 8.2.3.1.2 章节和第 8.3.3.3 章节描述了企业应怎样处理特殊特性，在客户指定特殊特性的情况下，企业必须把满足客户在特殊特性的定义、记录和控制方面的要求进行具体化。相关调查落实必须在多部门综合性团队中进行。

注意，特殊特性应由企业自己确定。

重要的是，这些特殊特性应包含在生产控制计划以及控制生产过程所需的其他文档中。主要涉及以下领域：

- 开发
- 图样中特殊特性的文档
- 生产策划
- 在生产控制计划中包含特殊特性
- 在机床及设备、工艺和量检具能力分析中关注特殊特性
- 生产
- 结果的记录、存储和可追溯性
- 特殊批准时要严格考虑特殊特性

此外，必须使用客户指定的符号或企业使用的相应符号来标记特殊特性。

如果客户未做任何规定，则建议使用 VDA 蓝皮书"特殊特性"表 6-7 中列出的标记，使用的字符在图 6-4 中进行了分类。

表 6-7　VDA 第 4 卷附件中关于特殊特性的建议

等级	符号	FMEA 评价值	C_{pk} 典型要求	ppm	百分比
特殊特性（SC）	§	9~10	1.67	< 0.3	
重要特性（CC）	⚷	5~8	1.33	< 33	0.003
次要特性	—	1~4	1.00	1350	0.135

以下是与 VDA 要求相比的使用名称示例：

- VDA（产品 – 工艺过程 –FMEA）

　　BM S = 安全相关的

BM Z = 与产品投放市场时的批准相关的法规和法规要求

BM F = 功能和要求

- VW

    D = 要求有文件义务的

    S = 与安全相关的

- Daimler AG

    DS = 与安全相关的

    DZ = 与认证相关的

- Thyssen Krupp：

    K = 关键特性，与安全相关的

    H = 可用性降低

    N = 对功能影响很小的次要功能

§ 影响产品通过性/功能的，或由于其他原因（例如客户要求）而必须进行控制和记录的产品特性或工艺参数。

🗝 影响产品安全性或法律法规遵守的产品特性或工艺参数。

(Kein Symbol) 没有关键特性，即使产品特性或工艺参数有一定程度上可估计的波动，也不会对产品安全性、法律法规、适合的外形或功能造成不良影响。

图 6-4　特殊特性分类

VDA 第 1 卷指出，没有用于关键特性标识以及与关键特性相关的文档的标准。OEM 也使用不同的标识。因此，有必要创建一个概览，将客户的不同标签合并到内部定义的标签中，然后可以参考上面展示的特性，针对客户使用的不同的特殊特性的规定建立所谓的转换表（表 6-8）。

表 6-8　转换表示例

客户	客户分类	内部分类	客户特殊特性	内部特殊特性
舍弗勒（Schaeffler）	SC	§	材料（CC）	材料身份
	CC	🗝	裂纹检测（CC）	直径
			跳动（SC）	强度（热处理）
			圆度（SC）	
			直径（SC）	
			用同一批次产品来交货（SC）	
蒂森克虏伯（ThyssenKrupp）	K	§	直径（H）	材料身份
	H	🗝	圆度（H）	直径
	N（A）		SHD（硬化深度）（K）	强度（热处理）
	N（B）		材料 + 可能的热处理（K）	
大众/奥迪	D	D	不相关	材料身份
	S	§	不相关	直径
				强度（热处理）
…				

内部要确定的特殊产品特性通常通过设计 FMEA 确定，而重要的工艺过程特性则通过工艺过程 FMEA 确定。

建议执行以下过程：

- 设计负责人带领团队确定所有重要的设计特殊特性，包括关键特性
- 工艺负责人带领团队确定所有重要和关键的工艺特性

 通常产品特殊特性是指可能会影响安全性、法律法规符合性、功能或安装能力的特性。

在生产控制计划每个流程步骤中都会记录所有内部确定的特殊特性，包括客户指定的特殊特性，并对其进行持续检查。

从 2008 年起仍然有效的 VDA 第 1 卷描述了关键特性的处理和归档。需要加以证明的特性是需要特殊归档保管的。特性本身以及关联的文档和记录被称为具有特殊归档义务的文档。

关键特性是指：

- 相应产品对人构成直接威胁
- 是否符合法律要求取决于此的特性

通常基于平均车辆寿命，相关文件存档期规定至少为 15 年。根据客户的要求，可能还需要更长的存档时间。

6.2.5　总结

必须为开发阶段、预批量和量产阶段制订生产控制计划。特殊特性必须包含在生产控制计划中。此外，生产控制计划展示了执行确定的质量检查所需的所有工作步骤。还必须列出所有客户要求、所有测试和所有基本操作指导。生产控制计划创建应该由一个团队来完成。

特殊特性是：

- 需要被特殊证明的特性
- 对功能有重要意义的特性
- 对工艺有重要意义的特性

这些特性需要特别注意，因为它们与产品安全有关。必须在设计、产品或过程 FMEA 以及控制计划中加以考虑。但是从法律角度看，所有产品和工艺特性都很重要，必须遵守。

6.2.6 参考文献

DIN EN ISO 9001:2015: Qualitätsmanagementsysteme–Anforderungen (ISO 9001:2015); deutsche und englische Fassung

DIN ISO 10005: Qualitätsmanagementsysteme–Leitfaden für Qualitätsmanagementpläne, 2009

IATF 16949:2016: Anforderungen an Qualitätsmanagementsystem für die Serien- und Ersatzteilproduktion in der Automobilindustrie (D)

Jacobs, Stephan: SPICE, in: Enzyklopädie der Wirtschaftsinformatik–Online-Lexikon, http://www.enzyklopaedieder-wirtschaftsinformatik.de/lexikon/is-management/Systementwicklung/reifegradmodelle/spice/index.html

Jacobs, Stephan: CMMI, in: Enzyklopädie der Wirtschaftsinformatik–Online-Lexikon, http://www.enzyklopaedieder-wirtschaftsinformatik.de/lexikon/is-management/Systementwicklung/reifegradmodelle/cmmi/index.html

Kneuper, Ralf: CMMI: Verbesserung von Softwareprozessen mit Capability Maturity Model Integration: 3. Auflage, dpunkt.verlag, Heidelberg, 2007

Schlosske, Alexander: Systematische Ermittlung und durchgängige Betrachtung besonderer Merkmale, (Vortrag bei der Deutschen Gesellschaft für Qualität (DGQ), Regionalkreis Karlsruhe–Pforzheim - Gaggenau, 05.12.2011, Karlsruhe)

Stompen, Dr. Peter: Die IATF 16949–Interpretation der Anforderungen der IATF 16949:2016, TÜV Media GmbH, TÜV Rheinland Group, Köln 2017

TÜV Süd: Artikelserie zur Normenrevision im Qualitätsmanagement–Teil 6, https://www.tuev-sued.de/uploads/images/1460625626986922660431/iso9001-2015-artikel serie-teil6.pdf

VDA: Automotive SPICE–Guidelines, 1st Edition 2017

VDA-Band 1 Dokumentation und Archivierung, 3. vollständig überarbeitete Auflage, 2008

VDA-Band 4 Produkt- und Prozess-FMEA, aktualisierte Auflage, 2012

VDA-Blauband: Besondere Merkmale, 1. Auflage 2011

VDA QMC: Glossar–Besondere Merkmale, https://www.vdaqmc-learning.de/module/glossar/glossardetails.php?id= 292&letter=B&mode=&searchstr=&currentlanguage=de

6.3 生产中的质量管理措施

6.3.1 综述

质量管理的首要目标是确保尽可能经济地生产包括所有客户要求具有指定属性的产品。自 20 世纪 90 年代开始出现质量管理以来，质量一词不仅适用于生产，而且适用于整个企业，特别是在汽车行业，需要某些方法和程序来制造满足各自客户要求的高质量产品。

产品和过程的质量只有在产品开发时就已经注意了面向生产的设计，以后才能在生产中较好地实现预定目标。标准中要求采取不同的措施，这些措施将在生产计划和生产期间使用。

ISO 9001 的第 8 章描述了基本要求。本部分的关键方面是受控条件的创建和保持，以制造合规产品和 / 或提供服务，包括售后服务活动。此外还必须采取措施以避免人为错误。

必须使员工知道他们造成的错误对客户意味着什么。一种有效的方法是创建缺陷目录，其中包含缺陷给客户造成的不良后果。

要满足这些要求，必须采取许多质量管理措施。因此，IATF 16949 通过其附加要求扩展了 IATF 16949 的要求，并要求采取不同的质量管理措施：

- 第 8.5.1.2 章节：操作指导
- 第 8.5.1.3 章节：调机过程
- 第 8.5.1.5 章节：保养和维修（TPM）（请参阅第 7.2.3.3 章节）
- 第 8.5.1.6 章节：工具管理（请参见第 7.2.4.1 章节）
- 第 8.5.2 章节：标识和可追溯性
- 第 8.5.3 章节：客户财产
- 第 8.5.4.1 章节：仓库
- 第 8.5.5 章节：售后服务活动
- 第 8.6.2 章节：二次资质认证测试
- 第 8.6.6 章节：验收标准

6.3.2　目的和意义

当前生产中的质量保证措施指的不仅仅是最终测试，更多的是希望相关的质量管理措施应能够尽早识别质量波动，以便及时做出反应。在调机过程、工具管理以及机床和设备保养和维修过程中，对生产过程和生产设施以及预防措施的持续监控，对交付高质量产品有着非常重要的意义。

生产中的质量保证追求以下目标：

- 提高客户满意度
- 增加员工积极性
- 最小化后续成本（保养、维修、退货）
- 提升企业形象

- 降低成本
- 流程的透明度

企业可以通过生产高质量的产品在市场上生存。生产中质量保证措施的目的不是事后排除缺陷，而是不允许出现错误的生产工艺设计。在生产链中越早发现错误，后续成本越低。实际上，随着每级附加值的增加，错误校正的成本将增加10倍。

结论：质量管理是一个不断改进的持续过程。

6.3.3 操作指导的使用

在以过程为导向的管理体系中操作指导（IATF 16949的第8.5.1.2章节）是必不可少的，因为过程描述中的信息还不够详细。操作指导必须描述得非常细致具体并以相关细节步骤来呈现，也就是说以一种对要做什么不会产生误解的方式，使其绝对清楚地知道需要做什么。这是试图降低错误率的尝试。图片可以添加到操作指导中以使其更好地让人理解。

操作指导必须对工作岗位的所有员工都是开放的、可供他们使用的。此外，它的内容结构必须要让所有员工都能理解。这意味着企业要么只雇用例如精通母语的员工，或者必须提供几种语言的操作指导，或者主要用图片来指导操作。

 拆卸、返工和修理要求也必须在操作指导中做出规定（IATF 16949第8.7.1.4和8.7.1.5章节）。

IATF 16949新增了内容，即在指导和要求文件中必须包含职业安全规定。

6.3.4 机床和设备的调试

正确计划和执行调机过程对于避免调机损失很重要。调机损失是指由于更换工具、模具，进行初调和维修工作而无法有效使用的停机时间或非用于生产的机器时间。总体设备效率（OEE）研究表明，换型和调机最多可占用总生产时间的50%。因此，它们被认为是TPM损失的最显著来源之一。可以通过设置"准备标准和设置标准"来减少准备时间和设置时间，这些"标准"代表预定义的、优化的准备和设置过程。可以通过设立"换型和调机标准"来减少换型和调机时间，这些"标准"代表预定义的、优化的换型和调机过程。

SMED-workshops是缩短换型时间的有用方法。SMED各字母的含义如下：

- S = Single，单独
- M = Minute，分钟

- E = Exchange，交换
- D = of Die，模具

SMED 是在不到 10min 的时间内对机器进行换型安装的术语。换型间隔指的是从前序的最后一个合格件到新序的第一个合格件持续的时间。除了更换工具的时间外，还应衡量备好新材料的时间。SMED 属于快速转换过程方法，最早在丰田推出。SMED 运行有四个或五个步骤：

- 区分内部和外部换型工序（组织）
- 从内部转移到外部换型工序
- 内部和外部换型工序的优化和标准化
- 消除调整工序
- 换型工序的并行化

使用 SMED，换型与材料加工就具有同等计量值。为了快速换型，必须制定明确的要求，其中包含操作指导和对照检查表。在新调试机床或设备时，必须要有调机工序指导并进行验证。验证调机工序如图 6-5 所示。

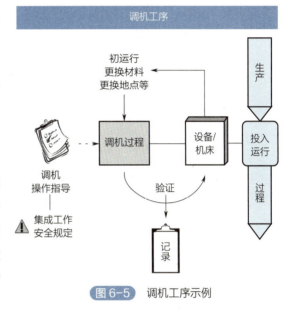

图 6-5　调机工序示例

这需要比较上一个批次的数据和记录。必须保证必要的装备以及生产和检验文件的完整性。另外，上批次最后一个合格零件必须与本批次第一个合格零件进行比较。这意味着将调整后生产的零件与之前生产的最后一个零件进行比较。如果无法做到这一点，也可以与上一个生产运行中的记录进行比较。比较之后，必须确定是否满足要求。为此，必须确定放行责任。

最后一次零件对比必须记录在案。为此，关于放行必须有明文规定在哪里以及如何做放行注释。此外，必须确定如何处理预运行、调机或者初运行中产生的废品。

　　IATF 16949 要求有明确的调机过程规范和所进行的调整工艺的记录（第 8.5.1.3 章节）。

6.3.5　标识和可追溯性

产品的标识清晰非常重要，因为清晰的标识可以随时识别产品、识别测试状态，并且可以实现完全的可追溯性。这有助于其后划定有缺陷的产品范围和出现缺陷时的损失程度。还避免了产品混淆，并且可以随时将产品和技术文件明确对应起来。

从图 6-6 可以看出，从供应商到到达客户的整个生产过程中，都必须伴随产品的标识。汽车行业中最常见的可追溯性和可追溯性文档编制过程基于：

- 单件标识
- 多件产品汇总在内的大外包装标识
- 交货单文件

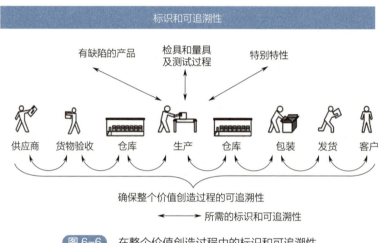

图 6-6 在整个价值创造过程中的标识和可追溯性

根据选择的替代方案，可能会出现不同的精度级别。在 VDA 建议 5005 中，以下职责分配给了供应商和客户：供应商/制造商用参考/标识使制造产品和其质量与生产数据产生关联。这种关联被记录并存档。客户使用所交付产品的参考/标识来创建对最终产品怎样被制造的一个对应关系。这种对应关系被记录并存档。

企业中必须有一个流程，其中包含规定为每个产品、订单、物品、版本、系列、批次创建相应设计的伴随文件。可以从伴随文件中得出生产文件、生产设备和程序与产品和服务的对应关系。产品状态也必须始终可识别。产品状态有以下三种：

- 未经测试的产品
- 经过测试和放行的产品
- 经过测试但未放行的产品，称为待确定情况

产品标识是非常优先的基本要求。这也反映在表 6-9 中，该表显示了不同标准对标识和可追溯性要求。

IATF 的第 .5.2.1 章节做了进一步细化规定，在计划中必须对其进行详细准确描述：

表6-9 不同标准对标识和可追溯性的要求

标准	章节		主要内容
ISO 9001:2015	8.5.2	标识和可追溯性	在整个产品实现过程中必须使用适当的方式在必要的地方为产品加上标识 必须标记与跟踪和测量要求有关的产品状态 如果需要可追溯性,则必须对产品标识的清晰性进行控制和记录
IATF 16949	8.5.2.1	标识和可追溯性: ISO 9001 补充	可追溯性计划的制订和记录 在计划里必须指定如何进行可追溯性以及使用哪些系统和方法

- 识别和分离有缺陷和可疑产品的可能性有哪些
- 可以满足客户或监管机构要求的可能的截止日期
- 文件化信息的存档类型能够满足要求的期限
- 如果客户要求或法律有规定,可以保证为单个产品的批量化做标识
- 现有的标识要求可以扩展到外部提供的产品

为了满足标准的所有要求,应引入一个包含所有标识和可追溯性要求的过程。在文件规定中,必须明确定义生产伴随单以及验证填写条目和产品标签的责任。

如今普遍使用的企业资源计划(ERP)系统无疑对验证很有帮助。规范文件必须明确规定随附文件的编制责任,以及条目验证和产品标识的责任。

产品标识和可追溯性如果实施不当,会给企业带来巨大风险。因此,其文档的结构应使其可以随时识别:

- 哪些员工在哪些工艺流程步骤中干过活
- 哪些材料和半成品已合并到产品中
- 哪些批次和序列号零件已安装
- 哪些规定值和设置参数已投入使用
- 哪些检测指导已投入使用
- 哪些机床、设备和设施被用于生产制造
- 哪些缺陷和问题在生产过程中发生
- 哪些解决方案已应用
- 哪些质量参数已达标(废品、被投诉等)

这意味着必须对产品进行标记,以便在产生缺陷时可以确定哪些产品受此影响。

提示　如果产品本身由于技术原因无法标识,则必须对容器或包装做适当标识。

在大多数情况下，标识方式由客户在合同、委托协议、QSV 或供应商手册中指定。汽车行业商品标识的形式在 VDA 4902 做了规定。当今几乎所有客户都要求这种标准的标识，并且不仅仅限于汽车行业。

6.3.6 客户财产的处理

ISO 9001：2015 第 8.5.3 章节要求谨慎对待客户的财产。此外必须标记客户财产。必须保证对客户财产的验证和保护。

在企业中，应该/必须指定到客户的信息流，以便在客户财产受损和丢失时传递记录，或者用于处理不再可用的客户财产。图 6-7 显示了客户财产的类型。

对于客户用于进一步加工的产品，必须与客户就是否要进行进货检查达成协议。此外，必须就如何处理有缺陷的产品以及如何进行信息沟通达成协议。

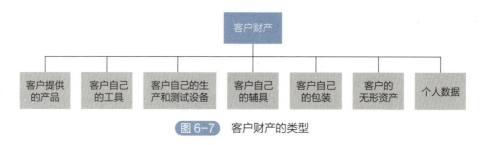

图 6-7　客户财产的类型

对于运输包装，必须说明谁负责清洁、点货和损坏的处理。

顾客提供的工具、测试设备和生产设备必须明确标识为其财产。在此重要的是，应就谁负责维护和监控达成书面确定的协议。

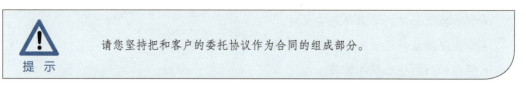

请您坚持把和客户的委托协议作为合同的组成部分。

在这种情况下，经常会忽视客户的知识产权。例如客户图样、软件、方案概念、个人数据等。在供应商企业中，必须采取预防措施以保密。这通常是通过员工雇用合同中的保密协议来完成的。现在许多供应商都去做 ISO 27001 认证，该标准特别影响企业的信息安全。在许多情况下客户还要求由审计企业执行某些特定流程的验收。

6.3.7　正确的存储、包装和运输措施

标准第 8.5.4 章节规定，通过对所生产结果的客观适合的处理，可以保证产品的符合性。必须注意以下方面：

- 标识
- 拿放
- 维护
- 包装
- 仓储
- 传递
- 运输
- 保护

这些标准使用了"保存"这个词，这意味着所制造的产品或半成品必须以不被污染、按规定包装（有时根据客户的要求进行包装）和存储以及运输的方式进行处理，因此不会产生损坏。

在企业内部不能孤立地看待存储和产品保护的要求，它们是企业仓储物流的一个整体部分，如图6-8所示。这意味着不仅可以考虑带有货架的经典仓库，而且还必须考虑仓储的整体结构设计。关于仓储物流的内容可以单独写一本书了，因此本书仅做概述，并指明相关的专业文献。本章的重点内容是实施标准要求的重点。

下面简要说明各环节。

货物入库

- 产品和材料的接收和检测以及存储准备
- 货物运输到仓库

单件仓库（在不改变其状态的情况下存储货物）

- 货物的入库、存储和出库
- 将货物运输到发货处或其他仓库，例如分拣组合仓库
- 库存的监控

分拣仓库（把从一个总量中拿出的给定的分量货物放到一起）

- 货物运输到备货区并且备货
- 库存监控
- 分拣活动

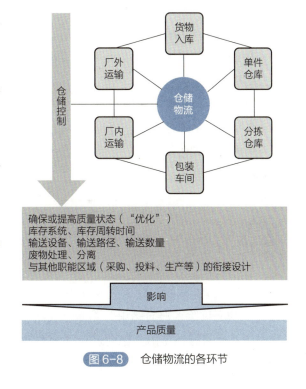

图6-8 仓储物流的各环节

- 分拣好的货物运输
- 剩下货物的送还

许多企业没有自己的分拣仓库，取而代之的是产品直接从单件仓库转移到一个特定的区域，在那里进行分拣。

包装车间

将已经整理好的一个或多个订单整合成一个可发货的单元并进行打包包装。

货物出库（发货，厂内运输和厂外运输）

- 执行最终测试和运输审核
- 把货物送到发货处
- 货物装车

仓储在生产中起着非常重要的作用，这可以从以下内容中看出：在标准 ISO 9001:2015 第 8.5.4 章节以及作为补充的 IATF 1694 第 8.5.4.1 章节明确要求对产品进行最佳保存。

在仓库内必须注意确保对原料、半成品和成品的标识、拿放、包装、存储和保护加以足够的考虑，以确保在加工和交付过程中保持产品的符合性。

为此，必须建立各种定义：

- 确定流程和相关责任人
- 制定包装、存储、保存和发货规定
- 采用合适的设施来存储产品
- 定义如何处理过时的老产品，包括标识
- 定期评价存储的产品
- 将过时的产品视为缺陷产品
- 监控和优化库存
- 创建并遵守包装指导
- 执行发货审核

 注意严格遵守先进先出原则，先存储的产品必须先使用。

标准第 8.5.4 章节的要求必须在生产过程的所有步骤和所有组件中都实施。它们通常在货物交付给客户时结束，除非已经签署过有关与标准要求有偏差的合同。这些工作是由企业自身还是由分包商进行都无关紧要。

必须满足所有有关拿放、存储、交付和某些情况下产品安装的相关政府和法律要求。

使用的方法和注意事项应如第 6.5.2 章节中所述进行策划，并且在适用的情况下考虑图 6-9 中所示的方面。

这些程序和 / 或预防措施必须确保产品符合性不会受到损害。有关产品拿放的要求必须从收货到发货在操作指导和过程中予以描述。必须考虑产品的标识、使用的运输工具、容器和保护措施。这也适用于完成这些工作的员工所需的必要资质，以及需要开展的培训或指导。

图 6-9　存储注意事项

在存储过程中，必须注意确保有足够的可用的存储空间，以确保不会对原材料、半成品和产品的合格性造成负面影响。此外，在所有存储区域中的所有产品和存储设施上，必须有明确的身份识别和标识。在此还必须确定入库和出库的责任人，以及确保有正确库存管理的系统。受限条件下存储的产品，例如有保质期的产品，必须特殊对待，并且必须引入适合的保质期监控机制。

如果有必要，产品在客户处在使用前还必须进行相应的妥善存储，则必须将相关要求传递给客户。

 必须持续监控半成品和成品库存，以便：
- 减少库存
- 优化周转时间
- 用先进先出等方法来确保正确的出库和入库

IATF 16949 的第 8.5.2.1 章节还规定，过时的产品必须贴上标识，如同有缺陷的产品一样对待处理。这意味着它们必须单独存储。

过时的产品通常是已被更改的或已超过保质期的产品。只有定期进行仓库检查才能识别出这些情况。如果此类产品在存储区域中，则必须将其封存并放在特殊的存储区域中，例如放置在一个封存库中，之后必须对其是否使用做出决定。

提示 老化过时产品的处理可以将其集成到有缺陷产品的处理中。

总体而言不可忽视的是,存储区域应与生产中的所有其他区域一样,保持清洁整齐有秩序。

6.3.8 交货后的任务(客户服务)

通常交货后的活动与服务密切相关。ISO 9001:2015 和 IATF 16949 这两个标准在第 8.5.5 章节及其后各章节中都有关于这些活动的要求。它们涉及的是产品在使用阶段,也就是说产品交货后,可能产生的任务。

此外,该标准要求应考虑法律和政府要求,与产品和服务有关的潜在后果,产品和服务的类型、用途和预期寿命,以及客户要求和客户反馈。

后果的考虑聚焦于风险评价。这意味着必须考虑交货后可能出现的风险和机遇。

 提示 在 FMEA 中交货后阶段的研究分析是不可缺少的。

实际上售后服务常常给企业带来困难,这里是指产品销售后开始出现的工作。从广泛的意义上讲,也称为客户服务,例如,包括合同约定的维护保养,该维护保养是在客户处对所交付的产品执行的。

如果以预防性和纠正性保养和修理的形式实施客户服务,则必须有要开展此项工作的操作和检查指导。必须记录所做的工作。这些方面与内部保养和修理没有区别。进行测试时,还必须使用经过校准的测试设备。

如图 6-10 所示,客户服务反馈信息具有特别的价值,因为该信息应流入生产、设计和开发等领域,以便能够消除已发生的缺陷。

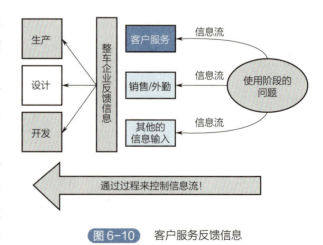

图 6-10 客户服务反馈信息

提示　信息流应该通过在过程中给予明确的定义来进行控制。

如果客户售后服务、销售、质量保证或客户服务员工遇到产品出现故障甚至退货，则必须像对待投诉一样，分析和评价这些故障。客户售后服务信息提供有关可能的错误和产品弱点的早期信息。

企业客户售后服务或客户服务可以采用不同的形式和内容，如图 6-11 所示。

基础服务对于合作非常重要。这些内容可以包含在供货合同中，或者在保修期之外，还可以作为特殊产品出售。

基础服务定义如下：
- 支持产品的首次试验运行调试和安装
- 装配过程中的支持
- 进行检查和保养维护

附属服务例如：
- 产品或程序培训
- 服务合同中的规定，例如：维修
- 策划辅助
- 支持设备和工具的换型
- 支持员工技能专项培训

差异化服务对于使自己在竞争中脱颖而出非常有用，这些可以在一定时间内免费提供。可能涉及以下服务：
- 出现问题时顾客可以拨打的热线或服务台
- 提供 24h 服务以解决问题
- 所用软件的远程或更新服务

客户技术服务已越来越发展成为一种营销工具。

图 6-11　客户服务的分类和内容

6.3.9　质量检查的实施

质量检查一词描述了确认产品或工作满足对其要求程度的多少。质量检查特性用于确定目标值是否与实际值匹配。在本节中将深入探讨产品的质量检查，而忽略工作活动的质量检查。产品质量取决于检测特性的达成。这里在考虑到偏差的前提下将获得的值与指定的值进行比较。图 6-12 显示了增值链中不同的质量检查，这些检查根据它们在生产过程中所处的位置而有所不同。

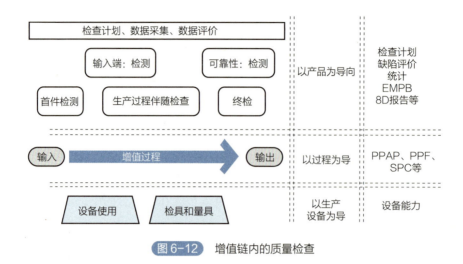

图 6-12 增值链内的质量检查

6.3.9.1 质量检查计划的意义

在企业进行质量检查之前,必须计划好这些工作。所谓的质量检查计划就是从收货到交货的整个生产过程中的质量检查计划。它为有效且经济的质量检查提供了技术和组织前提。实际上,质量检查计划通常在工作准备阶段进行。

VDI/VDE/DGQ 指南 2619 检查计划为创建检查计划提供了非常好的指导。指南定义的质量检查十个步骤如图 6-13 所示。

创建质量检查计划的基础是拟生产组件或产品的图样。在大多数情况下,质量检查计划实际上是基于计算机辅助基础上的。以下是借助一个手动质量检查计划示例来展示八个通用步骤。

步骤 1:定义质量检查计划表表头

根据质量检查计划中的抬头数据,可以精准地识别出该检查计划。它们是企业独有的,并且可以包含例如图样编号、创建者、批准者、工件编号等数据(图 6-14)。

步骤 2:选择质量检查特性

质量检查特性是从产品特性导出来的。它的基础在于拟生产的产品的以下文件:

图 6-13 VDI/VDE/DGQ 指南定义的质量检查十个步骤

- 研发和设计文件
- 图样
- 供货商义务书
- 客户要求
- 生产文件
- 工作计划
- 机器和工艺能力参数
- 内部和外部技术文件
- 标准
- 指导方针
- 安全规定
- 质量相关文件
- FMEA 文件
- 供应商评价
- 质量保证协议
- 投诉报告
- 现有质量检查计划
- 成本结构和数据

质量检查计划编号	P001	检查地点	1= 员工自检 2= QS（质保） 3= 实验室 4= ……
名称	轴承支架		
工序			
图样号			

图 6-14 质量检查计划表表头示例

提示：使用数字或字母在图样中标记要检查的相关产品特性。

在图 6-15 所示的示例中，图样中的尺寸、形状和位置公差对应于产品特性，同时也代表了潜在的检查特性。

对于在图纸上的图样，可以通过手写或盖章完成标记。对于计算机辅助绘图的图样有多种可以自动盖章的软件。

标记完所有质量检查特性后，必须评价是否有必要检查。这么考虑的目的是，一方面确保产品质量，另一方面使成本最小化。各种文件被用作质量检查计划的基础，例如包含计划的技术数据的供应商义务书，并补充以法律法规（例如有关噪声、辐射等的排放）以及我们自身的知识（例如来自 FMEA）。

质量检查的结果是得出要检查的特性及其标准值和公差，这些都会体现在质量检查计划中（图 6-16）。

➡ 工作辅助：质量检查计划表。

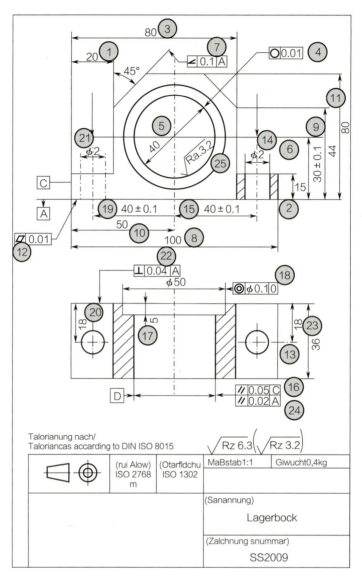

图6-15 标注出质量检查标记的图样

注：来源于 Imkamp, Dietrich。

序号	检查特性	检具	检查时间点	检查类型	测量值		检查地点	检查范围	文件
					理论值	公差			
01	距离	坐标测量仪	终检	变量	20	0.4	1	每批次3个	检查记录
02									

图6-16 质量检查计划表填写示例（Imkamp, Dietrich 附件）

步骤 3：确定质量检查时间点

必须仔细考虑质量检查时间点，因为过于频繁的质量检查会导致成本增加；过少的质量检查会漏掉错误或增加错误的风险甚至产生废品。这意味着有必要仔细考虑质量检查分为中间检查或最终检查。

步骤 4：确定质量检查的类型

质量检查类型有常量质量检查和变量质量检查的区别。在常量质量检查时区分合格或不合格零件，从而检查质量特性。变量质量检查测量的是数量特性。这意味着测量的要么是离散数据，例如机器故障次数／月，要么是连续数据，例如时间或成本。

进行哪种类型的质量检查决定于检测工具的适用性，并且不应忽略其成本。

步骤 5：确定质量检查范围

质量检查的范围也必须仔细考虑，因为它是成本、持续时间和质量状态证明的非常重要的标准。图 6-17 显示了可能的质量检查范围。

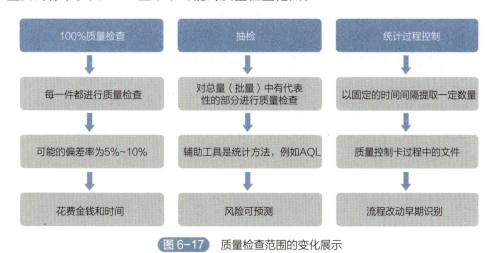

图 6-17　质量检查范围的变化展示

如果执行手动 100% 检查，就能得到平均输出质量数据。

 提示　安全相关的零件应该进行 100% 的质量检查（产品责任）。破坏性的质量检查只能是以抽检的方式进行。

步骤 6：确定质量检查地点和人员

质量检查能够直接在设备旁边进行。通常由员工自己进行检查。但是质量检查也可以在测量室或实验室中进行，因此，在大多数情况下是由质量保证人员在生产之外进行的。

 进行质量检查的人员必须经过专业培训并掌握相应的测试技能。

步骤 7：确定质量检查的工具

首先必须考虑哪种质量检查工具能够适于确定相关的特性。市场上有多种质量检查工具，分为以下几类：

- 测量设备，例如温度计、卡尺、百分表
- 检具，例如量规
- 测量辅助工具，例如卷尺、米尺等

在此必须考虑各个质量检查工具的测量误差和特性。所选的质量检查工具必须能证明产品符合性，即产品合格。

步骤 8、9、10：确定质量检查提示文字、使用文件和数据处理

对于有大量质量检查内容的检测，必须详细地说明质量检查任务。这些说明也可以用图片和图样来更加形象地说明。还必须确定如何记录质量检查结果。可以通过三种方式记录质量检查结果：

- 质量检查员手动记录在测试报告中
- 半自动的，结果由 CAQ 系统提供并由检测员确认
- 全自动，使用程序控制的检测设备。

如果不符合质量特性，还必须确定后续步骤。可以执行以下过程：

- 整个批次回溯检测
- 质量检查中断（100%或抽检）
- 分析原因并采取纠正措施
- 报废、返工或作为垃圾处理

6.3.9.2 质量检查的类型

质量检查的类型取决于它们在生产过程中所处的位置，见表 6-10。

1. 首件样品质量检查

在开始批量生产之前执行首件样品质量检查或首次送样。在第 9 章中将对此进行介绍。

表 6-10 生产过程中的质量检查

质量检查	生产过程中的位置
首件样品质量检查	研发，生产，采购
进货质量检查，可能使用 AQL 规则	采购，进货，供应商
中间质量检查	生产，装配
成品最终质量检查	生产，装配，发货
可靠性质量检查	研发

注：摘自 Starke + Bruckner，质量检查简介。

2. 进货质量检查

顾名思义，此质量检查在进货部门进行。根据质量检查计划检查其指定的特性及其特性的外在表象。重点在于确保未经事先质量检查不会让任何材料、产品或零件进入生产。

根据产品和要求，进行真实性或身份检查。

在真实性检查中，将交货单与商品标识进行比较。在识别检查期间，将比较交货单和已交付的实际货物。为此必须检查类型、数量、材料和尺寸，以及随附的文件（材料证书、正确的交货单）是否正确。前提条件是检查和文件记录是由受过此项工作培训的员工执行。

在货物本身上注明交付货物是放行的还是封存的。结果记录在测试报告中。

 已检查和未检查的货物要分开放置在各自独立的区域。

如果在生产中迫切需要零件，也可以通过从客户或授权人员处获得特殊放行，而无须检查零件。但是，此特殊放行必须记录在案并附在货物上。

可以在进货检验中进行随机样本测试。为此通常根据 AQL（Acceptable Quality Level，即可接受的质量水平）在客户和供应商之间达成可接受的质量水平协议。

可以用 AQL 检测进行进货检验。在此规定了批次检查样品中有缺陷单位的最大百分比。下面阐述此过程，可以在两个标准中找到更多详细信息。

AQL 测试有两种标准，其中所有表都可用，可以从中读取相应的值：

- DIN ISO 2859 描述了计数（常量）检测
- DIN ISO 3951 描述了测量（变量）检测

IATF 16949 的第 8.6.6 章节要求常量计数型样本检测的接受标准为零缺陷并给出

提示参考 9.1.1.1 章节内容。因此，在实践中经常使用 AQL 测试。但是该应用不仅是由于标准要求，而且总体而言，该方法还具有以下优点：

- 经济成本与检查风险成合理的比率
- 降低检查成本
- 可以对人员进行专门的方法培训
- 由于较短的检查时间，因此批次产品可以更快地获得放行

根据样品测试结果的不同，可以扩大或放松检查。以下检查级别用于计数型检查中：

- 全部检查
- 严格检查
- 正常检查
- 减缩检查
- 跳过批次方法，即暂时终止此批次检查

可以执行向缩减检查数量方向的过渡，但并非绝对必要。通常当结果良好且稳定时，才会走向这一方向。甚至可以通过跳过批次检查程序，暂停某些单项检测，但这不是没有风险。

ISO 2859 对向更严格质量检查的过渡做了明确规定。检查结果不佳会导致此供应商被剔除出供应商名录。

由于随机抽检总会有缺陷零件混入到合格产品中，这被称为混入的缺陷产品。ISO2859 包含有混入的缺陷产品可能百分比数值的表格。也可以根据产品使用运行特性来评判接受可能性或拒绝可能性。只有通过全自动检测和分拣机才能实现混入的缺陷产品为零的目标。

与常量计数型抽样检查不同，变量测量型的 AQL 测试（ISO 3951）确定测试特性的表象是否在一定范围内，其结果是"符合""有缺陷"或"不符合"。

另一种可能性是运用质量控制卡（QRC）。这样一旦超过警告边界值，向交付货品的企业（客户）报告产品质量下降就是可能的了。

3. 中间质量检查

中间质量检查在从一个生产阶段过渡到另一个阶段期间实施。如果这些不是与安全相关的部件或是破坏检查，则应采用随机抽检的方式进行这些质量检查。

在这些质量检查中，对产品的某些质量相关特性进行检查。它们用于防止错误，因此必须在流程中的关键点尽可能早的时间点进行。中间质量检查检查过程参数或产品特性。如果可能，这些检查由员工自己进行，在这种情况下称为员工自检。质量检

查模板就是质量检查计划。结果记录在质量检查记录中。如果产品的质量要求很高，则质量检查通常由质量保证人员进行。这种形式的质量检查通常将在单件、小和中型批量生产中进行。

4. 成品最终质量检查

最终质量检查是发货给客户之前的最后一步。它可能与以前的中间质量检查相同。如果中间质量检查后还继续进行了装配工作，那就与中间质量检查不一样了。

在成品质量检查中，以下几个方面非常重要：
- 执行精确的身份检查
- 以前执行的质量检查文件必须随机备查
- 最终检查后由指定人员进行产品书面批准
- 根据型号、数量和包装检查交付的完整性
- 按类型和数量比较运输文件和要运输的产品
- 不符合最终检查要求的产品必须予以封存

对待发货产品的检验也可以作为最终质量检查的附加步骤单独进行。这里仅检查包装和交货单是否正确，以及随附的文件是否完整。

这些发货检查也可以作为发货审核来执行。

5. 可靠性质量检查

可靠性质量检查通常在开发中完成。它们通常称为使用寿命测试。这些是使用统计方法检查零部件和总成组件可靠性的长期测试。通过这种类型的测试，一定数量的产品会在很长一段时间内运行并被监控，其结果记录保存。

测试的目的是及时发现有缺陷的产品，以节省成本并防止将有缺陷的产品交付客户。

质量检查的相关要求包含在 ISO 9001 的第 8.2.3 章节中，要求监测产品的特性。这必须由适当的文档予以证明。

IATF 16949 对重新认证测试（第 8.6.2 章节）和外观相关产品测试有进一步要求（第 8.6.3 章节）。

6. 重新认证质量检查

在重新认证质量检查中，首件样本检测报告（核心工具）上体现的所有特性均要做完整的尺寸和功能测试。在大多数情况下，客户设置了这些检测的时间间隔。如果

客户没有规定，则企业内部定义时间间隔为每年一次。

图 6-18 显示了对产品监测的要求。产品审核将在 7.2 章节中讨论。

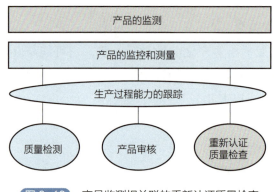

图 6-18　产品监测相关联的重新认证质量检查

重新认证质量检查（第 8.6.2 章节，IATF 16949）包括完整的尺寸和功能测试。必须考虑到客户对材料和功能的要求。必须记录所有结果。该质量检查的目的是确定零件（零件编号）的指定尺寸和功能的质量是否至少与首件样品质量检查报告的状态（根据 PPF 或 PPAP）相对应。重新认证质量检查的频率必须在生产控制计划中指定，或者必须给出参考相关文件的提示。指定的时间间隔应基于特殊影响因素给出，例如机器利用率、员工技能资格、原材料、测试方法等。如果客户提出请求，则必须向他提供相关记录文件。

在产品审核和重新认证质量检查之间经常会发生混淆。最显著的区别是，在产品审核期间，通常会连续检查量产质量检查计划中的常用产品特性，或根据情况选择特定的产品特性。

 重新认证质量检查的要求必须传递给供应商的下级供应商。

重新认证质量检查的目的是检查所有特性，从而防止未注意到的变化。

6.3.9.3　外观相关产品的质量检查要求

对外观相关产品提出了特殊要求（IATF 16949 第 8.6.3 章节）。此类产品例如有喷漆部件，比如车门。通常这些产品是根据极限样件进行目视检查的，一般在难以量化标准的情况下使用。"合格"和"不合格"状态的标记通常以文字标记或粘贴标签的方式直接标记在要检查的零件上。

极限样件可适用于：

- 喷漆表面
- 标记
- 焊接后回火色
- 浇铸方法中的浇口和滑块位置
- 表面光洁度
- 颜色样品
- 喜好样品

在质量检查中使用极限样件时，应配备足够的照明测试点。测试人员必须具有可被证明的检测资格。测试人员资格的一个前提是身体条件，例如色盲测试，以便规避发生类似颜色混淆的风险。参考样本或极限样件也必须在检测位置可见。极限样件体现了质量特性的极限值，它们经常在质量特性处使用颜色来表达。

参考样件必须要有相应的标记、保养和修理。

6.3.10 总结

只有各方齐心协力，才能满足对产品和工艺质量日益增长的需求。这一过程从设计和开发开始，到企业的客户售后服务结束。

事实是，在没有高成本的情况下，几乎无法纠正生产制造产品之前发生的错误。这对生产中的质量保证提出了很高的要求。生产质量管理的主要任务是确保成品符合预定的产品特性。这项工作应尽可能在经济上以较低的成本进行。因此，深思熟虑的计划是成功的前提条件。

生产中重要的质量管理措施如下：

- 为生产领域制定和准备明确的规定
- 监控对这些规定的遵守情况
- 进行所有相关和必要的检查
- 进行预防性和预测性保养和维护
- 提高员工对处理客户财产的意识
- 收集和评价质量数据
- 评价和实施来自客户服务提供的信息

6.3.11 参考文献

DIN ISO 2850-1:2014: Annahmestichprobenprüfung anhand der Anzahl fehlerhafter Einheiten oder Fehler (Attributprüfung) – Teil 1: Nach der annehmbaren Qualitätsgrenzlage (AQL) geordnete Stichprobenpläne für die Prüfung einer Serie von Losen

DIN ISO 3951-1:2016: Verfahren für die Stichprobenprüfung anhand quantitativer Merkmale (Variablenprüfung) – Teil 1: Spezifikation für Einfach-Stichprobenanweisungen für losweise Prüfung, geordnet nach der annehmbaren Qualitätsgrenzlage (AQL) für ein einfaches Qualitätsmerkmal und einfache AQL

IATF 16949 Anforderungen an Qualitätsmanagementsysteme für die Serien- und Ersatzteilproduktion in der Automobilindustrie IATF 16949:2016 (D)

Imkamp, Dietrich: Qualitätsprüfung als Teil des Qualitätsmanagements in: Kamiske, Gerd (Hrsg.): Digitale Fachbibliothek. Symposion Publishing GmbH, Düsseldorf 2010

Item Glossar: Single Minute Exchange of Die, https://glossar. item24.com/glossarindex/artikel/item/single-minuteexchange-of-die.html

Linß, Gerhard: Prüfplanung, in: Pfeifer, Thilo; Schmidt, Robert: Masing Handbuch Qualitätsmanagement, 5., vollst. neu überarbeitete Auflage, Carl Hanser Verlag, München 2007

Löffler, Bruno: Rüstzeitreduktion mit der SMED-Methode, Vollmer & Scheffczyk GmbH, Stuttgart

Qualitätsmanagementsysteme – Anforderungen (ISO 9001: 2015); deutsche und englische Fassung EN ISO 9001:2015

Quality Management Design: Grenzmuster, http://www.qm design.eu/pages/qm-wiki/grenzmuster.php

Starke, Lothar; Brückner, Claudia: Qualitätsprüfungen und Prüforganisation, in: Kamiske, Gerd (Hrsg.): Digitale Fachbibliothek. Symposion Publishing GmbH, Düsseldorf 2010

Teeuwen, Bert; Grombach, Alexander: SMED – Die Erfolgsmethode für schnelles Rüsten und Umstellen, CETPM Publishing; 2.,überarbeitete Auflage, Herriden 2015

Thode, Michael: Abschnitt 8.5.4 Erhaltung, in: QM-System nach ISO 9001, Online-Version, WEKA MEDIA, Kissing 2018

Thode, Michael: Abschnitt 8.5.5 Tätigkeiten nach der Lieferung, in: QM-System nach ISO 9001, Online-Version, WEKA MEDIA, Kissing 2018

TÜV Thüringen: Normrevision DIN EN ISO 9001:2015, Kundeninformation 9001 5/2017, https://www.tuev-thueringen. de/fileadmin/user_upload/tuev/Downloads/Zertifizierungsstelle/9001_2015_Kennzeichnung_und_Rueckverfolgbar keit.pdf

VDA: Vor- und Rückverfolgbarkeit von Fahrzeugteilen und Identifizierbarkeit ihrer technischen Ausführung, VDALeitfaden 5005, 2015

VDI/VDE/DGQ-Richtlinie 2619: Prüfplanung

6.4 变更的处理

6.4.1 综述

ISO 9001:2015 标准修订版的第 8.2.4、8.3.6 和 8.5.6 章节阐述的是与产品或服务相关的变更。第 6.3 章节涉及管理体系的变更。然而，这两个部分之间没有明显的联系。

IATF 16949 第 8.2.2.1、8.5.6.1 和 8.5.6.11 章节中具体描述了关于变更跟踪和处理生产过程临时变更的要求。在旧版中，仅在第 8.3.6 章节中阐述了开发变更。因此修订版中的要求已大大扩展。

6.4.2 目的和意义

对变更进行系统的处理，意味着生产过程中的变更不会对产品交付造成任何后果。因此，除了所有其他可能的变更外，还必须策划和跟踪对工艺的临时变更。

6.4.3 变更的执行和跟踪

必须跟踪变更。为此需要有文件记录的过程，该过程一方面包括对影响生产变更的控制，另一方面包括对变更的响应。变更是影响企业自身还是供应商并不重要。

原则上，企业必须这样做：
- 确定确认和验证措施，以确保将来也能满足客户要求
- 在实施开始之前验证变更
- 证明进行了相应的风险分析
- 相应地保存确认和验证记录

提示：如果这是客户要求的变更，请不要忘记通知客户有关变更的具体信息

一个非常重要的新方面是 IATF 16949 的第 8.5.6.1.1 章节中有关生产工艺临时变更流程的要求（图 6-19），下面将对其进行更详细的讨论。

为了避免在限定时间内偏离原始生产工艺时出现问题，IATF 为采取必要措施提供了一个框架要求。

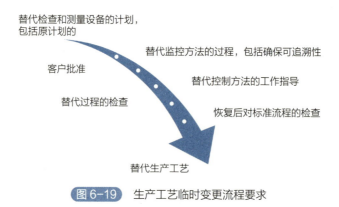

图 6-19　生产工艺临时变更流程要求

通常有四种用于监控生产工艺的方法（来源：Benes、Groh：质量管理基础，第172页）：

- 统计过程控制（SPC）

对生产工艺过程进行早期干预，采取纠正措施，定期进行抽样检查（请参阅第9.3.8章节）。

- 持续过程控制（KPR）

100%地检测，通过结果直接反馈来影响设备控制。

- 统计过程监视

基于抽取样件和挑选分类的质量评价。

- 持续过程监视

100%地检测并挑选分类。

> 过程控制的目标是所有过程都以受控方式运行。这意味着，在过程变更的情况下，将采用控制措施。一旦启动这些措施，就必须检查这些措施的有效性。

为了满足IATF 16949的要求，必须创建一个列表并不断对其进行更新。这个列表包含：

- 用于生产工艺过程的所有控制措施
- 所有使用的检查和测量设备
- 所有批准的替代方案

此列表应是一份属于生产工艺过程以及生产控制计划的共同适用文档，在这个生产工艺过程中记录了替代监控方法的使用。

同时这意味着，替代监控方法已经过测试，替代检查和测量的设备已经校准，其能力也已经得到了证明。替代方法的示例可以是：

- 如果设备监控相机失效，员工可执行100%的目视检查
- 如果集成设备上的测量装置失效，则可通过扭矩扳手进行扭矩监控

这些替代方法的使用必须在风险分析（如FMEA）中加以考虑，并且在此类流程生效之前，必须始终有内部批准流程。IATF还要求在交付以替代工艺制造的产品之前，客户须予以批准，如果对此客户进行了要求。

必须在合同或QSV质保规定中关注关于客户批准的要求。

IATF 16949更进一步，要求为所有替代生产控制措施给出相应的工作指导。

在采用替代措施后，必须每天进行检查，以确保所有必要的工作指导都实际投入使用。可以通过如下方式进行：
- 每日质量审核（分级过程审核）
- 每日领导层会议
- 工作岗位相关的审核
- 观察等

替代生产工艺的一个重要部分是每个班次的第一部分和最后部分的留存零件备查，以确保所有生产产品的可追溯性。

"分层级"一词源自英语，代表参与过程审核所涉及的不同管理级别。（来源：QZ online）

分级过程审核是检查过程和其他要求的执行情况的简单方法。领导使用简单的清单来检查是否遵守了要求。与员工进行对话，时间不超过十分钟。

如果发现偏差和不遵守要求的情况，应立即在现场进行更正。如果无法这样做，则必须采取纠正措施并实施。对结果和直接在工作岗位引入和实施的措施进行相应的直观可视化，可确保对所有员工的高度透明度。结果和措施的直观可视化最好通过红绿灯方法完成：
- 绿色：被问的规范得到正确实施
- 黄色：被问的规范未得到正确实施，审核期间进行了更正
- 红色：被问的规范没有得到正确实施，且无法直接在现场进行更正，有必要采取进一步措施

使用这些审核的先决条件是培训员工和领导，以及准备合适的检查表和可视化可能性。

重新引入原生产过程后，必须执行相应检查并记录。为此必须设立一个检查时间区段，以确保原检查和测量设备的所有功能和特性以及原检测过程有效运行。

6.4.4 总结

首先 IATF 16949 的要求可能看起来有些夸张，但是也可以通过使用替代方法来满足客户要求，这里系统的计划和实施是必不可少的。这些替代方法或备选方法应该最好已经在生产过程开发阶段作为质量预先策划的一部分进行了描述。

6.4.5 参考文献

Benes, Prof. Dr. Ing. Georg M. E.; Groh, Dipl.-Ing. Peter E.: Grundlagen des Qualitätsmanagements, 4. aktualisierte Auflage, Carl Hanser Verlag, München 2017

Brückner, Claudia: Die neue IATF 16949:2016 – Gründe für die Revision der ISO/TS 16949 in: QM-System nach ISO 9001, Online-Version, WEKA MEDIA, Kissing 2018

EN ISO 9001:2015: Qualitätsmanagementsysteme – Anforderungen (ISO 9001:2015); deutsche und englische Fassung

IATF 16949 Anforderungen an Qualitätsmanagementsysteme für die Serien- und Ersatzteilproduktion in der Automobilindustrie IATF 16949:2016 (D)

QZ online: Layered Process Audit, https://www.qz-online.de/qualitaets-management/qm-basics/massnahmen/prozess management/artikel/layered-process-audit-858402.html

Stompen, Dr. Peter: Die IATF 16949 – Interpretation der Anforderungen der IATF 16949:2016, ÜV Media GmbH, TÜV Rheinland Group, Köln 2017

Zeller, Elmar: Layered Process Audit (LPA) – Prozesse konsequent führen, aus Erfahrung lernen, Ergebnisse verbessern, 2. Auflage, Carl Hanser Verlag, München 2018

6.5 外包质量控制

6.5.1 综述

ISO 9001:2015 第 8.4.1 章节和 IATF 16949 的补充要求针对的是供应商管理和外包过程。IATF 16949 对外包过程中的产品供应商和服务提供商进行了识别和评价，其方式与原材料供应商相同。但是由于外包过程是提高客户满意度的一个非常重要的点，因此在本章中将分别逐项介绍外包流程的处理。

最低控制要求在第 8.4.1 章节中的 ISO 9001:2015 中做了规定。要求对以下方面采取控制措施：

- 来自供应商的下级供应商的产品和服务

- 由供应商直接交付客户的产品和服务
- 外包的过程或子过程。

第8.4.2章节还对外包流程提出了要求，并要求企业对其进行监控。

企业管理层必须确保与质量管理体系相关的外包流程被控制、跟踪和在质量管理体系中进行定义，以满足客户的需求。

很多情况下过程外包也叫作外部资源或者外部协作。

6.5.2 目的和意义

在质量标准第8.4.1章节中，对采购提出了不同的要求。必须在企业内建立程序，以确保采购的产品按照采购要求进行交付和评价。为此为企业量身定做的采购策略是理想的选择。由于主机厂自制件生产程度的不断减少，很多供应商在早期阶段就参与了生产过程。因此标准也有要求，根据确定要求选择和评价供应商，并且随着变得日益重要的持续改进过程，供应商也要进一步发展提高。

外部资源、委外或者过程的外包要求以过程为导向，因为关键点是过程的衔接，必须识别可能的风险并建立控制机制。

在将某一生产过程外包之前，应解释以下几点：
- 接口记录文件的明确说明
- 衔接确定的明确描述
- 客户要求的明确传达

与执行企业签订的合同应涵盖所提供产品和服务的所有期望，因此附加措施如质量保证协议是必要的。

遵守标准要求对企业非常重要，也对企业大有好处。满足客户要求以及客户满意度的不断提高是每个企业的焦点。因此，将外包过程的控制归于外包企业是很有意义的。

6.5.3 供应商管理

采购的主要任务是按规定的技术要求，经济高效和准时订购零件和材料，以确保生产过程顺利进行。对此有以下要求：
- 必须确定采购战略
- 必须确定采购信息并将其传达给供应商
- 必须选择、评价和发展供应商

- 必须进行进货检查
- 必须定义处理有缺陷零件的流程
- 必须定义改正和预防措施

这些工作可按时间顺序描述，如图 6-20 所示。

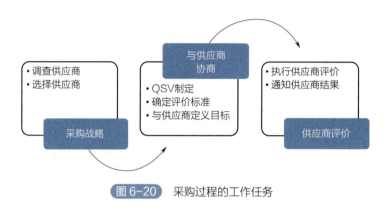

图 6-20　采购过程的工作任务

这意味着由采购部门评价质量、供货能力和潜在供货意愿，并跟踪检查订单和进货处单据二者之间的一致性。

 提示　IATF 16949:2016 要求有文件支持的供应商选择过程。之前情况并非如此。

这里风险分析也再次发挥作用，并且必须评价在选定的供应商处存在的风险。

6.5.3.1　确定采购战略

尤其是为企业创造增值的产品，必须制定明确的指导原则，以进行有效和高效的供应商搜索和选择。为此应在 QM 系统中建立一个处理方式被详细描述的采购流程。采用不同的处理方式是必要的，例如：根据订购的产品是否是标准产品还是瓶颈急需产品采取不同的处理方式。

因此提前创建采购分析是有意义的。此类分析可以使用特殊软件、检查表或复杂方法进行。常用方法是 ABC-XYZ 分析，简介如下。

ABC 分析建立了数量价值比，提出了物品每项年度消费金额值与年度消费数量值之间的关系，这表明哪个物品占用的资金最多。首先必须将物品分为 A、B 和 C 类别，见表 6-11。

XYZ 分析的图形展示了需求随着时间的变化过程。还可以通过为区域 X 分配恒定的需求行为、为区域 Y 分配固定时间间隔的需求行为，以及为区域 Z 分配无固定时间间隔的需求行为，来更详细地说明区域 X、Y 和 Z。之后，将两种分析结合起来作为 ABC-XYZ 分析，以制定最佳的采购策略。表 6-12 给出了一个示例。

表 6-11　ABC 分析示例

物品分类	物品库存数量百分比	物品库存价值百分比
A	10%	80%
B	20%	15%
C	70%	5%

表 6-12　ABC-XYZ 分析示例

值 / 级别	X/ 常数 Y/ 固定时间间隔	Z/ 无固定时间间隔
A/ 高	根据订单的类型和数量采购商品	根据接收到订单的类型和数量进行采购
B/ 中	根据预期的接收订单数量进行采购，即成本优化的订购数量	
C/ 低	自动化订购（集中采购）	

采购过程对于企业内的许多领域都至关重要。因此有必要组建一个来自多部门的小组团队来制定采购战略。该小组团队的组成如下：

- 采购（战略采购）
- 物资调度（采购物流）
- 质量安全
- 生产 / 技术
- 研发

提示　　使用多部门小组团队可确保所有知识和经验都能收集和处理，并且所有利益和目标设定都能考虑到（衔接问题）。

采购战略是供应商管理的中心控制手段。它应由企业战略决定，并取决于企业的规模和理念。根据采购战略，所有其他活动都在供应商管理范围内进行。

此外，关于多家或单一供应商资源采购的决定是根据采购战略做出的。这意味着确定产品或材料是仅来自一个或多个供应商，还是产品或零件应由自己制造或对外购买。

6.5.3.2　供应商选择与评价

确定采购战略后，将进行供应商选择和评价，以及选定的并因此获得批准的供应商的发展（图 6-21）。

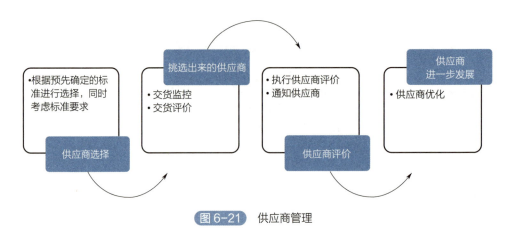

图 6-21 供应商管理

供应商选择是供应商管理的第一步。这里的重点问题是，哪些供应商可用。它必须由特定需求触发，因此有必要确定所有可能满足采购战略中定义的要求并在市场上提供所需产品或材料的制造商。

企业正越来越多地降低自制件生产程度，因而与供应商的合作加强了。因此选择良好和可靠的供应商变得越来越重要。在选择供应商下订单之前，必须通过以质量为导向的评价系统对潜在供应商进行评价，以便提前规避可能的风险。

下订单后，必须持续评价供应商的产品和服务绩效，以便持续消除在准时和保证质量供货方面的风险。因此在运行正常的供应商管理系统中，必须在下订单之前和重复下订单时选择和评价供应商，并在其能力范围内进一步发展他们。

 如果客户在合同里指定了供应商，则必须从他们那里采购产品和材料（IATF 16949 第 8.4.1.3 章节）。但是供应商有责任检查采购的货物的质量。

供应商管理追求以下目标：
- 提高选择供应商的有效性和效率
- 确保生产供应
- 建立基于伙伴关系的合作
- 提高交货质量

供应商评价在供应商管理中具有基础要素地位。为此必须定义以下方面的评价标准：
- 对供应商的要求
- 供应商评价

应系统地计划评价方法，以确保企业自己的增值过程。并且仅与符合所有评价标准并因此获得"放行的供应商"的供应商合作。

为了确定供应商的能力,应在企业中明确定义程序和标准。仅根据价格进行选择,并通过进货检验确定所交付产品的质量是不够的。图 6-22 是一个如何设计此类程序的示例。

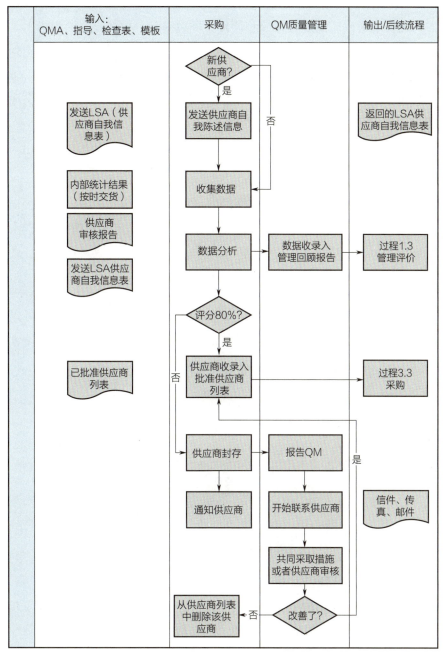

图 6-22 供应商选择和评价过程

提示　为供应商选择和评价创建过程描述。

⇨ 工作辅助：供应商选择和评价过程。

标准明确要求对供应商进行打分和评价，不过对打分模式没有给出指示。这意味着企业必须根据自身实际情况单独确定这一点。在这方面，企业有很大自主处理回旋余地。需要注意的是，必须在 QM 系统中确定一个相关的子系统。

应特别注意相关的质量和交付表现、供应商的质量管理体系，以及对供应商的软件开发能力的评价（如果适用于相应产品）。在这种情况下，必须按照第 8.4.2.3.1 章节的规定，要求这些供应商为其产品引入质量保证过程。

步骤 1：确定评价标准

确定采购战略后，可以由此确定评价标准。

 提示　设置方便管理的、有意义的评价标准，数量不要太多。这将使您得到更高的结果质量。

在实际执行中，主要考虑少数几个主要标准是很有意义的，主要标准可以通过子标准更详细地加以描述。标准模块的形成印证了这一说法，如图 6-23 所示。

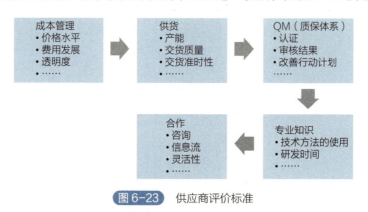

图 6-23　供应商评价标准

步骤 2：为新产品选择供应商

特别是在标准产品的采购方面，可用的供应商通常比企业特定的产品或瓶颈产品的供应商多。因此在与新供应商签订委托合同之前，应进行预选。在预选阶段查看供应商简介时，可以考虑以下条件：

- 产品品种分布
- 满足技术要求
- 满足物流要求
- 工厂地点
- 销售额/市场份额
- 财务能力/信誉
- 企业规模大小等

然后根据确定的标准化的要求条件对预选的供应商进行评价。为此必须把必要的信息收集到一起，然后可以对其进行分析。

标准还给出了选择过程中应考虑的其他条件：
- 汽车行业销售额占总销售额的比率
- 财务风险
- 要采购的产品、材料或服务的复杂性
- 供应商是否具有所需的技术
- 供应商是否具有足够的资源
- 是否有足够的开发和生产能力
- 供应商是否有变更管理流程
- 是否有合适的应急计划
- 物流过程的评价
- 客户服务的适合程度

VDA 6.3 的潜力分析可以很好地用于这样的评价，这为供应商的选择提供了完全可比较的条件。

在合格供应商的选择已经确定后，最好将所有结果一起放在表中。下面的示例说明了如何使用分数等级划分执行此操作。

一家企业将自己的目标设定为仅与表现优于 2.0 的供应商签合同。此总评分来自评分等级：1，很好；2，好；3，满意；4，不够；5，不可接受的。

成本因素是企业最重要的考虑因素，因此获得最高权重。供应商发展和供应商变更的成本也添加到此成本因素中。

附加费将被给予总评分最低的供应商（最佳），同样应该在团队中做出决定。如果瓶颈产品供应商或与之建立特定伙伴关系的供应商没有达到选择目标条件，在大多数情况下，管理层必须决定是否与其建立合同关系。

表 6-13 是系统放行过程示例，表中供应商 2 获得了附加费，尽管其费用略高于供应商 3。

表 6-13 系统放行过程示例

评价标准 (GP = 权重 %) Σ GP = 100	供应商 1 评分（N）	分数 (NW)	供应商 2 评分（N）	分数 (NW)	供应商 3 评分（N）	分数 (NW)
质量（20%）	2,0	40	1,3	26	1,8	36
技术（20%）	2,5	50	1,5	30	2,0	40
管理（20%）	3,0	60	2,0	40	2,2	44
费用（40%）	2,4	96	2,2	88	2,0	80
总分数		246		184		200

在选择过程结束之后，应对新供应商进行分类。这种分类也是合同谈判和未来供应商持续评价的基础。分类可以分为 A、B 和 C 供应商。必须说明确定的类别，如以下示例：

• A 供应商：对于企业自身价值创造过程非常重要（产品唯一供应商、瓶颈产品供应商、用于生产主要产品的产品和材料供应商、供货量大的供应商、参与开发过程的供应商）

• B 供应商：对于企业自身价值创造过程具有中等重要性（有几个供应商，标准产品供应商）

• C 供应商：对于企业自身价值创造过程的重要性不高（有许多供应商，没有主要产品，杂品供应商，例如办公用品）。

步骤 3：发送供应商信息调查表（LSA）

通常向新供应商发送信息调查表，以收集有关企业概况以及产品和服务能力的信息。问题要素来自所确立的评价标准。此类 LSA 示例如图 6-24 所示。

⟶ 工作辅助：供应商信息调查表（LSA）。

供应商发送其现有认证证书。如果其未至少按照 ISO 9001 进行认证，则必须回答供应商自我评价中列出的问题。

基于供应商的自我信息反馈，可用供应商的选择范围已经缩小。根据收到的 LSA，可以进一步决定是否应进行进一步评价，例如以供应商审核形式进行评价。

步骤 4：供应商审核

在许多情况下供应商审核是有必要的，企业必须了解符合条件的供应商的运行情况。在计划建立密切的伙伴关系或战略合作时，这一点尤其重要。通常在供应商处进行审核（现场访问），常常以跨部门的方式进行。还有一个方法是查看供应商内部审核报告。

表格
供应商信息调查表(LSA)

供应商信息调查表					
请填写调查表并邮寄或者传真回传给我们					
企业名称:			地址:		
电话:			传真:		
电子邮箱:					
联系人:			部门:		
联系人	电话(区号)		传真(区号)		电子邮箱
企业领导					
质量管理人员					
销售人员					
员工数量	行政		质量	生产/服务	总计
QM(质量管理体系)(如果没有认证,请回答下面的问题)					
标准/要求	认证/审核 || 日期	审核类型	结果	有效日期
ISO 9001					
VDA 6.1					
IATF 16949					
ISO 14001					
EMAS					
客户审核					
内部审核					

图 6-24 供应商信息调查表(LSA)示例(节选)

提示 现场审核的优势是客户可以直接查看供应商提供产品和服务的能力,改进潜力在审核过程中就可以讨论,客户还可以了解供应商是否能够满足对其的要求。

审核准备和执行应包括以下步骤:
- 安排审核日期
- 通知审核范围和持续时间
- 审核检查表可以提前发给供应商
- 由受过培训的客户审核员执行审核
- 审核结果汇编成报告
- 展示必要的改进和纠正措施
- 如有必要,进行二次审核

提示 在这种情况下,还应遵守 IATF 16949 的第 7.2.4 章节:"'第二方'审核员的能力"和针对过程审核员的 VDA 培训项目表 (http://vdaqmc.de/ausund-weiterbildung/qualifizierung-und-prue fung-kursangebote-2017/regelwerk-vda-6x2017/vda-63/?0=)。

根据 VDA 6.3 的过程审核仅由经过认证的过程审核员进行,因为问题调查表内容非常广泛,并且已经包括基本知识,以便能够审核复杂的生产过程。潜力分析也是如此。可以在 VDA-QMC 中找到有关符合 VDA 6.3 资格的过程审核员的更多信息。

步骤 5:供应商产品质量检测

为了获得所期望的供应商,进一步的保障是检查产品是否符合要求。在产品是标准件的情况下,可以容易地获得样品,这些样品可在企业进行检测。

检测过程可因产品特性、技术和功能要求而异。如果供应商参与开发,或者产品是根据客户的图样精确地制造出来的,则检测更为复杂。

在实际生产订单产品之前,可以在产品开发的各个阶段通过原型产品来检查所需的产品组件。例如在实际开发产品之前,产品和服务技术要求可以通过任务书来具体化,供应商必须将任务书转换为义务书来实施。

另一种可能性是由供应商提供样品。样品在批量生产条件下生产,并经过尺寸、材料和功能测试。供应商首先自己进行此测试,并生成首件样品检测报告(EMPB);然后将此检测报告连同样品一起交给客户进行对照检查,之后客户做出决定对样品进行批准或者要求改进;再接下来才能批准进行生产。

客户可以规定首件样品检测过程的流程,并设置特殊要求,例如取样前提条件、样品标签、重新采样程序等。在实践中,这是通过质量保证协议(QSV)的执行、通过一般所说的"顾客特殊要求"或通过单独的订单交付协议来实现的。通常会制作一个首件样品检测报告的标准化表单(例如,根据 VDA 卷 2 或 PPAP 来制作)。

步骤 6:与供应商达成协议

选择供应商后,现在可以开始与供应商进行合同谈判了。可以就合同规定的质量保证达成不同的协议。

与供应商的合同可以就质量保证协议进行拓展。这种质量保证协议对供应商提出了特殊的质量和可靠性要求,它们因所采购产品技术要求的不同而不同。质量保证协议必须由供应商签署,并且是合同的一部分。质量保证协议可以包含表 6-2 中所示的各方面。

进一步的质量保证可通过将客户特殊的系统要求传递给供应商来实现。这也列在合同中作为共同适用的文件。涉及的是以指南、企业内部标准等形式的总体质量保证协议。在实践中，通常会与供应商商定定期进行报告的目标。为此举行目标商讨特别会议，并以书面形式确定商定的目标。

这种供应商选择程序的最终结果是将供应商列入所谓的"批准供应商名单"中。这可以是一个确切存在的清单。

步骤7：供应商评价

下一步可根据制定的标准对选定的供应商进行评价。这通常是标准化和有系统地进行，并且使用等级或分数系统进行评分。根据采购对象的不同，还应考虑主要和可能的次要标准的不同权重。对于特定物品，遵守交货日期可能比例如在计算范围内能接受不同采购价格更重要；而有些项目，非常高的交付质量比交货日期更重要。因此，可以通过使用加权因子或百分比对定义的标准进行加权。

然而对供应商选择进行可量化的和客观的评价并不总是那么容易，因为要评价的供应商提供产品和服务的能力大部分基于无法量化的要素。对交付能力的评价更容易些，因为相关客观行为的确切数据可以在一定的评价期内被收集和评价。

还应对现有供应商进行持续评价。执行外包流程的外部供应商也必须同样进行供应商评价。

为选择新供应商而制定的标准可以扩展，用来做持续的供应商评价。具有重要战略意义的供应商和具有高优化潜力的供应商必须首先进行评价。理想情况下，评价应至少每年进行一次，并与供应商讨论结果。评价交付绩效时通常考虑以下方面：

- 交付产品的合格性
- 对客户造成的不良干扰
- 客户返回的产品
- 交付准时性
- 额外的运费
- 数量准确性
- 投诉状态

这些方面是汽车专用标准明确要求的。评价时间间隔和评价标准必须在质量管理体系中定义。表6-14显示了最低标准要求，可以根据自己的标准随时扩展最低要求。

表6-14　IATF 第8.4.2.4 章节中供应商的评价标准

要求等级	具体说明
最低标准	交付产品对要求的符合性
	客户抱怨
	供货可靠性
	供货准时性
	必须产生额外运费的意外事件
	如果适用，客户状态（供货分级）

图 6-25 举例说明了持续供应商评价表的具体内容。供应商的分类一方面可以按百分比，另一方面也可以按 A、B 或 C 供应商进行分类。对于将来的供应商的合同谈判和持续的供应商评价，建议在选择过程后对新供应商进行分类。可以把它们分为 A、B 和 C 供应商。

→ 工作辅助：持续供应商评价表。

表格
持续供应商评价

				评价期从		到		
供应商	供货次数	抱怨次数	非常好 =100%	非常好 =100%	0~1 抱怨 =100%	满足程度	≥ 80% 接受
			好 =90%	好 =90%	2~3 抱怨 =50%		60%~79% 整改
			满意的 =75%	满意的 =75%	> 3 抱怨 =10%		< 60% 拒绝
			足够的 =50%	足够的 =50%	质量		分级
			不够的 =25%	不够的 =25%			
			价格	服务			

图 6-25　持续供应商评价表

以下要素可以在各个类别进行考量：

1）A 级供应商（≥ 80%）：供应商对应所有评价标准都能证明在一个非常高的水平并能保持。供应商提供的是顶级的产品和服务。

2）B 级供应商（60%~79%）：供应商能令人满意地满足所有评价标准并可以证明

其具有提高到所要求资格的潜力。这意味着该供应商已基本满足要求。在中期和短期内必须通过有针对性的措施消除已发现的不足之处。

3）C 级供应商（< 60%）：供应商在其产品和服务方面存在重大缺陷或交付能力不令人满意。对于这些供应商，必须立即采取纠正措施。如果供应商没有提供证据证明在规定的时间内已采取措施以达到令人满意的能力水平，则封存该供应商，并寻求其他替代供应商。

出现评价下降应立即通知供应商，且至少每年一次将评价情况告知供应商。这可以通过书面信件或在供应商谈话期间完成。

持续供应商评价必须是 ISO 9001 QM 系统规定的持续改进过程的一部分，因此必须从供应商评价的结果中得出纠正和改进措施。必须详细确定谁负责制订措施，并与哪些决策者协调这些措施。

供应商评价结果纳入管理评价，由管理层分析。然后管理层将决定是否需要调整目标和进一步的措施来提高供应商的质量能力。对供应商评价的具体分析对于找出供应商（尤其是瓶颈供应商）的问题并找到共同的解决方案非常重要。

供应商产品和服务不佳时的改进计划属于供应商发展领域的工作。

步骤 8：供应商持续发展

IATF 16949 的第 8.4.2.3 章节要求，供应商的质量管理体系应持续发展，以满足 IATF 16949 要求。

与 ISO/TS 16949 相比，IATF 16949 中的要求得到了扩展。二者之间保持一致的是仍旧要求供应商根据 IATF 16949 进行认证。现在精确指定了供应商的发展顺序。

如果没有 ISO 9001 认证，则企业必须执行以下操作：

- 通过第二方审核（供应商审核）来评价供应商是否符合 ISO 9001:2015
- 供应商通过 ISO 9001:2015 认证的证明
- 供应商通过 ISO 9001:2015 认证的证明，以及客户指定的其他 QM 要求的评价
- 供应商通过 ISO 9001:2015 认证的证明，以及实施检查是否与 IATF 16949 相符合的第二方审核（供应商审核）
- 供应商通过 IATF 16949 认证的证明

由于不能强迫供应商进行 IATF 16949 认证，因此这一要求仍然令人困扰。但是客户可以通过对供应商进行符合 IATF 16949 且监视客户要求实现的审核来引导供应商朝 IATF 16949 这个方向发展。今后如何在实践中实施这一点尚不明确，因为基本上 IATF 16949 要求的第五步没有得到遵守。

IATF 16949 的第 8.4.2.5 章节阐述了有关供应商发展的进一步要求，它要求必须通

过设置至少包括以下方面的优先级来引入供应商发展的措施：

- 供应商评价中发现的问题（第 8.4.2.4 章节）
- 供应商审核的结果（第 8.4.2.4.1 章节）
- 要求认证的证明状态
- 风险分析

最重要的是，部分满足要求的供应商具有发展能力，因此值得去弥补其他领域的缺陷。然而这样做的前提条件是供应商愿意共同去执行这一发展和资格认证进程，并使内部流程和结构透明化。

只有对供应商的要求精确具体，供应商发展才能取得好的结果。因此，供应商管理的任务是清晰明确地进行描述，并支持供应商以自己的方式达到这些要求。

客户必须接受其供应商作为高价值的合作伙伴，从而为有效的合作奠定基础。双方之间良好的信息交流为基于伙伴关系的协作提供了支持。不仅必须优化从客户到供应商沟通路径的设计，而且还必须设计从供应商到客户的沟通路径。这可以通过以下方式加以控制和实施：

- 手册
- 信息材料
- 网络平台
- 信息交换
- 供应商培训
- 共同参加专业技术会议等

同样重要的是质量预防概念，它同时也对合作提供了支持。这可以通过以下方式实现：

- 召开共同预防研讨会
- 交流有关实现稳定、高效的生产过程的专业知识
- 交流有关测试方法的最佳技术的知识
- 组建预防措施联合项目组
- 召开质量升级或降级研讨会

许多大企业表彰奖励他们最好的供应商。例如福特的 Q1。这将确保质量管理体系运营高效的优秀供应商得到认可。同时奖励过程可以为供应商提供动力，以实现当前持续的和面向未来的卓越的产品和服务。因此，表彰会通过媒体进行报道。供应商

被允许将表彰用于广告目的,从而改善自己的企业形象。

作为供应商发展战略的一部分,企业经常会与选定的供应商一起实施项目。实践中在大多数情况下,下文所列的四个伙伴关系被提及:

- 开发伙伴关系:联合开发复杂产品或创新产品的系统组件
- 物流伙伴关系:产品制造商与负责存储、分配和海关事务的货运代理之间的合作
- 采购伙伴关系:多个组织合并,旨在通过扩大采购量来得到更有利的采购条件,并通过合并工作包来释放成本节约潜力
- 系统合作伙伴关系:为了让客户能够专注于核心业务,本着精益生产管理的精神追求从外部采购其他渠道能够做得更好以及更便宜的一切产品。通过这一战略,自制件占比和生产深度下降。因此,零部件供应行业正在变得越来越有价值。尽可能独立地开发和提供完整系统的供应商作为系统合作伙伴的这种积极参与,使得在小心谨慎设计的合同中,尽可能对有关产品和生产过程质量以及管理体系效率做出详细的规定,变得非常重要。

应该特别注意,与供应商的信任关系不是自然而然产生的,而是必须努力去营造的。以下是支持建立信任关系的几点说明:

- 任命不受限的随时可以联系到的合作固定联络人的定期(相互)访问
- 共同参与单纯的业务关系之外的活动
- 让供应商参与开发(同步工程)

步骤 9:实施供应商审核

IATF 16949 的第 8.4.2.4.1 章节要求必须要有对供应商进行审核的细节。此过程必须包括在供应商管理中,并且可以用于以下目的:

- 评价供应商风险
- 监控供应商
- 发展供应商
- 产品和过程审核

所有审核报告必须存档保留。

如果审核用于供应商评价,则必须以过程为导向的方式进行。在这种情况下应根据 VDA 6.3 进行供应商审核。实施审核一方面参考 ISO 19011,另一方面参考 IATF 审核员指南。在指南里提供了以下方面的宝贵信息:

- 执行审核的基本能力标准，例如以过程为导向的方法，包括基于风险的思维、客户特定要求的处理等
- 执行审核的一般能力标准，例如提问技巧、时间管理、冲突管理等

步骤 10：向外包商提供相关信息

这些要求在 ISO 9001:2015 第 8.4.3 章节中做了详细阐述，并且在 IATF 16949 中添加了第 8.4.3.1 章节。

企业必须向外包商提供以下信息：
- 要交付的产品、服务和过程
- 产品、服务、方法、过程和设备的批准
- 要求员工所具有的能力和资格
- 怎样与企业合作
- 控制和监控如何进行
- 进行确认和验证的规定

IATF 也添加（第 8.4.3.1 章节）并要求提供：
- 法律和政府法规要求
- 所有产品和工艺相关的特殊特性
- 对其他子供应商的所有适用要求，包括客户和客户系统的特殊要求

最好把上述要求集成到合同或 QSV 里。通过供应商评价和供应商审核对要求的遵守情况进行跟踪。

步骤 11：遵守法律和政府的要求

这些重要要求见于 IATF 16949 第 8.6.5、第 8.4.2.2、第 8.3.3.1 和第 8.3.4.2 章节。

企业按照第 8.4.2.2 章节规定处理法律和官方要求实际上无法执行。这里应取得所谓的"法律义务服务"方面的专业支持。

第 8.4.2.2 章节使企业本身负责承担义务，因为必须有文件记录的过程，以确保他的供应商提供的所有产品和服务都符合适用于出口国、进口国和客户指定的目的国的所有法律和政府要求。客户对法律和政府特殊监控措施的要求必须由企业自己来实施，并相应传递给供应商。

IATF FAQ 常见问题解答更详细地介绍了这些要求，因为它们在实践中可能会导致混淆。

关于 IATF 16949 要求的 FAQ 常见问题解答可在互联网上找到：https://www.iatfglobaloversight.org/wp/wp-content/ uploads/2018/06 /IATF-16949-FrequentlyAskedQuestions-1-20_April-2018_GERMAN.pdf。

因此，企业必须在产品开发过程以及供应商管理过程中预测供应商相关证明，必须验证供应商提供的证据。企业对此有义务，包括查看可追溯性信息。对法律和政府要求的跟踪可以通过审核来进行。

下面是对产品相关软件或集成软件供应商的特殊提示。

IATF 16949 第 8.4.2.3.1 章节特别涉及上述供应商，并规定这些企业必须承担义务。为此供应商必须：

- 引入并维护质量保证过程
- 应用适当方法来评价软件（例如根据 SPICE 或 CMMI 进行自我评价）
- 对自我评价的结果进行存档

是由企业还是由供应商来负责软件开发过程，二者之间也是有区别的。如果由企业自己负责，则必须确保在软件开发中就进行评价。如果由供应商负责，则企业必须确保所使用的软件获得验证，且满足所有客户要求。

6.5.4 外包过程的处理

委托或者划分到外部的过程根据 IATF 16949 现行版本的第 3.1 章节其概念定义如下："外包供应商履行的组织职能（或过程）"。

IATF 16949 在第 8.4.2.1 章节中要求一个描述外包过程确定的文件化的过程，以确保在方法和工具方面符合客户的要求。

外包涉及过程的相关产品或服务由另一家企业负责制造或实施，并可能直接交付客户，是发起外包的企业的产品或服务增值过程的一部分。

典型的外包包括：

- 物流服务
- 研发
- 销售
- 人员管理
- 人员发展

- 专业高增值过程

在大多数情况下，外包是出于技术、经济或战略原因。对于要交付的产品或服务的总体责任仍然由企业承担。企业就产品或服务的一致性对其客户负责。即使未在内部执行某些过程，外包出去的产品或服务也将受到所有相关标准要求的约束。

要求见 ISO 9001:2015 及 IATF 16949 第 8.4 系列章节的内容。对于外包过程，必须明确并实施以下方面：

- 确定外包过程
- 过程的标识名称
- 过程控制的类型
- 控制的类型和范围
- 满足所有客户的要求

实践中外包一直存在持续上升的趋势。这也意味着，在 QM 系统中对处理外包过程的标准要求的解释变得越来越重要。

1. 确定外包过程

第一步必须根据 ISO 9001 和 IATF 16949 识别确定所有外包流程。这涉及直接或间接影响价值创造的所有外包流程，从而直接影响产品和服务的一致性。

在对外包过程与质量管理体系的相关性方面可能会提出以下问题：
- 谁承担过程责任？
- 该过程需要什么文件？
- 如何定义与其他过程（尤其是未外包过程）的过程衔接？
- 在质量管理体系中必须对此过程进行哪些规定？
- 该过程在认证审核过程中如何被审查？

诸如建筑管理、清洁服务或招待（包括餐饮管理）等外包，对其进行直接监控是没有意义的。实际上，连接外包流程的中间企业也称为分包商、伙伴企业或外部伙伴。

衔接协议应尽可能准确、具体，应包括联系人、可衡量的服务水平以及明确的问题升级规则；重要的是要以书面形式确定下来并成为合同的一部分。

例如，如果将 IT 维护进行外包，则合同中应包含以下内容：
- 外包企业联系人：姓名／电话／电子邮箱
- IT 部门联系人：姓名／电话／电子邮箱
- 每周 7 天、每天 24 小时接收损坏报告的服务

- 开始恢复有缺陷硬件的生产反应时间：4 小时
- 不符合约定服务水平的罚款金额标准

2. 与外包商建立协议

企业设定过程目标。商定的外包由外包商执行，外包过程的监控仍保留在企业（请参见 ISO 9001:2015 的第 8.4.1 章节）。在实践中如何完成是在合同中详细做了规定的。过程结果的监控应由负责外包流程的内部过程负责部门或负责人执行。如果有必要改进，则由组织确定，而合作伙伴必须给予实施。

过程目标确立的基础是合作伙伴之间明确的合同规定。为了可以监控外包过程，必须明确衡量变量的设定值。除实际合同外，质量保证协议（QAA）可能会非常有意义。

QSV 的基本思想是，它主要是着眼于质量而创建的。任何伙伴都不应处于不对等的不利地位，单方面质量义务应被排除在外。

3. 实施过程

合作伙伴企业负责根据合同 / 协议实施过程。为此，合作伙伴企业必须拥有必要的规范文档，如工作或检查指导、过程描述、表格等。根据协议的不同，合作伙伴企业可以独立创建文件或需要客户批准文件。另一种可能性是客户提供相关文件。

4. 评估外包商外包过程绩效

在外包过程实施中许多企业发现，虽然可以直接降低固定成本，但如果外包流程不能达到要求的过程质量，企业将在中期且战略性地面对高额的成本花费。可以在 QM 系统中对过程质量的监控进行定义，为此，首先必须明确外包商要提供哪些产品或服务。

因此，在实践中，与外部合作伙伴签订的合同协议明确规定了必须提供哪些过程产出。

为了有效地评估和监控外包流程，应选择或定义外包过程的特性参数。特性参数由目标值和评估值组成。实际绩效通过评估值进行评估。为了能够控制过程，必须定义可量化和可评估的特性目标，以便能够显示目标与实际之间的偏差。

提示　特性参数必须适合过程控制，与可量化的和可评估的客观行为相关，并使相关联的客观行为变得透明。

外包流程的主要特性参数有：
- 遵守交货日期

- 质量
- 费用

选择特性参数后，必须确定相应的评估参数。选择的特性参数应能有效评估合作伙伴企业的绩效。可以列举的特性参数有抱怨率、IT 系统 / 软件的停机时间等。关于外包过程绩效的记录、评估和报告，必须与外部合作伙伴就以下方面做出明确的规定：

- 评估周期
- 评估责任人
- 评估方法
- 评估工具
- 评估结果的接收人

5. 导入和实施措施

理想情况下，过程检查应由组织来执行。这些检查可以周期性地进行，例如每月或连续进行。评估时间间隔越短，对偏差的反应越快。如果检查执行的时间太晚，则可能会没有足够的时间采取纠正措施。在过程检查中做以下工作：

- 记录评估参数（合作伙伴或企业）
- 比较目标与实际，以确定目标偏差（组织）
- 确定偏离目标（共同，组织和合作伙伴）的原因
- 制订措施建议（共同，组织和合作伙伴）
- 实施必要的措施（组织和 / 或合作伙伴）

此外，对外部合作伙伴进行指定时间间隔的质量审核也有意义。这样会使得 QM 系统内的所有过程，包括它们的相互作用，都得到真正的连续检查。在这种情况下，组织必须将外包流程纳入年度审核计划中。如果计划对合作伙伴进行此类质量审核，则应考虑准备好相应的审核能力。

6.5.5　总结

外包质量管理的目的是使采购的产品或服务符合要求。为此必须定义选择供应商的标准，然后进行选择和评价。结果必须记录在案。必须与供应商达成书面协议，以便他们能够满足对要交付产品或服务的要求。

这意味着应该建立供应商管理机制，不仅要选择和评价供应商，还要进一步发展供应商。

采购过程中的另一个重要方面涉及计划和实施检测以及其他确保所购买的商品或

服务符合要求的活动。对于产品，可以通过定义的进货检验来完成。

从整体角度来看，采购过程具有战略性和运营性。这是非常重要的。战略性任务包括寻找合适的供应商、与这些供应商进行谈判、签订框架协议，以及维护供应商关系。运营性任务包括行政工作，例如从检查、批准订单、执行订单，直到制定收货检查指导，等等。

影响企业价值创造的外包流程，如物流流程、分拣操作或中间产品的加工必须包括在过程图内，并标识为外包运行流程。必须在 QM 系统中定义监控类型。组织应通过合同、产品验收和过程检查来确保自己的质量安全，并保留有关质量、交付可靠性、数量可靠性等方面的统计信息，以便在出现错误时能够尽快做出反应。此外，应将外部合作伙伴视为供应商，并对他们进行供应商评价。

6.5.6　参考文献

IATF 16949 Anforderungen an Qualitätsmanagementsysteme für die Serien- und Ersatzteilproduktion in der Automobilindustrie IATF 16949:2016 (D)

IATF: FAQ, https://www.iatfglobaloversight.org/wp/wp-con tent/uploads/2018/06/IATF-16949-Frequently-Asked-Ques tions-1-20_April-2018_GERMAN.pdf

Pfeifer, Thilo; Schmidt, Robert: Masing Handbuch Qualitätsmanagement, 5., vollst. neu bearbeitete Auflage, Carl Hanser Verlag, München 2007

Qualitätsmanagementsysteme – Anforderungen (ISO 9001: 2015); deutsche und englische Fassung EN ISO 9001:2015

Stompen, Dr. Peter: Die IATF 16949 – Interpretation der Anforderungen der IATF 16949:2016, ÜV Media GmbH, TÜV Rheinland Group, Köln 2017

VDA QMC: VDA 6.3 Qualifizierung zum Prozess-Auditor, www.vda-qmc.de/fileadmin/redakteur/aus_weiterbildung/2017/Seite_66_67_ohne_Text.pdf

第 7 章
企业绩效评审

ISO 9001:2015 和 IATF 16949 第 9 章汇总了所有与跟踪、测量、分析和评价有关的要求。

企业可以自行决定如何、何时、对什么、用什么方法进行测量和分析。重要的是对绩效要进行评价，并保存形成结果的证据。

 提示　管理评审要求参见本书第 3.7 章节，生产过程评审要求参见本书第 9.3 章节，此处不再陈述上述要求，只是给出各自参阅的章节。

IATF 特别强调了以下几个方面：

• 进行过程分析，以验证过程能力；这里明确指出应用统计过程控制（SPC）（参阅标准第 9.1.1.1 和第 9.1.1.2 章节，见本书第 9.3 章节）

• 在质量先期策划时就必须在 FMEA（见本书第 9.3 章节）和控制计划（见本书第 6.2.3 章节）中确定应用方法

• 所有处理统计数据的人员必须掌握所要应用的方法（见本书第 9.5 章节，参阅标准第 9.1.1.3 章节）

• 在 IATF 16949 第 9.1.2.1 章节中列出了客户满意度评审的详细准则

• 内部审核方案（参阅标准第 9.2.2.1 章节）

• 审核方案类型（参阅标准第 9.2.2.2~9.2.2.4 章节）

图 7-1 展示了这些要求的总览。

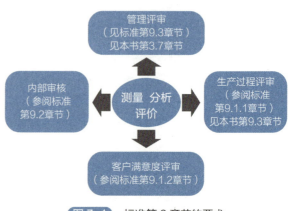

图 7-1　标准第 9 章节的要求

7.1 客户满意度的测量和评价

7.1.1 综述

标准有关要求明确指出，客户满意度衡量的目的不仅仅只是记录一次客户满意度，而是要引入一个可持续的系统，对已确定有改进潜力的措施要进行跟踪，并将其融入企业特有的流程中。

大量的市场研究证明客户满意度和客户沟通紧密程度之间有着明确的关系。

确定和评价客户满意度，无非是指企业要收集和评价客户对满足其要求的感受的信息。这项工作必须按照规定的方法系统地开展。

基于客户满意度评价，企业会得到客户可靠的反馈。这个指标不仅衡量到现在为止所做的工作，也可预测企业未来是否成功。

7.1.2 目的和意义

客户满意度调查对企业决策起到了辅助作用，例如：
- 查明提高产品或服务质量的必要性
- 具体确定改进措施
- 对去年同期数据进行比较评价

7.1.3 客户满意度的确定

客户满意度定义为"客户对其期望被满足程度的感知"（ISO 9001:2015）。"组织必须跟踪客户对其需求和期望实现程度获得的满足感"，并"确定获取、跟踪和评审这些信息的方法"（ISO 9001:2015）。

就客户提出的要求而言，必须区分客户期望、客户需求和客户要求，最终达到客户满意。

客户期望是以客户对产品或服务非常具体的要求为特征的。这大部分是基于客户已经获得的直接或间接的经验。但是也受到交流沟通、广告信息和供应商形象的影响。期望的概念可以从两个角度看：一方面，从客户角度看，如何形成产品或服务；另一方面，从企业角度看，客户希望企业如何为其提供产品或服务。

客户需求被描述为某一特定目标群体有一种基本缺失感觉，并期望去弥补这种缺失感觉。此时的客户需求还不具体，还没有与任何产品和服务发生联系。因此，必须先对客户需求进行分析和处理。

具体化的顾客需求称为顾客要求。这里的焦点是有多种不同的可被实施的消除客户现存缺失的可能性。它们涉及满足需求的基本功能，描述了客户具体想要什么。

企业通过比较预期的目标绩效与客户已感受和已得到的实际绩效来确定客户的满意程度。这些客户期望的实现影响着客户满意度。

如果企业的产品或服务仅仅满足了客户的要求和期望，那么客户满意度会更偏于"中等"。如果超出期望，他们的满意度才会提高。只有当企业想方设法使客户对他们的产品或服务欢欣鼓舞时，才会增加客户继续留在企业的可能性（图7-2）。

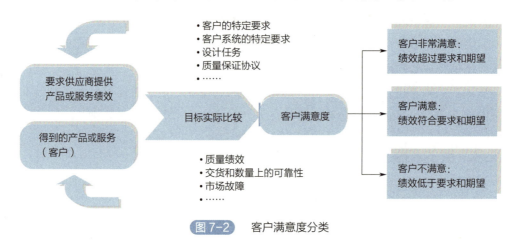

图7-2　客户满意度分类

7.1.3.1　根据 IATF 16949 的要求确定客户满意度

正如本章开始就提到的，IATF 16949 非常重视客户满意度评价。

根据 IATF 16949 第 9.1.2.1 章节，必须提出至少以下关键绩效指标（KPI）来确定客户满意度：

- 交货质量结果
- 导致客户生产中断的本企业计划流程中的各种异常干扰情况
- 市场使用中出现的产品失效故障
- 召回和保修事件
- 遵守交货期限和交货数量
- 引发额外运费的相关事件
- 就质量和交货相关问题给客户的通知
- 客户状态的反馈
- 客户网站给予企业的供应商分级
- 客户对企业作为供应商的评价

确定客户满意度有客观和主观两种方法。

客观方法是指可量化的关键指标。上面展示的要求是通过关键指标来确定的。这些通常是在不同部门收集的。最后应将它们整合到质量管理中,并通过权衡各方面的比重而设置出一个指标,以便能够显示一年来的趋势。抱怨投诉分析评价也会列入质量报告,因此也被收录入管理评审中(图 7-3)。

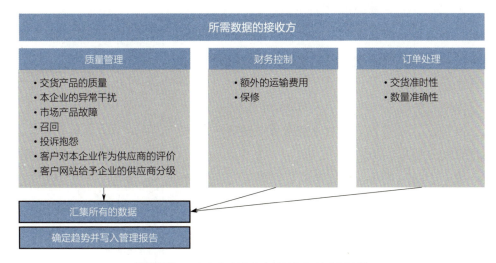

图 7-3　确定客户满意度关键指标的分析评价

在大多数情况下,要收集的关键指标就是所谓的抱怨投诉指标,因为对于供应商,没有及时交货或通常因没能履行合同而造成客户停产的后果是通过客户抱怨投诉来反馈的。

对客户抱怨投诉要进行简单的"错误评价",这类似于内部错误收集表。对错误收集表(见本书第 9.5 章节)的评价可以针对单个错误类型进行,或针对所有的错误类型进行。错误收集表用于有意义地记录和清晰全面地展示收集的数据。较大规模的企业使用专门开发的软件工具,对客户抱怨投诉进行系统记录,并对采取的措施进行跟踪。

一个完整的抱怨投诉管理(见本书第 8 章)主要由以下三个要素组成,根据行业的不同,它们可能具有非常不同的特征:

- 接受投诉,例如热线、电话中心或上门服务
- 投诉处理和对投诉的回应
- 投诉分析

客观方法的缺点是只有一小部分不满意的客户选择抱怨。不选择抱怨的客户所占比例为 70%~90%。但是正是这些选择了抱怨的客户将超过 90% 的负面体验传递给了其他人。因此,投诉管理是质量管理的核心要素。

另外一种确定客户满意度的方法是主观方法,即完全考虑客户的个人看法。下面详细介绍的客户满意度调查就提供了实现主观方法的可能性。

经过 IATF 16949 认证的企业必须至少按照标准第 9.1.2.1 章节的要求收集有关数据。当然也可以额外进行客户满意度调查。

7.1.3.2 实施客户满意度调查

实施客户满意度调查，可以在上述介绍的关键指标之外提供非常有用的额外信息，以便能够更加强烈地关注客户的利益。

必须精心策划客户调查问卷，以取得可用的结果。如图 7-4 所示，通过客户问卷调查来系统地确定客户满意度可以分为五个步骤。

一项全面的问卷调查不仅涉及合同规定的产品和服务要求的对应于技术规范的具体实现情况，还涉及所有交货的质量及与客户互动的情况。

 指南中提供了有价值的指导：ISO 10001: 2018 – 质量管理 – 客户满意度 – 组织行为准则指南。

图 7-4　客户满意度调查的五个步骤

步骤 1：策划

这一步包括项目策划、确定目标和开发必要的工具。通常用于客户满意度分析的方法有主观或客观两种情况。

用于客户调查的方法在策划中起着重要作用：

- 通过本企业员工进行的客户调查
- 电话访谈
- 现场访谈：面谈
- 客户购买产品时附带的调查问卷
- 网上在线调查
- 邮寄或面呈调查表

在客户拜访时，直接在现场采访他们也能取得良好的效果。销售人员可以来完成这个任务。重要的是要向客户提出统一的问题。客户访谈评价表（图 7-5）是非常有帮助并可以方便地对调查结果做出直接评价。

第 7 章　企业绩效评审

➡ 工作辅助：客户访谈评价表。

客户访谈评价表	
客户	地点
联系人	职能 / 部门
日期	访谈人
客户群	竞争对手

评分标准：
10 分：特别满意，期望得到充分满足，甚至超出期望值
8 分：满意，期望得到满足
6 分：不十分满意，期望得到一定满足
4 分：不满意，期望几乎没有得到满足
0 分：特别不满意，期望根本没有得到满足

核心问题	分数
您是否对我们的服务满意？	
信息资料方面	
灵活性方面	
拜访次数方面	
技术能力方面	
平均值	
备忘录	
您是否对我们的沟通满意？	
网页方面	
邮件回复时间方面	
确定交货日期方面	
平均值	
备忘录	
您是否对我们的创新和技术能力满意？	
新产品研发方面	
产品优化方面	
平均值	
备忘录	
您是否对我们在产品实现方面的工作满意？	
遵守交货期限方面	
产品质量结果方面	
批准过程和记录文件方面	
平均值	
备忘录	
您是否在能联系到我们的业务联系人方面满意？	
工作时间方面	
热情接待方面	
平均值	
备忘录	

图 7-5　客户访谈评价表（节选）

通过调查表直接询问顾客,虽然可以得出一些关于如何挖掘潜力的结论,但实践证明,仅用调查表进行的顾客满意度衡量意义不大,通常只有较低的回复率,而且对于可能引起不满意的原因也无法给出强有力的说明。但是,此调查方法可以很好地用作关键指标的补充工具,因为只有将不同的调查方法结合起来,才能得出真实有用的结果。

但是,如果要进行顾客调查,则希望先进行精心策划,策划的结果是一份调查表,表 7-1 给出了策划客户调查表的示例。

→ 工作辅助:策划客户调查表。

表 7-1 策划客户调查表

步骤	内容	备注
前提	确保得到企业领导的支持	
准备工作		辅助工具:客户调查准备清单
组建项目小组	下面的部门应顾及: • 销售 • 售后服务 • 采购 • 产品策划和发展 • 生产 如有需要,额外还要顾及:企业管理部、质保部、人力资源部、内部控制部、营销部	
查明培训需求	客户调查和创意技术的专业能力	
制订项目计划	制订包含任务、职责和期限的项目计划	辅助工具:项目计划
定义目标群体		辅助工具:确定目标群体清单
划分客户群体	• 客户的重要性(如关键客户) • 特殊客户群(如俱乐部成员) • 内部或外部客户 • 产品类别(如小轿车类) • 地区差别(如城市) • 联系负责人(如分企业) • 业务关系现状(如少量业务往来客户、已丢失客户、竞争性客户,以及客户联系人、销售代表)	
定义客户价值	• 销售额 • 客户边际成本计算	结果:如有必要,有针对性地减少客户数量
定义客户的问题与期望		
	• 系统地分析客户的投诉 • 业务流程分析 应用的方法如: • 关键事件技巧(CIT) • 引导用户理念 • 焦点群体访谈	
组建课题小组		
	例如 • 产品层面 • 物理特性 • 可靠性 • 技术能力和待命状态	

(续)

步骤	内容	备注
确定调查的类型		
	• 抽样规模 • 调查方法 • 问题类型 • 匹配的答题标准尺度 • 开展调查的方法	
制作调查问卷		
	注意： • 最多 7 个级数 • 奇数级数 • 提供可选择的选项 • 不要超出负荷限度 • 建立主题块以便一目了然 • 重要的问题设置在中间 • 图文并茂 • 询问投诉行为 • 提出有关忠诚度的问题 • 提出就个体而言的发挥题	
测试性调查		
雇员作为测试者	回答下面的问题： • 回答问卷平均需要多长时间？ • 这个时间低于事先确定的负荷限度吗？ • 主题结构是否可理解？有一条主线吗？ • 问题的表述是否通俗易懂？跑题了没有？ • 使用的标准尺度正确吗？ • 对问卷的普遍看法如何？	
挑选出的客户作为测试者	回答的问题如上 再加上：就客户而言，所有的方面都考虑到了吗？	
将改进建议纳入调查问卷		
评价调查表		
挑出无效的调查问卷	无效的问卷是： • 没有答完的问卷 • 没有正确填写的问卷	
分开发挥题和选择题		
评价选择题	• 将答案结果相加并计算出平均值以及平均值与标准值之间的偏差 • 剔除与标准偏差明显的调查表	
评价发挥题	将肯定与否定的回答分开，人工评价	
分析剔除掉的调查表		
制订和实施措施		辅助工具：措施计划
	• 分析弱项 • 制订合适的改进措施 • 拟定措施计划 • 分析强项 • 系统地增强强项 • 将结果通知各部门和客户 • 重复调查以监测有效性	

策划的结果就是一张调查表。表 7-2 是一个示例。

表 7-2　调查表节选

客户名称：		地址：				
业务联系人：		电话：				
职务：		传真：				
年销售额：		日期：				
您如何评价我们的产品质量、遵守交货期限和交货数量？						
	分数：	1	2	3	4	5
产品质量		☐	☐	☐	☐	☐
遵守交货期限		☐	☐	☐	☐	☐
报价内容		☐	☐	☐	☐	☐
价格		☐	☐	☐	☐	☐
通用性技术咨询服务		☐	☐	☐	☐	☐
新产品技术咨询服务		☐	☐	☐	☐	☐
设计		☐	☐	☐	☐	☐
订单交货期		☐	☐	☐	☐	☐
快速回应询价		☐	☐	☐	☐	☐
遵守召回承诺		☐	☐	☐	☐	☐
对投诉的表态		☐	☐	☐	☐	☐
纠正措施的效果		☐	☐	☐	☐	☐
包装		☐	☐	☐	☐	☐
附加评论 / 您个人的看法如何？						
哪些方面一定要改进？						

提示　客户调查的策划和实施应视为一个内部项目来进行。

提示　标度等级相关的回答选项数量会影响所收集数据的质量。如果可能，请确保提供四个、六个或八个等级(选项)。这样得到的信息值明显高于用是或否来回答问题，并且不会使受访者觉得力不从心。偶数等级的优点是受访者不用选择中间值。

书面调查应提前通知，以防可能出现的拒收问题。电话或面访也建议事先书面通知。在第一次电话联系时，应询问客户：

- 是否愿意参加此次调查
- 时间上是否合适
- 是否想在其他时间再来电话

由销售人员或项目经理进行的个人访谈也是很有效的一种调查方式，因为许多业务关系的好坏都与个人互动和接触方式有直接关系。在这种情况下，就要确定被问及的特殊问题，事后对此调查进行评价。

步骤2：测量

对于调查的测量，有一些复杂的、借助于计算机软件来完成的方法，这里不做进一步讨论。相反，我们将展示如何使用简单的方法进行测量以及采取哪些相关措施。

步骤3：评价

客户满意度指标的收集应当持续进行，可以使用Excel评价或例如平衡计分卡来完成。每次客户调查的结果应单独列出，并汇集到报告里。为此可以使用Excel工具或专门的客户调查工具，CRM系统中也经常包含这些工具。图7-6显示了Excel中的一种情况。

➲ 工作辅助：客户调查表及评价。

年终时，将所有调查结果纳入管理评审。为此，应将调查内容按权重比例进行汇总，形成一个总体数值。这对于获得一个有说服力的客户满意度的长期趋势是必要的。但是，合并调查区间的基础是每个单一数值都有同一衡量尺度。

步骤4：交流

交流首先是指让所有相关人员了解调查结果。这里从评价机构到相关职能部门的信息反馈起着重要作用，这可以通过设计相应的企业信息结构来实现。受访的客户会对调查结果的简短总结和将要发生的改进感兴趣，可以用书面或面对面的方式告知受访客户。

请寄回：
Musterman 公司，Meyer 先生　　　　Muster 路 I-7　　　　　　邮编：47110（城市名称）

电话：（+49）09999-4711007　　电传：（+49）09999-4711009　　电子邮件：Firma@internet.com

请用 X 标出您的职责 / 部门：采购部☐　生产部☐　外购件部☐　物流部☐　入库检验部☐　研发部☐　生产启动部☐　质保部☐

评价标准：

10 分：特别满意，期望得到充分满足，甚至超出期望　　　8 分：满意，期望大部分得到满足　　　6 分：不十分满意，约 50% 的期望得到满足

4 分：不满意，期望几乎没有得到满足　　　0 分：特别不满意，期望根本没有得到满足

与竞争对手相比较的决定一定要填 "I"。

1 您对我们的沟通渠道和方式是否满意？				
		与竞争对手相比		
	分数	较好	相同	较差
直接联系的范围和意义	8			
遵守我们承诺的日期	6			
联系人的能力	8			
联系人能联系到的时间方面	8			
信息交流 / 合作	6			
总分	36	0	0	
调查领域平均值 1	7			
达标度（%）调查领域 1　72%				

2 您对我们提供的下列服务是否满意？				
		与竞争对手相比		
	分数.	较好	相同	较差
质量	8			
技术咨询服务指导	8			
报价和订单处理	10			
项目策划	8			
物流	6			
实施改进措施	6			
持续稳定性	8			
总分	54			
平均值调查领域 2	8			
达标度（%）调查领域 2　77.14286%				

3 您对我们的投诉管理是否满意？				
		与竞争对手相比		
	分数.	较好	相同	较差
在采取措施的质量方面	6			
解决问题的时间	6			
总分	12			
平均值调查领域 2	6			
达标度 % 调查领域 3　　60%				

4 您对我们为了鼓励新技术而进行的创新管理是否满意？				
		与竞争对手相比		
	分数.	较好	相同	较差
解决问题方案的有效性和可用性	6			
执行的效率和效果	8			
总分	14			
平均值调查领域 2	7			
达标度（%）调查领域 4　　70%				

5 从您的角度，请说出本公司的其他优势

6 从您的角度，请说出本公司的其他劣势

7 我们目前在贵公司供应商评价中的绩效指标 / 等级是什么？					
绩效指标	87%		和 / 或	等级	A	95%
				AB	85%
				B	70%
				C	55%

8 为便于回访请您留下您的	
公司	电话
姓名	传真
部门	电子邮件

在此，我们提前感谢您在改善我们伙伴关系方面开展的友好合作。当然，我们努力有针对性地评价调查结果，以便对流程进行适当的改进。我们将适时通知您有关结果和措施。

图 7-6　客户调查表及评价

步骤 5：处理

从客户满意度分析中得到的启示必须转化为措施，即具体的改进措施。管理层负责提供必要的执行资源。

提 示　　请为改进措施的执行拟定一个措施计划

7.1.4　总结

确定客户不满意的信息能使企业改进产品和服务成为可能。这必然会提高客户满意度，从而改善与客户的关系，提高客户对产品和服务的复购率。

总之，客户满意度对企业、员工以及企业在其他业务领域的形象都有积极影响。

7.1.5　参考文献

Brunner, Franz J.; Wagner, Karl Werner; Osanna, Peter H.: Taschenbuch Qualitätsmanagement – Leitfaden für Ingenieure und Techniker, 3. Auflage, Carl Hanser Verlag, München 2004

DIN EN ISO 9001:2015: Qualitätsmanagementsysteme – Anforderungen (ISO 9001:2015); deutsche und englische Fassung EN ISO 9001:2015

IATF 16949, erste Ausgabe 2016, Anforderungen an Qualitätsmanagementsysteme für die Serien- und Ersatzteilproduktion in der Automobilindustrie

Harmeier, Jens: Kundenzufriedenheit managen und messen, in: Schulungspaket QM-Prozesse optimieren – Methoden einführen – Kundenzufriedenheit erhöhen, Online-Version, WEKA MEDIA, Kissing 2018

Hinterhuber, Hans H.: Kundenzufriedenheit durch Kernkompetenzen: eigene Potentiale erkennen – entwickeln – umsetzen, Carl Hanser Verlag, München 1997

Hinterhuber, Hans H.; Matzler, Kurt (Hrsg.): Kundenorientierte Unternehmensführung, 6. Auflage, Gabler Verlag, Wiesbaden 2008

Homburg, Christian: Kundenzufriedenheit, 6. Auflage, Gabler Verlag, Wiesbaden 2006

Homburg, Christian; Fürst, Andreas: Kundenzufriedenheit: Konzepte – Methoden – Erfahrungen, Springer Gabler; 9., überarb. Auflage, 2016

Künzel, Hans-Jörg: Erfolgsfaktor Kundenzufriedenheit: Handbuch für Strategie und Umsetzung, Springer Gabler; 2. Auflage, 2012

Kamiske, Gerd F., (Hrsg.): Handbuch QM-Methoden, 3. akt. und erweiterte Auflage, Carl Hanser Verlag, München 2015

Muhler, Bernhard: Systemische Interventionen in Veränderungsprojekten, in: QM von Dienstleistungen nach VDA 6.2. In Thomann, Hermann; Träger, Thomas (Hrsg.): Qualitätsmanagement in Dienstleistungsunternehmen. Aktualisierbares Loseblattwerk. 61. Ergänzungs- und Aktualisierungslieferung, TÜV Media, Köln März 2018, qmd. tuev-media.de

Pfeifer, Thilo; Schmitt, Robert (Hrsg.): Masing–Handbuch Qualitätsmanagement, 6. Auflage, Carl Hanser Verlag, München 2014

Pfeifer, Tilo: Praxisbuch Qualitätsmanagement, 5. Auflage, Carl Hanser Verlag, München 2007

Stausberg, Michael: KVP realisieren – die Kundenzufriedenheit und der Verbesserungsprozess, in: QM-System nach ISO 9001, Online-Version, WEKA MEDIA, Kissing 2018

Thode, Michael: Abschnitt 9.1.2 Kundenzufriedenheit, in: QMSystem nach ISO 9001, Online-Version, WEKA MEDIA, Kissing 2018

Thode, Michael: Abschnitt 5.1.2 Kundenorientierung, in: QMSystem nach ISO 9001, Online-Version, WEKA MEDIA, Kissing 2018

7.2 策划和实施审核

审核是发现企业薄弱环节和改进/挖掘潜力的重要管理和控制手段。

管理体系原则上是本企业特性的对应映像，旨在实现企业的战略目标。为了使这些管理体系有效和高效地运转，必须定义和控制众多相互连接和相互影响的过程。审核是一种检查所有组织过程作为一个整体或在子区域内是否有效的方法。

审核可用于各种管理体系，例如：

- 质量管理体系
- 环境管理体系
- 劳动安全管理体系
- 信息安全管理体系
- 集成管理体系，即综合管理体系

审核是监督和改进整个质量管理体系的手段，是建立在独立和系统调查的基础之上的。

从标准第 9.2 章节起，提到对汽车行业的系统审核、过程审核和产品审核的特别要求。

7.2.1 综述

审核工作必须有系统地规划和实施。从时间顺序上看，审核总是按相同模块来划分的，见本书 7.2.6 章节：
- 审核策划
- 审核准备
- 审核实施
- 审核评价
- 审核报告
- 改进

审核可以分为下面几种：
- 第一方审核：内部审核（企业自己审核）
- 第二方审核：作为供应商被审核（企业由与企业有客户 – 供应商关系的客户企业进行审核）
- 第三方审核：认证审核（企业由独立第三方进行审核）

内部审核是代表管理层进行的。这些工作由内部审核员或受委托的服务提供者（如顾问）或受委托的企业进行。外部审核（第二方审核和第三方审核）通常由外部审核员进行。在供应商被审核的情况下，可能是客户的审核员；在认证审核的情况下，可能是各认证企业的审核员。

7.2.2 目的和意义

审核被认为是一种现代管理和控制手段，因为审核为管理层和业务层提供了关于不足和挖掘潜力的有关信息。审核通常是一种系统，通过独立的调查，以获取审核证据。审核证据（事实确定）需要进行客观评价，以确定这些指标，即企业流程、规章制度和标准，在多大程度上与计划相符，是否得到有效执行，以及是否适合于实现企业目标。

值得注意的是，审核是对管理制度及其有效性的审查，而不是对员工的个人审查。

审核在企业极其敏感。如果执行得不专业，员工很快就会产生被审查的印象。但事实并非如此。这是因为，审核主要关注于管理体系（或管理体系的子部分，如个别流程、产品等）的运行情况，目的始终是获得可能改进的信息。

审核通常会带来如下好处：

- 确定管理体系的改进措施
- 检查是否符合所用标准（如 ISO 9001、IATF 16949、VDA 6.1、VDA 6.2、ISO 14001 等）
- 通过经常性的定期审查（内部和外部审核）确保质量管理体系的有效性
- 核查是否符合法律和政府官方要求
- 确定偏差
- 确定一致性
- 确保企业的质量能力
- 通过暴露现有的薄弱环节，减少过程中的内耗损失
- 内外部过程优化的基础
- 通过确认积极的方面和出色的绩效，包括与审核标准的符合性，来激励被审核方
- 因此，审核的目的是收集有关各个管理体系顺利运行的信息，具体来说涉及：
- 标准符合性（系统审核）
- 过程符合性（过程审核）
- 产品符合性（产品审核）
- 认证标准符合性（外部审核）

7.2.3 ISO 19011 作为实施审核的依据

DIN EN ISO 19011:2018 指南不仅限于认证审核（第三方），也适用于监督审核和重复审核。此外，它还可以应用于内部审核（第一方）和外部审核（第二方）。

此标准的重点见标准第 4、5、6 和 7 章。

第 4 章规定了审核原则，包含审核员的义务，即合乎道德、客观陈述、适当的职业勤勉和独立性，并展示了以事实证据为基础的审核方法。

第 5 章介绍了审核计划的管理，列举了审核计划的一般流程，并附有实例说明。

第 6 章明确阐述了各项审核活动，有助于确定审核目标、审核范围和审核标准。

第 7 章完成关于审核员技能资格和评价的说明。

ISO 19011 如 ISO 9001:2015 一样，基于风险的考虑方法贯穿整个审核指南。此外，指南还纳入了组织背景情况。

附件含有以下方面的解释和说明：

- 以过程为导向的审核
- 处理机会和风险
- 领导和义务

- 供应链的审核
- 基于产品生命周期的审核

ISO 19011:2018 的结构从其目录中可知，见表 7-3。

表 7-3 ISO 19011:2018 目录

章节	标题	内容
1	适用范围	
2	标准参考信息	
3	概念	概念说明
4	审核原则	审核原则有助于审核人员、管理人员和员工理解审核的重要性
5	审核计划的控制	管理审核计划的有关建议。审核计划是企业下一年度要进行哪些审核、有哪些目标。此过程被集成到众所周知的德明圈（Deming-circle）或 PDCA 循环中
6	实施审核	规划和进行审核的详细指导
7	审核员的能力和评价	解释了审核员的资格和评价标准。只有合格的审核员才能以最佳方式检查管理体系的有效性
8	附件	

在整个审核过程中，应遵守 ISO 19011 第 4 章关于审核原则的提示（图 7-7）。

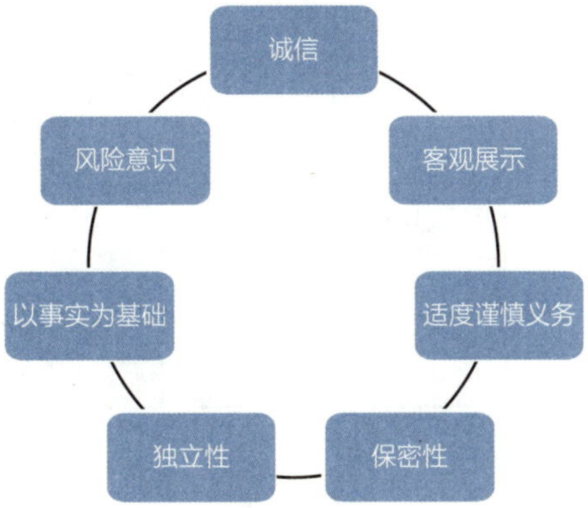

诚信：这一审核原则是审核员职业生涯的基础，包括信任、正直和谨慎。

客观展示：审核员必须如实报告、准确地陈述其调查结果。对此，下面的提问很有帮助：

- 是否遵守自己的或标准的具体要求？
- 是否有足够的证据？
- 是否对相关员工进行了任务培训？
- 是否收集、评价了有关指标，并在必要时采取了措施？

图 7-7 ISO 19011 第 4 章中的审核原则

适度谨慎义务：这一原则是指在审核中运用谨慎和判断的方法。

保密性：对审核员收到的信息进行保密处理。

独立性：独立性是审核工作公正性和审核结论客观性的基础。独立性是指审核员不得对自己的工作或活动领域进行审核。

以事实为基础：这一审核原则为在系统的审核过程中得出可靠的、可理解的审核结论提供了合理依据。

风险意识：审核方法必须考虑到风险和机会。

使用指南 ISO 19011 是有效规划和执行审核的重要工具。该指南还包含内容丰富的图表和流程。ISO 19011 中提到的审核计划和实施流程可以作为审核过程嵌入到企业自己的全流程中。此外，可以根据指南的内容创建用于评价审核员资格的问卷。由于其易于理解的表达，以任何方式进行审核的任何人都可以采纳这些非常有用的建议。

7.2.4　不同标准中的审核

各个审核类型一方面在目的上有所不同，另一方面在相关文件上也有所不同。在汽车行业，根据客户的要求或行业的不同，必须进行不同的审核。图 7-8 显示了 VDA 相关标准的概况。最低要求在各标准中都有说明，其概况如图 7-9 所示。本书第 5.1 章节对内部审核员能力的最低要求进行了说明。

图 7-8　VDA 审核概况

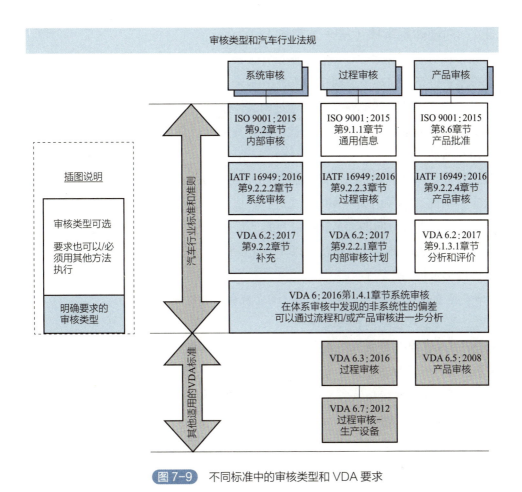

图 7-9 不同标准中的审核类型和 VDA 要求

7.2.5 审核类型说明

审核目标同时决定了与之相适应的审核类型。图 7-10 为各审核类型的内容。

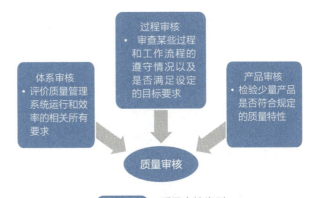

图 7-10 质量审核类型

 提示　在 IATF 16949 标准第 9.2.2.3 章节中,要求对所有的生产过程进行过程审核,即不是对过程图中的所有过程进行审核。

7.2.5.1 内部体系审核（第一方审核）

体系审核对质量管理文件和整个质量管理系统的有效性进行评价，确定是否符合特定的标准，以及薄弱环节、纠正和改进措施。

它是管理不可缺少的监督工具。通过内部体系审核，定期对企业的各个领域进行系统检查，确定质量管理措施及其可验证的实施情况。其目的是确保最佳符合目标和有效的防错活动。

整个质量管理体系将在三个日历年中（IATF 16949 标准第 9.2.2.2 章节）反复进行随机检查。对此通常采用提问表的方式进行，该表严格遵守质量管理体系所依据的细则和条例。表中大部分问题都是有约束力的，而且只允许有一个明确的答案。

企业所有的领域都要进行审核，以评价质量管理系统的有效性和相关文件。

开展内部审核的原因有：
- 审查质量管理体系的目的符合性、适宜性和足够的有效性
- 检查质量管理措施的相关文件
- 提供满足基础体系要求或遵守有关规章制度的证据
- 查明组织创建和运行中的薄弱环节
- 为已经发现的薄弱环节定义适当的纠正措施以改善体系

例如，以下文件是审核的依据：
- 相关准则和标准
- 质量管理手册
- 过程描述
- 工作指导
- 检测指导
- 客户特定需求
- 过程能力评价（效率和有效性指标）
- 技术规格说明
- 测量和跟踪记录
- 员工技能

提示 必须考虑到所有相关的标准要求，以便能够检查是否符合标准。必须检查所有相关的过程干扰变量/过程风险（用于优化），并将其纳入审核问卷表。必须将客户对过程的相关具体要求纳入各自的审核中。

7.2.5.2 过程审核

过程审核是用于评价生产过程的质量审核。它是用一种通用的工具来确定所定义的流程、工艺和程序的有效性。对生产流程中的最终或部分结果与制造计划、过程规范要求、检测指导和检查计划、流程指导等的符合性进行评价。

过程审核基本上可以在企业的各个领域进行。在第 9.2.2.3 章节中，IATF 16949 要求对所有生产过程进行审核。

过程审核旨在确保标准产品和特殊产品符合合同规定的要求，尤其要评价工艺指南和工作指导。

过程审核有以下目标：
- 审查各流程和制造过程
- 确定工艺的质量能力
- 核查是否符合工艺参数
- 核查文件化的过程能力
- 改进生产或服务过程中的过程监测

提示　　原始设备制造商（OEM）要求客户系统特定要求通常根据 VDA 6.3 进行过程审核。

根据 VDA 6.3，过程审核的重点放在核心过程或增值过程上。VDA 6.3 分为三个部分：

1. 潜力分析

应用于新供应商的选择、供应商的地点或技术。

2. 实体产品的过程审核

该过程细分为 6 个过程要素，可归入 ISO 9001 第 7 章支持、第 8 章运行和第 9 章绩效评价，因此也可归入 IATF 16949（表 7-4）。

表 7-4　过程要素归类于标准的主要章节

VDA 6.3 中的过程要素		ISO 9001:2015 和 IATF 16949 中的主要章节	
P2	项目管理	8.1	运行策划和控制
P3	产品和过程开发的策划	8.3	开发
P4	产品和过程开发的实现	8.3	开发
P5	供应商管理	8.4	外部提供过程、产品和服务的控制
P6	生产 / 服务的过程分析	过程要素 P6.1~P6.6 的标题	

(续)

VDA 6.3 中的过程要素		ISO 9001:2015 和 IATF 16949 中的主要章节	
6.1	过程输入	8.5	生产和提供服务
6.2	过程运行	8.5	生产和提供服务
6.3	人力资源	7.1.2	人员
		7.2	能力
		7.3	意识
6.4	物力资源（包括测试设备）	7.1.3	基础设施
		7.1.5	跟踪和测量资源
6.5	过程的有效性和效率	8.7	不合格输出的控制
		9.1	跟踪、测量、分析和评价
6.6	过程结果（输出）	8.5	生产和服务提供
		8.6	产品和服务的批准
P7	客户关怀和客户满意	8.2.1	客户沟通
		9.1.2	客户满意度

注：摘自服务行业质量管理，技术监督协会（TÜV）传媒有限公司。

3. 服务过程审核

实体产品的过程审核问卷包含 58 个问题（表 7-5）。

表 7-5　VDA 6.3 实体产品过程审核问卷一览表

所在章节	问题数量
P2 项目管理	7 个问题
P3 策划产品和工艺开发	5 个问题
P4 实现产品和工艺开发	8 个问题
P5 供应商管理	7 个问题
6.1 过程输入（输入）	5 个问题
6.2 过程运行	5 个问题
6.3 人力资源	3 个问题
6.4 物力资源（包括测试设备）	5 个问题
6.5 过程的有效性和效率	4 个问题
6.6 过程结果（输出）	4 个问题
P7 客户服务和客户满意度	5 个问题

注：摘自服务行业质量管理，技术监督协会（TÜV）传媒有限公司。

服务业的调查问卷也包含 6 个过程要素,类似于实体产品的过程审核,但只有 50 个问题(表 7-6)。

表 7-6　VDA 6.3 服务业问卷一览表

所在章节	问题数量
D2 项目管理	7 个问题
D3 服务开发的策划	4 个问题
D4 服务开发的实现	7 个问题
D5 采购管理	6 个问题
D6 提供服务	
6.1 过程输入(输入)	4 个问题
6.2 确定提供服务的所有流程	3 个问题
6.3 人力资源	3 个问题
6.4 物力资源	5 个问题
6.5 过程的有效性和效率	4 个问题
6.6 过程结果(输出)	2 个问题
D7 客户关怀、客户满意度和服务项目	5 个问题

注:摘自服务行业质量管理,技术监督协会(TÜV)传媒有限公司。

所有问卷都有补充说明,并列出每个问题的最低要求(在评价体系时必须考虑到这一点),还给出了可能的实施示例。

提示　理想情况下,在进行过程审核之前,应先进行过程分析。基于"乌龟分析"的一个可能方法在 VDA 6.3 卷中做了说明(第 9.2.3.3 章节)。

VDA 6.3 卷规定了严格的评价程序,并有相应的评价表和措施跟踪表,还在其网站上提供了一个付费评价工具,用于实施和评价 VDA 6.3 审核。

如果没有按照 VDA 6.3 的客户要求执行,也可以自行设计过程审核。当然,您可以随时参考 VDA 卷册的内容来实现这一目的。工作辅助里提供了一个表格的例子(图 7-11)。

➲ 工作辅助:生产过程审核表。

在人员技能资格方面,必须注意审核人员不能与要评价的过程有关联;此外,应注意第 7.2.6.3 章节中审核人员的能力。

表格 生产过程审核表			
1 工作职责	在哪里明确规定的？	怎样实施的？	评价
1.1 谁负责这个过程？			
1.2 是否有代理规定？			
1.3 谁负责封存不合格产品？			
1.4 谁可以签发特别批准书？			
2 文件化信息的控制			
2.1 规定了哪些数据和质量记录是定期填写和评价的？			
2.2 所需的质量记录是否系统地并按其规定的保存时间要求归档（例如根据法律和政府机构的规定，或根据客户要求或自己的规定）？			
2.3 员工是否知道哪些质量记录必须存档和保存多长时间？这些规定来自哪里？			

图 7-11　生产过程审核表（节选）

7.2.5.3　在供应商进行的外部审核（第二方审核）

对外部质量管理体系的监控包括客户或受托人对供应商质量管理体系的评价。对供应商质量管理体系的监控应由客户授权的审核员进行。在这种情况下，订单给出方确信订单接收方的质量管理体系的有效性，例如：

- 质量管理手册中的管理或质量管理体系在框架说明中的表述
- 在制造过程中对产品的测试
- 报告偏差的处理
- 是否有有效的工作指导、工作规范和检查规范等
- 被审核部门的独立性
- 处理偏差的程序

在这些与产品有关的检查中发现缺陷时，通过随机抽样，检查供应商的质量管理体系是否符合质量管理规定，以便在必要时要求纠正其缺陷。

在审查合同中的技术规格、订单和交货文件时，应确保供应商将其质量管理系统的变化通知客户的义务写进合同。

外部审核的优点：

- 客户可以具体指出供应商的弱项并要求采取改正措施
- 供应商可以通过审核得出有关其质量管理系统的重要结论
- 供应商的分类可以更加精确

- 客户与供应商之间的合作可能会得到改善

如果客户提出要求，可以或必须按照 VDA 6.3 进行供应商审核，或者按照客户自己编制的检查表进行审核。但是，建议按照 VDA 6.3 进行审核，因为经验表明，客户审核总是使用该册。

根据 IATF 16949（第 7.2.4 章节）的规定，在供应商审核中必须重视审核员的能力。这意味着，当客户要求进行此类审核时，必须对他们进行 VDA 6.3 调查问卷应用方面的培训。否则，供应商审核员应具有过程审核方面的知识。

根据 VDA 6.3 进行供应商审核时，潜力分析可用来选择新供应商，但也可以随时用于批准供应商的新厂址和供应商使用新技术。使用潜力分析可以得到对潜在供应商供货能力的预估。

潜力分析是从 VDA 6.3 中问卷调查表里选题（表 7-7），该问卷以实物产品过程审核的问题为基础，共 35 个问题。

表 7-7 潜力分析的问题分布

所在章节	问题数量
P2 项目管理	7 个问题
P3 策划产品和工艺开发	1 个问题
P4 实现产品和工艺开发	3 个问题
P5 供应商管理	5 个问题
P6 生产过程分析	
6.1 过程输入（输入）	1 个问题
6.2 过程运行	4 个问题
6.3 人力资源	2 个问题
6.4 物力资源（包括测试设备）	4 个问题
6.5 过程的有效性和效率	2 个问题
6.6 过程结果（输出）	2 个问题
P7 客户服务和客户满意度	4 个问题

注：摘自服务行业质量管理，技术监督协会（TÜV）传媒有限公司。

根据 VDA 6.3 进行潜力分析之前，建议首先获得供应商自我评价（图 7-12）。VDA 6.3 还提供了用于此类自我评价的模板。

➡ 工作辅助：供应商自我评价。

	供应商自我评价	表格
		编号

×××有限企业 -质量管理部 邮箱 4711 10007×××城市	1.供应商名称和地址：_____ _____ _____ _____ 电话：_____ 传真：_____ 网页/电子邮箱：_____

2.联系人：_____

3.通用制造程序：_____
_____

为×××有限公司特殊制造：_____
_____

4.员工人数：_____ 人   职员：_____ 人
其中质保部：_____ 人   非商务生产人员：_____ 人

5.总销售额：_____   距离×××城市：_____千米
×××有限企业销售额：_____   财务报表于：_____
提供产品保险？ 是○   否○
保险名：_____   保险额：_____

6.质量管理体系已书面确立并实施？ 是○   否*○
标准：_____   级别：_____   最近自我审核日期：_____
您已被审核过？ 是○   否○
谁审核的？_____
请附上证书副本！
*如果否，则必须制订一个与有关企业商定的行动计划！

图 7-12　供应商自我评价（节选）

当然，如果客户不一定要求按照 VDA 6.3 的规定进行供应商审核，那么也可以由客户自己编制。图 7-13 是一个例子。

➡ 工作辅助：供应商审核示例。

序号	标准	得分	满分	%	满足程度									
					10	20	30	40	50	60	70	80	90	100
1	对运营的总体印象		600											
2	内外部数据沟通交流		500											
3	机械设备		500											
4	质量管理		800											
5	检测工具和检测设备		400											
6	检查		900											
7	技能资格		400											
8	交货可靠性		600											
	总体评价		4700											

图 7-13　供应商审核示例（节选）

7.2.5.4　产品审核

产品审核可以由企业里取得相关技能资格的员工，也可以由外部审核人员（如客户或委托的独立机构）进行审核，以提供证据。在实践中，产品审核通常由企业取得相关技能资格的人员在内部进行。它们或者在固定的时间间隔内进行，或者因特殊原因进行。产品审核是企业内部的活动，不需要经过外部机构的认证。

内部产品审核的目的是发现系统性缺陷和长期质量趋势。因此，有必要在每一次产品审核中都要系统地采取措施对缺陷进行收录和评价，以便日后能够进行趋势分析。这只有在有可比数据的情况下才有可能做得到。

提示　产品审核是以产品为导向，对一个零件、一个组件或一项服务进行的质量审核。

产品审核是指在生产或服务提供过程之中和之后，随机抽取预先确定好数量的半成品、成品或服务结果，与要求的质量特性或技术规范进行对照检查。

检查产品或服务与客户要求、技术规范、图样、标准、法律规定等类似的准则是否相符。实际操作中是所有适用的、包含产品特定质量要求的资料都纳入这一过程。只有如此，才能最终评价实施过程是否足以满足质量要求。

例如，通过对外购件入库、生产和成品出库的检查，确保产品质量检查是通过有意义的检查和适合的辅助工具进行的。

产品审核的任务是检查那些已经经过了所有规定的常规例行检查，随时可发运的或分段已完成的产品或者可投入使用的或已经准备好的服务是否符合规定的质量要求。

产品审核的目的有:

评价是否符合规定的质量要求,包括与检查有关的零件、组件和最终产品,车间的生产文件,生产工艺过程,生产或检测步骤,以及使用的生产和检测工具

- 检查产品或服务的质量
- 识别和证明生产质量的波动
- 确认计划和已完成的质量审核的陈述
- 确定入库零件或入库检查的质量水平
- 确定检查是否符合目的
- 确定检查点的能力

过程描述、检查和生产制造文件以及检查和生产制造设施,可以作为依据基础来使用。

在汽车行业,产品审核可以按照 VDA 6.5 的要求进行(表 7-8)。

表 7-8 依据 VDA 6 质量审核基础知识和 VDA 6.5 的产品审核

主题	产品审核内容
定义	抽查(半)成品是否符合质量要求和技术规范
对象	成品 半成品 组件 软件 服务
被检查的特性	质量特性,如耐磨强度、杠杆位置、焊缝宽度、传动带宽度、按技术规范包装、平面度等 技术规范 客户要求
检查方法	根据产品和所要检查的特性进行选择
资料	图样 技术规范 工作指导 检测指导 评判标准 材料特性表 法规 供货协议 极限样件 规定的评价方法
范围	重要产品或服务的抽样

（续）

主题	产品审核内容
审核员技能资格	具有较高的产品相关专业知识和通用审核知识、分析能力，掌握测试技术
文档	检测结果 产品审核报告 措施计划
审核结果	阻止产品交付 封存生产单元/前一工序 改进措施 纠正措施 趋势分析 薄弱环节分析

如果没有要求必须按照 VDA 6.5 进行产品审核，也可由企业自行安排。工作辅助提供了一个示例表格（图 7-14）。

➡ 工作辅助：产品审核表。

表格
产品审核表

零件名称	
零件号	
审核日期	
审核员	
零件抽取地点	
审核员	

检查序号	检查特性	目标值	检测设备	错误等级	说明
1	标签				
2	使用说明书				
3	资源使用情况				
4	环保废物处理				
5	颜色检测				
6	外形尺寸				
7	……				

清单 - 检查特性表	
产品技术规范	
客户要求	
一般市场要求	
客户反馈 / 投诉	
风险分析（如 FMEA 结果）	
测试报告	
法律和政府官方要求	

图 7-14 产品审核表（节选）

因为从客户的角度出发，可以把产品审核理解为产品检查，所以一定要用检查表进行系统处理。这种方法的优点是不会遗漏某些项目，并且可以轻松比较结果。

在审核过程中,将个别质量偏差记录在审核记录中,并据此申报不合格产品或服务。

此外,在产品审核过程中,最好使用自己的测试设备进行测试,以避免或发现测量、检测设备错误及不适合的测量程序。当然,这些测量、检测设备必须接受监控。

为了提高分析的可信度,必须在实际产品审核之前对错误进行分类。因此,所有可能的错误都可以根据其重要性划分到相应的等级。在实践中,对错误的分类有不同的处理。表7-9中的简单例子是为了说明这一情况。

表7-9 错误等级分类

错误等级	错误描述
A	严重错误(全部停产,危害生命)
B	主要错误(部分停产,需要修理)
C	轻微错误(瑕疵,客户可接受)

为了在以后的分析准备过程中能够计算出错误点数(FP)和质量指标(QKZ),为错误等级分配了一个权重。表7-10是错误等级权重的一个例子。

表7-10 错误等级权重示例

错误等级	错误权重
A	10
B	5
C	1

计算错误点数:

每项检查特性的错误点数(FP/检查特性):

$$FP/检查特性 = (A 出错的次数 \times A 的权重) + (B 出错的次数 \times B 的权重) + (C 出错的次数 \times C 的权重数)$$

错误点数总数(FP总数):

$$FP 总数 = 所有检查特性的 FP 之和$$

产品审核的主要目标之一是评价主要缺陷,以获得质量趋势或发现有规律性的错误。

通过清单项目分值点数确定趋势:为此,通常会确定一个质量系数(QZ),质量系数是获得的分数与可能得到的分数之商。此处的分数是每个问题的权重与其满足程度之乘积。

质量系数:质量系数显示了得分与总分数的接近程度。

计算质量系数：

$$QZ = 所有相关问题实际得分之和 / 所有相关问题可得总分之和$$

通过错误点数确定趋势： 计算质量指标（QKZ）是另一种确定趋势从而进行比较评价的方法。如果对检测到的缺陷可以打分并有权重，就可以使用该方法（参见错误分类和错误加权一节）。通过所有加权错误点数之和可得到总错误点数。此点数会用在质量指标的计算上。

计算质量指标（QKZ）：

$$QKZ = 100 - (总错误点数 / 抽检数量)$$

示例： 对一个零部件取样 12 件，在不同质量特性的测试系列中有 9 个错误，错误权重总分为 81 分（总错误点数）。

$$QKZ = 100 - (81/12)$$
$$= 93.25$$

但是，也可以使用其他公式来计算质量指标。在实践中，此指标的计算方法很不一样。

对于趋势分析来说，重要的是确定在较长时间内可比较的指标，以便能够比较符合实际地给出未来可能的错误频率或错误类型。

原则上，产品审核应以与有关专业部门就产品本身的缺陷进行讨论来结束。必要时，有关专业部门要进行错误分析或委托他人进行，以便无疑问地找出错误的原因，并采取必要的纠正措施。

如果在产品审核过程中发现严重错误，必须在发现错误后立即采取纠正措施。

7.2.5.5 认证审核（第三方审核）

认证审核由外部独立组织进行。认证企业可在某些行业获得资格认证，DIN EN 45012 规定了相应的行业号码。

认证审核不仅可以确定一个组织在多大程度上满足了基本法规的要求，还可以证明该组织的质量能力。这种认证的目的首先是企业想给客户树立一个该企业有运作良好、具有有效的质量管理体系的、可被信任的形象。该证书构成了客户－供应商关系中合作关系的基础。独立认证机构检查产品或服务是否符合 ISO 9001 和相应汽车标准的要求。

不同标准的要求略有不同。

认证审核的准备工作从选择认证机构开始。在委托方询价和认证机构报价后，企业必须给予委托订单。审核费用取决于企业员工人数、地点和现有证书。认证企业受 IATF 等认证机构规范的约束。

企业与认证机构签订一份期限超过 3 年的认证合同。此份合同分为：
- 认证审核
- 首次监督审核
- 第二次监督审核

在第二次监督审核后，要进行再认证，这样又开始了新一轮循环。合同期满后才可以免费换成其他认证机构。在合同有效期内，企业要支付所谓的转让费（通常为报价金额的 10%~20%）。

监督审核和再认证审核都有严格的时间表，不允许超出可浮动的时间期限。此期限因审核依据的标准不同而异。

首先是准备情况评价，其中包括文件审查；然后是现场审核，现场审核分为三个阶段，与内部审核的方式相同：举行会议、实际审核和结束会议。

在审核过程中，审核团队将随机确定管理体系规范是否已得到适当应用（遵守规定的目标、流程、方法和规则，以及管理体系是否适合满足基本标准的所有要求）。如果发现与标准要求有偏差，则将其记录在偏差报告中，并由质量管理系统负责人和审核员现场签字。如果出现可能导致质量管理系统失效的严重偏差，审核组将安排后续审核，以便检查纠正措施是否成功实施。审核结束后，由审核经理根据审核记录编制审核报告。此报告交送委托方。

如果审核工作已顺利完成，或所有纠正措施已圆满实施完成，所有提交的资料（审核计划、审核记录、审核报告和偏差报告，如适用）均由认证机构审查完毕，并转交给领导委员会，由其决定是否授予证书。认证机构领导委员会对资料审查合格后，由认证机构领导颁发证书。

7.2.6 审核过程

审核要以解决问题为导向。为此，以下将介绍审核制度本身，它构成了有效率和有效果的执行审核的基础。不管是第一方审核还是第二方审核，审核的准备和执行总是以同样的方式进行。

ISO 19011 第 6 章详细描述并解释了审核过程（无论执行哪个审核）。在进行审核之前，无论是体系、过程还是产品审核，都必须制订一个全面详细的计划。图 7-15 展示了内部审核的典型过程，无论选择的审核类型是哪一种。

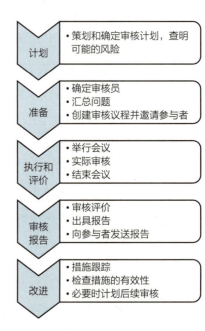

图 7-15　内部审核的典型过程

对于审核的各个阶段（准备、执行、后续工作），必须明确各个任务的责任。

首先，指定一名负责审核的人员，即审核领导。这位领导负责准备审核工作，他是由企业管理层来任命的。

根据审核的重点，审核领导必须组建一个审核小组，该小组成员必须具备实施审核所需的所有技能资质。审核小组的规模受审核时间和范围的影响。审核范围一方面影响到人员需求，另一方面通过所涉及专业领域的多样性，也可能影响审核小组专业要求的广度。

7.2.6.1 计划

审核计划的内容是企业一年中要进行哪些审核、目标是什么等。可以编制一个或多个审核方案，例如按审核类型制订审核计划方案。

提示　IATF 16949 在第 9.2.2.2 章节 质量管理系统审核中要求，在 3 年内，根据每年编制的审核计划，对质量管理体系的所有过程进行审核。

审核计划可包括一项或多项审核，可以有不同的目标，并可单独或合并进行。

根据审核目标确定审核标准：在体系审核中，审核标准可以是例如准则要求和管理体系的内部要求（过程说明、程序指导、工作指导等）；在过程审核中，其审核标准可能是过程目标及客户给定的有关过程稳定性的指标。

在审核计划中，对审核范围、责任和资源分配进行策划。

审核计划必须考虑到表 7-11 所列各方面。

表 7-11　ISO 9001 和 IATF 16949 与审核计划相关的内容

ISO 9001	IATF 16949
第 9.2.2 章节	第 9.2.2.1 章节内部审核计划
编制一个或多个审核计划	必须建立文件化的内部审核过程，来制订和实施审核计划，其中包括整个质量管理体系的各种类型审核
审核的频率	必须考虑到风险、内部和外部的业绩趋势、流程等
采用的方法	必须不断考查审核频率，并在必要时进行调整，例如，如果出现过程故障的情况下
责任	第 9.2.2.2 章节质量管理体系审核
审核标准	在三个日历年内对所有过程进行审核：基本审核计划
审核范围	应用以过程为导向的方法
审核员能力	在审核中纳入一些客户的具体要求
向负责的管理层报告	第 9.2.2.3 章节过程审核

(续)

ISO 9001	IATF 16949
实施适当的纠正和预防措施	在三年内对所有生产过程进行审核
以文件化信息的形式证明审核计划的执行情况和结果	考虑到客户的具体要求
	审核计划必须表明每一班次的过程都经过了审核
	必须对交接班情况进行抽查审核
	考虑FMEA、控制计划和其他相关文件
	第9.2.2.4章节产品审核
	根据客户要求，在合适的生产阶段进行产品审核
	考虑客户对产品审核类型和产品审核方案的要求

根据准则要求，在制订审核计划时还必须考虑可能的风险和机会。表7-12列出了必须分析的可能机会和风险，并在必要时采取措施加以应对。

表7-12 审核计划中机会与风险举例

机会	风险
企业审核员具备必要的技能	未确定审核目标
审核计划支持所有必要的审核类型	资源规划不足
时间优化的规划	企业审核员不具备必要的能力
节省资源的规划	未充分进行文件检查
企业所有过程都被考虑在内	措施没有得到充分的跟踪落实
	接受审核方不重视审核工作，一拖再拖，因交付产品压力大，总是有优先权
	接受审核方没有（而且往往不能）制订有意义的措施计划，因为有效地消除偏差将产生未经批准的费用

在审核计划制订过程中，必须确定必要的资源，并保证其供给。这不仅要考虑制订、实施、管理和改进审核计划的财务资源，还应考虑以下方面：

- 审核方法
- 保持审核员技能资格的程序
- 改善审核员绩效的程序
- 是否有具有客观通用和专业知识的审核员来实现审核目标
- 审核团队和被审核企业员工的时间资源，例如进行审核询问调查/访谈等时间
- 用于计划外审核的资源：除了计划内的审核外，可能会有一些事务需要进行特别审核，即计划外审核。这可能包括：组织结构的变化、客户投诉的增加、新工作方

法的引入、流程的改变等。

实践证明，管理层将规划和实施审核方案的责任下放给一名或多名员工是一个不错的办法。员工应具备适合的技能资格（了解审核方法，了解审核原则，对技术有必要的了解等）。

审核计划通常由管理者代表在日历年开始时编制，并由管理层批准。然后分发给各区域和部门。图 7-16 是一个审核计划的示例。

➡ 工作辅助：审核计划。

	表格 审核计划													
		2020 年												
部门/产品/过程	相关联（准则/技术规范/企业内部规定）	类型*	一月	二月	三月	四月	五月	六月	七月	八月	九月	十月	十一月	十二月

* 参见审核类型（见下）

类型：

1	2	3	4	5	6	7	8	9
体系审核 质量管理	体系审核 环境管理	体系审核 IT 安全管理	体系审核 劳动安全管理	过程审核	产品审核	供应商审核	客户审核	认证审核

审核员

简写符号									
名字									

图 7-16　审核计划示例

但是，在一年之内也可能需要进行计划外审核，这可能是由下列事件引起的：
- 出现问题（如客户投诉，内部投诉）
- 组织发生变化
- 以前的审核结果
- 寻求改进潜力

7.2.6.2　准备

一般来讲以过程为导向在所有审核中处于最前沿考虑的位置，ISO 9001:2015 也明确要求其作为基本标准，因此所有建立在该标准基础之上的标准都有这一要求。

为此，VDA 开发了乌龟法，根据该方法对汽车行业的生产过程进行内部体系审核和过程审核，要根据确定的标准对过程进行仔细检查，并确定可能的风险（图 7-17）。

表格 按照乌龟原则进行过程分析			
过程：	入库	过程分析由：	
过程负责人：	Mustermann 先生	审核员：	
	过程风险		
用什么？（设备、材料） 生产计划和控制系统（PPS） 检测设备	系统故障 缺少的检查计划	对规定和方法了解不足	和谁？（人员、技能资格） 供应商 质保人员 技术性知识 可接受质量极限（AQL）
输入？ 进入的货物 送货单 厂家证明	缺少标签 推迟日期 入库次数过高		输出？ 检查并批准准备储存的货物
业绩展示？（指标） 供应商评价 提供货物不正确率 =0 ppm	供应商评价尚未更新 缺少指标评价	规定过时 客户要求尚未更新	如何？（手段、方法、指导） 过程描述 检测指导 检查计划 AQL 表格 IATF 16949 第 8.6.4 章节 ×× 客户规定

图 7-17　按照乌龟原则进行过程分析示例

1. 过程分析

在此步骤中，过程的衔接以及输入和输出将被分析，过程有关的信息将被收集：

- 用什么来完成该过程（设施/设备）？
- 谁参与了该过程（培训、知识、技能）？
- 怎样来跟踪该过程（绩效指标）？
- 有哪些规范要求（指导、程序、方法）？

2. 确定风险

在这一步骤中，要对所有的过程组成部分、指标和方法进行风险评价，以便在第三步中根据这些推导出审核问题。重点是预防性评价和避免风险（预防性过程保证）。风险评价的目的是查明和制订预防措施，以便将过程故障干扰降到最低（以预防代替返修）。

3. 制定审核标准

在这一步骤中，对各过程都生成审核标准（表 7-13）：

- 必须考虑到与过程有关的所有标准要求，以便能够检查是否符合标准
- 必须检查所有相关的过程故障干扰变量/风险（着眼于优化），并将其纳入审核问题

- 在审核过程中，必须考虑到所有相关客户对过程的具体要求

审核组长在每次审核前大约两到三周要准备一份详细的审核计划（图7-18）。该计划包括：

- 审核目标
- 审核标准，包括所有参考文件
- 审核范围（涉及的组织单位、人员、过程和标准）
- 审核日期、持续时间和地点、举办会议及结束会议的日期、保密规定

➡ 工作辅助：审核计划。

表7-13 制定入库过程的审核标准（节选）

入库过程 审核标准：标准要求	1. 在哪里做了规定？	2. 怎样落实的？	3. 评价
4.4 质量管理体系：通用要求			
7.5.1 文件要求：通用			
7.5.3 文件化信息的控制			
7.4.3 采购产品的核查			
8.2.4 控制类型和范围			
8.7 不符合结果的控制			
9.1.3 分析和评价			
10.3 持续改进			
8.5.2 纠正措施			
8.5.3 改进措施			
检查计划是否是最新版本？			
员工的技能资格够吗？			
测试程序足够满足质量标准的要求吗？			
客户对这一过程的具体要求已经确定了吗？			
是否已遵守客户要求？			
是否已定义过程的绩效关键指标、目标和目的？			
是否已进行用于趋势跟踪的数据收集和评价？落实到目视化看板上了吗？			
趋势跟踪和过程审核的结果是否导致了过程的改进？			

表格 审核计划							
企业							
生产地点							
分支机构							
手册修订编号				由			
EAC/适用范围							
标准	☐	DIN EN ISO 9001	☐	IATF 16949	☐		×××
例外情况	☐			☐		☐	
审核日期							
审核类型							
审核负责人							
审核员							
生产共有几个班次							

时间 起 止	工厂地点/班/组织单位	过程	联系人	QM-要素-标准章节子过程

地点、日期　　　　　　　　　　　　审核员

图 7-18　审核计划示例

为准确定义审核流程计划，建议审核经理与被审核组织单位负责人或过程负责人进行准备性会谈。在会谈中可以对审核目标再次进行解释，以增加被审核人的理解。此外，审核所需的资源可由双方讨论和规划。

除了制订审核计划和部署审核员外，还必须组建审核小组。之后，主审员或审核组长必须做出以下考虑并分配任务：

- 收集要审核组织的文档，以便对其质量管理体系的描述进行事先检查
- 考虑目标和标准（适用性？）
- 研究以往的审核和纠正措施
- 审核小组内的任务分配
- 准备即将提出的问题（在检查表或工作文件中）
- 汇编必要的表格（措施计划、总结审核问题点的报告所用的表格、证据记录的表格）

准备阶段的另一个重要步骤是在审核之前对相关文件进行评价。

因此，手册、过程描述、文件、记录、工作指导以及技术规格要求、检测记录、

趋势分析等都要进行分析。对文档是否符合审核标准进行初步检查，该检查包括以往的审核记录。

对文档进行事先检查可确定那些按照规则和条例所要求的程序和活动是否已在所述程序和方法中得到充分实施。

在这里应该回答的问题是，文件是否保存完整、合适和恰当。

文件检查的结果应记录在案。这个记录就成了对审核非常有用的辅助工具。它提到了在审核过程中应特别注意的重点。

如有重大含糊不清的内容或文件缺陷，必须要求相关职能部门补充文件。

清单对思路清晰地进行审核非常有帮助，这会让审核员有机会遵循一条共同的主线。清单应作为一种支持，使审核人员能够做出最佳准备工作。

根据各自的审核标准，借助清单可以拟定和编制有关初创阶段组织结构和成熟运行的组织结构、工作岗位流程、相关文件和记录、是否符合标准要求、客户要求、内部要求或法律规范等方面问题。在文件审查中遗留下来的问题应列入清单中加以解决。

一个好的审核检查清单或审核问题清单应具备以下特点：
- 要考虑所有要进行审核的标准要求
- 要包括有助于持续改进过程的问题
- 可作为审核记录
- 允许提出额外的问题，不以"是/否"为导向

及时将审核日期和审核对象通知所有相关人员，对审核工作的顺利完成非常重要。因此，可能存在的问题可以在进行审核之前及时得到解释。

检查清单不应该仅仅作为询问表使用，因为在这种情况下，清单很容易误导成只读问题，即用只询问受审方来代替谈话交流。

对于IATF 16949第9.2.2.1章节规定的审核，不允许使用清单，而是必须采取注重过程的方法。

在所有准备工作完成后，应再次检查是否已考虑到所有必要的方面。

包含清单在内的指南可以提供有价值的参考（图7-19）。在整个审核过程中，此类指南有助于审核团队确保没有遗漏任何信息。

	实施审核的指南和清单			
序号	项目	完成情况 是	完成情况 否	备注
1	审核流程内容做好计划了吗？	□	□	
2	内部审核是否考虑到以往审核的结果？	□	□	
3	确定审核标准和使用方法的范围和频率了吗？	□	□	
4	确保审核员是有资质的、客观被选择的了吗？	□	□	
5	遵循审核员不允许审核自己措施的原则（职能分离原则）了吗？	□	□	
6	注意精确安排时间，特别是在外部审核期间不同对话者会一起参与的时间了吗？	□	□	
7	确保向被审核人员解释审核带来的好处了吗？	□	□	
8	为每次内部审核编制谈话计划了吗？	□	□	
9	每次内部审核时，与被审核方商定纠正和改进措施了吗？	□	□	
10	跟踪商定措施的执行情况了吗？	□	□	
11	审核结果总结在审核报告中并提交给管理层了吗？	□	□	
12	确保内部审核只有在主管区域或部门负责人在场的情况下进行了吗？	□	□	
13	有计划和实施内部审核的程序说明吗？	□	□	

图 7-19　实施审核的指南和清单

7.2.6.3　执行和评价

在审核当天，审核工作通常从启动会议开始。根据审核目标和对象的不同，参与人员通常由审核组、审核组组长、管理人员、过程负责人、与审核有关的职能部门（如质量管理代表）组成。

首先应建立信任的合作关系，并交换如下信息：

- 介绍参与审核的人员
- 介绍审核计划的内容和时间（澄清时差）
- 解释对机密信息的处理方式
- 关于现场审核期间将采取的保护措施的信息（如防护装备）
- 报告方法的说明
- 审核偏差的分类
- 审核结束后的后续工作

在明确了这些事情之后，就可以开始实际的审核工作了。

提　示　必须及时向所有参与者通报内部/外部审核信息。

启动会议后，根据审核计划展开审核工作，即获取相关信息以进行审核。

现在，重要的是收集审核证据，以便可以根据审核标准进行目标/实际分析，并得出审核结果。

在审核中，每个过程都要进行审核，并将其与 IATF 16949 等标准或规范的要求进行比较。不同的员工被问及他们是如何进行工作的，这就需要检查规范文件，如过程描述或工作指导等是否与实践中所做的相符。

随机抽样取证，如计算机系统中的条目或表格，作为证据进行核对。

在这方面，审查的是任何形式的记录和文件，例如纸质或电子媒介。不能推荐抽取多少样本。每位审核员必须翻阅如此多的文件和记录，直到有足够的证据进行审核为止。随机抽样的目的是为了能够理解领会在实践中的操作过程，比如从接到订单到成品发货。

通常两三个随机样本就足以检测出系统性的偏差或提供必要的证据。

如果发现了偏差（不符合项），审核员必须额外澄清它是随机偏差还是系统偏差。

1）随机偏差：规范文件的内容是正确的，仅在执行中发生了一个错误。随机偏差就是所谓的"事故"，顾名思义，它是由于某种原因导致发生一次的偏差。

2）系统偏差：规范文件的内容不正确；流程计划或过程计划执行不正确，与审核标准不符。因此，无法获得期望的结果。系统偏差应向审核人员拉响警报。它通常表明一个系统没有正常运行，是没有效果的。在认证审核期间，系统性偏差会产生如此重大影响，以至于必须安排后续审核。该组织被委托纠正这种系统性的偏差，然后通过后续审核来检查执行情况。在此之前，不能出具任何证书。

为了得出评价结果，需将审核证据与审核标准进行比较。这个处理步骤的结果是审核确认。此确认提供了有关符合或不符合（偏差）审核标准和目标的信息。

这些审核证据是有记录的，如谈话记录、审核单上的提示记录，包括关于参考文件和记录等的指示。

审核员在审核过程中要处理大量信息，这些相关信息被记录和汇总。只有这样，审核报告才能翔实、有据可查。随后导入的改进和纠正措施也应建立在广泛的信息数据库基础上。原则上要有准确的记录，一般通用的说法不能作为评价的依据，例如这是一条不准确的记录："检测结果不符合标准"。在这里，问题最晚在制订审核后续措施时出现。

检测结果在多大程度上、与哪些章节不符合？有必要尽可能准确、客观地陈述所有相关信息和调查结果。

审核的一个重要因素是审核员的做法，它是以审核员对其会谈者所能表现出来的能力和理解为基础的。因此，审核员不仅以其专业技能，而且以社会和方法能力超强而与众不同。因此，每个企业建立合适的审核员选择标准尤为重要。

在对员工进行采访调查时，要想获得足够的信息，提问的技巧非常重要。

提出开放式问题。问题一定要简单，要有针对性。

开放式问题的例子：
- 你怎样才能确保……？
- 如何进行监管？
- 你是怎样安排的？
- 说这句话的原因是什么呢？
- 为什么会有这一规定呢？

下列情况审核员会丧失获得良好信息的机会：
- 没有及时提出建议
- 提出的问题不完整
- 咄咄逼人
- 过分强调自己的看法
- 推卸责任，
- 权力过大
- 说话方式容易伤人

如果审核员不仅能发现改进潜力，而且还对好的做法进行肯定，这对获得进一步审核认可很有意义，对企业也具有激励作用。

采访调查将以简短的会谈结束。重要的是，审核员要感谢相关的员工，同时还应该做一个简短的总结，让被访者能够了解已经进行的审核情况。

在审核结束会议召开前，审核小组共同编制审核结论。重点是对照审核目标，对审核结果进行总结性评价。

这在认证审核中，可以确定是否存在不符合项以及是否已签发或接收到证书。

内部体系审核的重点是管理体系是否得到有效执行并不断完善；过程审核的重点

是过程设计是否有效、高效；产品审核的重点是制造的产品是否符合要求。

在得出审核结论时，要考虑到审核中发现的所有情况和事实，根据审核类型和审核标准的不同，这里通常有一定的回旋余地。

在这一步骤中，审核小组就今后如何更好地满足审核标准，以及可以挖掘哪些优化潜力提出建议。这些建议不一定直接涉及内部规章或标准，但确实有助于改善或保障组织的流程。只有对于重大关键的偏差，审核人员才会确定必须立即执行的具体措施（立即措施）。

相关职能领域、部门决策者及过程负责人将在稍后阶段认真制订改进和纠正措施（见第 7.2.6.5 节）。这些都可以在由审核员/审核小组于审核结束会议后编制审核报告的基础上进行。

现场审核的最后一个环节是审核结束会议。这里审核员或审核小组向事先定义好的出席者，如由参加启动会议的人员组成，介绍审核结果和结论。重要的是，审核结果和结论要得到被审核组织单位的理解和确认。这尤其适用于存在偏差的情况。不同的意见应该在参与者的圈子里讨论。如果没有达成共识，应在审核报告中做相应的记录。

在与参与者的谈话中，应重现已获得的印象。审核结果、改进潜力以及可能的不符合项，以及特别良好的绩效和做法必须传达给管理层。

表 7-14 再次总结审核实施的步骤。

➲ 工作辅助：审核实施步骤。

表 7-14 审核实施步骤

序号	步骤	提示
1	问候	问候阶段有助于营造良好的氛围 与会者自我介绍 可能提出的问题：审核准备工作你是怎么做的？
2	启动审核	确定主题；谈话的目标和目的 列举对谈话及其出发点的期望 结果应该是什么？ 介绍时间安排
3	实施审核	为了创造一个良好的论证基础，必须交换所有必要的信息 讨论阶段信息交流越深入，论证阶段工作进行得就越顺畅，参与者之间的误解就越少 信息交流和收集必须在争论之前进行 信息阶段的指标： 数字、数据、事实 客观描述症状和事实，不做主观评价 在信息密集阶段的背景下进行争论交流，进而得出结果。在这里，也需要收集数字、数据和事实信息

（续）

序号	步骤	提示
4	确定结果、共同的出发点	总结概括结果 就进一步行动做出决定；确定措施，并在可能的情况下指定日期和责任人
5	结束语	感谢您的合作；说明下一次可能谈话的时间和地点 营造友好的氛围 可以用"我的信息"进行反馈，例如我对谈话的感觉如何、我对结果的满意度如何

在内部审核的情况下，可在最后的结束会议中共同制定措施。

对审核确认的事实，应根据简单的、适合于企业的纲要标准进行评价。评价目录原则上应：

- 尽可能简单
- 易于理解
- 评价规则而不是被审核人
- 为今后的任务提供一个分级
- 无须讨论就能使用

评价标准应在内部审核规范中，如在工作指导中加以规定。

不符合（偏差）是指不满足规定的要求。如果发生不符合，则说明定义的质量特性没有得到满足。以下几点必须注意：
在哪里？什么时候？详细情况
是什么？怎么样？清楚陈述事实
为什么？是谁？原因和归类

7.2.6.4　审核报告

最后，审核组或审核员根据其记录编写总结性审核报告。审核员对审核报告的编制、准确性和完整性负责。审核报告是对审核工作的总结，审核文件是审核报告的基础；同时，它也是管理层进行整体评价的依据。审核报告可以有不同的形式，例如：

- 填好的问题清单与措施
- 题为"审核报告"的分散性文字报告
- 可以一并附上措施建议
- 审核报告和措施分开,这里措施以措施记录的形式列出

附有措施的清单是审核报告中最简单的形式,是用审核中使用的清单加上在审核中获得的认知结果扩展出来的。与其相应的措施也可以直接写进清单里,或以措施计划的形式作为额外文件附在后面。另一种可能性是单独的审核报告,报告里包含措施记录或措施计划。

> ⚠️ **提 示**　只有完成审核报告并将其分发,审核才能成为有效的管理内容。

评价会写在审核报告中,其结构如图 7-20 所示。

⊃ 工作辅助:审核报告。

	审核报告		
审核报告号		审核日期	
审核区域			
审核类型	产品审核	体系审核	过程审核
标准	IATF 16949	ISO 9001	VDA
审核组长		审核组成员	

偏差 / 证据 / 措施:

解释 / 评价:
OFI　　改进潜力
nc2　　小偏差
NC1　　主偏差
nb　　 没做评价
F　　　偏差
+　　　强调点

过程	标准章节	确认的偏差	评价	措施 (被审核单位填写)	责任 / 日期 (被审核单位填写)
2.1 入库	8.6.6	验收标准未按客户的要求进行	nc2		

图 7-20　审核报告示例

>
> 提 示
>
> 根据 ISO 19011，审核报告应包含以下项目：
> - 审核的范围和目标
> - 审核计划的详细内容（审核员、日期等）
> - 对参考文件的具体要求
> - 被审核部门的详细情况（业务流程）
> - 审核确认的问题点（汇总）
> - 建议的改进措施
> - 改进措施的跟踪
> - 审核组对各项要求和目标完成情况的评价
> - 参与审核的人员、日期和签名
> - 审核报告分发名单

除审核报告外，还可以针对发现的任何偏差单独编制审核偏差报告（图 7-21）。这样一来，单独编制审核偏差报告的不符合项就又有了不同的地位，因为在完成引入的纠正措施后，必须为关闭不符合项再次向审核员提交该报告。

○ 工作辅助：审核偏差报告。

	审核偏差报告		
被审核部门：		审核报告号：	
审核依据：		审核员：	
偏差描述：			
纠正措施描述：		日期：	责任人：
需要进行二次审核：是□ 否□			
审核员	日期	部门经理	
评价纠正措施的关闭			
实施纠正措施 是□ 否□		日期	审核员：

图 7-21　审核偏差报告（节选）

7.2.6.5　改进

审核实施中的最后一个环节是确定、执行和跟踪措施。

为了使审核真正达到改进目的，必须对审核后启动的改进过程进行计划和协调。

审核报告只列出建议和不符合项。措施计划本身由企业相关领域来制订。在中小型企业中，内部审核员往往会参与到这种措施计划制订中来。

审核员可以就如何组成团队以确定措施或哪些职能部门或过程负责人应参与提出

建议。在某些情况下，例如认证审核已排上日程，审核员设置措施的结束日期是很有意义的。

让审核员参与原因分析往往也是很有帮助的，因为他可以推荐一些方法和技巧，以减轻团队的工作，缩短处理时间。总的来说，审核员应始终作为参与审核人员的联系人。

为了能够启动有效的审核跟踪措施，必须明确不符合项的原因，以便能够长期消除不符合项。因此，重要的是要发现造成错误的原因或未利用现有潜力的所有原因，以便能够做出有充分依据的决定，确定要在哪些方面实现改变，以及通过哪些措施进行这些改变。

图 7-22 所示的原因分析的常用问题非常有助于发现改进潜力。

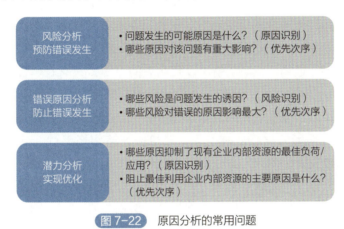

图 7-22　原因分析的常用问题

由于错误的原因通常是不同的职能部门共同作用的结果，因此，通过跨部门团队合作的方式来完成查找原因的过程非常重要。对于注重过程的管理系统，团队成员应该由上下游相关过程负责人组成。团队工作本身应该由一个团队负责人来协调。

跨部门原因分析小组的工作可以得到组织技术和方法的支持，使寻找原因和确定优先次序的过程尽可能有效。相关方法在第 9 章有更详细的解释，举例如下。

（1）石川图

这是一种结构化、透明化的方法，可以尽可能多地找出导致问题的各个方面。导致问题出现的原因往往是复杂的、相互联系的，乍一看并非一目了然。然而，这种方法可以用来很好地显示这些相互交织在一起的关系。在石川图中，出现的错误归类到独立的主要原因组里。

（2）关系图

在关系图中，将猜测的复杂情境中因果关系结构化。这里要考虑问题的特性或问题各方面之间的相互影响。复杂的思路可以用这种方式表达出来。从一个问题出发，将边界问题进行分组，然后用箭头标记关系流。原因可按需要分类。最重要的是，关系图反映了一个工作组的结构化思想库，并将复杂的关系简单化。这种技术需要主持人老师来讲解。

（3）树状图

在寻找原因和解决方案时，树状图也可以用来支持呈现一个连贯有序的表示方式，随着细节的不断深入，从而得出目标和措施之间的相关性。

分析阶段不仅要注重错误的排除，更要注重今后的防错。因此，为了纠正错误，必须尽可能地识别所有可能导致错误的风险，因为总体审核目标是实现长期改进，尽可能地控制所有可能影响不合格原因的风险隐患。

对审核发现的优化潜力也要进行分析。不管是哪种类型的审核（如管理体系的体系审核、过程审核或产品审核），对企业来说，挖掘这种潜力是极其重要的。

可以在最不同的领域发现优化潜力。无论是在工艺设计、人员调配计划、物流流程还是技术设备方面，企业要利用"闲置"资源和技术诀窍是基本的常识。

需要注意的是，最初的问题/错误以及相关的原因，只有在"再看一眼"中才能追溯到更深层次的核心问题。因此，分析时必须时刻置疑明显错误的核心问题在哪里，因为只有这样，才有可能实施消除核心问题、防止错误的措施。

现在必须落实确定的审核后续措施。这也应该结构化进行，其处理步骤必须明确：谁必须在何时实施什么。

为此，需要制订一个措施计划表，该表包含将任务分配给特定人员的所有基本信息（图7-23）。列表内容只限于实质性的事项，所以尽管人力、物力投入较少，但却能清晰地分配任务甚至是大型任务，并将其与目标联系起来。

➡ 工作辅助：审核措施计划。

			审核措施计划							
序号	偏差	原因	措施/注释	开始日期	目标日期	后续日期	负责人	状态	完成	审核
1	个别工长管理区域不遵守质量管理的书面说明和决定	个别工长在正式组织中的不同强势地位（尽管领导级别相同）	建立平衡的权力关系							
2	在没有书面指示的情况下进行测试	质量管理文件中缺少相应的指示	在质量管理文件中创建一个测试指示							
3	抽样范围不同于计划	员工积极性不高，监督力度不够	对员工进行指导，指出错误对客户造成的后果							
4	在测试部门的墙柜里和办公桌上有作废的图纸	对图纸的监控和收集在质量管理文件中没有明确的程序说明	明确负责图纸更新的职责							

状态：0=未完成，i,A.=处理中，erl.=已完成，V=废除。

图7-23 审核措施计划示例

措施计划的内容:
- 审核结果编号及简要说明
- 原因分析的结果
- 对已决定的措施进行关键词描述
- 措施输入的日期(开始日期)
- 措施应完成的日期(目标日期):必须给责任人一个现实的执行期间;必须考虑到日常业务、休假期及企业其他项目等需要人工的影响因素,并进行协调
- 负责实施措施。必须始终指定一个责任人。如果委托几个人完成任务,应该只指定一个人作为主要责任人,因为只有这样才能保证责任不在几个人之间推诿,最终没有人觉得自己有责任。此外,应该牢记这条规则,即任何没有事先被告知这一授权的人都不应被指定为负责人。毕竟,只有在征得责任人同意或与其协商的情况下才能把任务交给他
- 状况:单项措施的责任人或授权检查措施进展情况的人定期在措施列表中输入其任务的处理状态
- 可能无法在设定的日期内完成,在这种情况下,必须在为此目的建立的栏目中输入随后的日期
- 措施实施完毕后,要检查其效果。为此,在"已检查"栏中输入本次检查人的姓名和日期

这种有效性审查可以在全面审核总体措施计划的情况下,根据确定的时间节点进行或者在单个措施的情况下,可以在实施后直接进行或通过后续审核的方式进行。

对有效性分析有益的常用问题:
- 该措施是否实现了预期的改进效果?
- 现在已经符合规定要求了吗?
- 该措施起到有效和高效的效果了吗?
- 在执行这些措施的过程中吸取了哪些有重大意义的经验教训?(这也适用于措施执行和策划过程的有效性)

如果措施验证过程中发现没有产生预期的效果,措施小组/审核小组必须采取进一步措施。该措施必须在实施后再次审查其有效性。

重要的是,有效性/无效性的审查不要进行得太晚,不要让措施的负面作用拖延到复核检查期间。审查日期取决于措施的重要性或不合规项的优先级。

7.2.7 总结

审核是检查企业质量管理体系、过程和产品是否符合要求的重要手段。因此，通过审核能够发现现有的薄弱环节和不足，有针对性地推出改进措施，它是持续改进过程的一个基本组成部分。如果正确运用审核，会为改进工作提供很好的基础和机会。

审核执行的根本改进源于从清单转向注重过程的审核，类似于 VDA 的乌龟模型。该审核可能有些费时费力，但它产生的效果更好。只是这需要审核人员对标准有很好的了解，并对审核员要进行方法方面的培训。

通过对审核结果正确处理加工可以获得庞大的知识资源。但前提是，这必须以专业的方式进行，更重要的是，后续处理加工工作过程要做得很好。

因此，审核也是一种重要的管理手段。如果在企业中存在必要的接受度，就会为改进工作、激励员工并最终提高客户满意度提供了意想不到的机会。

请您重视客户对过程审核的要求。认证时，要与客户体系的特殊要求进行比较。

必须描述实施内部审核的所有标准。

必须对措施的完成情况进行监督，以便在认证审核时可以向审核员显示尚未完成的内部审核的不符合项。

7.2.8 参考文献

Brückner, Claudia: Qualitätsmanagement für die Automobilindustrie, 1. Auflage, Symposion Publishing, Düsseldorf 2009

Brückner, Claudia; Kielkopf, Susanne: Interne Audits erfolgreich planen und durchführen, in: QM-System nach ISO 9001, Online-Version: WEKA MEDIA, Kissing 2018

Brückner, Claudia; Kielkopf, Susanne: Zum Nutzen des Unternehmens auditieren – Strategie und Ziele, in: QM-System nach ISO 9001, Online-Version, WEKA MEDIA, Kissing 2018

Brunner, Franz J.; Wagner, Karl Werner; Osanna, Peter H.: Taschenbuch Qualitätsmanagement – Leitfaden für Ingenieure und Techniker, 3. Auflage, Carl Hanser Verlag, München 2004

DIN EN ISO 19011:2017-09 – Entwurf, Leitfaden zur Auditierung von Managementsystemen (ISO/DIS 19011:2017), deutsche und englische Fassung EN ISO 19011:2017

DIN EN ISO 9001:2015: Qualitätsmanagementsysteme – Anforderungen (ISO 9001:2015); deutsche und englische Fassung EN ISO 9001:2015

DIN EN ISO 19011 - Leitfaden zur Auditierung von Managementsystemen, 2018

Gietl, Gerhard; Lobinger, Werner: Leitfaden für Qualitätsauditoren, 3. Auflage, Carl Hanser Verlag, München 2009

IATF 16949, Erste Ausgabe 2016, Anforderungen an Qualitätsmanagementsysteme für die Serien- und Ersatzteilproduktion in der Automobilindustrie

Pfeifer, Thilo; Schmitt, Robert (Hrsg.): Masing–Handbuch Qualitätsmanagement, 5. Auflage, Carl Hanser Verlag, München 2007

Pfeifer, Tilo: Praxisbuch Qualitätsmanagement, 2. Auflage, Carl Hanser Verlag, München 2001

Thode, Michael: Abschnitt 9.2 Internes Audit, in: QM-System nach ISO 9001, Online-Version: WEKA MEDIA, Kissing 2018

VDA-Band 6.2: QM-Systemaudit–Dienstleistungen–Besondere Anforderungen, 3. Ausgabe 2017

VDA-Band 6.3: Prozessaudit, 3. überarbeitete Ausgabe, 2016

VDA-Band 6.4: QM-Systemaudit–Produktionsmittel, 3. Ausgabe 2017

VDA-Band 6.5: Produktaudit, 2. überarbeitete Auflage 2008

Wagner, Karl Werner; Käfer, Roman: PQM–Prozessorientiertes Qualitätsmanagement, 4. Auflage, Carl Hanser Verlag, München 2008

第 8 章
产品和服务的改进

质量管理体系以及产品和服务的进一步开发和持续改进是质量改进的目标。通过定期审查（审核、数据分析、管理评价）以及由此产生的措施计划和措施实施，可确保在质量管理体系框架内取得的绩效能够持续不断地发展。

8.1 引入改进

8.1.1 综述

在 ISO 9001:2015 和 IATF 16949 的第 10 章里，虽然标题是改进，但它们主要说的是不合格品的处理。对改进这一主题，每个标准只用了一个小章节来论述。改进不一定都是大项目，因为改进也可以通过小步骤取得大成功。

8.1.2 目的和意义

企业采取的改进措施主要是为了通过质量改进提高客户满意度；此外，还会产生额外的协同效应，例如：
- 生产率提高
- 过程优化
- 节省潜力
- 劳动条件改善
- 员工积极性提高

8.1.3 实施改进的可能性

在 ISO 9001:2015 第 10.1 章节里，对改进和不符合项提出了以下指导：

- 必须抓住一切可以改进的机会，采取一切必要措施，至少要满足客户要求，提高客户满意度
- 不符合的情况应予以纠正和减少，最重要的是要从一开始就防止
- 必须提高整个质量管理体系的效能和有效性

IATF 16949 对本章节没有额外要求。

在 ISO 9001:2015 第 10.3 章节里，包含了改进质量管理体系的要求：
- 不断改进质量管理体系的适用性、适度性和有效性
- 在确定改进潜力时，必须考虑分析结果和管理评价结果

为此，IATF 在第 10.3.1 章节中有一项附加要求，即必须有一个文件化的持续改进流程（参见第 5.5 章节），包括以下几个方面：
- 定义流程
- 确定和评价绩效指标，包括有效性评价和书面证据
- 改进生产工艺过程的措施计划，强调减少工艺过程分散和浪费
- 风险分析，例如 FMEA

本书已经在很多地方陈述了两个标准对实施持续改进的相关要求。遗憾的是，ISO 9001:2015 和 IATF 16949 的第 10 章没有提供对其他章节部分的参考。

引入改进的方法有很多，以下是本书所讨论的一些重要方面（表 8-1）。

表 8-1　本书中讲解的改进方法解释实例

内容	书中章节
过程管理：通过对过程的不断检查控制，实现过程的改进	第 2.3 章节
用关键指标来引入和监控过程，以提高有效性和效率	第 3.2 章节
为了履行和改进完善企业责任，确定基本原则	第 3.2 章节
策划和实施质量目标，以提高质量	第 3.4 章节
引入持续改进过程 (KVP)，以便能够在许多方面进行改进	第 3.5 章节
开展管理评价，以提高质量管理体系的有效性	第 3.7 章节
对产品安全进行监控，避免不符合的发生	第 3.9 章节
查明企业的机遇和风险，以便系统地识别风险和机遇，并能采取相应的行动	第 4 章
识别并提员工的技能素质，以减少错误	第 5.1、5.2 章节
完善内外沟通，建立顺畅的沟通流程，提高客户满意度	第 5.1.5.7、5.1.6 章节
确定对不合格产品的处理方式，以避免重复发生	第 8.2 章节
确定外包产品和服务的处理方式，以便能够系统地控制外包过程和原材料的采购	第 6.5 章节
持续衡量客户满意度，以不断提高客户满意度	第 7.1 章节
规划和进行内部审核，以查明弱点，并提出改进的可能性	第 7.2 章节

> 对于 IATF 16949 来说，一旦主导的生产过程已经证明其具备了运行能力，或者当所需的产品功能被实现并满足客户要求时，就要实施持续改进过程。

8.1.4　总结

企业推行的每一项改进都是持续改进过程的一部分，包括组织改进和过程优化，以及过程和工作指导的文件改进；还包括投资项目，如购买新机器或设备，以提高产品质量，从而提高客户满意度。

> 重要的是，每一项改进都要有系统的计划、实施和监视。

8.1.5　参考文献

Brückner, Claudia: Die neue IATF 16949:2016 – Gründe für die Revision der ISO/TS 16949, in: QM-System nach ISO 9001, Online-Version, WEKA MEDIA, Kissing 2018

EN ISO 9001:2015: Qualitätsmanagementsysteme – Anforderungen (ISO 9001:2015); deutsche und englische Fassung

IATF 16949 Anforderungen an ein Qualitätsmanagementsystem für die Serien- und Ersatzteilproduktion in der Automobilindustrie IATF 16949:2016 (D)

Thode, Michael: Abschnitt 10.3 Fortlaufende Verbesserung, in: QM-System nach ISO 9001, Online-Version, WEKA MEDIA, Kissing 2018

8.2　不合格管理

8.2.1　综述

在 ISO 9001:2015 的第 10.2.1 章节中包含了处理不合格品的要求：
- 查明和分析原因
- 核查所发现的不合格项是否以前在企业里发生过
- 采取适当措施消除不合格情况
- 检查适合的措施的有效性

IATF 16949 的要求来源于 ISO 9001:2015 的基本要求，一般来说，当发生不合格（包括投诉）时，企业必须做出反应，并采取纠正和跟踪措施，以防止再次发生。要求采取系统的方法进行识别和根源分析，包括有效性检查。关于不合格品的一般处理，可参考 8D 模式的应用，包括石川法或 5W 法等方法。这些系统可用于内部和外部不合格品的处理。

而 IATF 16949 的要求则更进一步。在第 10.2.3 章节中，它要求对一个问题的解决要有记录过程，根据问题类型的不同采取不同的方法。要求采取非常系统的方法：

- 首先确定有缺陷的和怀疑有缺陷产品的范围，然后立即封存（ISO 9001:2015 章节 8.7）
- 启动应急措施，以便不合格产品能被控制
- 进行原因分析，并明确评价类型和要达到的结果
- 纠正措施要系统地写进质量管理体系中，并对其有效性进行评估，考虑其对类似过程的影响
- 检查并在必要时更新现有的文件，如 FMEA 和生产控制计划

提示　如果客户指定了解决问题的某些做法、技术和方法，那么就必须应用这些指令。

8.2.2　目的和意义

解决问题这一过程的目的和意义是显而易见的。系统地处理和监控纠正措施，以消除不符合项，是每个质量管理体系的核心内容。特别重要的目标是避免或防止重复性错误，通过系统化的处理让客户满意。

同样重要的是参考风险和机遇评估，在采取纠正措施后可能需要更新。

处理不合格品也意味着企业必须有计划、有组织地处理投诉。因此，质量管理体系内的投诉管理就显得非常重要。

8.2.3　解决问题的过程

应在企业中引入一个系统来正确处理问题和实施措施。8D 模式已经成为汽车行业投诉管理中的一种有效处理方法。

2009 年，VDA 发布了一项指南，以确保生产生命周期质量，这是一个标准化的投诉流程，适合汽车行业的特殊要求。本指南也可在 DIN 标准 ISO 10002 和 DIN ISO 10002：2017-07- 草案：质量管理客户满意度组织投诉处理指南中找到。无论处在哪个行业，DIN 指南都适用。

如果客户没有特殊要求，供应商可以自由设计投诉过程。由于这一流程对满足客

户要求、提高客户满意度具有重要意义，因此，强烈建议在企业内部系统地引入并实施投诉这一过程。

8.2.4 综述

抱怨和投诉管理不仅是改进过程，而且也是解决问题过程的基本组成部分。投诉一般而言总是会导致并推动改进工作在企业内的进行。

建议将抱怨和投诉过程纳入持续改进过程中。

"投诉管理或抱怨管理是指当客户对企业或其代办处的产品/服务进行投诉时，企业所采取的所有系统性措施的总和。其目的是在发生负面事件的情况下，尽可能地保持客户的满意度，并为今后避免错误发生获取信息。"（来源：QM WARE）

系统化投诉管理的优势如下：
- 使客户能够进入一个对客户的问题开放接收并处理投诉的过程
- 提高企业系统地、有针对性地处理投诉的能力，让所有的人都满意
- 提高企业展示其发展趋势及对抱怨和投诉的原因进行分析和消除的能力
- 能帮助企业以客户为导向处理客户投诉，让员工提高客户服务技能
- 为持续评价和分析投诉处理过程奠定基础

投诉是企业日常的一部分，因为只要有人工作的地方都可能发生错误或不足。这些错误可能会在不知不觉中传递给客户，从而引发投诉。只有那些有技巧地处理不满意客户的人，才能不仅留住客户，而且可能使客户为抱怨的妥善处理而深受感动。但是只有在专业地处理投诉的情况下才会如此。毕竟一个专业化运行的投诉管理系统是企业取得持久市场成功的基础，赢得新客户意味着要比维护现有客户付出更大的努力。另一方面，不满意的客户也会通过负面传播对企业的形象造成极大损害。

但是，如果对接到的投诉进行认真处理，同时给客户提供满意的解决方案，并最终系统地、结构化地消除此类投诉，那么给客户造成的负面体验在最佳情况下可以转化为正面体验。

投诉、抱怨和不符合问题点等词语一般都带有负面色彩，即生产的产品、提供的服务或其他行为没有让客户满意。如图8-1所示，必须对抱怨和投诉加以区分。什么是抱怨，

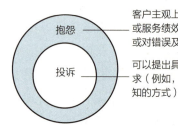

图 8-1　区分投诉和抱怨

没有明确定义。一般来说，只有那些客户期望与产品和服务提供之间存在较大差异的情况才会被投诉。

投诉管理应该是企业整体战略的一部分，其中客户关系管理是企业管理成功和企业盈利的基础。

 与投诉相比，抱怨是法律上不被支持认可的。

投诉的处理方式会影响客户的整体满意度。实践一再证明，客户对自己的投诉或索赔处理满意的，其品牌忠诚度高，也愿意向他人推荐。

那些已经认识到以客户为导向是企业长期生存的前提，并把客户满意度作为目标认真对待的企业，都会把投诉管理作为以客户为导向型企业战略的核心部分，并有目标地加以运用。此外，通过补偿可以重新建立或加强客户对企业的忠诚度，也可以在很大程度上避免或减少法律纠纷（如保修义务）。

系统化的投诉管理能够使企业在增值过程中的薄弱环节和改进潜力透明化。实践多次证明，企业的投诉管理运行良好，可以发现大量的质量改进机会。图 8-2 概括了有效运行的投诉管理所追求的目标。

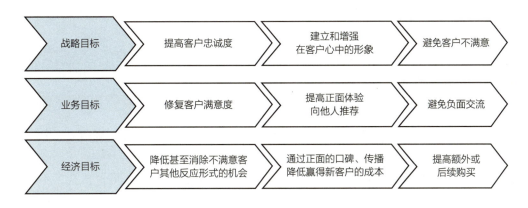

图 8-2　有效运行的投诉管理的目标

8.2.5　法律上的投诉分类

根据德国民法典的规定，如果被投诉的商品或服务存在缺陷，则投诉有理。这意味着，不存在某些可归于产品或服务的承诺或预期特性。

卖方有各种法律可能性来补救缺陷：

- 换货：收到被投诉的货物后，将无瑕疵的货物交付给客户
- 维修：供应商出资补救缺陷，目的是消除投诉的原因。这也被认为是常见的高质量产品的一种特殊的换货情况。对于提供的服务，必须进行改善
- 解约：给客户退款，并收回有缺陷的货物，倘若花费是恰当的
- 减价：退还部分货款，买方保留瑕疵品
- 客户也有其必须遵守的义务：客户接收货物后，最迟在使用前必须检查货物是否存在缺陷，否则视为无缺陷

8.2.6 创建投诉管理的前提条件

企业面临的挑战是，投诉管理包括一系列协调性策划、组织和控制措施，这些都必须得到贯彻执行。此外，还必须完成重要的人事政策任务。

在实际工作中，这原意是指建立一个系统，以最大限度地减少客户不满对企业造成的负面影响，并根据抱怨和投诉中得到的提示，识别经营弱点和市场机会，且加以利用。由此得出以下与营销相关的目标：

- 避免不满意客户其他反应形式的机会（负面的口碑传播）
  - 评估和使用投诉中的信息
  - 查明并消除业务上的薄弱环节
  - 减少内部和外部的失误成本

图 8-3 概括了投诉管理过程中各个子任务的分类。有些工作是直接面对投诉客户的，有些则是内部事务，只有经过进一步的计划、决策和行动，才会对客户产生影响。与此相适应，必须区分直接和间接的投诉管理过程。

图 8-3　直接和间接的投诉管理过程

各级员工，特别是高层管理人员必须相信，投诉和抱怨代表了商业机会，不要将其作为应防御的危害来理解。鉴于此，需要告知所有员工，以提高其敏感性。投诉管理的基础是开放式企业文化及独立工作、敬业的员工。

管理层必须是这种文化的榜样，并具备必要的能力。他们必须：

- 能坦白承认自己的错误
- 认真对待抱怨、投诉和索赔，认识到它们的重要性
- 对待员工不推诿自己的责任，而是全身心地投入到问题的分析中去，并以团队的形式制订解决方案

- 将责任和权利下放给员工，并留给员工做决策时需要的自由发挥空间
- 帮助员工，为他们提供建议和行动支持

关键岗位的员工在客户产生抱怨和投诉时，要首先与客户接触。这些员工必须接受以下方面的专门培训：
- 与客户语言交流的技巧
- 倾听客户的心声
- 不情绪化，保持镇定
- 人性方面的知识
- 处理客户威胁升级的情况
- 关于产品的专业知识
- 运用必要的支持工具

如果投诉管理让与客户接触的员工有更大的决策空间，那么对人员管理和培训的要求就更高。这意味着决策的权限转移到了较低的层级。这种措施的目的，一方面是如果决策阶段时间缩短，可以更快地修复客户的满意度；另一方面，员工因责任较大而迸发的积极性提高，这会使他们对企业所做的贡献更大；最后是降低成本，因为处理投诉的时间减少了。

8.2.7 处理投诉

良好的投诉处理规划和流程是企业实施行之有效的投诉管理的必要条件。投诉处理应遵循图 8-4 所示的步骤。

8.2.7.1 确定投诉处理的框架条件

企业领导层对行之有效的投诉过程负主要责任。

ISO 10002 建议首先要考虑组织环境背景、企业政策和目标、所有相关法律和法规以及财务上和组织上的要求。

召开启动会议，传达框架条件，邀请所有与客户接触的经理和员工参加。

启动会议的目的是让所有员工对即将来临的项目给予关注和重视。为了达到这一目的，必须在以下方面进行交流沟通：
- 目标
- 项目框架
- 可能使用的软件

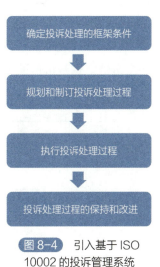

图 8-4 引入基于 ISO 10002 的投诉管理系统

- 时间节点、期限
- 责任人等

这一步骤的结果应该是一个包含了责任人和时间节点、期限在内的措施计划。

 提示 市场上有众多的软件系统，它们可以为投诉管理发挥作用提供重要的支持。也可以用 Excel 或 Access 等软件进行投诉管理，通常情况下，每个企业都有此类软件。

8.2.7.2 规划和制订投诉处理过程

应有效规划投诉处理过程，确保客户满意。这就要求必须协调一系列工作活动。企业领导层必须确保：

- 在所有相关层级中对投诉处理制订与政策相一致、可衡量的目标
- 过程策划是以提高客户满意度为目的的
- 估算所需资源，并提供必要的资源，以确保投诉处理顺利进行

投诉处理过程可与质量管理体系的其他过程相互影响、相互作用。投诉处理过程的依据是企业现存的所有与投诉和抱怨相关的文件，包括可能的记录，如统计数据、客户信息和规则文件，如过程描述。所有的文件都应记录在案，并列目录。这一步骤的目的是初步了解企业现有的运行、工作情况。

8.2.7.3 执行投诉处理过程

系统地收录投诉和抱怨的目的是进行结构化记录，以满足进一步处理的需要。

有效且高效地执行投诉处理过程，以提高客户满意度，就像做规划一样，需要做许多事情。这些可借助于以过程为导向的模型很清晰地看到（图 8-5）。

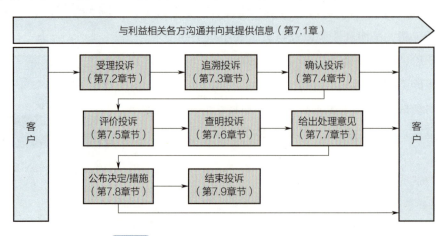

图 8-5 基于 ISO 10002 附件 E 的投诉过程

第 8 章 产品和服务的改进

这一步骤常常还需要请专家加入其中。例如，当需要解决技术问题时，就会出现这种情况。为此，应在公司内制定标准表格（表 8-2），以便能够全面一致进行处理。

仔细观察这个过程，马上就能发现与汽车行业中使用的 8D 系统处理的联系（见本书第 9.3 章节）。

➲ 工作辅助：投诉受理表。

表 8-2 投诉受理表示例

日期		投诉号	
投诉人姓名			
企业			
电话号码			
受理人姓名		处理投诉人 / 部门	
受理方式	电话 书面 口头	☐ ☐ ☐	
抱怨类型	员工 产品 后续投诉 其他	☐ ☐ ☐	
投诉描述			
客户意向	没有 账单减额 关系破裂 其他	☐ ☐ ☐	
客户期望	解约 降价 改进 8D 报告 其他	☐ ☐ ☐ ☐	
承诺			

一个表格应该能够包含以后处理所需的所有数据，从而解决问题。系统的记录是最佳反应的基础（图 8-6）。如果使用软件，则直接在软件系统中记录数据。

提示：在客户的不满中，只有相对较小的比例是书面投诉和抱怨。大多数客户会通过电话投诉。无论如何，客户一定会收到一份书面通知，告知他们的投诉正在处理中。

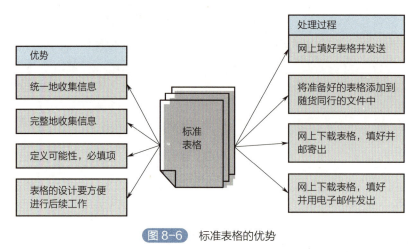

图 8-6 标准表格的优势

注：资料来源于《抱怨和投诉管理》，WEKA-Verlag 出版社出版。

所有客户的投诉和抱怨必须集中记录。如果不使用软件，可采用表格的方式进行处理（表 8-3）。

➲ 工作辅助：投诉一览表。

表 8-3 投诉一览表

投诉号	联系人	8D 报告号	受理人	受理时间	完成时间	完成人

在投诉被记录并添加到一览表中后，将对其是否合理进行检查，然后再进行下一步的问题分析。

按照 8D 模式进行原因分析，并采取必要的措施，对此本书在第 9.3 章节中有详细说明。

根据 ISO 10002 的规定，下列文件资料应作为投诉的证据：

• 投诉受理，包括投诉的识别、记录和分类
• 处理意见的记录，包括本组织的标准
• 培训和指导记录
• 上述记录的使用情况
• 对这些记录的处理，包括其存储、使用和可支配性
• 保护投诉客户的个人数据，包括避免因错误或报废处理过时老化的媒介（打印出来的表格、磁盘等）造成的信息泄露

- 披露投诉数据（例如，以何种方式和何时披露）
- 在投诉处理过程中，应将这些文件化信息作为必须填写信息保存

8.2.7.4 投诉处理过程的保持和改进

一个重要的组成部分是持续改进过程，这对于不断提高客户满意度是绝对必要的。因此需要有一个系统化的过程，并必须对其进行不断的跟踪：

- 对于投诉处理流程，必须有明确的规范文件，如流程说明、作业指导书、检查表等
- 为了确定趋势和原因，应将所有投诉进行分类
- 应持续监测客户对该过程的满意度。适合于这一目的方法例如有问卷调查
- 应定期评估业绩指标，并与目标进行比较
- 应定期对投诉过程进行审核
- 应定期对投诉过程进行评估。其方法可以是管理评审。评估可以发现不足，找出改进的潜力。根据 ISO 9001:2015 和 IATF 16949 以及其他规范和标准的要求，评估的投入和结果与管理评审有关。

对投诉处理过程的审核可以创建表格（表 8-4），对其进行详细的检查。

➡ 工作辅助：投诉处理过程审核表。

表 8-4 投诉处理过程审核表示例

序号	问题	是	否	备注
1	收到的抱怨、投诉将集中在企业的一个部门统一处理吗？			
2	持续不断地评估抱怨、投诉并查明趋势了吗？			
3	投诉评价的结果是否会有效果，如改进、预防措施？			
4	有必要的投诉处理过程吗？			
5	客户收到投诉确认书了吗？			
6	客户知道处理进行到哪一步了吗？			
7	向所有必要的职能部门通报投诉情况了吗？			
8	现场有必要的工作指导、表单和指南吗？			
9	确立必要的责任了吗？			
10	投诉处理有详细的规定吗？			
11	确定对处理过程的监督了吗？			
12	结果被收录于客户满意度调查里了吗？			
13	8D 报告按要求进行处理了吗？			

8.2.8 总结

投诉管理是质量管理方案的一个不可缺少的组成部分,因为投诉管理包括企业为恢复或提高客户满意度而采取的所有措施。

重要的是,所有处理投诉的员工都要接受相应的培训,以便他们能够处理棘手的情况和有可能恶化的情况。与负面形象相关的所有情况都需要改善,因为对于一个企业来说,所有的投诉和抱怨,无论是来自内部还是外部客户,都要认真对待,并得到相应改善。一个抱怨的客户比一个什么都不说却对企业置之不理的客户更有价值。

如果企业对顾客所关注的事情持开放态度,并制定解决方案,将大大提高顾客的满意度,这意味着企业将获得长期性成功。

8.2.9 参考文献

DIN ISO 10002:2017-07 – Entwurf: Qualitätsmanagement – Kundenzufriedenheit – Leitfaden für die Behandlung von Reklamationen in Organisationen (2017)

EN ISO 9001:2015: Qualitätsmanagementsysteme – Anforderungen (ISO 9001:2015); deutsche und englische Fassung

Harmeier, Jens: Das Beschwerde- und Reklamationsmanagement im KVP nutzen, in: QM-System nach ISO 9001, Online-Version, WEKA MEDIA, Kissing 2018

Harmeier, Jens; Gertz, Stefanie: Beschwerdemanagement, in: QM-System nach ISO 9001, Online-Version, WEKA MEDIA, Kissing 2018

IATF 16949 Anforderungen an Qualitätsmanagementsysteme für die Serien- und Ersatzteilproduktion in der Automobilindustrie IATF 16949:2016 (D)

Pfeifer, Thilo; Schmitt, Robert (Hrsg.): Masing – Handbuch Qualitätsmanagement, 5. Auflage, Carl Hanser Verlag, München 2007

QM-WARE: Beschwerdemanagement: https://qm-ware.de/beschwerdemanagement-reklamationsmanagement-soft ware

Rönnecke, Dirk: Kundenorientiertes Beschwerdemanagement, expert Verlag, Renningen 2002

Schein, Klaus: „Marketing und Sales – Reklamationsmanagement", Klaus Schein Sales Strategy Consultant, www. klausschein.de, 2009

Stauss, Bernd; Seidel, Wolfgang: Beschwerdemanagement: Unzufriedene Kunden als profitable Zielgruppe, 5. Auflage, Carl Hanser Verlag, München 2014

Stempfle, Doris; Stempfle, Lothar; Zartmann, Ricarda: Reklamationsmanagement als Reklame – Beschwerden managen, Kunden zurückgewinnen, mehr verkaufen, Gabler Verlag, Wiesbaden 2009

Thode, Michael: Abschnitt 8.7 Steuerung nichtkonformer Ergebnisse, in: QM-System nach ISO 9001, Online-Version, WEKA MEDIA, Kissing 2018

VDA Blauband (Leitfaden): Sicherung der Qualität im Produktlebenszyklus–Standardisierter Reklamationsprozess, 1. Auflage, Oktober 2009

WEKA MEDIA: Beschwerde- und Reklamationsmanagement, in: Schulungspaket QM-Prozesse optimieren–Methoden einführen–Kundenzufriedenheit erhöhen, Online-Version 2018

8.3 不合格输出的控制

8.3.1 综述

即使生产计划周密、所有的规范要求都得到了满足、员工都受到了良好的培训、所有的流程都在质量管理体系中得到了定义，也会出现错误，因为不是所有的风险因素都可以消除。风险可能发生在入库时，也可能发生在生产过程中，还可能由于投诉和退货而产生。

在 IATF 16949 第 10.2.3 章节中的 b) 项下提到了 ISO 9001:2015 第 8.7 章节，该章节定义了不合格输出控制的最低要求。ISO 9001:2015 第 8.7.1 章节和第 8.7.2 章节规定了对错误进行控制的最低要求。为此，企业必须确保对发现缺陷的产品和服务进行适当的标识和控制，使其无法到达客户手中。因此，对于内部和交付后的错误，必须采取和实施适当的措施来纠正不符合项。对此，必须遵循以下做法：

- 纠正问题产品或服务
- 隔离、封存限制、退货或暂停生产或服务
- 告知客户
- 获得许可以接受特殊批准的产品或服务让步接收的授权
- 如果返工或类似情况出现，需要核查是否符合要求
- 编写和保存描述不符合项和所采取措施的文件资料，并且必须记录所采取的措施
- 对得到的特殊批准要注明是来自内部还是来自外部客户
- 要查明谁负责做出对不符合项采取措施的决定

IATF 16949 的要求更进一步：

- 客户特别批准的处理（第 8.7.1.1 章节）
- 不合格品的控制（第 8.7.1.2 章节）
- 可疑产品的控制（第 8.7.1.3 章节）
- 需要返工的产品的控制（第 8.7.1.4 章节，包括已形成文件的过程）
- 控制需要返修的产品（第 8.7.1.5 章节，包括形成文件的过程）
- 告知客户的处理过程（第 8.7.1.6 章节）

- 不合格品及其进一步的使用（第 8.7.1.7 章节，包括形成文件的过程）

这些标准没有要求无缺陷，而是对缺陷的处理要求小心和细致，慎之又慎，以免有缺陷产品进入市场。

8.3.2 目的和意义

对产品在生产和使用阶段发现的所有缺陷进行系统的记录和评价，对重要缺陷进行统计，并将核心问题呈现出来，是衡量质量管理体系有效性和进一步发展的根本依据。

实施纠正和预防措施的目的是为了避免错误的发生，以推进质量持续改进。

在处理不合格品时，必须注意 ISO 9001:2015 和 IATF 16949 的各个章节，不能只关注第 8.7.1 章节和第 10.2 章节。

所要求的形成文件的书面信息证据很重要，其表明：

- 错误是什么类型的
- 已经采取了哪些措施
- 是否已获得特别批准；如果是，有哪些
- 谁决定了所采取的措施
- 纠正措施的结果如何

请将返修和返工过程纳入风险分析。
请注意，必要时得到客户的特别同意。

8.3.3 不合格输出的处理

在标准中，"错误"和"有缺陷"的定义是指未满足要求，对照标准中使用的"符合"和"一致"两个术语。

如前所述，标准要求企业确保只提供合格的产品或服务。这意味着，对缺陷产品要打上标记并加以控制，使其不可能交付客户手中。

标准明确要求，对此过程要形成记录文件，即把规范要求以书面形式记录在相应的工作流程和岗位描述、作业指导书中等，使这些活动系统地进行：谁在控制缺陷产品时必须做什么，有哪些责任和权限。

不合格品及所采取的措施必须形成文字记录。这同样适用于企业中的特殊批准和对相关措施做出决定的职能部门。

图 8-7 形象地说明了怎样处理这些不合格品。

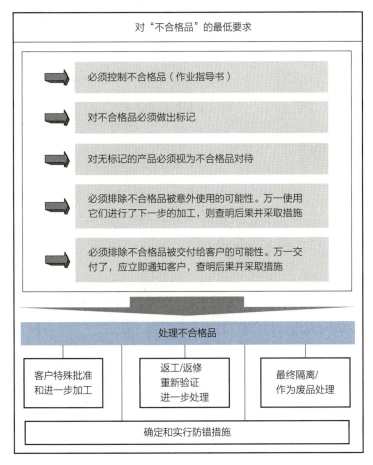

图 8-7　对"不合格品"的最低要求

图 8-8 和图 8-9 列举了形成文件的不合格产品控制过程及处理返工、返修和报废过程。

- 工作辅助：不合格品控制过程。

- 工作辅助：返工返修过程。

为了能将不合格品分离出来，在生产中必须设置专门的封存区或待澄清区存放不合格品。不合格品最好用红色标签来识别，标签上要有封存日期、封存原因和进行封存的人员姓名。

如果使用仓库管理系统，那么封存库就应该使用自己专用代码为记账所用。

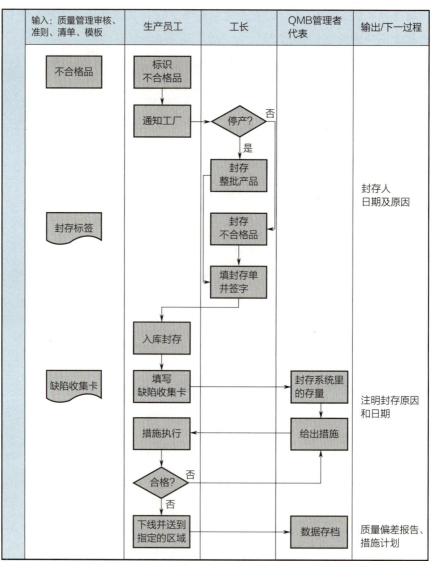

图 8-8 不合格品控制过程示例

但仅有不合格品控制是不够的，标准中第 8.7.1 章节还要求采取措施处理有缺陷的产品。该标准不一定要求缺陷产品报废，但是必须采取以下至少一种解决办法：

- 一旦产品或生产过程不符合要求的偏差范围，就必须从客户那里获得特殊批准同意。只有在收到特殊批准后，才能继续生产
- 返工，为了使有缺陷产品在纠正后达到要求。返工后的产品需要重新检测。但是，在做出返工决定之前，必须对返工过程中可能存在的风险进行风险评估。根据客户要求，在开始返工前必须得到客户的批准同意
- 对产品或过程中超出规定范围的偏差，必须从客户那里获得特殊批准（表示客

户接受了该偏差）

- 关于返修品的决定，在开始返修之前也必须进行风险评估，如果客户有要求，还必须获得客户的批准同意
- 如果无法返工或返修，则必须使产品变成已无法使用才能报废

 可疑品或无标识品必须与缺陷品同等对待。

对于在交付后和/或使用阶段才发现的缺陷产品，必须计划并实施更广泛的控制措施，这可能需要与客户商定。此情况可能涉及使用应急计划，在最坏的情况下，还可能涉及召回。对于这种情况，企业应该投保产品责任险。

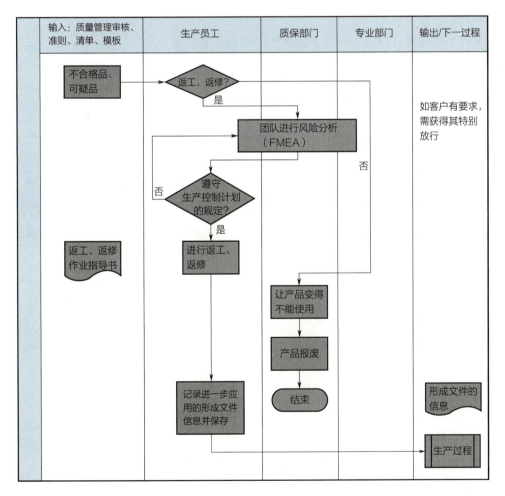

图8-9　返工返修过程示例

8.3.4 防错方法

在 IATF 16949 的第 10.2.4 章节中,要求一个有形成文件的过程,来规定有关防错的方法。必须在此过程中写明对那些指定的为避免错误及错误模拟的设施和设备进行功能检测。

特别是所选择的方法必须在与过程有关的风险分析中加以说明和记录。检查频率也必须体现在生产控制计划里。

这意味着,在产品开发阶段和生产过程中,人们就已经考虑使用哪些方法、怎样进行监测。

除了形成文件的过程外,还需要做以下记录,这些记录必须及时更新和保存:
- 功能检测的结果
- 用于预防错误的设施和设备发生故障时的应急计划

如果使用参考件,必须对其进行标识、验证和校准。

通过非常简单的预防措施应确保在生产过程中不会出现错误。采取的这些预防措施,如技术方案,必须定期检查其功能,以确保已经被排除的错误不会再次出现。例如,如果为此使用参考件或不合格件,则必须将其纳入检测设备的监控范围内。

Poka-Yoke(见本书第 9.6 章)是一种有效的防错方法,它在产品和工艺开发中被广泛使用,也被证明是最为有效的。

确保相关员工接受过 Poka-Yoke 培训,以便得到可能的、非常简单的、低成本的 Poka-Yoke 防错措施。

8.3.5 保修管理和市场使用中的失效分析

企业有义务提供保修服务。IATF 16949 在第 10.2.5 章节中要求有一个文件记录的过程,来规定失效分析的方法,包括所谓的"NTF 过程"(无故障发现)。如果客户指定了一个具体的过程,那么就必须强制性地执行该过程。

因此,第 10.2.5 章节和第 10.2.6 章节共同论述同一个问题。因为 IATF 16949 要求,凡是 4S 店拆卸下来的零件(损坏零件)或真正意义上在使用现场出现故障的缺陷产品，在任何情况下都要进行使用现场失效分析。这一过程描述了诊断结果、NTF过程、问题分析和经验教训。对此做法VDA卷在《市场失效分析》（2009年第1版）中做了解释。

 失效分析过程必须记录在案，并应在产品开发过程中纳入质量管理体系中，因为失效分析的策划应该在产品开发过程中就已经启动。

VDA手册中提出了失效分析过程的概念。它被描述为"升级的检查概念"，包括诊断结果和NTF过程。

"检查概念"要识别故障，并通过解决问题的过程进行系统的原因分析并消除故障，整个过程都涵盖于持续改进过程之中。

 必须按照VDA中使用现场失效分析的流程，对保修件、4S店拆卸损坏件和使用现场故障进行处理。正常的投诉都要经过解决问题过程。

保修的定义：保修是指债务人在交付物品或作品时，在没有缺陷的情况下所承担的法律义务。因此，提出保修要求的前提条件是存在缺陷。（来源：法律词典）

使用现场故障定义：使用现场故障是指在使用阶段时的极有可能发生的故障，对此必须承担实物零件缺陷所带来的责任。

失效分析过程中的各个步骤通常在实际工作中会带来困惑，因此，图8-10给出了失效分析过程的总览，更详细的信息可以在VDA手册的现场失效分析中找到。

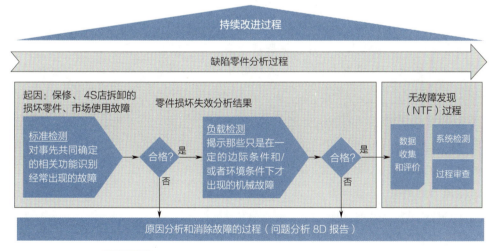

图8-10　VDA手册失效分析过程的现场失效分析第11页

8.3.5.1 标准检测和负载检测

相关零部件首先要进行共同确定的标准检测，该检测必须相当精确地对应于车辆的使用环境条件，它需要识别出在缺陷零件中持久存在的故障。负载检测的目的则是为了揭示那些在一定条件下才会偶尔发生的机械故障。

根据 VDA 手册，必须在开始批量生产之前，为每个新产品的开发策划详细的失效分析流程。为此，必须编制检测计划，其中包括标准检测和负载检测，以及关于检测指导和检测结果的独立文件记录。负载参数必须与例如技术任务书和图样中的参数相符合。在确定检测特性时，可参考以下文件：

- 失效模式和影响分析
- 技术任务说明书
- 技术规范
- 投诉
- 生产伴随检查
- （重新）员工技能审查

所有检测必须由供应商和客户共同商定。所有使用的测试设备和测量方法都必须加以规定注明。如果结果符合要求，并且没有发现错误，那么 NTF 过程就会启动。

8.3.5.2 NTF 过程

NTF 过程的任务是为那些在进行原因分析时没能找到解决方案的问题寻找原因。

当达到定义的触发标准时，就会执行该过程。然后，考虑的不再是导致问题的个别部分，而是试图通过收集和评估数据、检查系统和/或考虑各自的过程来解决问题。

对于数据的收集和评估，必须在客户和/或供应商处进行一次，在 VDA 的指南（蓝皮书）"现场失效分析"中给出了例子：

- 顾客数据：车辆数据、零件损坏程度分类、诊断结果等
- 供应商数据：测量值和零件损坏分析结果、零件损坏程度分类、读取故障代码等

对故障数据评价可以举出以下例子：

- 行驶里程
- 车辆历史
- 按照市场划分

实行 NTF 过程的可能方式有：

- 由客户独立实施
- 由供应商独立实施

- 在协调分配任务下联合实施（来源：VDA 蓝皮书的现场失效分析）

必须为 NTF 过程制定一个与产品相关的指南。首先，进行数据收集和数据评估。这会用到 OEM 和供应商的数据。为此，首先要收集和评估各自现有的数据和资料，以便获得进一步的信息。如果因此有新的发现，则必须再通过系统检查和 / 或过程审查来加以支持验证。

在系统检查中，审核的是技术方面的环节和相互联系，而过程审核则是系统上和组织上的相互关系。

提示　还必须考虑到电子元件的软件功能和诊断功能。

NTF 过程的结果必须形成文件并进行沟通。建议采用措施计划，并在定期举行的管理会议上进行沟通。

如果在 NTF 过程中识别出问题，应按照已商定的问题解决过程的方法来解决问题。

相反，如果不能确定问题，那么 NTF 过程的发起者必须决定是否做进一步的分析。如果得出的结论是进一步的分析没有意义，则做好终止 NTF 过程的记录。

（1）解决问题过程

如果故障在标准检测和 / 或负载检测时得到确认，或者在 NTF 过程中需要做进一步分析，就会启动解决问题过程。该过程的依据是 NTF 过程中确认的故障原因描述，或者是标准检测和负载检测的故障描述。

汽车行业在该过程中通常使用 8D 模式，本书第 9.3.8 章节将对此方法进行介绍。

（2）关键指标

为了对失效零件分析过程进行持续跟踪，必须收集和评估一些关键指标。对这些关键指标的计算在 VDA 蓝皮书现场失效分析中有说明：

- 得到分析结果的平均时间：从供应商收到零件到完成问题分析或得到合格结果的平均持续时间
- 基于分析结果的合格零件的比例：在分析中确定的"合格"零件的比例
- 平均返回时间：OEM 发货到供应商的时间

此外，在 VDA 蓝皮书中还推荐了更多指标：

- 标准检测确认的故障次数
- 负载检测确认的故障次数

- 平均发货时间

失效零件分析过程是持续改进过程的一部分。因此，在发现偏差时，必须按照计划—执行—检查—行动(PDCA)循环找出原因并采取措施。还可能需要增加其他一些关键指标。

同样，应通过过程审核不断检查现有的检测特性，并将风险纳入失效模式和影响分析。

（3）信息沟通

供应链内的数据交换通常通过互联网系统或门户网站进行。根据VDA现场失效分析指南，必须为数据交换系统编写用户手册。

返回缺陷零件时，应提供以下在指南中详细说明的数据区域包和数据内容：
- 零件返回时需提供的数据
- 缺陷零件数据包
- 车辆数据包
- 附有补充信息的数据包和/或文件

失效零件分析过程中的以下数据包也需通过客户门户网站给出反馈（如适用）：
- 零件入库证明
- 零件分析结果
- 零件生产日期
- 硬件和软件的状态
- 问题分析的结果
- 缺陷原因
- 缺陷名称及描述
- 8D报告编号
- 描述分析过程中零件发生故障的条件
- 返回零件的信息

8.3.6 总结

失效零件分析过程必须在组织中建立起来，对此必须有过程说明和提供相关资源。

在开始批量生产之前，必须与客户一起策划整个失效零件分析过程，并为NTF过程制订指南。

NTF过程必须包含数据收集、数据评估、系统检查和过程检查的要求规范。同样，必须具备客户和供应商之间商定的触发标准。

必须为标准检测和负载检测制订检测计划，检测计划和触发标准可纳入投诉过程里。

应持续监控已建立起来的整个失效零件分析过程，最好的办法是采用定期审核。

关于审核，VDA 蓝皮书市场失效零件分析中也给出了非常有价值的提示。

8.3.7 参考文献

Brückner, Claudia: Die neue IATF 16949:2016 – Gründe für die Revision der ISO/TS 16949, in: QM-System nach ISO 9001, Online-Version, WEKA MEDIA, Kissing 2018

IATF 16949 Anforderungen an Qualitätsmanagementsysteme für die Serien- und Ersatzteilproduktion in der Automobilindustrie IATF 16949:2016 (D)

Nuhn, Heribert: Einige wichtige Punkte zur Schadteilanalyse, 2009

Qualitätsmanagementsysteme – Anforderungen (ISO 9001: 2015); deutsche und englische Fassung EN ISO 9001:2015

Rechtswörterbuch.de: Gewährleistung, https://www.rechtswoerterbuch.de/recht/g/gewaehrleistung/

Thode, Michael: Abschnitt 8.7 Steuerung nichtkonformer Ergebnisse, in: QM-System nach ISO 9001, Online-Version, WEKA MEDIA, Kissing 2018

VDA-Blauband Schadteilanalyse Feld, 1. Auflage 2009

WEKA MEDIA: Lenkung von Fehlern, in: Schulungspaket QM-Prozesse optimieren – Methoden einführen – Kundenzufriedenheit erhöhen, Online-Version 2018

Zvei: Die Elektroindustrie: Schadteilanalyse Feld in der Elektronik-Lieferkette, https://www.zvei.org/presse-medien/publikationen/schadteilanalyse-feld-in-der-elektroniklieferkette/

第 9 章
质量管理重要方法介绍

本章简要介绍了在质量管理中被选定的方法、技术和工具。除了著名的管理工具（M7）和质量工具（Q7）外，还讨论了其他重要方法：

- 汽车行业的核心工具
- 故障树分析（FTA）
- 质量功能开发 – 质量屋 – 客户驱动的产品开发（QFD）
- 发明式的解决问题理论（TRIZ）
- 防错装置（Poka-Yoke）
- 5S 方法

本章并没有深入地进行展示，而是简洁地说明如何使用这些方法、技术和工具。更多信息请参考相关资料。

9.1 综述

通常，质量方法（也称为质量技术或质量程序）是用于质量管理的分析、评价和问题解决的最佳实践和工具，用于企业的所有领域，并且可以对质量管理体系的有效性做出决定性的贡献。

开发质量管理方法，不仅可以系统地解决与质量相关的问题，还可以支持创造性的问题解决过程，并且能够在复杂的开发和计划过程以及生产过程中执行有效的质量计划。它们用于在企业内改善产品和工艺性能。

仅 IATF 16949 的附录 B，就提到了许多应用于整个供应链确保质量的方法。

各个方法有不同的使用可能性。汽车行业核心工具的关键是 OEM 所需的方法和工具，涵盖从策划到批量生产的所有阶段。其中某些方法是通用的，并且可以分为七个基本质量工具（Q7）和七个管理工具（M7）。本章最后讨论了其他一些重要的方法。

9.2 目的和意义

在过程导向的质量管理体系中，过程控制的首要目标是通过使用质量管理方法来实现目标，这也就意味着整个质量管理体系的效率提高、产品质量提高。

使用质量管理方法的主要目标有：
- 预防错误并消除错误产生的原因
- 确认并隔离问题和问题区域
- 评估可能导致问题产生的因素
- 支持更正和预防措施
- 确认优化的影响

9.3 核心工具说明

汽车行业建立的计划工具（核心工具）旨在确保在整个供应链中无问题地交付客户。

以下提到的工具，相关的 VDA 卷册对此提供了支持。

核心工具的框架是 APQP。VDA 指南"新零件的成熟度保证"对此提供了支持。

FMEA 用于系统地识别设计缺陷以及潜在的产品和过程错误（VDA 第 4 卷）。

使用 MSA 可确保引入的测量系统适合各自的应用情况（VDA 第 5 卷）。

SPC 可确保在批量生产期间保持产品和过程的质量。

最后，将 8D 模式用作系统的问题解决工具，并用于结构化的问题处理，以避免重复发生（VDA 卷 8D）。

9.3.1 APQP

APQP 是一种结构化方法，通过该方法定义并启动必要的流程处理步骤，以满足所有客户要求。这种产品和过程开发方法包括 FMEA、MSA、PPAP 和 SPC 等工具，是一种综合方法。

由克莱斯勒、福特和通用汽车共同开发的 APQP 参考手册包含有关先期质量策划以及控制计划的创建和处理的指南。新零件的 VDA 指南成熟度水平保证等同于 APQP，其中包含的 VDA 成熟度模型如图 9-1 所示。

参考手册编制的目的是：
- 为产品和过程开发或产品和过程变更定义逻辑和结构化的计划过程
- 识别确保最高质量和最低成本的方法流程
- 标准化并提供统一应用 APQP 所需的表格和程序

 提示　通常，必须在客户提供的文件中提供 APQP 文件。

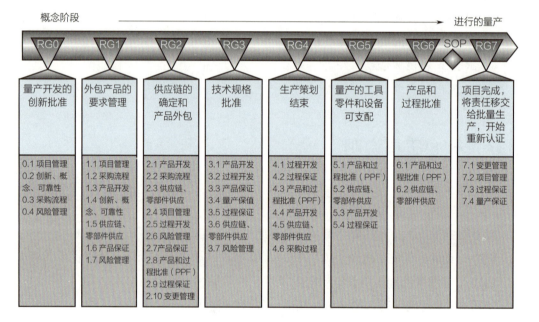

图 9-1　VDA 成熟度模型

注：摘自 VDA 新零件成熟度保障指南第 15 页。

产品质量先期策划是一种结构化方法，可确保产品满足客户要求并让客户满意。

APQP 是以 PDCA 循环为基础。基于 PDCA 循环的先期产品质量策划的展示，说明了不断努力去进行持续改进的情况，只有将现有项目的经验作为知识用于下一个项目，才能取得成功。图 9-2 将 APQP 的核心活动和 PDCA 循环对应起来。

APQP 参考手册基于五阶段模型，其中前一阶段的结果是下一阶段的输入。APQP 是用于定义和执行必要措施的结构化方法，以确保要实现的产品在计划阶段已满足客户要求。

APQP 首先要组建一个跨部门专业团队，该团队通常由建筑、采购、生产、物流、质量管理、市场营销以及可能的供应商相关人员组成。然后必须执行参考手册中给出的技术和方法。

APQP 是一个项目管理，它有阶段划分、任务领域、时间关键节点（里程碑）和定义的方法，整个过程分为五个阶段，从产品规划到批量生产，如图 9-3 所示。

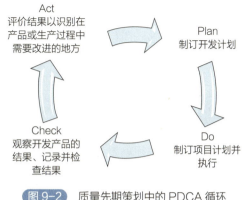

图 9-2　质量先期策划中的 PDCA 循环

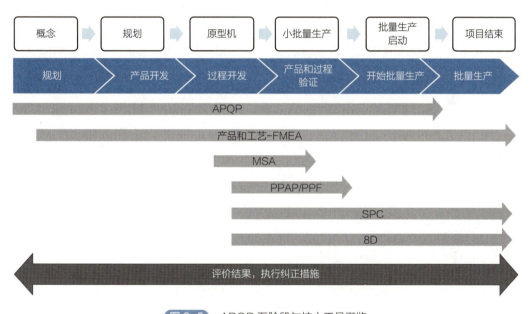

图 9-3　APQP 五阶段与核心工具概览

在 APQP 状态报告工作辅助中，为每个阶段设置了一个 Excel 文件电子表格，其中包含规格和要实现的结果。该文件还可以用作工作计划，也称为 APQP 状态报告，用于提交给客户。

○ 工作辅助：APQP 状态报告

 提示

选择员工组成 APQP 团队时，应选择具备以下条件的人员：
- 熟悉 APQP
- 有团队合作意识
- 有足够的专业技能

9.3.1.1 阶段 1：计划和确定项目

在项目的第一阶段，确定各个客户的期望和要求，以便能够规划开发项目。质量功能开发（QFD，第 9.6.2 章节）方法可用于此目的。

 QFD 是一个系统地记录客户要求并将其转换为产品、生产和过程特征的过程。

规划团队必须确定表 9-1 中列出的活动才能获得阶段 2 的结果。

表 9-1 阶段 1 的要求（APQP 参考书）

要求	说明
客户的意见	投诉，推荐，客户调查，内部客户信息，例如销售、市场研究、保修/产品责任、质量评价、团队经验等
客户的业务计划和市场营销策略	商业计划可能包括流程、费用和投资。市场营销计划可以提供有关销售数据和竞争对手的信息
产品和过程的比较数据	比较测试（第 3.6 章节）
产品可靠性调查	客户要求被满足的可能性，包括维修频率、部件更换、长期可靠性和耐久性的测试结果
客户信息输入	客户要求和期望

表 9-2 中列出的是在第一阶段预期得到的结果。

表 9-2 阶段 1 的结果（APQP 参考书）

结果	说明
设计目的	目的来自对客户愿望和要求的理解
可靠性和质量目标	客户的愿望和期望构成了产品可靠性目标的基础。在大多数情况下，它们表示为可能出现的概率。质量目标来自质量管理，例如：ppm（百万分之一）、减少废品、错误率
初步物料清单	它基于对各自产品或过程的假设。添加了合格分包商列表
初步工艺流程计划	为了定义可以源自客户但也可以由公司本身确定的特殊特性，有必要制订一个初步工艺流程计划。基础是初步物料清单以及产品和过程或 FEMA 类似产品的假设
产品和过程特殊特性的初步清单	特殊特性列表可以来自客户要求和/或对设计负责公司的调查
技术保证义务书	如果没有客户给的技术任务规范，则应在企业内部创建内部技术保证义务规范，以便将开发目标转化为开发要求。否则，应将客户现有的技术任务规范转换为内部规范
管理层支持	与管理层举行关键时间节点会议，并提供有关已完成阶段的相关信息

➲ 工作辅助：APQP 状态报告。

➲ 工作辅助：义务书。

➲ 工作辅助：任务书。

 VDA 指南"特殊特性"中详细定义和解释了特殊特性：特殊特性是产品特性或生产过程参数，对安全性或对官方法规的遵守，对适合的形状、功能、性能或产品的进一步加工将会产生影响。

 技术任务书和技术保证义务书的含义经常被误解，因此定义如下。
任务书定义：合同给出方创建任务书。根据 DIN 69901-05：任务书包含"对合同承接方的产品和服务的交付和质量的全部要求"。它特别包括对产品或服务提出的技术和内容要求。
义务书定义：合同承接方创建义务书。它包含"合同承接方制定的实施规范"（DIN 69901-05），描述"由合同给出方制定的任务书的实施"。义务书构成了合同中规定的产品和服务的质量效能的基础。

与该阶段中的输出相关的方面将被填写在 APQP 报告的输出列中。这样就可以确定表格已经存在什么内容、还需要做什么工作了。所有已经存在的输出都以绿色（g）标记，正在进行的输出以黄色（y）突出显示，并给出负责人和结束日期。必须从头开始创建的输出以红色（r）标记，并同样给出责任人和期限。

9.3.1.2 阶段 2：产品的设计和开发

在第二阶段进行的是产品设计和产品开发的验证。阶段 1 的输出成为阶段 2 的输入，因此，阶段 1 的所有活动必须在阶段 2 开始之前完成。

阶段 2 完成后，必须获得表 9-3 中列出的结果。

➲ 工作辅助：可制造性评价。
➲ 工作辅助：APQP 状态报告。

表 9-3 阶段 2 的结果（APQP 参考书）

结果	说明
1. 设计 FMEA	构建或设计 FMEA（DFMEA）是系统的、分析性的方法，用来评价可能的错误出现的可能性和可能的错误的影响。这样会对产品以下方面的所有可能故障进行检查： • 功能 • 可靠性 • 便于进行维修服务 • 可生产制造性 • 进一步加工处理的可能性 • 装配 经验和任何投诉都必须考虑在内

（续）

结果	说明
2. 便于制造和装配的研发	此步骤旨在优化有关功能和性能的要求以及可制造性和可装配性的要求。为此必须协调公差和生产过程的波动，优化可制造性和可装配性以及零件的拿取方式，并最大限度地减少单个零件的数量
3. 设计验证（设计验证计划）	设计一词的含义包括形状、颜色、表面、材料等的产品形成。在验证设计时，将检查并记录所有数量和质量特性要求。设计检查包括超出纯技术评价范围的许多验证活动。这发生在各个开发阶段，直至给出初始样品时结束，以此确认产品设计符合阶段1中确定的技术规范并满足客户要求
4. 设计回顾	设计结果必须符合设计规范要求。这要求开发团队定期开会，其中有时候可能要包括其他受影响的领域。设计回顾的关键任务是跟踪设计验证的进度
5. 原型机控制计划	需要此计划以确保产品质量。它必须包含测试的类型和范围，以及与原型机相关的测试工具设备（或许需要与客户沟通协调）及所有特殊特性
6. 技术图样	技术图样可能包含法律要求、特殊特性、与控制计划相伴随的安全方面的内容
7. 技术规范	技术规范描述了抽检样本范围、抽检样本频率、要跟踪的参数的名称和接受标准。这是对产品提出的所有要求的列表。如果客户未指定技术规范，则供应商必须自己确定样本量和抽检频率，并将其纳入控制计划。必须按时完成所有图样和规范，以保证遵守给定的量产样件日期或量产开始（SOP）日期
8. 材料规范	材料规范也可以包含在技术图样中。根据产品不同必须检查以下功能： • 特殊特性 • 物理性能 • 功效 • 废品处理 • 取放 • 仓储与保存
9. 图样和规范变更	对图样和规范的所有变更都必须以预定的方式进行检查，并在公司内部和与客户进行沟通。为此，必须确保及时交流沟通变更
10. 对设备、工具和设施的新要求	DFMEA 的结果、义务书和设计检查都可能会导致对设备和技术设施提出新要求。策划团队必须将这些要求包括在项目进度表中，并确保新设备和新工具能力上足够满足要求并且及时提供使用。为此，必须确定对新设备和新工具的要求，并且必须及时跟踪新设备和新工具的采购或制造 必须跟踪研发活动的进度。如果部分产品是分包的，则必须制订技术任务书规范并进行进度检查
11. 产品和过程的特殊特性	必须细化并列出在阶段1中暂时确定的特殊特性。特殊特性应分为： • 关键特性 可能会损害健康或违反法律法规、与安全相关的特性 • 重要特性 对于功能或装配意义重大
12. 测试和测量设备的要求	必须定义适合的测试测量设备和方法，并在必要时与客户协调。指定的测试测量设备必须及时采购或制造。必须按计划监控采购过程的时间节点。测试测量设备的能力，例如，根据 MSA，必要时必须证明测试测量过程的适用性
13. 团队对可制造性的义务和管理支持	作为合同审查的一部分，跨部门团队必须评价目标产品的可制造性，即使客户负责设计，也必须这样做。团队必须确信该产品适合用于预期的使用领域，并且可以按指定的日期制造、测试、包装并以足够的数量、有竞争力的价格和所需的质量交付客户。如果未提供可制造性，则无法执行订单。团队关于可制造性的讨论结果与所有需要解决的问题点一起记录在案，并展示给企业管理层，因为管理层必须做出最终决定

提示　在设计验证期间,应系统策划所有检查产品或设计是否适合使用的测试。所有测试、计算和评价都记录在设计验证计划中。应要求分包商确认可制造性,尤其是当特殊特性受到影响时。

如果客户对此有要求,组织必须提供关于数量和执行方面的原型机制造计划,包括控制计划。这里组织应尽可能使用与生产中相同的供应商、工具和生产制造流程。

必须对所有产品测试进行监控,以确保及时完成和满足要求。

相应的服务可以交给供应商完成,但是,组织必须对此负责并行使技术领导权。

9.3.1.3　阶段 3:过程的设计和开发

此阶段将开发生产制造系统的主要特性以及相关的控制计划。本节以成功完成第一阶段和第二阶段为基础。

在完成阶段 3 之后,必须获得表 9-4 中列出的结果。

提示　应根据《统计过程控制参考手册》证明过程能力。

▶ 工作辅助:APQP 状态报告。

表 9-4　阶段 3 的结果

结果	说明
1. 包装标准和准则	如果客户指定了包装标准,则必须将其纳入供应商的质量管理体系中。如果没有要求,则包装规范要求必须由供应商开发和收录在合同里 应注意包装在多大程度上影响了产品质量。必须在每个使用地点确保产品的包装设计和可用性
2. 评价产品/过程和质量管理体系	如果新的开发需要进行新的测试和/或更改程序、过程或说明,则必须将其包含在质量管理体系的文档中
3. 工艺流程图	在此状态下,应修改并完成在阶段 1 中创建的生产过程的初步工艺流程图。工艺流程计划构成投资计划、工艺过程 FMEA、生产制造计划、控制计划的基础,并为必要活动的实施提供直观可视化支持
4. 工厂结构计划(布局图)	必须制订和评价工厂结构计划,也称为布局图。在这个计划中展示了: • 物料流 • 工作步骤 • 测试步骤 这意味着布局图是对从收货到发货所有批量生产制造和检验步骤的反映。整个物料流必须与工艺流程计划和控制计划相匹配
5. 特性矩阵	将特性分配给流程步骤

（续）

结果	说明
6. 过程 FMEA	过程 FMEA 的系统方法可确保查明潜在的生产错误及其原因并已采取预防措施，目的是避免过程开发中的错误。所有生产和测试步骤都必须在过程 FMEA 中被研究考量。其实施由一个跨职能部门团队完成。过程 FMEA 以工艺流程为基础
7. 小批量生产控制计划	小批量生产控制计划与第二阶段（原型机）控制计划的不同之处在于，它包含原型机制造之后、批量生产之前执行的生产过程和所有用于生产小批量产品的质量保证措施
	批量生产前控制计划的目的是通过增加测试频率和附加检测特性，在批量生产开始之前遵守过程和产品要求 必须定义测试的类型和范围，包括小批量生产相关的测试设备，并在必要时与客户进行协调确认。必须包括特殊特性以及为可能的偏差制订的反应计划
8. 工艺、工作指导	必须创建与新产品有关的所有活动的详细指导说明（工作步骤和测试）。如有必要，它们可作为员工培训和生产活动的基础。创建的文档必须包含在 QM 系统中，指导文件可以与以下文件相关： • 过程描述 • 工作指导 • 检测指导 • 特殊工作指导：设备调试、保养及检具的使用 • 保养计划 • 错误目录 • 生产制造计划等 这些指导文件必须易于理解并且被放置在工作场所方便使用的地方。所有员工都必须接受新文档的培训。培训必须记录存档。如有必要，还必须调整技能资质矩阵
9. 测量系统分析（MSA）计划	必须制订实施所需 MSA 计划。该计划必须包括正确性、可重复性和可比性，以及确定直接责任人和责任
10. 初步过程能力检查计划	过程能力检查的实施还必须通过一个计划来保证。在过程能力检查中，采用统计的方法来证明产品是按要求制造的。在大多数情况下，供应商必须遵守该领域客户的精确技术规范要求。如果未达到预期的过程能力且过程不具备相应的能力，则必须制订和实施合适的纠正措施。随后，必须重复过程能力检查
11. 包装规格	必须确定包装，因为包装对于保持产品质量至关重要。根据合同情况，也可能需要与客户协调确认。如果客户有指定的包装规定，则必须注意并遵守。在生产、存储和运输过程中必须保证产品质量 包装规定必须形成文件并在相关工作场所提供使用，且其包括在质量管理体系中
12. 管理支持	完成第三阶段后，需要一个涉及管理层的关键节点。应该安排一次正式会议以获得管理层的参与和批准。在此会议中，管理层将被告知该项目的状态，并应予以批准同意。可以以会议记录作为批准的证据

9.3.1.4 阶段 4：产品和过程的确认

在此阶段，使用试生产来评价生产制造过程，识别出是否能够得到满足客户要求的结果。必须遵守控制计划中的规定以及遵守制造过程工艺流程计划的规定。此阶段的目的是在批量生产之前确定并解决可能出现的问题。

第三阶段的结果成为第四阶段的评判标准要求。完成该阶段后，必须根据表 9-5 得出相应的结果。

➡ 工作辅助：控制计划。

　　试验的目的是确定原因和影响。DOE 试验计划有助于以最小的花费，尽可能快和尽可能安全地确定原因和结果。涉及七个步骤：
- 问题描述
- 选择影响因素、规模、检查领域
- 选择结果变量
- 选择试验计划
- 进行试验
- 数据的统计分析
- 结论和建议

表 9-5　阶段 4 的结果

结果	说明
1. 生产试运行（0 批量）	小批量生产必须在生产现场使用： • 批量生产的工具 • 批量生产的机器 • 批量生产的设备和设施 • 批量生产的人员 一种方法是试验设计（DOE） 有关此方法的更多信息请参见其他文献，比如来自 Karl Siebertz（编辑）的书：《统计试验规划：试验设计（DOE）》（VDI 书），2017 年出版
2. 测量系统分析	第三阶段中指定的测量设备和方法将用于检查控制计划中确定的特性是否符合技术规范 IATF 16949 第 7.1.5.1.1 章节规定，必须对每种类型的测量系统进行统计分析，以分析测量结果的偏差分布范围。"此要求必须适用于控制计划中提及的所有测量系统。所使用的方法和验收标准必须与客户参考手册中用于评价测量系统的标准相一致。其他分析方法和验收标准可在获得客户批准的情况下使用"（IATF 16949 第 7.1.5.1.1 章节）
3. 初步过程能力检查	过程能力检查是统计学证据，用来证明过程是有生产能力的。必须针对小批量生产控制计划中指定的特性进行。在第四阶段，检查提供了有关该过程是否适合批量生产的证明，这确保了该过程可以根据要求制造产品
4. 生产零件批准	有两种可能的生产零件批准程序：原 QS-9000 的参考手册 PPAP，以及基于 VDA 第二卷"交货产品的质量保证"的生产过程和产品批准（PPF）程序。通过对批量生产零件的批准可确保物料类产品满足客户要求。批准包括： • 通过过程能力检查和/或过程审核而进行的过程批准 • 通过样品测试而进行的产品批准 通过批准程序的使用可确保以受控且有能力的工艺过程制造的产品符合制订的要求。此方法的目的是使供应商能够向其客户提供成功完成批量生产零件批准过程的具有约束力的证明
5. 产品确认测试	产品确认测试是在试验或小批量生产之前生产过程验证最重要的方面。它们用于在开始批量生产之前发现弱点和缺点，并能够采取措施 这些测试与技术程序方法相关，通过这些方法验证使用批量生产工具和过程制造的产品是否符合相关规定和准则 在这些测试中必须使用批量生产设备、机器、工具、测试设备和环境（包括常规操作人员）。对分包商也有相同的要求。为此，必须以客户给定或合适的数量、使用批量生产所用原材料进行测试。批量生产样品也必须取自这个测试批次

（续）

结果	说明
6. 包装评价	如果可能，应在所有试验产品交付和使用的测试方法中，针对运输损坏和环境侵蚀而做的产品保护进行评价
7. 批量生产控制计划	按照要求，在此阶段制订第三个控制计划，以达到遵守批量生产过程和产品要求的目的 为此，必须指定测试的类型和范围，包括相关的测试设备，并根据合同范围与客户进行协调确定。还必须提供针对可能偏差的反应计划，并且必须包括所有已查明和定义的特殊特性
8. 质量计划完成和管理层支持	在此阶段结束时，必须确保遵守控制计划和工艺流程 生产中的现场检查（例如内部审核）对此是最适合的，以便能够检查在实践中的实施情况 在质量计划完成之前，绝对需要管理层支持。为此，应召开会议，向管理层通报项目的状态。显然，某些存在疑问的情况在此会议上需获得管理层的支持，例如做出决定

以下能力测试检查之间有区别：

- 机器能力：由于确定机器组件的能力或机器验收而进行的至少 $n = 100$ 个连续生产零件的短期检查

- 初步过程能力检查：基于 m 个抽样样本（例如每个样本 $n = 5$ 份）且至少 $mn = 100$ 份的短期检查，以确定短时间段内的过程能力。这种短期检查通常用于评价小批量生产

- 持续的过程安全性：长期检查，使用随机抽样样本进行，以确定在批量生产过程中较长时间的过程能力（福特较早的规定：至少 20 个生产日）。在此检查期间，所有过程影响都应该产生作用（源自：Michael Cassel，根据 ISO / TS 16949 进行质量管理）

9.3.1.5　阶段 5：生产启动和生产（反馈、评价和纠正措施）

质量计划过程并不以过程的验证和建立为结束，而是必须考虑反馈、评价和纠正措施，并将其纳入状态报告和创建的文档中。批量生产控制计划是在此阶段产品评价的基础上制订的，这需要评价连续的属性数据。阶段 4 的结果作为标准要求进入阶段 5（表 9-6）。

➦ 工作辅助：控制计划。

APQP 的应用可在供应商和客户之间建立持续的信息交换。这对于整个产品开发过程以及持续改进和客户满意度都是有益的。APQP 的后续应用满足了许多标准要求，例如 IATF 16949。

表 9-6　阶段 5 的结果

结果	说明
1. 减少偏差	质量控制图和其他统计方法可用于计算过程偏差分布。分析和从中得出的纠正措施将用于减少偏差分布。还应考虑随机发生情况的影响。必须制订降低偏差分布的措施，并就成本、时间要求和可能的改进措施提出建议，然后由客户进行评价
2. 客户满意度	在此阶段，客户和供应商必须进行特别伙伴式合作，以便可以快速沟通并消除问题，因为执行详细的计划和可靠的过程能力并不能保证一定的客户满意度
3. 交付和客户服务	此阶段继续保持客户和供应商之间的伙伴式合作关系，以解决问题并不断改进。客户评价供应商可能的备件供应和客户服务，可能出现的问题应由供应商和客户一起解决

9.3.2　PPAP 和 PPF

1. 综述

生产过程和产品批准之后就可以得到初始样品。生产过程和产品发布是要向客户证明产品和制造过程都符合客户要求，即客户通过合同委托的要求。在这种情况下，客户会向供应商证实这一点，然后由客户批准产品和过程以进行批量生产和交付。

过程和产品批准可以根据不同的标准来完成。必须使用哪个过程取决于客户的要求，PPAP 和 PPF（过程和产品批准，德语为 Produktionsprozess-und Produktfreigabe；对应英语缩写为 PPA）使在进行采样时一定程度的一致性成为可能。此外，它们使客户与供应商之间可以紧密合作。

以上两种标准都有手册。PPF 基于 VDA 第二卷，PPAP 基于 QS-9000 参考手册。不管使用哪种程序，IATF 16949 都要求对产品和过程进行批准。这两个程序的其他同义词有采样程序、初始采样、首件样品检验报告或零件介绍。

PPAP 和 PPF 是零错误策略的重要组成部分。有了与各方制订和协商一致的时间表，从新产品的设计到使能验证阶段再到开始批量生产，可以最大限度地减少错误并制造出高质量的产品。这两个过程的中心点是由供应商和客户共同制订要求和详细条件。

AIAG 于 2006 年 6 月修订了 PPAP 参考手册（AIAG PPAP 修订版 4），目的是使它符合 IATF 16949 的要求。作为 PPAP 流程的替代方法，客户通常会根据 VDA 第二卷，要求客户提供相同的信息以进行初始采样（确保交付质量）。

两种程序均针对高质量零件。因此，样品零件必须在批量生产条件下制造，并且必须符合产品规格要求。除了向客户提交零件外，还应提交抽样过程的中心模板文件：

- PPAP 程序中规定的零件提交保证书（PSW）
- VDA 卷 2 程序中要求的首件样品测试报告

证明文件中包含有关产品和过程以及测试要求的所有重要信息。

两种程序的不同之处在于，取决于供应商和情况的不同，可以要求不同的提交级别。完成首件样品即可提交。

PPAP 和 PPF 程序的目的是在批量生产中，由于工艺或材料错误而导致的产品缺陷不会导致故障及其严重后果。根据 VDA 第二卷（PPF）或 QS-9000（PPAP）的批准程序，此过程均包括产品和生产过程的批准。

AIAG 程序 PPAP 在国际上具有更大的重要性，而 PPF 程序仅由德国汽车制造商所要求，同时德国汽车制造商也要求其供应商提供 VDA 6.1 认证。结果，为德国和美国汽车制造商配套的供应商常常不得不同时使用两种标准。

如果生产和交付零件、备件、生产材料和化学物质，即使没有客户要求，所有企业也可以在内部使用这些过程。其优势显而易见：所有资源都旨在提高客户满意度；能尽早识别出需要进行的最终更改以实现成熟的批量生产，并且避免了批量生产中不得不进行相对花费更大的更改，因此保证了产品的交付应能够根据质量、时间和数量进行。

总体而言，应确保以受控且有能力的工艺制造的产品符合规定的要求。取样送检过程的指导原则是使供应商能够向客户发出具有约束力的声明，说明已成功完成批量生产零件批准过程。AIAG 参考手册提供德语和英语版本。

PSW（零件提交保证书，对应于德国文件首件样品检测报告）是抽样送检过程的核心文件。这是对所有新零件或变更生产零件进行采样所需的标准文档。这是供应商给客户的确认，表明在批量生产条件下对生产零件进行的检查和测试符合客户的要求。

客户可以向供应商索取五个级别其中之一的样品。该级别取决于客户对供应商的分类。如果客户不需要其他提交级别，则 PPAP 的标准是第三级。图 9-4 概括了各个提交级别的要求。

无论使用哪种样品提交级别，PPAP

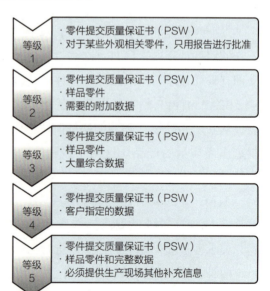

图 9-4　根据 PPAP 样品的提交级别

都对每个级别有 18 个要求，并规定了有关资料 / 文档的相应存储和提交条件。表 9-7 展示了 PPAP 要求和提交级别的对应关系。

表9-7　PPAP 要求和提交级别的对应关系

	要求	采样级别（提交级别）				
		1	2	3	4	5
1	设计图样 最终产品的所有设计图样记录（包括组件和单件）都必须从供应商那里获得	R①	S②	S	■③	R
	受保护的单元部分	R	R	R	■	R
	其他单元部分	R	S	S	■	R
2	设计变更 已经对产品产生影响但尚未包含在正式设计记录中的文件，所有的文件都必须是可被证明的和被授权的	R	S	S	■	R
3	客户批准 仅在客户明确要求时才去满足此要求；客户必须批准设计图样，而且必须有相关证明	R	S	S	■	R
4	设计 FMEA 如果供应商负责开发，则必须有设计 FMEA	R	S	S	■	R
5	工艺流程图 整个生产的所有步骤都在流程图中概括性地予以显示	R	S	S	■	R
6	过程 FMEA 过程 FMEA 必须按照与设计 FMEA 相同的规则进行，但是，即使供应商不开发产品，也不能不执行过程 FMEA	R	S	S	■	R
7	控制计划 控制计划是用于控制零件和过程的系统的书面说明。APQP 参考手册中描述了制订和使用该计划的说明	R	S	S	■	R
8	评价测量系统 基于这些测试，可以确定这些检测工具和测量设备是否适合用于具有一定预定公差或过程偏差变化的测量。MSA 参考手册中对相关过程和使用进行了描述	R	S	S	■	R
9	测量结果 测量结果必须在测量值结果列表"尺寸结果"中以连续数字序列号列出	R	S	S	■	R
10	材料和性能测试记录 材料和性能测试是特定的标准测试，旨在证明产品符合指定的规范要求	R	S	S	■	R
11	过程能力检查 在这一点上，是以掌握工艺过程为目的的过程步骤评价，初步过程能力是在实际制造条件下确定的	R	R	S	■	R
12	来自有资质的实验室的文件 必须证明测试和检查是在有资质的实验室中进行的	R	S	S	■	R
13	外观批准报告（AAR） 外观批准报告（AAR）仅用于查看目视可见区域的特性（例如油漆、图案、材料质地等）	S	S	S	S	R

（续）

要求		采样级别（提交级别）				
		1	2	3	4	5
14	样品零件 如果在进行提交询问时已与客户达成协议，则将制造批量生产样件	R	S	S	■	R
15	参考样件 供应商保留参考样品的时间必须与保留 PPAP 文件的时间一样长，这适用于订购新样品或将样品用于交叉检查	R	R	R	■	R
16	检测和测量辅助工具 应客户要求，必须提供零件专用的测试设备以进行零件验收。这些设备需要验收证书，以证明测试设备可以尺寸相符地投入使用。验收标准符合 QS 9000 参考手册的 MSA 要求	R	R	R	■	R
17	符合客户特定要求的记录 必须记录所有客户特定要求，并且提供相应的批准	R	R	S	■	R
18	零件提交质量保证书 必须在零件提交质量保证书表格上提供所有必要的数据，客户有时会在该表格上签字批准	S	S	S	S	R
	产品要求清单 如果零件是散装物料，则必须填写"散装物料要求清单"	S	S	S	S	R
	从 IMDS（国际材料数据系统）导出的材料数据表	S	S	S	S	S
	IATF 16949 重新资格检查证明	R	R	S	■	R
	零件投入使用历史	R	R	S	R	R

① R 表示存放在适当的地方，并应要求立即提供给客户。
② S 表示必须向客户出示；供应商必须将副本保存在适当的地方。
③ ■ 表示存放在供应商的合适位置，并应要求提供给客户。

PPAP 参考手册中阐述了以下表格形式：

- 零件提交质量保证书
- 外观批准报告
- 生产零件批准：测量尺寸结果
- 生产零件批准：材料测试结果
- 生产零件批准：性能测试结果

客户在从供应商处订购产品或零件的整个过程中，必须保留所有文件和参考样品。时间段将一直持续到客户允许工具报废或书面确认产品或零件不再有效为止。

PPAP 已经在汽车行业中使用了很多年，并且已经在汽车行业中得到验证。现在还有其他行业，例如机械制造也在使用该标准。

2. APQP 和 PPAP 之间的关系

APQP 和 PPAP 之间的关系见表 9-8。

表 9-8 APQP 和 PPAP 之间的关系

序号	APQP 组成单元		PPAP 要求
1	设定采购来源	☐	
2	输入客户要求	☐	
3	设计 FEMA	☑	要求 4
4	设计评审	☐	
5	设计验证计划	☐	
6	分包商的 APQP 状况	☐	
7	厂房设施，工具和量具	☑	要求 16
8	原型零件的生产控制计划	☑	要求 7
9	原型零件	☐	
10	图样和规范	☑	要求 1
11	可制造性证明	☐	
12	制造过程流程图	☑	要求 5
13	过程 FEMA	☑	要求 6
14	测量系统评价	☑	要求 8
15	批量生产启动前生产控制计划	☑	要求 7
16	生产作业指导书	☐	
17	包装规范	☐	
18	生产试运行（预生产）	☐	
19	批量生产控制计划	☑	要求 7
20	初步过程能力分析	☑	要求 11
21	生产验证测试	☐	
22	PSW	☑	要求 18
23	PSW 零件在材料要求日期交付	☑	要求 14

3. 客户通知和样品呈送要求

除非客户宣布不需要这样做外，否则以下情况供应商必须以 PPAP 报送的形式通知客户：

- 使用与之前批准不同的设计或材料
- 工具、模具或腔室已修改，磨损的工具除外
- 产能变化，例如生产节拍变化

- 生产转移
- 生产工厂地点扩展
- 相关材料、零件或服务的下级供应商的更改或扩展
- 某个零件的批量生产中断了 12 个月以上
- 生产工艺过程变更或零件变更，也适用于分包商
- 更改测试方法或使用其他测试技术
- 仅适用于散装货物：更改原材料的下级供应商或更改外观相关的特性
- 提交样品

必须在首次交付该批量生产零件之前以及在发生变更的情况下执行 PPAP 报送。供应商必须检查其 PPAP 文件夹并在必要时对其进行更新，这与客户是否要求报送无关。客户的非必要性声明也必须保留在 PPAP 文件夹中。发生以下变更必须报送客户：

- 新零件或变更零件的生产
- 二次采样送检
- 设计、规范或材料的变更
- 散货：使用新的生产技术

4. 样品状态的说明

提交样件后，供应商会从客户那里收到是否批准的反馈，表 9-9 显示了不同的反馈结果。

表 9-9 样件提交反馈结果状态

状态	说明
批量生产批准	所有零件 / 材料均符合客户要求，批准开始批量生产
临时批准	临时批准始终限于一定的生产数量和时间期限，其前提条件是缺陷几乎不会影响零件的功能或可用性 供应商必须提交与客户协调通过的措施计划，其中还包括在指定时期内避免零件出现缺陷的措施 如果在限定的时间内未纠正错误，则零件将被客户封存。这将反映在供应商评价中 延长指定期限需要客户的书面批准
拒绝或驳回	客户无法使用零件，因为发现了偏差 供应商必须改进工艺过程，并提交全新的零件进行抽样检查

请注意，可以从国际监督办公室（www.iatfglobaloversight.org）和客户门户网站获得客户特定特性。在客户要求方面的主要区别在于形式和提交级别的定义。

参考手册的附录 G 和附录 H 包含轮胎供应商和货车制造商的特殊要求，在此不再赘述。

9.3.3 PPF 程序说明

VDA 第 2 卷包含生产过程和产品批准中 PPF 程序的相关说明（表 9-10）。

表 9-10 PPF 各个级别的规范要求（基于 VDA 卷 PPF，2012 年）

序号	要求	提交级别 0	1	2	3
0	创建 PPF 报告的封面（初始样本测试报告，即 EMPB）	D[①]	D	V[②]	V
1	产品批准测试结果的文档	D	D	V	V
2	提供样品（按照协商确定的数量）这些都有客户订单和要求的交付日期	D	V	V	V
3	文件，例如客户图样、CAD 数据、技术规范、批准的设计变更等	D	D	V	V
4	产品 FMEA	D	D	D	D
5	设计和开发批准（仅适用于负责设计的供应商）	D	D	V	V
6	符合法律要求的证明（例如环境证书）	na[③]	V	V	V
7	材料数据表（IDMS）	V	V	V	V
8	软件测试报告	D	V	V	V
9	过程 FMEA	D	D	D	D
10	工艺流程图	D	D	D	V
11	生产控制计划	D	D	D	E
12	过程能力证明	D	D	D	D
13	确保特殊特性的证明	na	na	V	V
14	检测工具清单	D	D	D	D
15	符合目的的检测工具能力检查的结果	D	D	D	D
16	工具清单列表	D	D	V	V
17	符合商定生产能力的过程验证	D	D	V	D
18	书面自我评价	D	D	D	D
19	零件使用历史	D	V	V	V
20	所用充电站的适用性证明	D	D	V	V
21	供应链 PPF 状况	D	D	V	V
22	客户要求的涂层系统的批准	D	D	V	V

① D 表示在供应商处实施、文件记录和存储。
② V 表示提交给客户。
③ na 表示不适用。

1. 在三个提交级别之后进行采样

客户可以根据四个提交级别之一向供应商索取样品，具体取决于客户对供应商的分类方式。如果客户要求其他提交级别，则 PPF 的提交等级 2 是标准。表 9-11 列出了各个提交级别。

表 9-11　PPF 程序的一般程序

提交等级 0	提交等级 1	提交等级 2	提交等级 3
无风险时使用	低风险使用	在没有客户要求提交级别时使用	高风险时使用

无论提交等级或抽样计划如何，供应商都必须执行 PPF。所有结果都必须记录在案。必须证明满足表 9-1 的要求
要所有与抽样计划一致的共同商定的文件作为证明
过程验证必须在批量生产条件下在随机抽取样本的框架下进行
必须清楚地给样品做好标识，以便可以把对应的测量值分配给它们
过程要求的验证的相关规定是过程验证的框架条件（VDA 第 4 卷"环形书"过程质量保证和 VDA 第 5 卷"检测过程适用性"）
必须对交货后的产品状况进行检查，形成文件并与要求进行比较。如果存在偏差，则必须继续优化，直到可以确保内部 PPF
批准状态 • 状态正常：根据交货计划批准产品，或准予批量产品交货 • 状态有条件正常，没有缺陷。产品不完全符合要求。由于存在偏差许可，受限数量的产品可以在一定时间段内交付，然后必须重新提交样品进行检查 • 状态不正常：不允许交付产品。需要重新提交在商定范围内的相关样品进行检查
如果客户未批准或有条件批准，则供应商必须执行改进措施，直到满足所有要求为止，并根据指定的文件和特性重新进行抽样验证。供应商必须使用适当的方法（例如风险分析）来系统地处理问题
能力 机器能力指数：$C_{mk} \geq 1.67$ 过程能力指数：$C_{pk} \geq 1.33$ 过程绩效指数：$P_{pk} \geq 1.33$
特殊工艺流程 • 在客户和供应商之间进行协调之后分阶段进行抽样 • 变种样本抽样 • 小批量抽样
保存 保留期限可以在 VDA 第 1 卷文档和存档中找到。原则上，必须遵守法定存档期限。备查样品存储需要在客户与供应商之间达成协议
零件组成成分声明 • 材料数据表（MDS）文档 • 沿供应链收集数据并传输入国际材料数据系统（IMDS）中 • MDBI 序号的输入是 PPF 的必要组成部分，以作为声明的证明 • 必须为涉及物料号变更每个 PPF 创建并提交一个新的 MDS

2. 文件资料

VDA 第 2 卷的附录 5 展示了 PPF 模板表格，该表应用于客户和供应商之间的信息交换。PPF 的报告包括此模板表格作为封面，以及取决于提交级别的客户和供应商之间商定的附件。对于未使用的附件，必须在封面的"注释"部分说明理由。材料数据表（或 IMDS 数据记录）是 PPF 的一部分。

可以在 www.vda-qmc/download 使用 VDA 卷中存储的用户名和密码免费下载 PDF 格式的原始表格。

9.3.4 FEMA

1. 概述

失效模式和影响分析（FMEA）的主要目的是避免或/和至少及早和安全地发现产品错误和/或减少发生错误时的影响。导致错误的可能原因被特别对待并作为 FMEA 的出发点。错误原因被确定为风险优先级，并根据此优先级启动对策措施。因此，FMEA 会及时影响发现错误的时间点。另一个目的是识别错误的影响及其原因，评价错误并根据优先级进行处理。FMEA 可用于估计不当行为的影响程度范围，以便开发出高度可靠和安全的产品。这清楚地定义了目标：

- 预防性质量保证
- 降低或避免风险

FMEA 结果的正确应用在许多方面使企业受益。这样做的主要好处是发现并避免了错误。由于在产品生命周期中需要进一步发现错误，因此必须不断更新和扩展 FMEA，从这个意义上讲，FMEA 代表了一个知识库，支持产品和过程的持续改进。

FMEA 主要用于确保产品和过程在所有应用领域以及产品生命周期各个阶段的可靠功能。经济效益包括：

- 降低错误成本
- 减少设计和工具变更
- 降低由于质量不合格而产生的成本
- 减少开发和生产以及使用产品时的错误
- 降低开发成本

非量化的收益也是可以证明的：

- 满足各种质量管理标准的要求，以实施避免错误而不是发现错误的原则

- 内部沟通的改善
- 通过加强团队合作来促进创造力
- 预防性质量保证的持续过程
- 不同企业职能领域之间的合作与沟通
- 利用员工的专业知识解决问题
- 改善员工对自己在企业的身份识别归属感的认识

FEMA 有以下几个缺点：

- 通过创建 FMEA 增加了团队在开发阶段的工作量
- 占用了资源
- 分配风险优先级数通常是主观而非客观的评价
- 主持人和员工的方法培训投资
- 实施改善措施的附加工作量

FMEA 通常用于以下情况：

- 产品和工艺过程的新发展
- 安全和问题零件评价
- 风险评价
- 使用新的流程或方法
- 产品和工艺过程的变更
- 投诉处理
- 过程分析、计划和优化
- 制造和装配计划

在 1996 年，该方法由 VDA 进一步开发并重新分类：

- 系统 FMEA 过程
- 系统 FMEA 产品

系统和设计 FMEA 是在通用术语"系统 FMEA 产品"的名义下进行。FMEA 的内容以结构化的表格形式记录下来。在建立 FMEA 团队之后，就将系统地进行 FEMA。VDA 第 4 卷说明了该过程：

- 确定系统元素和系统结构
- 定义功能和功能结构
- 进行错误分析
- 进行风险评价
- 进行优化

除了系统地计划 FMEA 实施之外，FMEA 还有多种触发因素，如图 9-5 所示。

提示 实施 FMEA 的时间必须仔细选择。如果 FMEA 仅在批量生产开始前不久进行，则变更成本会增加，而进行变更的意愿会降低。

图 9-5　FMEA 的触发因素

2. FMEA 的准备

此准备阶段为实施 FMEA 奠定了基础。必须指定要执行 FMEA 的零件或过程、负责人和团队，此外，必须确定完成日期。

FMEA 以表格形式记录。这些条目的填写将在本书随后各个步骤中进行说明。图 9-6 显示了表格的表头内容，其中包含 FMEA 的所有形式要点。FMEA 的结构化流程在图 9-7 中进行了说明。

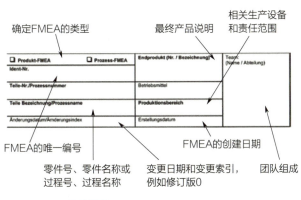

图 9-6　FMEA 表格的表头内容

FMEA 是一项团队任务，该团队应包括相关领域的专家，他们对产品或过程非常了解。FMEA 团队通常由 4~6 名专家组成，通常由设计/开发、生产规划、生产制造和质量管理的员工组成核心团队。如有必要，可以随时邀请其他领域的专家。FMEA 项目的负责人负责团队的组建。

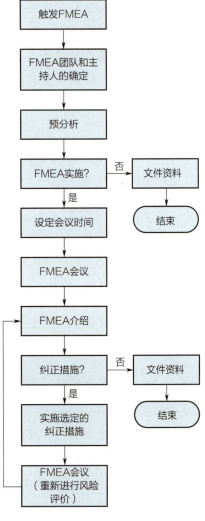

图 9-7　FMEA 实施流程

○ 工作辅助：FMEA 表格。

>
> **提示**
> 在 FMEA 项目实施期间，团队成员应有足够的时间不受限制地参加召开的会议。因此，应让他们各自的上级及时参与到 FMEA 时间计划中。
> 注意：运行良好的跨专业团队会有较高的组织费用！

3. 步骤1：确定系统元素和系统结构

识别系统元素并且系统各元素的结构化相互关系按等级划分。识别确定产品的零件组和组件以及过程的过程顺序和过程深度。过程流程图或树状图方法适合作为辅助显示工具。

此步骤的目的是能够使用结构化方法在团队中全面系统地执行任务，以便对分析对象得到一个清晰的描述。

然后，在此结构的基础上在团队中分配任务。团队成员首先要获得必要的信息，该信息将根据实施的是系统 FMEA 过程还是系统 FMEA 产品而有所不同。表 9-12 给出了两种 FMEA 的示例。

表 9-12　两种 FMEA 相关信息示例

系统 FMEA 过程	系统 FMEA 产品
• 过程流程、过程计划 • 试验报告 • 测量尺寸变量及其结果 • 过程信息（过程目标、应用领域、执行人员、过程间隔等） • 过程输入和输出 • 客户信息 • 法律法规 • 故障统计 • 市场经验 • 过程审核结果	• 技术义务书 • 法律法规 • 质量规定 • 图样、零件清单 • 试验报告 • 检测计划 • 故障统计 • 市场经验 • 客户信息 • 产品审核结果

>
> **提示**
> 系统分析用于界定要考虑的单元。

只有将系统分解为可管理的组件或子过程并且已知组件之间的相互作用关系时，才能有意义地执行 FMEA。

过程 FMEA 和产品 FMEA 的结构分析不同。进行系统分析使用的是 FMEA 实施时所对应的规划状态所对应的规划资料。

图 9-8 展示了一个产品 FMEA 的结构分析,使用树状图表示,即结构零件清单。如果系统元素（SE）之间存在对于产品功能很重要的接口,则这些接口会显示在结构分析中。系统 FMEA 产品以该产品作为较高级别的系统元素开始,然后在必要时着重于较低级别的系统元素。

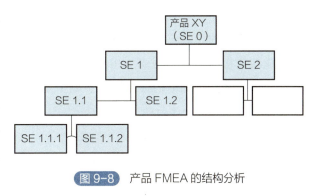

图 9-8 产品 FMEA 的结构分析

 提示　结构分析用于准备系统 FMEA 产品。理想情况下,它是由设计/开发人员创建的。重要的是,在第一次团队会议之前,及时将其提供给 FMEA 团队成员。

对于系统 FMEA 过程,要考虑的整个过程就是系统。子过程、过程步骤和工序是从属的系统元素,如图 9-9 所示。对于系统 FMEA 过程,制造/生产计划的员工最好进行结构分析。

4. 步骤 2：确定功能和功能结构

在这一步骤,分析系统元素的功能。为此,需要分层显示各个零件组和组件的功能或过程和子过程的功能。此步骤可以使用功能树状图方法。

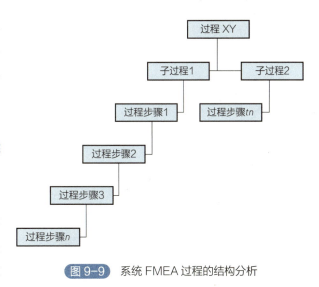

图 9-9 系统 FMEA 过程的结构分析

在设计/开发中,员工在系统 FMEA 产品中进行功能分析；而在制造/生产规划中,员工在系统 FMEA 过程中进行功能分析。在第一次团队会议之前,它将提供给 FMEA 项目的团队成员。

 提示　功能分析用于显示各个元素之间的关系并识别关键功能。

系统元素在系统中具有不同的功能或任务。几个系统元素功能的相互作用称为功能结构。相应的功能或特性分配给每个单独的结构元素。这些功能结构可以在功能树状图或功能框图中清楚地表示出来，如图9-10所示。考虑的深度基于系统元素的必要性和重要性。功能结构很好地给了整个系统一个总览概述，并可以选择关键结构和衔接界面以进行进一步分析。

功能分析构成了后续错误分析的基础。在系统FMEA过程中，功能分析以确定关键过程的可能质量特性的方式进行。这些特性指的是可以将过程评为好或不好的影响因素，它们构成了确定故障和确定故障原因的基础。通常使用过程关键指标和绩效参数来确定它们。

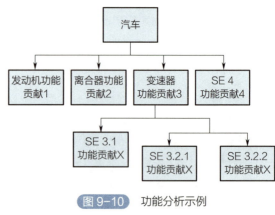

图9-10 功能分析示例

5. 步骤3：执行错误分析

错误分析是在团队中进行的。这里将详细讨论和思考功能分析，并考虑可能发生的错误或偏差。作为支持方法，例如可以使用头脑风暴法或脑力写作法。

 提示：最佳的错误分析方法是头脑风暴法（第9.5.4章节）。

基本上，可以在系统FMEA产品中区分四个不同的错误类型：

- 无功能：系统或设计不起作用或失败
- 部分/过度/下降的功能：功能不能令人满意，只满足某些规范或规范的特定子集部分，但不满足所有要求的功能或属性。此类别还包括过多（太强）的功能和随时间而降低的功能性能
- 断续满足功能：满足要求，但由于外部影响（例如温度、湿度）不时失去部分功能或完全失效
- 计划外下降的功能

这意味着可以单独正常工作的多个元件之间的交互会对产品的整体性能产生不良影响。各个性能的组合会导致整体性能不理想，从而导致意想不到的功能下降。

从功能分析中可以知道与下级系统元素的相互关系。下级系统元素中可能发生的错误是上级系统元素的错误和偏离产生的原因。在系统FMEA过程中，某些工作步骤

或子过程（包括其质量特性）在误差分析中应予以考虑。

团队通过努力考虑过程的可能不正确特性来发现潜在错误。潜在错误是可能发生但不一定发生的错误。它们的出现意味着未达到该过程要求的质量特性。重要的是要考虑到仅在特定的生产制造持续时间之后或仅在特定条件下才可能发生的错误。

6. 步骤 4：进行风险评价

表单的实际意义上的填写从此步骤开始。要填写的表格的列如图 9-11 所示。

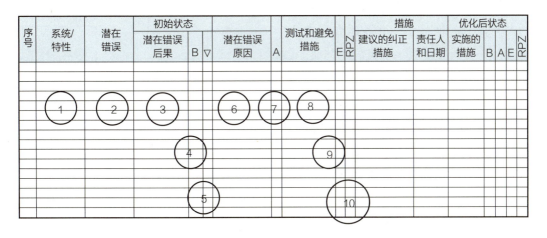

图 9-11　在风险分析过程中 FMEA 表格的填写

关于 1：在此列中输入查明的系统单元或过程步骤。

关于 2：在此列中输入相关的潜在错误，这里指的是未达到要求的质量特性。可以为每个过程步骤或系统元素识别几个潜在错误。基本思想是假设可能会发生错误，但不是必需的。

图 9-12 和图 9-13 显示了系统 FMEA 产品和系统 FMEA 过程的示例。

图 9-12　识别系统 FMEA 产品中的潜在错误示例

图 9-13　识别系统 FMEA 过程中的潜在错误示例

关于 3：发生的每个错误均会产生影响，因此会出现错误的结果。此列包含如果发生错误可能导致的后果。图 9-14 和图 9-15 说明了这种关系。

关于 4：在第 5 列中，输入的含义是在客户处将发生错误。

评价等级数 B 由这个错误对考察范围顶部位置元素产生的不良后果的重要性决定。对此在 VDA 第 4 卷第 10 章中给出了一个建议。但是，该表应根据企业的实际情况进行调整。

例如，如果错误影响安全和/或违反法律法规，则分配"10"或"9"。对于企业而言，可能还会存在威胁到企业生存的进一步风险。例如，如果错误后果是仅能由专业人员识别的非常轻微的损害，则用"1"表示。

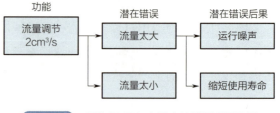

图 9-14　系统 FMEA 产品中的错误后果示例

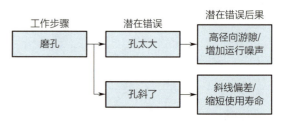

图 9-15　系统 FMEA 过程中的错误后果示例

为了以后能够理解追溯的评价，推荐创建适合企业实际情况的过程或产品组特定的评价目录。VDA 第 4 卷附录中的示例可以用作评价目录准备的基础。如果合同对此有规定，则必须与客户沟通达成一致意见。

表 9-13 给出了评价错误意义的示例。

表 9-13　评价错误意义示例（基于 VDA 第 4 卷）

产品 FMEA	过程 FMEA	对于客户的意义	级别
极少错误功能受损，只能由专业人员识别	错误非常少，超出可接受范围的成本花费	没有	1
无关紧要的错误（轻微功能障碍）	无关紧要的错误（较小的过程故障）	次要含义	2~3
中等错误（功能受损）	中等错误（大的过程故障）	不满	4~6
重大错误（无功能或仅部分功能）	重大错误（严重的过程故障）	愤怒	7~8
极端重大错误（无功能，可能危及生命和肢体、损害安全、违反法律、威胁公司生存等）	极端重大错误（无功能，可能危及生命和肢体、损害安全、违反法律、威胁公司生存等）	存在意义	9~10

 提示　评价与发生和发现的可能性无关。基本原则：相同的错误后果也具有相同的评价。

关于 5：此列包含由自己确定或由客户指定的特殊特性。如果客户指定了字符，则必须使用这些字符。必须建立与控制计划的联系。

关于 6：此列记录每个潜在错误后果的错误原因。

系统 FMEA 过程其中的错误原因主要在于存在偏差的参数。这些参数是机器的设定值和可能影响工作步骤的和外部尺寸。员工的不当行为、粗心大意等也可能导致错误。

必须查明上述原因。石川图（图 9-16）也称为因果图，尤其适用于此。在该图中，错误被分配给独立的影响变量（该图的级别 1）。为此，主要考虑 5M：机器、人员、材料、环境和方法。然而也可以使用您自己的标准。然后确定影响变量的原因（子因素，图表的级别 2）。

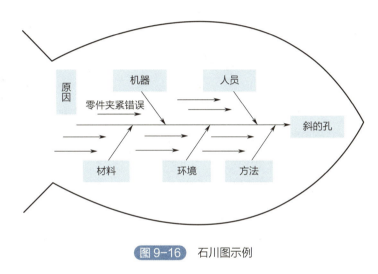

图 9-16　石川图示例

系统 FMEA 产品中的错误也会导致上层的系统元素发生故障。在某些情况下，这可以继续发展，直到整个系统的功能受到影响。在确定错误的后果时，应尝试尽可能完整地描述此因果链。错误的可能后果包括：噪声、运行故障、外观差、不稳定、甩出掉落、高频故障、晃动、不可用、难闻的气味、可操作性变差、发热、不遵守法律法规、电磁干扰等。

关于 7：此列显示错误发生的频率和发生的可能性。团队评价导致错误发生原因的可能性，错误通常可能由多种原因造成，可以在此列中指出多种可能的原因。

 提示　仅采用 VDA 第 4 卷中的评价表是不够的。所有评价表都必须根据企业自身产品和过程进行相应调整。

表 9-14 展示了发生概率的评价量级表的示例。

表9-14 发生概率的评价量级表示例（基于VDA第4卷）

错误率		可能性	级别
产品FMEA（ppm）	过程FMEA（ppm）		
1	1	不太可能	1
50/100	10/100	低（经过验证的过程或产品）	2~3
500/2000/5000	500/2000/5000	中等（在变化的条件下经过验证的系统或经过验证的组件、经过验证的过程）	4~6
10000/50000	10000/30000	高（新的开发或已知的问题系统、存在已知问题的新过程）	7~8
100000/500000	100000/500000	高（新发展、新过程）	9~10

关于8：此列说明企业中是否已针对识别到的错误采取了检查或避免措施。应区分以下三种类型：

- 避免措施（预防措施）：防止错误或错误原因出现的措施
- 发现措施（测试措施）：允许错误发生，增加发现可能性的措施
- 限制错误影响的措施：不能防止错误发生，但可以减少甚至防止其影响的措施

提示　填入现有措施后，应重新考虑已经进行的评价，并在必要时进行更正。

关于9：此列用于发现概率的分类。在这种情况下，重要的是，要在产品交付之前发现错误。评价与错误的发生和错误意义无关。

必须考虑现有的检查和避免措施。还应创建一个适合企业自身的评价表（表9-15），以评价发现的可能性。VDA第4卷也为此提供了建议。

表9-15 发现错误可能性评价示例（基于VDA第4卷）

错误类型	可能性	发现的可能性	级别
明显的错误	＞99%	很高	1
容易发现的错误 例如通过在后续生产步骤中进行测试	＞99,7%	高	2~5
只有通过100%的检查才能识别	＞98%	中等	6~8
错误难以识别，经验不足	＞90%	低	9
不能被发现的错误	＜90%	不太可能	10

关于10：在此列中输入查明的风险顺序数（RPZ[⊖]）。在风险评价中确定当前状态，以便可以做出有关必要改进的决策评价的基础是缺陷对客户的意义、发生的可能性，以及在将故障传递给客户或后续的工艺步骤之前发现故障的可能性，尤其重要的是对产品安全性和可靠性的影响和每种失效类型的发生频率。风险顺序数是严重度（B）、频度（A）和探测度（E）的乘积，如图9-17所示。

风险评价以表格形式进行并考虑以下：

• 错误后果对客户的严重度（B）（1为难以察觉的影响，直到10极其严重的错误）

• 发生故障原因的可能性（A）（1为不太可能，10为可能性很大）

• 故障或故障序列的检测概率（E）（1为高，10为不太可能）

进行单独评价后，确定风险顺序数。RPZ用于阐明风险并确定反应极限。在三个区域之一中分配给风险优先级大于8的错误

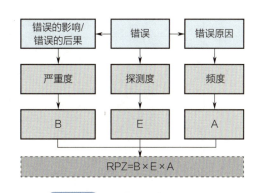

图9-17 风险顺序数的导出说明

注：对应英文公式为RPN=S×O×D。

必须进一步处理。此外，VDA第4卷中有关风险评价的章节介绍了应制订进一步措施时的各种方法。

在正确的FMEA的情况下，RPZ可以为1~1000。在实践中已经表明，在严格的范围限制下触发干预活动是没有意义的。在许多情况下，仅查看风险顺序数的绝对值会产生误导，它不适合作为采取进一步措施的基础。各个风险顺序数的相对比较并不总是有用的。以上观点也被当前的VDA第4卷所采用。VDA第4卷也给出了风险处理的建议。

可以使用图9-18所示的风险措施矩阵，该矩阵以出现概率和重要性的结果为导向。不言而喻，这个矩阵必须根据企业特定要求进行调整。

🠦 工作辅助：FEMA措施矩阵。

VDA第4卷中的另一个建议是使用单独定义的极限值对B、A和E进行优先级排序。无论选择哪种方法，或者您自己做出其他决定，都必须为优化阶段做好充分的风险处理准备，以便可以有效地引入和实施改进措施。应将所有措施汇总在一起，以简明的形式提供给管理层，例如如图9-19所示。

⊖ 风险顺序数德语缩略语为RPZ，英文缩略语为RPN。——译者注

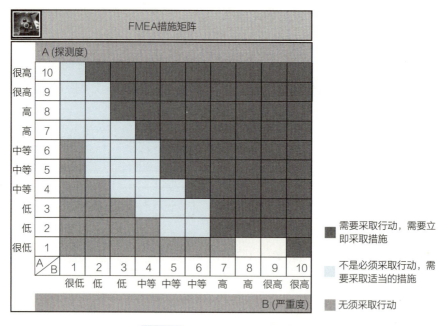

图 9-18　FMEA 措施矩阵示例

→ 工作辅助：FMEA 措施汇总。

	措施跟踪 错误可能性和影响分析					FMEA序号：		
						页的第　　　页		
类型/型号/生产/批次：		零件号： 变更状态：		责任人： 公司：		部门： 日期：		
系统编号/系统元素： 功能/任务：		零件号： 变更状态：		责任人： 公司：		部门： 日期：		
错误号	错误的可能原因以及相关的错误和错误后果	RPZ	避免措施	发现措施	V/T	完成状态（%）		评论/状态
						20　40　60　80　100		

图 9-19　FMEA 措施汇总

注：V/T 即责任人/日期。

分析阶段以带有责任人和期限的措施确定结束。这些填写在 FEMA 表格里，如图 9-20 所示。

7. 步骤 5：执行优化

评价完成后，必须为超出规定范围的错误制订优化措施。必须将风险降到最低，并提出避免和发现措施。建议优化措施时应优先考虑预防措施。计划采取的优化措施将再次进行风险评价，然后确定措施的责任人和完成日期。执行措施后，必须重新评价错误后果，以便可以看出采取的措施是否是成功的。

序号	系统/特性	潜在错误	初始状态						措施		优化后状态			
			潜在错误后果	B	▽	测试和避免措施	A	潜在错误原因	E	RPZ	建议的纠正措施	责任人和日期	实施的措施	B	A	E	RPZ

图9-20　FMEA表格中用于措施确定的区域

措施确定

FMEA是一种易于理解的风险分析，错误源可从一开始就被识别出来。图9-21展示了一个FMEA的表格。

表格 错误可能性和影响分析		
☐FMEA产品　　☐FMEA流程	最终产品（编号/名称）	团队：（姓名/部门）
识别号		
零件编号/流程编号	工装	
零件名称/流程名称	生产区域	
变更日期/变更索引号	创建日期	

序号	系统/特性	潜在错误	初始状态						措施		优化后状态			
			潜在错误后果	B	▽	测试和避免措施	A	潜在错误原因	E	RPZ	建议的纠正措施	责任人和日期	实施的措施	B	A	E	RPZ

图9-21　FMEA表格示例（节选）

由于其标准化，FMEA 是一种特别结构化的方法。系统、产品或过程特性及其潜在的错误和错误原因，清楚地输入到表格里，同时，可以方便地看到在何处采取措施以及它们是否有效。这意味着专有技术汇总在 FMEA 中，并可以转移到其他产品或过程中。FMEA 是"有生命力的文件"，应始终考虑规划文件资料的最新状态。此外，客户投诉应录入 FMEA，因为这些投诉会揭示错误的新后果，或者可能必须重新评价已经处理过的错误。在汽车行业中，FMEA 作为风险分析的一个重要方法是必不可少的，并且被许多客户明确要求使用。

FMEA 的实施是一个结构化的过程。VDA 第 4 卷在这方面提供了良好的支持：除了阐述 FMEA 本身实际过程外，还提供了大量的插图、示例和清单，为企业量身定制自己的 FMEA 提供了宝贵的支持。

如果使用得当，FMEA 方法是一种系统的过程，可以及时识别并最小化企业内部产品和过程风险。在汽车工业中 FMEA 用于确保产品和工艺过程的能力绩效。

9.3.5　MSA

汽车行业明确要求对测量系统进行评价。如果没有客户要求，则可以根据 VDA 第 5 卷的检测过程适用性或第 4 版 /2010（参考手册 QS 9000）测量系统分析（MSA）进行。本章介绍基于参考手册的 MSA 过程。

为了确定特定操作使用条件下测量过程和测量设备的质量，必须执行测量系统分析。MSA 证明了在操作使用条件下测量过程的质量能力。根据 IATF 16949 第 7.1.5.1.1 章节，必须对生产控制计划中列出的所有测量系统执行此操作。

MSA 用于以下目标：

- 验收新的测量系统和测量设备
- 持续监控测量设备
- 对存疑测量设备进行评价
- 对测量设备进行比较

测量系统分析最核心基本的是，确定系统偏差和测量系列中测量值的波动范围，以及它们与特征公差 T 或制造过程的工艺波动带宽的比较。

有许多因素会影响测量结果，图 9-22 展示了一些示例。

使用 MSA 时，将考虑以下影响来检查测量结果：

- 测量环境
- 操作员
- 测量设备

基于这些测试，可以判断这些检测工具和测量设备是否合适。

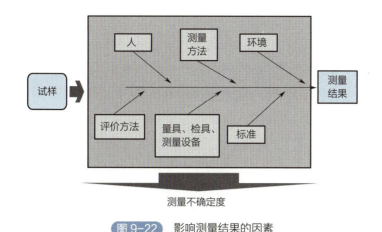

图 9-22　影响测量结果的因素

测量系统分析方法有三种,见表 9-16。

表 9-16　测量系统分析方法

方法	目的	标准值
方法 1	系统的测量误差和重复精度	C_g、C_{gk}、t 测试、信任区域
方法 2	重复,比较精度(操作员影响)	%R&R、ndc
方法 3	重复精度(无操作员影响)	%R&R、ndc

方法 1

此方法称为测量设备的简单适用性证明,是用标准母件来完成的,通常用于评价制造商信息,尤其是对于新的测量系统或在对测量系统进行修正之后。该测试包括使用测试标准件来确定系统的测量偏差和测量设备的能力波动。

用这种方法,对标准母件进行 25~50 次测量,计算出平均值和标准偏差。评价应通过 Excel 表或专用软件进行。

确定 C_g(测量仪器的能力)和 C_{gk}(关键测量仪器的能力)的值,类似于过程能力。

首先,检查系统的测量偏差是否足够小。其次,数据类型的数量使用数据类别数(ndc)进行评价,该值必须大于 5。通过将确定的量具的重复性和再现性数值(%R&R)与指定的极限值进行比较,可以评价该能力。

(1)准备

应使用 ID 号标识测量设备。必须根据制造商的说明启动设备,并根据测量任务进行参数设置(测量范围、灵敏度、分辨率等)。

要提供经过校准的标准母件或参考件,其测量尺寸的正确值是由校准来确定的。必须知道并给出校准不确定性偏差。例如,在生产测量技术中,可以使用特殊的经过校准的尺寸测量标准件，即所谓的"校准母件"用来调整设备，其几何形状在很大程度上与工件的几何形状相对应，并且特征值是公差带的中心尺寸。

必须根据客户的具体情况选择计算公式和能力关键指标的要求。如果需要执行耗时的测量任务，则还必须与客户协调重复测量的次数。

（2）公差分辨率评价

对于带有数字或模拟测量值显示的测量设备，公差分辨率具有重要意义。要求测量设备的公差分辨率 A 至少为 5%。如果分辨率大于 5%，则该测量设备不适合手头的测量任务，必须更换。必须针对较小的特征公差达成协议。

（3）调整测量设备

根据制造商的说明，将测量设备的设置调整为标准值或参考工件的值，该值对应于正负两侧偏差特征中的公差中心。标准件的测量点将在后续重复测量中保持一致，它可能需要标记。测量设备上的设置也必须保留。

（4）进行测量

检测员对标准件测量位置进行 50 次重复测量。在每次测量之前，必须将标准件重新置于测量位置，并始终让测头接触同一测量点以进行测量。测量值输入表格。

（5）确定 C_g、C_{gk} 值

$$C_g = \frac{0.2T}{6S_g}$$

$$S_g = \sqrt{\frac{2}{n-1} \sum_{i=1}^{n} (X_i - \bar{X}_g)^2}$$

$$X_g = \frac{1}{n} \sum_{i=1}^{n} X_i$$

$$C_{gk} = \frac{0.1T - |\bar{X}_g - X_m|}{3S_g}$$

式中：X_m 为单件的正确值；T 为公差。

从结果可以得出以下结论：

- C_g、C_{gk} > 1.33，测量设备能力满足要求
- 1.0 < C_g、C_{gk} < 1.33，测量设备有条件地满足要求
- C_g、C_{gk} < 1.0，测量设备能力不足

提示　实际上，通常仅采用方法 1。如果根据此方法满足了测量要求，则通常将测量过程的质量评为"良好"，然后省去方法 2。

如果方法 1 已经表明该测量系统不合适，则可以省略使用方法 2 进行进一步测试。为此，可以在适用性证明的早期阶段启动改进和纠正措施。

方法 2

方法 2 在实际操作条件下评价测量过程是适合、有条件适合还是不适合来测量特征值。此方法允许给出一个更严格的适用性证明。它用于确定测量过程的重复精度（EV，即可重复性设备变化）、比较精度（AV，即可再现性评价者变化）和测试系统波动（$R\&R$，即可重复性和可再现性；或 GRR，即量具可重复性和可再现性）。

重复精度本质上展示了设备的影响，而比较精度则展示了检测员的影响。

仅在方法 1 适用性证明成功之后，才允许使用此过程（方法 2）。

（1）准备

2 或 3 名检测员对 10 个零件进行 2 或 3 次测量，这必须在内部确定。在测量过程中不得对测量设备进行任何更改。

（2）执行

理想情况下，将测量值记录在 Excel 表或特殊软件中，然后检查质量控制卡中的波动范围是否超出干预边界。

从新测量系统的结果可以得出以下结论：

- $\%R\&R < 20\%$，测量系统是适合的
- $20\% < \%R\&R < 30\%$，测量系统在一定条件下适合
- $\%R\&R > 30\%$，测量系统不适合

以下限制适用于使用中的测量系统：

- $\%R\&R < 30\%$，适用于测量系统
- $30\% < \%R\&R < 40\%$，测量系统在一定条件下适合
- $\%R\&R > 40\%$，测量系统不适合

有条件适合的测试设备只能在与客户协商后使用。

如果所有特征值都在干预范围内，则可以基于重复精度、比较精度、GRR、零件波动和总波动等关键指标来确定测量系统的能力。

方法 3

方法 3 称为方法 2 的特殊情况，因为方法 3 假定操作员对测量设备没有影响，这意味着无须操作员干预即可检查测量设备的可重复性。

自动化的测量系统是该方法的典型应用。

9.3.6 SPC

统计过程控制（SPC）是由 Walter A. Shewart 开发的，他在他的著作《产品生产的质量经济控制》（1931 年）中全面推导并阐述了相关的科学基础。

SPC 是一种统计过程控制方法，是在开始批量生产之前以及在生产进行过程中出现质量偏差的情况下，进行机器能力和过程能力检查测试。

统计过程控制，听起来非常复杂。从细节上说，也许是这样，但是连续检查的基本思想是相当简单的。

如果有一个完美的制造过程能很好且可靠地工作，并且始终提供相同的结果，则仅需检查使用此过程制造的第一个零件或第一批零件。如果第一个或第一批零件是合格件，则可以假定：只要不中断或重新启动该过程，则每个后续零件都是合格件，因此，无须进行费时费力复杂的检查或审查。

遗憾的是，实际上通常没有这种完美的制造过程。首先，生产制造过程必须以可控的方式来实现，这意味着结果一定不能有跳跃式的变化，因此绝不能是偶然的随机产品。

那将意味着，例如，定义的孔在所有零件上的直径都必须始终为 10mm，而不是在一个零件上的直径为 10mm，在另一零件上的直径为 11mm，然后在第三个零件上再为 9mm。

在保持产品实施过程时，最主要的是要以某种方式控制操纵它，以便一旦实现就可以持续保持曾经达到的质量能力。在许多情况下，只有借助统计过程控制才能经济地做到这一点。在汽车工业中，客户要求供应商仅使用那些确保可以满足所要求的技术规范的机器设备和生产过程。

通过能力检查，实现了批量生产之前以及批量生产中的检查目标：是否已遵守初始、中间或最终产品的指定过程或质量特性？

带有质量控制卡的过程跟踪仅用作伴随生产的控制措施。

统计过程控制如图 9-23 所示。

在机器或设备上进行的短期/机器能力检查（MFU）是旨在证明符合技术任务书中规定要求的检查，是从正常工作条件下运行的机器或设备中拿取单次设定样本数量（通常直接连续 50 个零件），并使用统计方法进行检查，而无须考虑外部影响。为了进行评价，然后将每 10 个样本零件取 5 个进行拆解。

如果在 MFU 中未发现偏差，则将执行初步过程能力检查（PFU）。为此，引入了所谓的 Shewart 控制卡，以证明可控的生产过程。

长期过程能力检查可评价实际条件下的制造过程（批量生产）。通常，评价会在 20 个生产日内进行，这基于总共 500 个测量值。

SPC 的结果是关于质量特性的期望值 μ 是否在公差中的陈述。

表 9-17 概述了机器和过程能力。

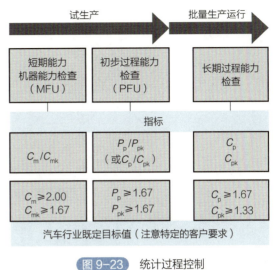

图 9-23 统计过程控制

表 9-17 得到的过程能力值的说明

得到的过程能力值	说明
得到的值 ≥ 1.67	过程符合客户要求。在客户批准后，即可开始批量生产。无须更改控制计划中的信息
1.33 ≤ 得到的值 < 1.67	过程优化是必要的。必须通知客户，还必须检查结果
得到的值 < 1.33	不满足客户要求。过程能力不足。必须与客户商定措施，以实现要求的过程能力

关键参数说明如下。

指示参数索引使用以下不同的符号缩写：

- 机器能力：C_m 和 C_{mk}
- 初步工艺能力：P_p 和 P_{pk}
- 长期加工能力：C_p 和 C_{pk}

计算的第一步是确定过程变化与公差之间的关系。它称为潜在能力或过程潜力，用于确定过程的波动变化是否和公差能够匹配。根据过程波动区域与公差极限之间的最小距离，可以计算出第二个指标，即实际过程能力（图 9-24）。

机器偏离中值越多，有缺陷产品的比例就越大。

提示

如果 $C_{mk} \geq 1.33$，则认为设备具有足够的能力。但是在汽车工业中，VDA 和客户要求 $C_{mk} \geq 1.67$。

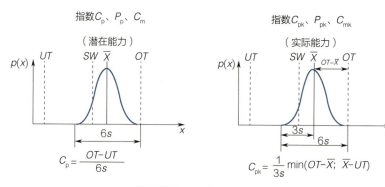

图 9-24 能力指数的计算

OT—公差上限　UT—公差下限　SW—过程的设定值或目标值　$\overline{X}$、s—从基础数据导出的平均值和标准偏差

注：来源于 Imkamp：测试数据评价，第 33 页。

随后的过程能力，要求必须达到机器和过程能力的规定值。

这意味着，如果满足通用要求 C_{mk}、$C_{pk} \geq 1.33$ 或汽车特定要求 C_{mk}、$C_{pk} \geq 1.67$，则该过程能力是足够的。表 9-17 中显示的值可以根据 QS-9000 参考手册（统计过程控制和 PPAP）用来确定能力。

如图 9-25 所示，过程居中表示通过接近公差中心进行的过程改进。

统计检测结果的记录保存在所谓的质量控制卡上。使用质量控制卡进行的过程跟踪应视为批量生产过程中伴随生产的一种措施。

这意味着，在创建质量控制卡并将其用于控制批量生产中的质量特性之前，必须先进行机器能力和过程能力检查分析。

 质量控制卡是 Q7 的一种方法，将在第 9.5.3 章节中进行说明。

根据持续生产制造过程的随机样本来确定过程的统计参数（例如平均值、标准偏差），并将其输入 QRK。然后在这些卡上标明干预极限、从什么特性值（例如孔径 10.1mm）开始必须修正过程，例如通过新的工具设置来纠正该过程。这是为了防止用未经修正的过程进行后续生产时出现超出允许公差的零件，从而（如果可以识别）导致昂贵的返工或报废零件。最坏的情况是，此类不良零件将不会被识别，并且这些不良零件将交付给客户。

如今，SPC 通常通过软件支持使用。这里涉及的是通用计算软件，例如电子表格计算和统计信息包或全面的解决方案，由市场上的各种制造商提供。

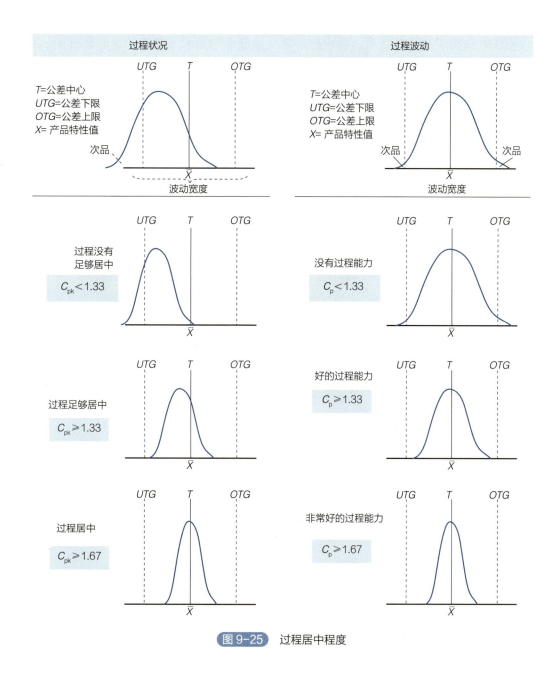

图 9-25　过程居中程度

9.3.7　8D 模式

8D 模式是用于产品和过程优化改进的工具，它显示了如何系统地解决问题。OEM 客户的投诉或现场投诉通常使用此方法进行处理。

8D 报告是核心，是在发生外部投诉时客户和供应商之间交换的文档。如今，许多客户要求供应商将其直接放置上传至其门户网站上。

8D 方法在纠正不合格项、客户抱怨以及重复性问题和重复性错误时最有用。它主要用于汽车行业，但现在也已用于其他行业。

> 在 IATF 16949 中，第 10.2.3 章节明确要求文件化的过程来解决问题。8D 报告的处理步骤系统地提供了此过程的基本规则，这就是为什么始终使用 8D 方法可以被视为满足此标准要求的原因。

该模式的目的是按照八个步骤，以结构化的方式完成问题解决过程。由于它通常以跨学科的方式进行，因此考虑了受此问题影响的所有部门。通常通过照片描述问题的书面文档，以确保根据事实和数字来解决问题。确定的目标表达构成了后续措施的基础。因此，8D 报告是解决问题的过程、一种标准方法，也是一种报告形式。

这种方法几乎没有缺点。措施的制订和实施可能很耗时，并且会绑定占用某些员工的资源（因为必须在跨学科的团队中进行）。在使用该方法前应由用户进行培训；此外，必须知道其他方法，例如帕累托（Pareto）分析、错误列表或石川（Ishikawa）图。

8D 模式解决问题的应用在于处理八个所谓的科目，分析一次性的和重复的质量问题，并从中找出解决方案。这八个步骤如下：

- 组建问题解决团队
- 描述问题
- 制订并监控紧急措施
- 分析错误的原因
- 规划并验证长期纠正措施
- 实施长期纠正措施
- 防止错误重复发生
- 赞赏团队的成功

各个步骤的结果都记录在标准化的 8D 报告中并进行监控。

自 2018 年 5 月起，VDA 发布了新卷，目前仅提供黄皮书。与上一卷相比，新卷对各个步骤（科目）的解释进行了更详细的说明，并且还为每个科目列出了机遇和风险以及可使用的方法和工具。

D1：组建问题解决团队

具有必要过程和/或产品知识的人员组成一个团队，其前提条件是相关员工有必要的时间参加团队会议，并具有与解决问题过程相关的必要技术能力和知识。应为团队任命一名发起人和一名正式的团队负责人，发起人负责提供资源，团队负责人必须具有 8D 模式的必要知识。

D2：描述问题

真正意义的团队会议从这一步骤开始。团队的首要任务是详细、完整地描述问题，为此，必须收集和处理所有相关信息。对于数据收集，可以使用诸如缺陷收集卡、直方图、ABC 分析或帕累托图之类的方法。还必须考虑错误对客户（内部/外部）的影响。此步骤的目的还在于所有团队成员能够具有统一的知识水平，应从问题描述中清楚地看出目标和实际状态。对于出现的每种症状表现，都需要具有以下事实信息收集：

- 发生了什么事？（关于哪个产品、哪个过程或哪个偏差？）
- 发生在哪里？（在产品或过程的什么位置？）
- 何时发生的？（时间进度表）
- 受影响的零件相关参数（数量、频率、范围）是什么？

D3：制订并监控紧急措施

在采取长期纠正措施之前，必须立即采取紧急措施以限制可能的损害并防止问题蔓延。首先，必须将有缺陷的零件从生产过程中移除。如果零件已经送达客户，则必须立即通知他们。采取这种措施必须检查从收货到运输的整个供应链中是否存在有缺陷的零件，并将这些零件和合格件隔离分开。紧急措施是短期措施，尽管可以消除症状，但不能确保持续消除错误。如果是客户投诉，则从客户发生的地方开始，通常从装配线开始，在整个过程中向后进行追溯，包括物流过程（例如存储和运输），在所有过程步骤中搜查故障零件。

作为紧急措施，对库存进行检查，并对正在给客户送货途中的产品和在制品库存进行检查；对工人进行培训，额外进行 100% 错误特性检查；与客户达成协议的一样，在零件或搬运载具上做好标识。

所有可支配的信息都应该用于此步骤，例如 FMEA、技术规范、图样、审核报告、控制计划、QRK、8D 报告等。

在确定紧急措施之前，必须证明其有效性。必须详细描述紧急措施的具体内容，并确定责任人和时间期限。必须提供有效性证明，并且必须考虑可能的残留风险和副作用。

如果无法立即采取措施，则必须证明这一点是合理的。

此步骤需要与客户密切合作，因为显而易见，必须在短时间内更改过程或增加容错能力，这需要客户的特殊批准。还必须持续跟踪已实施的紧急措施是否有效。

D4：分析错误的原因

在确定了采取的紧急措施之后，必须彻底分析一个或多个错误，以便能够制订长期的纠正措施。为此，要在团队中确定所有发生或未发现的原因。此步骤可能需要很长时间。

通常使用其他方法来确定错误的原因，例如石川图或 5W 方法。在生产过程中，进行测试和比较很有意义。除了技术分析之外，还必须进行组织分析，以确保不会再次出现相同的错误或类似的错误。在执行此步骤之后，必须完全弄清所描述错误的发生原因。

D5：规划并验证长期纠正措施

在对问题进行了充分的分析并确定了错误原因之后，必须计划长期的纠正措施，以确保完全消除偏差。测试，试验和方法的使用对有效措施的定义起到支持作用。

对于长期纠正措施的收集和定义，比如可以使用流程图，创造力技巧或 Poka-Yoke 防错等方法。决策矩阵，风险分析，试验计划，机器或过程能力，产品和过程放行等均支持对纠正措施的评价和验证。

重要的是应该把避免错误放在首位，而不是发现错误，通常在实践中恰恰相反。仅允许过程优化措施。例如，在汽车领域，员工培训不被视为纠正措施。

D6：实施长期纠正措施

所采取的纠正措施必须立足于本组织。为此，通常需要调整现有的规范文件，例如工作指导、检测指导、控制计划等，并进行适当的培训。如果对设备进行了更改，则在任何情况下都必须更新技术文档。

为了实施和验证纠正措施，可以采用以下方法，比如建议行动计划、PPF 流程图、直方图、错误收集卡、过程和机器能力等。

强制性地进行持续检查纠正措施可确保完全永久地消除所确定的问题原因。在此步骤中，最终必须通知与变更相关的客户，因为通常需要客户批准新的流程。

如果已成功引入纠正措施，则可以取消立即采取的紧急措施。

D7：防止错误重复发生

为了防止错误重复发生，必须更改管理和控制系统以及某些 QM 系统中的指导说明。必须通过预防措施来防止发生相同或相似的错误。另外，必须对新发现的风险进行风险评价。FMEA 通常适合于此，其中包括并评价了新发现的风险。这有助于确保将获得的知识转移到其他类似的产品或过程中，以排除在其他现有产品或过程中出现相同问题的可能性。在此步骤中，所学到的知识和知识管理是很重要的，好的知识管理能够使学到的有用信息方便地被访问，从而防止错误或偏差再次发生。

D8：赞赏团队的成功

在最后一步中，团队的工作得到认可，并评价获得的经验；同时，应考虑应将结果通知谁。在所有措施完全结束之前，发起人和团队负责人对此问题负责。整个解决问题的过程只有在发起人书面批准的情况下才能结束。图 9-26 显示了基于 VDA 的 8D 报告。

➲ 工作辅助：8D 报告。

8D 模式已经在汽车工业中确立了自己的地位，并且在大多数情况下客户也要求使用此方法。建议将它也应用于内部发现的错误。

表格 8D 报告				
名称：		报告编号：		
产品货号：		报告日期（起始）：		
确定日期：		供货范围：		
供应商：		联系人：		
制造地点：		联系方式：		
客户：		联系人：		
工厂地点：		联系方式：		
1.				
触发区域	公司	部门	姓名	电话
组长 + 组员				
2.				
问题描述：				
使用哪种产品或过程也会出现问题？				
3.				
紧急措施：		职责	时间	已完结
				☐
				☐
4.				
错误原因：				
5.				
长期纠正措施：		职责	时间	已完结
1.				☐
2.				☐
3.				☐

图 9-26 8D 报告示例（节选）

9.3.8 总结

核心工具的使用是汽车行业质量管理的基本组成部分。只要认真执行，七种方法都具有明显的优势。在汽车行业的质量管理中使用这些基本工具，就可以周全地考虑到 OEM 不断提高的质量要求。核心工具可确保从规划到整个项目管理，再到批量生产启动的整个过程都顺利进行。

9.3.9 参考文献

AIAG: Advanced Product Quality Planning and Control Plan: Sicherstellung der Produktqualität vor Serienbeginn, 2. Auflage, 2008

Birkhahn, Andreas; Weiß, Cornelius: „Qualitätsmanagement Lieferanten im globalen Beschaffungsmarkt", in: Thomann, Hermann Josef (Hrsg.): Der Qualitätsmanagement-Berater – Prozessorientiertes Qualitätsmanagement in der betrieblichen Praxis, TÜV Media, Köln (https://www.tuevmedia. de/verlag_artikel_show.php?werk=qmb&ARTIKEL_ID=553)

Brunner, Franz J.; Wagner, Karl W.; Osanna, Peter H.: Taschenbuch Qualitätsmanagement – Leitfaden für Ingenieure und Techniker, Carl Hanser Verlag, München, 3. Auflage 2004

Cassel, Michael: Qualitätsmanagement nach ISO/TS 16949, Carl Hanser Verlag, München, Ergänzungslieferung 2010

DIN 66901-1:2009-01: Projektmanagement – Projektmanagementsysteme – Teil 1: Grundlagen

DIN 66901-2:2009-01: Projektmanagement – Projektmanagementsysteme – Teil 2: Prozesse, Prozessmodell

DIN 69901-3:2009-01: Projektmanagement – Projektmanagementsysteme – Teil 3: Methoden

DIN 69901-4:2009-01: Projektmanagement – Projektmanagementsysteme – Teil 4: Daten, Datenmodell

DIN 69901-5:2009-01: Projektmanagement – Projektmanagementsysteme – Teil 5: Begriffe

IATF 16949, Erste Ausgabe 2016, Anforderungen an Qualitätsmanagementsysteme für die Serien- und Ersatzteilproduktion in der Automobilindustrie

Jung, Berndt; Schweißer, Stefan; Wappis, Johann: 8D und 7STEP – Systematisch Probleme lösen, Carl Hanser Verlag, München 2011

Jung, Bernd, Schweißer, Stefan, Wappis, Johann: 8D – Systematisch Probleme lösen (Pocket Power), Carl Hanser Verlag, München 2017

Kamiske, Gerd (Hrsg.): Digitale Fachbibliothek, Symposion Publishing, Düsseldorf 2010

Kranefeld, Anja: 8D-Methode, in: Schulungspaket QM-Prozesse optimieren – Methoden einführen – Kundenzufriedenheit erhöhen, Online-Version, WEKA MEDIA 2018, Kissing

Linß, Gerhard, Qualitätsmanagement für Ingenieure, 4., vollständig überarbeitete Auflage, Carl Hanser Verlag, München, 2018

Pfeifer, Thilo; Schmitt, Robert (Hrsg.): Masing–Handbuch Qualitätsmanagement, 5. Auflage, Carl Hanser Verlag, München 2007

PPAP rückt die Kundenzufriedenheit in den Fokus: Der Qualitätsmanager aktuell, Ausgabe 13/2009

Production Part Approval Process (PPAP): Verfahren zur Bemusterung und Serienfreigabe von Teilen, 4. Ausgabe/2006

Tietjen, Thorsten; Müller, Dieter H. Müller; Decker Andrè: FMEA Praxis: Das Komplettpaket für Training und Anwendung, Carl Hanser Verlag, München 2011

VDA-Band 2 Sicherung der Qualität von Lieferungen Produktionsprozess-und Produktfreigabe PPF, 5. überarbeitete Auflage, November 2012

VDA-Band 4: Kapitel: Produkt- und Prozess-FMEA, 2. überarbeitete Auflage 2006, aktualisierter Nachdruck 2009

VDA 4: Sicherung der Qualität in der Prozesslandschaft, 2. überarbeitete und erweiterte Auflage 2009, aktualisiert März 2010, ergänzt 2011

VDA Band 4, Kapitel: Produkt- und Prozess-FMEA, 2. überarbeitete Auflage 2006, aktualisiert im Juni 2012 (schon im Ringbuch Band 4 enthalten!)

VDA Gelbband: Kurzversion für VDA-Band 4 „Sicherung der Qualität in der Prozesslandschaft", 1. Ausgabe Stand Mai 2018

VDA Gelbband: 8D-Methode, Problemlösung in 8 Disziplinen, 1. Ausgabe, Stand Mai 2018

VDA-Band 5: Prüfprozesseignung, Eignung von Messsystemen, Mess- und Prüfprozessen, erweiterte Messunsicherheit, Konformitätsbewertung, 2. vollständige überarbeitete Auflage 2010, aktualisiert 2011

VDA QMC: Definition von Fehlerursachenkategorien für das 8D-Berichtswesen V1., Leitfaden für die Anwendung der Fehlerursachenkategorien 01. Ausgabe, Juni 2017, Online-Dokument

Winz, Gerald: Qualitätsmanagement für Wirtschaftsingenieure, Carl Hanser Verlag, München, 2016

注意：VDA 和 AIAG 的 FMEA 协调互相兼容。

2017 年 6 月、7 月，AIAG 和 VDA-QMC 一起对供应商提供的 FMEA 手册进行了验证。

2017 年 11 月 VDA 发行了黄皮书。反馈阶段计划在 2018 年 2 月 27 日之前完成。由于收到许多有关黄皮书的评论（大约 4000 条），因此尚未发布新的红皮书。

由于收到的许多更改，黄皮书无法在本书中使用，因此，仅解释了先前有效的 FMEA 程序。

您可以在以下下载区域中找到协调兼容统一后的 FMEA 的预览：www.hanser-fachbuch.de/97834464 55757，标题为"其他"。

9.4 M7 介绍

七大管理技术（M7）和七大质量工具（Q7）在质量管理中已经非常成熟。与 Q7 相比，M7 不太注重数字和数据的分析，更注重以透明的方式呈现相关性。它们主要用于非数字信息的分析。这些管理技术的目的是系统地处理所有相关信息，并将其作为决策的基础。

M7 多用于已经掌握这些方法的团队。即使已经有了这些技术，也应该由一个主持人来主导团队会议。图 9-27 显示了各个工具的概况。M7 可以单独使用，也可以相互组合使用。在方法使用阶段中，各阶段之间是相互依存的。

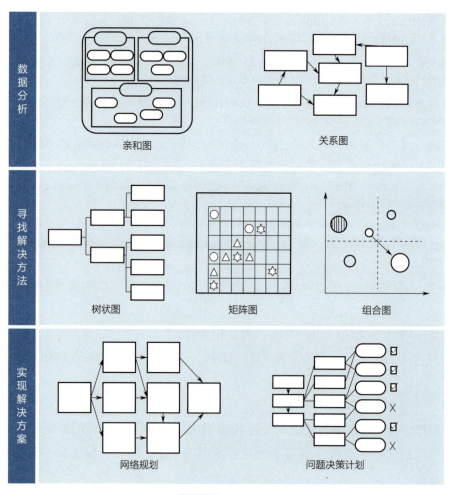

图 9-27　M7 总览

9.4.1 亲和图

首先,在头脑风暴会议中收集想法,每位参会者写下自己的想法(每张卡一个想法),然后将卡片收集起来进行编号,并通过指定适当的标题进行分组,之后再进行评价。类似的想法可以给予不同的标题(图 9-28)。

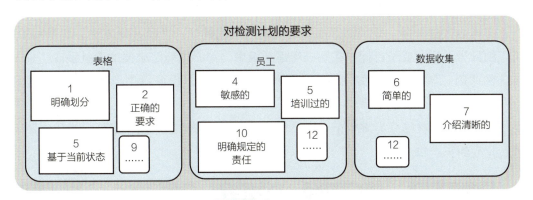

图 9-28 亲和图示例

该方法的优点是容易实施、容易学习。然而,结果可能会显得主观,因为它们取决于各个小组。

9.4.2 关系图

关系图用于在复杂的情况下,将疑似因果关系结构化,其重点是考虑特性或方面之间的相互作用。一个问题要从多个角度进行考虑,所有相关的论点、事实和影响都收集起来,相互之间的关系借助图示呈现。

问题或主题必须明确定义。相关的原因和事实由参与者讨论并写在卡片上。先将卡片在针板上围成一圈,然后检查各个事实之间的相互作用,并用箭头标出。在卡片上记下进、出箭头的数量。出箭头数最多的卡片称为问题驱动;进箭头最多的卡片表示是问题产生的原因。图 9-29 是关系图的一个示例。

关系图把复杂的关系简单

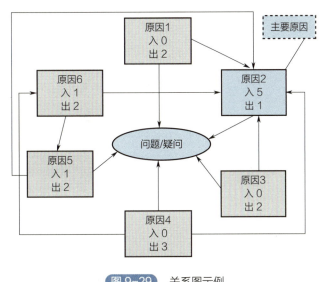

图 9-29 关系图示例

化，然而这种方法还是比较适合不太复杂的问题。

9.4.3 树状图

树状图是用来寻找解决方案的方法之一，它将一个主题或问题细分为各个子项目，这样一来，随着细节的不断深入，可以得到一个清晰有序的展示。

与其他方法一样，必须需要准确地确定问题或目标。借助其他方法，如亲和图，可以细分为子问题或子目标。在每一考虑层级中，都必须确定必要的工具手段、具体措施和原因。该树状图最好用流程图软件显示。不过，也可以用卡片在针板上进行（图 9-30）。

一张树状图被细分为多少个层次，取决于所调查研究的问题。最后一级代表原因或优化或纠正措施。

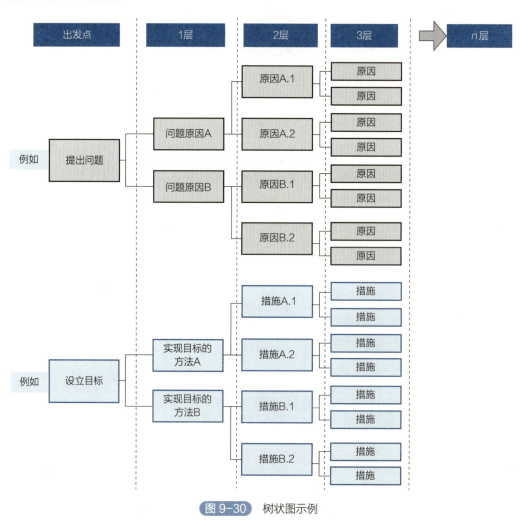

图 9-30 树状图示例

9.4.4 矩阵图

矩阵图可以将求解过程中的交互作用多维度地表示出来。在图中有不同的维度，可以由任务、责任、原因、效果、对策等组成。每一个维度都有各自的特性来描述。这些可以是新收集的（见头脑风暴），也可以取自其他工具的结果，如树状图的最底层。

相关特性输入矩阵，矩阵的每个单元格都代表了两个特性之间可能的关系。随后是关系检查，根据不同的关系类型，输入约定的符号，图 9-31 是使用符号的示例。再将选定的矩阵形状画在翻页纸上或在计算机上用电子表格等方式创建。这要根据维度的数量来选择，如图 9-32 所示。L 形矩阵的使用频率最高。大量的数字数据以清晰的矩阵图形式全局性地被呈现，因此可以作为决策的辅助手段。

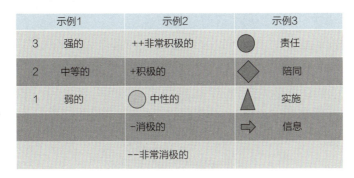

图 9-31　使用符号示例

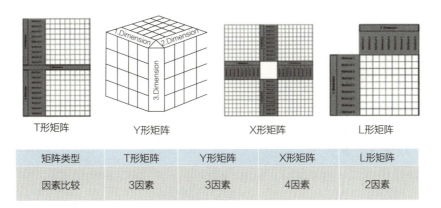

图 9-32　矩阵图示例

9.4.5 组合图

M7 在求解过程中使用的最后一种方法是组合法。它以一个十字交叉轴分开的四段区域块来简单地表示产品和绩效特征。在组合图中，两轴相交，给各轴分配例如价格、质量或产品特性等因素并给它们分配高、中、低等等级，通过组合可以汇总和展示大量的数据或信息（图 9-33）。

在图 9-33 中，竞争者用字母 A~F 表示，企业自身的位置要从 1 到 2，圆圈的大小代表销售量。从各个对象的位置得出现有情况的结论，并确定战略方针。

9.4.6 网络规划

在网络规划中展示了措施或过程步骤时间上的联系。在盖布尔经济辞典中，网络规划的定义如下："术语：用于展示项目过程步骤和/或事件之间运行关系的特殊图形。类型：a) 过程步骤箭头网络图。步骤以箭头显示，事件以节点显示。b) 事件节点网络图。节点代表事件，箭头只是记录事件之间的时间顺序。c) 过程步骤节点网络图。节点代表活动，而箭头代表它们之间的特定排序关系。"

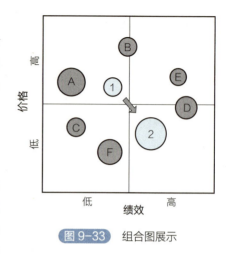

图 9-33　组合图展示

网络规划的结果是一个关键路径的表示，也就是一个没有时间缓冲的活动序列。需要执行以下步骤：

- 结构分析（结构计划和过程步骤清单）
- 确定项目各子步骤之间的相互依存关系
- 编制流程图
- 确定每个过程步骤的持续时间
- 计算（向前和向后时间段）
- 关键路径的确定
- 精细的流程和时间网络图
- 进行产能、成本和财务规划
- 规划结果的记录

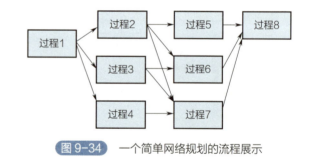

图 9-34　一个简单网络规划的流程展示

在完成结构分析（图 9-34），确定了项目各个子步骤之间的相互依存关系后，进行时间计算，这是网络规划技术中最重要的一点：

- FAZ = 最早的开始时间
- FEZ = 最早的结束时间
- SAZ = 最晚的开始时间
- SEZ = 最晚的结束时间

确定的时间单位体现在每个过程步骤中（表 9-18）。

表 9-18 网络规划中的过程步骤描述展示

过程编号	对过程的描述	
持续时间	FAZ	FEZ
	SAZ	SEZ

所有的过程步骤都要计算 FAZ 和 FEZ。在计算完所有的 FAZ 和 FEZ 之后,需要从右到左进行倒推计算,来确定每个过程的 SEZ 和 SAZ。所有的值都会在过程步骤描述中进行记录。过程步骤间的时间缓冲是在节点里面填写的 SEZ 和 FEZ 的差值。

最后,计算出关键路径。这是指网络规划中的过程步骤链,如果出现问题,对其延迟处理会影响到项目中对最后期限的总体遵守情况。它是由没有任何时间缓冲的过程步骤形成的。图 9-35 是一个研讨会的网络规划示例。

灰色方框中显示的是关键路径。网络计划技术方法是对项目流程进行分析、描述、规划、检查和控制的辅助工具。因此,它是一种规划和控制工具,特别是对于许多员工参与的项目。该网络计划使对项目的时间规划的结构化概述成为可能。

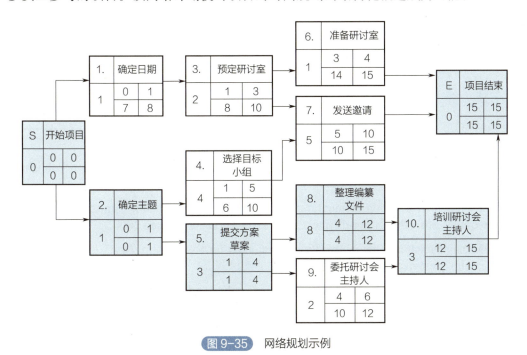

图 9-35 网络规划示例

注:来源于 Theden 2013。

9.4.7 问题决策计划

有了决策计划,就可以识别项目或其他计划活动中的故障干扰问题,并确定适当的预防措施。决策计划用流程图表示。重要的是，使用的级别不要太多。在实际操作中，建议最多不超过三个级别。

首先，所有的过程步骤都会被展示出来，接着收集所有可能的问题，例如，可以通过头脑风暴来实现。这一步之后，团队要制订出对策和具体的解决方案。最后一步是制订一个有指定责任人和时间期限的行动计划。

问题决策计划可以用来改进现有的流程，同样也可以用来分析潜在的问题。该方法易于学习和实施。这是 M7 建议的最后一个方法，主要应用在解决方案实施领域。该计划可以以图形或文字方式显示。图 9-36 是问题决策计划的结构。

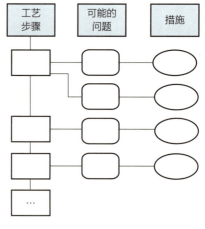

图 9-36　问题决策计划的结构

9.4.8　总结

七大管理工具（M7）是解决问题非常有用的工具，可以用来组织大量的信息和评价解决方案。它们越来越多地用于规划和发展阶段。

9.4.9　参考文献

Benes, Georg M. E.; Groh, Peter E.: Grundlagen des Qualitätsmanagements, 4., aktualisierte Auflage, Carl Hanser Verlag, München 2017

Brückner, Claudia: Qualitätsmanagement für die Automobilindustrie, Symposion Publishing GmbH, Düsseldorf 2009

Ebeling, Jürgen: Die sieben elementaren Werkzeuge der Qualität. In: Kamiske, G. (Hrsg.): Unternehmenserfolg durch Excellence. Carl Hanser Verlag, München 2000

Excel4Managers: Pareto-Diagramm (Programmierung für Excel): http://www.excel4managers.de/index.php?page=pareto-diagramm

Gabler Wirtschaftslexikon, Stichwort: Netzplan, online, http://wirtschaftslexikon.gabler.de/Archiv/124979/netz plan-v3.html

Kleindorf, Sophie; Schröder, Frank: Instrumente und Werkzeuge des Qualitätsmanagements in der betrieblichen Praxis, k.o.s GmbH, Berlin 2015

Linß, Gerhard: Qualitätsmanagement für Ingenieure, 4., vollständig überarbeitete Auflage, Carl Hanser Verlag, München 2018

Stausberg, Michael: QM-Methoden, Weka Media, Kissing, Aktualisierung 2010

Theden, Philip; Colsman Hubertus: Qualitätstechniken, Werkzeuge zur Problemlösung und ständigen Verbesserung, 5. Auflage, Carl Hanser Verlag, München 2013

WEKA MEDIA: Schulungspaket QM-Prozesse optimieren–Methoden einführen–Kundenzufriedenheit erhöhen, Online-Anwendung, Stand August 2018

9.5 Q7 介绍

七大质量工具 (Q7) 是用于支持问题解决过程的方法汇编，在问题定义和分析阶段具有重要意义，用于记录、调查和显示错误及其原因。这些方法和技巧可以用在任何形式的小组工作中。它们主要是处理数值数据，用于观察和保持生产中的最佳状态。由于它们也是视觉辅助工具，所以问题和解决方案可以很容易地以图形方式显示出来。图 9-37 给出了适合作为误差检测和误差分析方法的 Q7 方法概览。

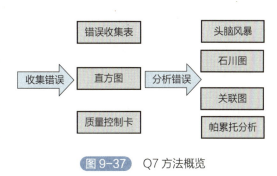

图 9-37　Q7 方法概览

9.5.1 错误收集表

错误收集表是记录错误的有效工具，可用于对过程进行持续监控，见表 9-19。错误收集表构成了错误发生的趋势表的基础。错误收集表的处理，简单易学，易教；创建所花费的精力很小，某些错误类别很容易被识别。

这种方法的缺点是无法观察到一段时间内的错误序列，无法分析错误的原因，也无法考虑错误之间的相互影响。此外，为了能够显示趋势，还需要对数据进行进一步处理。

通常情况下，错误收集表在每行中给出错误或错误类型，这些必须首先确定下来；之后确定记录周期；然后明确错误记录的责任人。在记录错误时，当相应的错误发生时，在相关行中输入一个划线。

表 9-19　减振器最终检查错误收集表示例

产品：减振器 xyz	检测地点：装配线	检测员名字：×××	新发生的错误登记	
日期	刮痕	凹痕	装配错误	总数
2022.12.14	III	I	I	5
2022.12.15	II	I	I	4
2022.12.16	IIII	II	I	7

对应每个出现的错误在表中都会输入一个划线。对于新发生的错误，表格应包含空白字段以便填入相关信息做记录。记录错误时，工作条件必须始终如一。

如果错误收集表具有良好的结构，就可以从错误发生积累区域或错误位置推导得出结论。错误累积清单与其他质量管理方法有关。表 9-20 说明了错误收集表与重要质量管理方法之间的关系。

表 9-20　错误收集表与重要质量管理方法之间的关系

方法	关系
直方图	直方图用于直观地展示错误频率
石川图 / 关联图	利用石川图或关联图可以确定错误收集表中的错误类型
帕累托分析	通过帕累托分析，可以直观地看到收集到的错误和错误列表中错误类型的分布情况
质量控制卡 / 头脑风暴	对于一些质量控制卡和统计质量控制，可能需要使用错误收集表来记录错误

9.5.2　直方图

直方图是柱状图，它以图形方式展示了测量值的分级频率。背景是分布形式的确定（如正态分布）。根据偏差，可以解锁错误产生的原因。直方图的优势来自对大量数据图形化的概括，突出值很容易被识别；此外，过程变化也是可见的。缺点是几个直方图只有在 X 和 Y 分界相同的情况下才能进行比较。

将收集到的数据，例如错误收集表提供的数据归纳成类，用于创建直方图。必须考虑到以下几点：级别数量最少为 5 个，最多为 25 个。级别宽度是指测量系列的最大和最小数值之差除以级别数量。

直方图的基础是错误清单，然后计算出 n 级别 $k=\sqrt{n}$，并按照测量单位四舍五入。计算单个数据总数中最大值 X_{max} 和最小值 X_{min} 之间的差值 R。级别的宽度对应于 $H=R/K$。然后就可以创建图表了。从图中的中心位置、波动行为和测量值的分布形式等方面进行图形评价。分级数量的得出有一个经验法则以及另外两种计算方法。

- 方法 1：$k=\sqrt{n}$
- 方法 2：根据规则进行分级
  - 50 个数据点以下 → 5~7 个分级
  - 50~100 个数据点 → 6~10 个分级
  - 100~250 个数据点 → 7~12 个分级
  - 超过 250 个数据点 → 10~20 个分级

跨度 R 的计算：

$$R = X_{max} - X_{min}$$

9.5.3 质量控制卡

质量控制卡是统计过程控制（SPC）的一种工具，可以用质量控制卡监控生产过程。质量控制卡提供了一个图形化的评价，因此，可以迅速检测到过程偏差和超出允许值的风险，并在早期阶段引入适当的纠正措施。因此，质量控制卡也用作预警系统，这样可以节省返工和废品的成本费用。质量控制卡可以作为一个过程处于统计控制之下的证明。这种方法的主要缺点是几乎无法手动使用。

从正在进行的生产过程中随机抽取样本，确定平均值或标准偏差等统计关键参数。

数据以图形形式显示在质量控制卡上。质量控制卡显示采取干预行动的上限（OEG）和下限（UEG），以及警告上限（OWG）和下限（UWG）。这些限制用于指示何时必须对生产过程进行修正或何时必须停止。图 9-38 是质量控制卡的示意图。由于抽取的样本量不同，使用的质量控制卡也不同。图 9-39 是一个质量控制卡的示例。

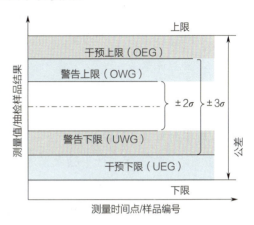

图 9-38　质量控制卡的示意图

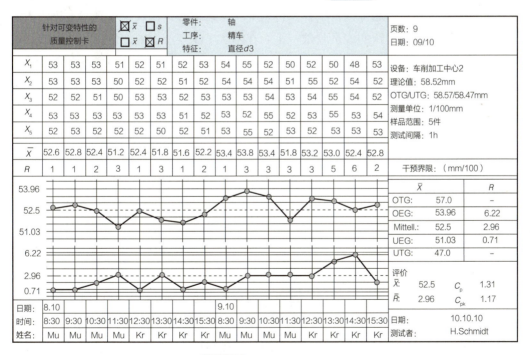

图 9-39　质量控制卡示例

注：来源于 Theden 2013。

9.5.4 头脑风暴

头脑风暴是一种简单的创意技巧,也是经典方法之一。它用于在短时间内收集、评价和结构化一个有主持人的小组内的想法和提出的解决方案。该小组的参与者不应超过 7 人,他们可以用新的想法相互激励。理想的情况是,该团队应该是跨学科的,即来自不同专业领域的工作人员。团队成员的所有建议必须明确地记录下来,让所有人都能看到,即必须有可视化的可能性。这可以是一块平板、投影仪或类似的东西。对于头脑风暴会议的理想运行过程,应该遵循一些规则。主持人要对其遵守情况负责:

- 不要批评想法
- 自由表达所有思想
- 想法的数量而不是质量是重点
- 现有的想法可以被接受和进一步使用

在团队聚在一起进行头脑风暴之前,应该明确要解决的问题。如果事先认识到问题非常复杂,就应该把问题分解成子问题。

为了保证每个人都有相同的知识水平,主持人在头脑风暴会议开始时,向所有参与者详细介绍问题,之后开始实际的头脑风暴环节。每个参与者的想法都会被记录下来,大家都能看到。在这个环节中,主持人要调动大家的积极性,对犹豫不决的人给予支持,并要求极为活跃的成员收敛一下。在团队工作停滞不前的情况下,主持人也应该介入,有可能从不同的角度启发解决问题的思路。主持人的另一项任务是让小组成员们始终牢记会议的目标,高效和有效地影响小组的工作流程。在所有的想法都被记录下来后,对它们进行整理和评价,以便有机会实现。这一阶段还需要所有参与者提出建设性的批评意见。

这个方法很简单,只需要主持人简单地培训一下参与者。头脑风暴一个很大的优势是所有参与者都能积极参与,这给我们带来了新的思维方式;缺点是可能会收集到大量的数据,而且在结构化上会出现困难。

9.5.5 石川图

石川图是 20 世纪 50 年代初由日本钢铁业的石川薰提出的,也称为鱼骨图或因果图,针对一个确定的问题收集原因,再将原因分为主因和次因,以帮助团队找到问题的真正原因。石川图用图形来表示,可以单独使用,主要用于改进流程和分析错误。

在确认了所有相关原因和有时候出现的次要原因后进行评价。例如,可以通过级数评价来确定哪些原因应该进一步追究。对于这些原因,要明确具体措施,明确责任人和时间期限。石川图中的原因可以自由选择，通常可分为以下几类：
- 人员（能力和行为）
- 机器（工具、设备）
- 方法（工作方法、流程、结构、工作环境）
- 材料（材料成分、原料、数据、信息）

根据问题的不同，也可以添加其他类别如：
- 共同环境（法律规定、客户行为、竞争对手）
- 管理（企业基本原则、战略决定）
- 测量（使用的测量设备、方法）

图 9-40 是石川图的一个例子。

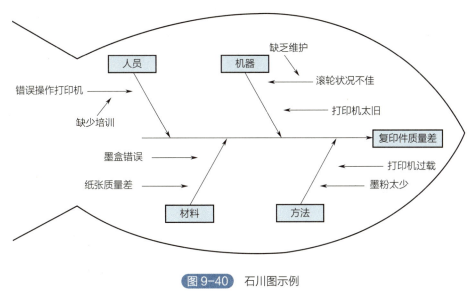

图 9-40　石川图示例

注：来自 Theden 2013 附件。

石川图利用思维导图的优势，使用头脑风暴来寻找原因。石川图是一种简单易学的方法，其图形展示的可能性给人留下深刻印象。

9.5.6　关联图

关联图是用来图形化地表示在同一观察对象上确定的两个特性之间的关系，也叫 $X-Y$ 图。特性 X 和 Y 被记录下来，相对应地记录 40~100 个值。在坐标系中，将原因输入 X 轴，将后果输入 Y 轴，形成所谓的点云。如果一对数值多次出现，则每次都用圆圈标记该点。通过记录的点画一条直线，然后再对其相关性进行评价。关联图只显示两个变量之间关系的强弱。

所得的点云用于解释图形。例如，正相关意味着 X 值增加与 Y 值增加相关。确定的点越接近直线，特性之间的相关性越强。图 9-41 显示了经常反复出现的关联模式。

该方法的优点是可以快速了解特性的相关性，并且可以方便地估计公差。不太有利的是，人工计算相关系数很费时，只能显示统计学上的相关性。

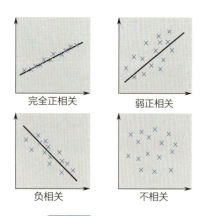

图 9-41　关联图示例

注：来源于 Theden 2013。

9.5.7　帕累托分析

维尔弗雷多·帕累托（Vilfredo Pareto，1848—1923 年）提出了这样的论点：所有可能的原因中，约 20% 的原因要对所有可能的问题中的约 80% 负责。根据这一论点，可以用帕累托分析法来作为解决大量问题的工作杠杆。帕累托分析也叫 ABC 分析，由此产生的帕累托图通过按数量顺序列出所想到的问题产生原因，使已确定的重点问题的原因可视化，选择对问题影响最大的原因进行分析。因此，在措施规划时，可以集中精力抓好要点。

首先，确定要解决的问题，可以采用头脑风暴法；之后，确定可能的错误产生的源头或原因的类别，并指定测量变量，例如，这些可以是错误的频率或成本。

帕累托分析图，也是所谓的帕累托图，是一种组合图。在 X 轴上输入错误类型，可以是原因、错误源或类别等，同时在主 Y 轴上输入绝对频率，在次 Y 轴上输入相对频率，单位为百分比（%），如图 9-42 所示。错误类型的当前值以柱状图显示，累计值以累计曲线显示。必须通过观察收集相关数据，例如通过缺陷收集表或评价其他文件来获得。

在图 9-42 所简单展示的例子中，利用错误收集表确定帕累托图的错误和相对频率，错误类

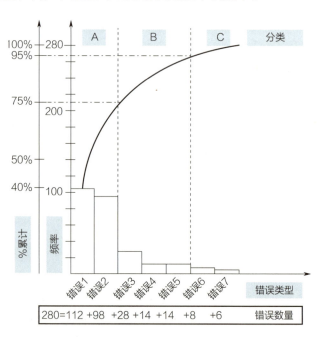

图 9-42　帕累托图示例

型按出现频率降序排列，然后根据相对频率创建一个条形图。累计百分比可以可选择地通过绘制第二平行垂直轴（Y轴）来显示，其数值为0~100%。陡峭的累积曲线可以得出结论：问题的原因只有几个；平坦的累积曲线则表明有许多权重相当的原因。

9.5.8 总结

质量管理的七大技术在实践中得到了验证，并得到了广泛的应用。它们主要用于分析计算，支持解决问题的过程。这些方法的最大优点是需要安装的设备工具资源极少，通常用"纸和笔"即可。此外，它们可以单独使用，也可以组合使用。

9.5.9 参考文献

Birkhahn, Andreas; Weiß, Cornelius: „Qualitätsmanagement Lieferanten im globalen Beschaffungsmarkt", in: Thomann, Hermann Josef (Hrsg.): Der Qualitätsmanagement-Berater – Prozessorientiertes Qualitätsmanagement in der betrieblichen Praxis, TÜV Media, Köln 2010

Brückner, Claudia: Qualitätsmanagement für die Automobilindustrie, Symposion Publishing, Düsseldorf 2009

Dietrich, Dr. Ing. Edgar: Wo liegen die Unterschiede? Vergleich von MSA und VDA-Band 5, QZ Jahrgang 56 (2011)

Ebeling, Jürgen: Die sieben elementaren Werkzeuge der Qualität. In: Kamiske, G. (Hrsg.): Unternehmenserfolg durch Excellence. Carl Hanser Verlag, München 2000

Excel4Managers: Pareto-Diagramm (Programmierung für Excel), http://www.excel4managers.de/index.php?page=pareto-diagramm

Kleindorf, Sophie; Schröder, Frank: Instrumente und Werkzeuge des Qualitätsmanagements in der betrieblichen Praxis, k.o.s GmbH, Berlin, 2015

Linß, Gerhard, Qualitätsmanagement für Ingenieure, 4., vollständig überarbeitete Auflage, Carl Hanser Verlag, München 2018

Lübbecke, Prof. Dr. Marco: „Netzplan", in: Gabler Wirtschaftslexikon: https://wirtschaftslexikon.gabler.de/definition/ netzplan-39521

Production Part Approval Process (PPAP): Verfahren zur Bemusterung und Serienfreigabe von Teilen, 4. Ausgabe 2006

Stausberg, Michael: QM-Methoden, WEKA Media, Kissing, Aktualisierung 2010

Theden, Philip; Colsman Hubertus: Qualitätstechniken, Werkzeuge zur Problemlösung und ständigen Verbesserung, 5. Auflage, Carl Hanser Verlag, München 2013

VDA-Band 2: Sicherung der Qualität von Lieferungen, 5. überarbeitete Auflage, November 2012

VDA-Band 4: Sicherung der Qualität in der Prozesslandschaft, 2. vollständig überarbeitete Auflage, 2010, aktualisiert 2011

VDA-Band 5: Prüfprozesseignung, Eignung von Messsystemen, Mess- und Prüfprozessen, erweiterte Messunsicherheit, Konformitätsbewertung, 2., vollständig überarbeitete Auflage, 2010, aktualisiert 2011

WEKA MEDIA: Schulungspaket QM-Prozesse optimieren–Methoden einführen–Kundenzufriedenheit erhöhen, Online-Anwendung, Stand August 2018

9.6 其他重要方法介绍

在质量管理中，使用了大量方法。本书由于篇幅所限不能一一讨论，不过，除了职权阐述的标准方法外，下面将对经常使用的其他方法进行概述。

9.6.1 故障树分析

故障树分析（FTA）的目的是获得系统或过程行为的可靠信息。这些信息是基于先前定义的故障，从而能够评价系统或过程的故障概率。故障树分析可以用来检查产品和生产过程。FTA 需要对整个系统和逻辑上的相互依赖关系都有很好的了解。

通过故障树分析可以对下列目标进行研究：

- 产品、系统和过程
- 服务或软件

FTA 可以分析可能产生重大影响的风险，例如在汽车行业的产品开发中对生命和健康的危害。该方法还可用于在开发阶段就预防性地找出故障原因，以避免在使用阶段出现故障。

同样，对于已经发生的错误，也可以分析其原因链，以防止未来的错误。这同样适用于系统可靠性的量化分析，以及已经知道故障概率的部件或子系统的整个系统的故障行为。

在故障树分析中系统相互关系、关键的系统组件和关键的运行状态都会被考虑。该方法以团队为单位进行。故障树分析的作用是识别和建立原因和相互影响关系。因此，所有可能导致定义错误的组合可能性被作为结果展示。故障树分析是风险分析的系列方法中的一个，并在 DIN 25424 中进行了详细描述。

它还有下列两点优势：

- 可以以图形的方式进行编制处理。这意味着，即使没有什么专业知识，也能记录下错误原因的相互关系。
- 该方法也可用于将复杂系统进行系统地细分和分析

缺点是方法费力、复杂的多方面视角。在复杂的系统中，会产生大量的故障树。

此外，必须为每个故障创建单独的故障树。更多的弊端是由于人为的错误无法测量，永远无法确定所有的因果关系。

在故障树分析的前期，要对系统或过程进行详细分析。通过应用其他方法，如头脑风暴或书面头脑风暴，确定可能导致定义错误的失效可能性与该错误的关系。故障分析可以是质量上的，也可以是数量上的。故障树分析的程序通常分七个步骤进行。图 9-43 对各个阶段进行了展示。

阶段 1：系统分析

在系统分析中，首先要对系统的每一个组成部分进行单独研究，展示其功能、描述其目标。这一阶段的目的是让团队获得对要考虑的产品或工艺技术系统的精确知识。

系统分析的两个主要步骤是建立组件树和描述系统的组织和行为。

阶段 2：故障树创建

描述系统的安全性和运行情况。对不希望发生的事件有明确的失效标准。通过对不希望发生的事件的界定，确定故障树分析的深度和范围。必须确保不希望发生的事件被量化。为此，除了一定的可靠性参数外，还必须确定相关的时间间隔。通常，一年内不希望发生事件的频率参数用于此目的。然后必须确定各个组件的失效类型。系统分析的结果以及 FMEA 等其他风险分析的信息都可以作为信息使用。

图 9-43　故障树（FTA）流程

应该注意的是，各个失效类型进行了更详细的描述。有以下三种失效类型：

- 一级故障：在允许的使用条件下发生故障
- 指令故障：所有零部件功能齐全，失效的原因是外部电气脉冲类或辅助工具故障
- 二级故障：在不允许的使用条件下发生故障，触发因素可以是改变的使用或环境条件

原发性一级故障不需要进一步调查，因为它是由固有的弱点引起的。相反，必须调查指令以及二次故障产生的原因。

在做完这些准备工作后，就可以根据不希望发生的事件建立故障树。故障树是以逻辑图的形式对被调查系统进行的图形化展示。需要区分两大类符号：

- 特殊活动（事件）
- 逻辑关联（门）

在实践中，使用不同的符号，如图 9-44 所示。在任何情况下，所有的符号都可以像表 9-21 那样进行特性描述。

为了说明这一点，图 9-45 显示了一个简单的故障树的例子，其中使用了一些图 9-44 所示的符号。在实践中，有专门的软件工具作为复杂系统中故障树展示的辅助工具。

门		事件	
and	与门	○	基本事件
or	或门	◇	未调查事件
△	输入门	⌂	小房子
▽	输出门	▭	故障事件

图 9-44 故障树分析用到的符号

注：来源于 www.risikomanager.org。

表 9-21 故障树分析的符号（基于 www.risikomanager.org/?page_id=602）

符号名称	说明
基本事件	不再进一步受到调查的事件。它们出现的概率是已知的
未调查事件	这些事件无法进一步划分，原因可能是数据缺少或者没有拆分的必要
小房子	原则上，这些事件不是错误的来源，是在正常运行过程中可以发生的。但是也可以将这些结合其他事件视为错误的原因
故障事件	这些事件可以使用逻辑关联从上到下进一步细分
与门	所有输入事件必须满足条件，这样输出事件就能够满足条件
或门	必须满足一个或多个事件才能执行输出事件
输入门/输出门	使用传输门可以将故障树从不同角度分成不同的子树，每个子树可以各自独立地被分析，进而达到分析一个复杂系统的目的

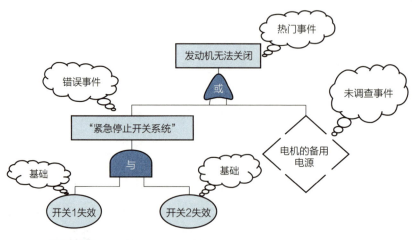

图 9-45 故障树展示示例（来源：www.risikomanager.org）

阶段 3：故障树评价

第三阶段是对故障树进行评价。应用到两种类型：

• 在数量分析中，根据主要部件故障发生的概率计算出整个系统 / 产品相应的可靠性特性。这种分析应使用计算机辅助系统进行

• 在质量分析中，只考虑故障树的结构，并根据关联类型得出各个事件的结论。只确定那些直接导致不希望发生事件的故障，不包含任何其他故障组合，这称为最小单元，是按照包含最少故障数量而进行挑选的并且随后被放到序列里面的。含有最少故障次数的最小单元为最高等级。这是基于这样的假设：当可能的故障数量减少时，不希望发生的事件发生的概率会增加

故障树分析的应用是复杂的，但由于其逻辑性和易懂的系统性，可以及早发现错误，并对已经发生的错误进行分类。该方法可以确定所有潜在的故障组合，并对其进行数量上和质量上的评价。

9.6.2 质量功能开发（QFD）

QFD 是一种以客户为导向的方法，通过跨职能的团队合作，更好地开发、制造和销售产品。

术语 QFD 是从日语翻译过来的（有点误导）。按照日语的理解，QFD 由两个方面组成：不仅通过公司内部过程来确保质量要求的达成，而且也通过对所要求的产品特性的自我审视 / 考量来实现质量要求。

QFD 的基本规则是在产品开发的每一个阶段都给予"客户要求"高于"实现愿望"的优先权。起决定性作用的不是技术上如何实现，而是是否和如何满足客户的要求和愿望。

QFD 主要用于产品开发和改进，目的是在产品、过程或服务开发所涉及的所有部门和领域之间建立最佳沟通。QFD 仅限于从客户的角度出发，即事实上确实相关的功能和使用服务范围。此外，如果以客户要求和竞争形势状况为导向，开发时间将会明显缩短。应用该方法，实现了完全以客户为中心的开发，实现了客户所希望的功能和其他要求，因此成功创造了更高的客户收益，从而带来了客户满意度的提高。

QFD 的好处是，让众多员工参与其中，增加了公司的团队合作；经验被收集和积累，大家都可以使用；缩短开发时间可以看出很多好处。但是，使用该方法需要花费大量精力；客户要求的确定会产生大量数据，如果没有电子数据处理辅助手段，则无法处理这些数据。"该方法分为几个连续的阶段，这些阶段用称为质量屋的矩阵来表示。一个阶段的结果直接形成下一阶段的输入，这样就形成了一个矩阵链，代表了完整的产品创造过程。"（来源：Knorr, C; Friedrich, A.:QFD）

为了确定 QFD 各开发步骤的客户和市场导向目标，可创建并组合不同的质量表格和质量矩阵。质量表格服务于目标确定过程，进行全面概述的记录，促进跨学科团队的合作。对于 QFD 方法来说，起决定性的是将要求 (WHAT) 和具体解决方案的可能性 (HOW) 严格分开。

在整个开发过程中，这就形成了一个完整的表格和评价网格。因为与建筑物的外观相类似，该构想结构也称为质量屋（图 9-46），它由六个阶段组成。

在 Friedrich 和 Knorr 的《质量功能开发》一书中，可以找到一个非常方便实用的运行程序方法，QFD 程序包括图 9-47 所示基本步骤。

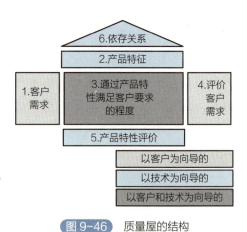

图 9-46　质量屋的结构

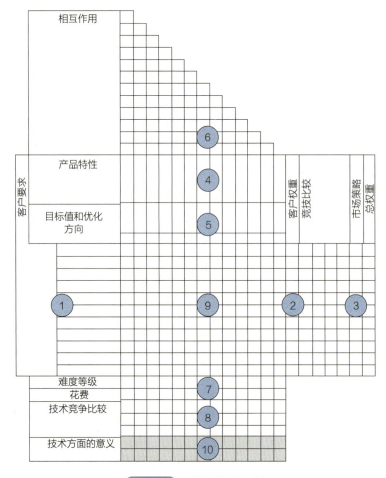

图 9-47　质量屋矩阵示例

9.6.2.1 市场参数的考虑

第 1 步：确定和评价客户要求

客户需求数据是通过市场调研和客户调查收集的。在这一步骤中，所有对客户重要的特性都被确定下来。

客户要求可以通过直接询问客户（归纳法）或已有数据（演绎推论法）来确定，将客户要求进行记录、整理，并录入矩阵，通过把客户意愿结构化而转化为客户要求。

为此，将各个客户的要求按内容进行结构化，并按主题进行分组（表 9-22）。

表 9-22　以汽车内后视镜为例确定客户要求

分组	客户意见	客户收益	客户要求
设计	外观现代化	与汽车内饰的细微融合	外形美观
			颜色与内饰搭配
可操作性	简单操作	更换驾驶员时无须重新调节	自动调节
			记忆效应

第 2 步：客户要求的权重

客户要求的权重可以在团队中通过两两比较（图 9-48）或直接与客户进行比较来获得，总是只有两个要求相互比较。对两两比较的评价以数字形式输入矩阵，对此采用不同的评价尺度，最常见的有以下三种：

- 2：要求 A 比要求 B 更重要
- 1：要求 A 与要求 B 同等重要
- 0：要求 A 不如要求 B 重要

变量比较展示	外形美观	颜色与内饰搭配	可自动调节	记忆效应	……	总数	百分比	排名
外形美观		2	2	2		6	33.33	1
颜色与内饰搭配	1		1	2		4	22.22	3
可自动调节	2	1		2		5	27.78	2
记忆效应	0	2	1			3	16.67	4
……								
总数						18	100.00	

图 9-48　对客户要求的成对比较

第 3 步：从客户的角度分析竞争者在满足要求方面的情况

在这一步骤中，要与最重要的竞争对手进行内部比较。如果企业已经生产了类似的产品，那么就应该在此基础上对最重要的竞争对手进行比较。

这种比较应该从客户的角度出发。如果不可能由客户直接评价，则应通过市场调查收集数据。将自己的产品与竞争对手的产品进行比较，被对比的产品应该是满足要求的同一类产品。如果一个或多个竞争对手能更好地满足客户要求，那么这些都是自己产品的薄弱环节，应该作为改进的机会。

通过对竞争对手产品的客观测量或分析得出的结果为数值，这个数值是自己的产品与竞争对手的产品对客户需求的满足程度的对比值（图9-49）。

分组	重要客户特性	相对意义	客户评价 1 2 3 4 5
设计	外形美观	6	
设计	颜色与内饰搭配	4	
可操作性	可自动调节	5	
可操作性	记忆效应	3	

图 9-49　竞争产品对比展示

9.6.2.2　确定技术参数

第 4 步：技术功能的推导

确定的客户愿望被转化为技术规格。这里重要的是必须注意可测量的特性。在这一步骤中，得到一些适合满足客户要求的产品特性的数量。

还有一些其他的方法也可以用来确定产品的特征，如：

- 头脑风暴法
- 直观可视化的思维导图
- 形态箱
- TRIZ

第 5 步：确定目标值和优化方向

在这一步骤中，为每个产品特性定义测量值和目标值，根据技术特性对满足客户要求的重要性进行评价（表9-23）。

表 9-23　测量值和目标值

产品特性	测量值	目标值	优化方向
外形美观	对外形的定义	长度、宽度、高度	<（特性值最小值）
颜色与内饰搭配	对颜色的定义	白、黑、米色、灰色	O（正好满足目标值）
可自动调节	噪声	X（dB）	>（特性值最大值）

必须注意确保：
- 测量值是明确的、可追溯的
- 目标值明确、可量化和可实现
- 测量值和目标值是可以被检查的

第6步：确定相互作用

一旦收集完产品特性，就会发现其中一些特性是相互影响的，这种影响可能是积极的，也可能是消极的，可以在质量屋屋顶上体现出来。这样一来，哪些功能相互支持、哪些功能相互冲突就一目了然了。

标识通过定义的符号来完成，使用哪些符号仍然可以自由选取。例如，强烈的正向交互作用可以用"++"输入矩阵，也可以用圆圈输入，稍微正向的用"+"输入；同样，消极作用用减号表示。从这一评价中可以看出，哪些产品特性应该最小化、哪些应该最大化。如果没有交互作用，则该字段为空白。

第7步：确定执行的困难程度和费用

在本步骤中展示了实现产品特性的难易程度和开发费用。

在大多数情况下采用1~5的数值来评价，其中，1表示执行非常简单或成本低，5表示难以执行或成本高(图9-50)。

一般来说，三个步骤就够了：
- 1：容易实施/极少的努力成本
- 3：可执行，但有限制/更多努力成本
- 5：执行困难/成本高

	外形美观	颜色与内饰搭配	可自动调节	记忆效应
困难程度	1	3	5	5
费用	1	1	3	5

图9-50 确定困难程度和费用

第8步：从制造商的角度分析技术特性的竞争性和意义

在这一步骤中与竞争对手进行技术上的比较。程序与步骤3基本相同，但通常会再次使用1~5的评价数值。

第9步：建立客户要求与产品特性之间的关系

这一步是质量屋矩阵填充中最重要的一点。在这里，每一个产品特性都会与其他产品进行比较。在实践中，使用1~9的数值范围被证明是合理且成功的："1"对满足客户要求的贡献较弱，"3"对满足客户要求的贡献中等，"9"对满足客户要求的贡献较大。

第 10 步：评价产品特性的技术意义

最后一步是评价各个产品特性的技术意义，按照步骤 3 的相同规则进行比较。

为此，将产品特性的各个关系乘以权重，然后再进行产品叠加。所有的产品特性都必须重复上述操作。与客户角度权重相乘，得到客户角度的技术意义，再与制造商角度权重相乘，得到总意义（图 9-51）。

客户要求 \ 产品特性	明亮的灯光	集中的灯光束	低能耗	市场上常见的电池、充电器	手可以方便地到达开关	紧凑的形式	不参与调整的外壳体	重量	防水外壳体	防尘外壳体	外壳体颜色可自由配置	磁吸式固定的可能性	自锁式固定的可能性	客户权重	总权重
操作简单	9	9												10	15,0
极少出现的电池内阻			9											7	8,4
使用寿命长			3						3	9				2	2,0
开/关机简单					9									4	4,0
电池更换简单				9			1					3		4	7,2
固定方式简单						3	3	9				3	9	9	16,2
照明随意使用						1	9	3				9		6	10,8
有得体的外形						3					1			1	3,0
颜色匹配											9			2	3,0
所有的场合都可以使用	9	3		3	3	3	1	9	3				3	7	7,0
便于装配	3	9			3	1	3	9				1	9	9	16,2
技术条件（客户）标准	180 / 9	192 / 10	69 / 4	36 / 2	84 / 4	66 / 3	129 / 7	191 / 10	69 / 4	39 / 2	19 / 1	102 / 6	183 / 10		
技术条件（总）标准	247 / 7	302 / 9	82 / 2	65 / 2	106 / 3	106 / 3	215 / 6	338 / 10	69 / 2	39 / 1	30 / 1	184 / 6	313 / 10		

图 9-51 第 9 步和第 10 步示例

注：来源于 Knorr, Friedrich：QFD，第 129 页。

在 QFD 的第一阶段，对产品特性进行了定义，现在，这些特性必须转移到草案中。

整个 QFD 方法分为四个发展阶段（图 9-52），每个阶段都必须建立一个单独的质量屋。在完成产品规划的质量屋后，可以创建如下要素的质量屋：

- 组成部分
- 过程
- 生产规划

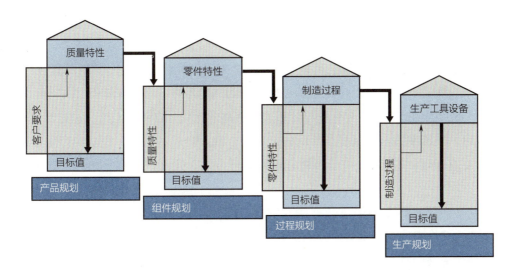

图 9-52　QFD 的阶段划分

第一阶段（产品规划）识别确定关键质量特性，并将其纳入组件规划阶段。在这一阶段，关键质量特性再次得到具体化。这些构成了第三阶段（过程规划）的基础。因此，作为结果可以得到包含所有相关参数的工艺过程和检验流程计划。此外，在此阶段还要确定关键工艺过程特性。在最后一个阶段（生产规划），根据确定的关键工艺特性以及工艺过程和检验流程计划，确定工作和检测指导书。

QFD 作为一种沟通、信息、计划和分析工具，使客户的愿望和竞争状况清晰可见。此外，它还通过结构化的流程，缩短了产品和生产工艺开发的时间并降低了成本。

9.6.3　TRIZ

TRIZ 是一种哲学，一种思维方式，一种方法和辅助工具的集合。TRIZ 一词来自俄语，翻译成中文的意思是"发明式的问题解决理论"。1946 年前后，Genrich Saulowitsch Altschuller、Rafael Borissowitsch Shapiro 和 Dimitri Kabanov 等人在查看了许多专利说明书的基础上提出了该概念。

借助 TRIZ 可以解决技术和科学研究上的问题以及克服思维上的障碍。其基本核心思想在于创新发展过程和找到新想法过程的结构化。TRIZ 的意义在于，当达到所谓的"理想机器状态"时，就存在一个理想的解决方案。这个机器必须满足解决方案的所有要求，不受任何限制。

TRIZ 是一个非常广泛全面的工具，在本书中只给出一个简单介绍，更多信息可在参考文献中找到。

TRIZ 的基础是认识到正在研究的技术问题很可能已经在其他关系场合或其他学科领域中被多次处理过,要做到这一点,必须将其转化为抽象的形式,这样才能使用各种 TRIZ 工具解决核心问题。可以引用 ARIZ 77 等现代工具方法,其中创新检查表作为工作步骤的系统序列,40 条创新原则等作为 ARIZ 的系统分析部分。

为了成功应用 TRIZ,所有参与者必须能够高效地使用 TRIZ 工具,这需要很高的培训费用。熟练掌握该方法是很耗时的。不过,随着经验的增加,想法的产生过程会更快、更有条理。TRIZ 提供了一种有效的运行方法,用于产品和工艺开发,例如应用在:

- 技术问题的解决方案
- 开发具有高度创新性的新产品或新工艺
- 评价专利和技术
- 战略性产品和工艺策划

TRIZ 方法通常包括以下步骤:

- 问题分析:对当前问题的描述和分析
- 问题的抽象化:通过将问题分解为抽象的组件并将其从专业特定领域的细节中脱离出来进行问题模型化表述
- 构建类比和找到新想法:抽象问题模型被与类似问题有目的地进行对比展示
- 问题解决方案的知识积累:类似的解决方案用来为原问题的解决提供思路来源

图 9-53 描述了 TRIZ 的基本运行方式。

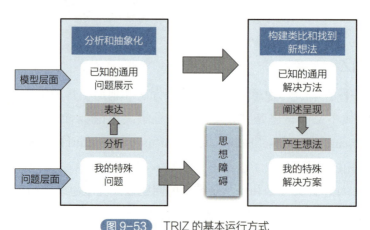

图 9-53　TRIZ 的基本运行方式

注:来源于 Hentschel, 2010。

为了能够切实有效并且高效地执行这些步骤,TRIZ 提供了可以根据需要使用的方法工具。TRIZ 的创新工具可以分为四类,包括从系统性、知识性、类推性等领域的工具，到确定愿景的各类工具都有。系统性工具支持问题的分析和结构化，而基于知识性的工具则提供了从不同学科领域获取知识的途径。

TRIZ 不包含任何评价程序，因此，它适合多种方法混合使用的情况。为了找到解决的方法，往往用类似的问题作为比较，进行类推解决，即从类似的问题中已经获得了解决办法。

TRIZ 的矛盾矩阵是基于基本假设，即所有可能的技术和物理要求都可以归结为 39 个参数，通过对这些参数之间的矛盾组合进行优化，可以产生 40 多个创新原则。

在 Robert Adunka 博士的一个展示文稿中可以找到许多关于 40 个创新原则的例子（40 个创新基本原则）。

下面以矛盾矩阵为例，介绍一个解决方案的例子。Altschuller 定义了例如重量和速度等参数，并在矛盾矩阵中进行比较展示。TRIZ 矛盾矩阵是一个已知的解决方法或能克服矛盾的原则的数据库。

在参数的交汇处，列出了过去已经由此得出解决方案的相关基本原则（40 个 TRIZ 创新基本原则）。

然而，矩阵中也有空字段区域，因为尽管已经从数以万计的发明中解决了矛盾，但依然还是没有足够的结果为每个矛盾提供有意义的解决方案。下面的例子（基于 Patra，矛盾矩阵）解释了这一运行程序。这里有一个技术问题，如果发动机动力变强了，汽车虽然可以开得更快，但是油耗量也更大了。现在在矩阵中选择相关参数，确定接口（图 9-54）。

人们可以得到：
- 改善参数 9= 速度
- 恶化参数 19= 运动物体的能量消耗

➡ 工作辅助：TRIZ 矛盾矩阵。

在各自的交叉点（恶化 / 改善的参数），以下列举的创新基本原则被建议，其中包含现有解决方案的可能性（基于：www.triz-online.de/www.c4pi.de，Patra：矛盾矩阵，Graf-Müller：40 个创新原则列表）。

原则举例：改善参数 9= 速度，恶化参数 19= 运动物体的能量消耗。

原则 8：重量补偿

1）物体的重量可以通过将其与另一个具有相应承载能力的物体耦合来补偿。

2）物体的重量可以通过空气动力或液压力来补偿。

原则 15：适应和动态化

3）系统应随时适应当前的条件。

矛盾矩阵

目标：克服技术系统中的矛盾和产生解决方案的想法

39个参数

恶化的参数 → 被优化的参数 ↓	1 运动物体的重量	2 静止物体的重量	3 运动物体的长度	4 静止物体的长度	5 运动物体的面积	6 静止物体的面积	7 运动物体的体积	8 静止物体的体积	9 速度	10 力	11 压力、张力	12 外形	13 物体的稳定性	14 牢固度、应力强度	15 运动物体的耐久性	16 静止物体的耐久性	17 温度	18 亮度	19 运动物体的能量消耗	20 静止物体的能量消耗	21 功率	22 能量损耗
1 运动物体的重量			15,8, 29,34		29,17, 38,34		29,2, 40,28		2,8,15, 38	8,10, 18,37	10,36, 37,40	10,14, 35,40	1,35, 19,39	28,27, 18,40	5,34, 31,35		6,29,4, 38	19,1,32	35,12, 34,31		12,36, 18,31	6,2,3, 19
2 静止物体的重量				10,1, 29,35		35,30, 13,2		5,35, 14,2		8,10, 19,35	13,29, 10,18	13,10, 29,14	26,39, 1,40	28,2, 10,27		2,27, 19,6	28,19, 32,22	19,32, 35		18,19, 28,1	15,19, 18,15	18,19, 28,15
3 运动物体的长度	8,15, 29,34				15,17,4		7,17,4, 35		13,4,8	17,10,4	1,8,35	1,8,10, 29	1,8,15, 34	8,35, 29,34	19		10,15, 19	32	8,35,24		1,35	7,2,35, 39
4 静止物体的长度		35,28, 40,29			17,7, 10,40	35,8, 2,14			28,10	1,14,35	13,14, 15,7	39,37, 35	15,14, 28,26			3,35, 38,18	3,25			12,8	8,28
5 运动物体的面积	2,17, 29,4		14,15, 18,4				7,14 17,4		29,30, 4,34	19,30, 35,2	10,15, 36,28	5,34, 29,4	11,2, 13,29	3,15, 40,14	6,3	2,10, 19,30	2,15,16	15,32, 19,13	19,32		19,10, 32,18	15,17, 30,25
6 静止物体的面积		30,2, 14,18		26,7,9 39						1,18, 35,36	10,15, 36,37		2,38	40		2,10, 19,30	35,39, 38				17,32	17,7,3
7 运动物体的体积	2,26, 29,40		1,7,4, 36		1,7,4, 17				29,4, 38,34	15,35, 36,37	6,35, 36,37	1,15, 29,4	28,10, 1,39	9,14, 15,7	6,35,4		34,39, 10,18	2,13,10	35		35,6, 13,18	7,15, 13,16
8 静止物体的体积		35,10, 19,14	19,14	35,8,2 14						2,18,37	24,25	7,2,35	34,28, 35,40	9,14, 17,15		35,34 38	35,6,4				30,6	
9 速度	2,28, 13,38		13,14,8		29,30, 34		7,29,34			13,28, 15,19	6,18, 38,40	35,15, 18,34	28,33, 1,18	8,3, 26,14	3,19, 35,5		28,30, 36,2	10,13, 19	8,15, 35,38		19,35, 38,2	14,20, 19,35
10 力	8,1,37, 18	18,13, 1,28	17,19, 8,30	28,10	19,10, 15	1,18, 36,37	15,9, 12,37	2,36, 18,37	13,28, 15,12		18,21, 11	10,36, 37,4	8,10, 18,37	10,36, 14,3	19,2		35,10, 21		19,17, 10	1,16, 36,37	19,35, 18,37	14,15
11 压力、张力	10,36, 37,40	13,29, 10,18	35,10 36	35,1, 14,16	10,15, 36,28	10,15, 35,37	6,35,10	35,24	6,35,36	36,35, 21		35,4, 15,10	35,33, 2,40	9,18,3, 27	19,3,27	35,39, 19,2	35,39	14,24, 10,37		10,35, 14	
12 外形	8,10, 29,40	15,10, 26,3	29,34, 5,4	13,14, 10,7	5,34,4, 10		14,4, 15,22	7,2,35	35,15, 34,18	35,10, 37,40	34,15, 10,14		33,1, 18,4	30,14, 10,40	14,26, 9,25		22,14 19,32	13,15, 32	2,6,34, 14		4,8,2	14
13 物体的稳定性	21,35, 2,39	26,39, 1,40	13,15, 1,28	37	2,11,13	39	28,10 19,39	34,28, 35,40	33,15, 28,18	10,35, 21,16	2,35,40	22,1, 18,4		17,9,15	13,27, 10,35	39,3, 35,23	35,1,32	32,3, 27,16	13,19	27,4 29,18	32,35, 27,31	14,2, 39,6
14 牢固度、应力强度	1,8,40, 15	40,26, 27,1	1,15,8, 35	15,14, 28,26	3,34, 40,29	9,40,28	10,15, 14,7	9,14, 17,15	8,13, 26,14	10,18, 3,14	10,3, 18,40	10,30, 35,40	13,17, 35		27,3,26		30,10, 40	35,19	19,35, 10	35	10,26, 35,28	35

图 9-54　TRIZ 矛盾矩阵

注：来源于 innovations-wissen.de。

4）技术系统的参数应能随之改变。

原则 35：集合状态的变化

5）简单的过渡，如从固态到液态的过渡。

6）向"假状态或准状态"过渡，如准液体状态。

7）向中间状态的过渡，例如使用弹性固体。

原则 38：使用强氧化剂

8）普通大气空气必须由活性空气取代。

9）活性空气必须由氧气取代。

10）空气或氧气必须在电离辐射影响作用下。

11）必须使用含臭氧的氧气。

12）臭氧特性氧气或电离特性氧气必须用臭氧替代。

TRIZ 是一个强大的工具箱，用户需要时间才能逐渐掌握使用。同时，这些工具已经在各种软件工具中得到了实现，并不断得到进一步的发展。

9.6.4 Poka-Yoke（波卡纠偏）

这种方法是特别针对人们在生产过程中可能出现的无意识错误，其目的是为了防止错误动作引起的产品缺陷。Poka-Yoke（波卡纠偏）最初来自生产，因此其重点是制造工艺。不过，如今已经有针对服务商和客户的 Poka-Yoke，如果是源于服务商的错误，就是服务器 Poka-Yoke；如果是源于客户的错误，就是客户 Poka-Yoke。

日文中的 Poka-Yoke 一般翻译为避免（yokura）和意外错误（poka）。这个方法由 Shigeo Shingo（新乡重雄）创建，是丰田生产系统的方法。

Poka-Yoke 描述了一个由几个要素组成的原则，其中包括防止错误或立即发现错误的技术防范措施和设备。适当的技术措施是为了防止或减少在人 – 工艺过程界面上的人为错误，从而不生产出有缺陷的产品。这些涉及的都是预防措施和简单的技术系统，其目的是发现错误行为或潜在的错误源，以便在错误发生之前采取纠正措施。

这意味着通过避免下列潜在的错误源而达到 100% 的质量要求：

- 装错
- 遗忘
- 混淆
- 误解
- 误读
- 误操作
- ……

这样既可以达到数量上的结果要求，也可以达到质量上的结果要求（图9-55）。

为了在发现缺陷后能够排除进一步发生缺陷的可能性，波卡纠偏总是与检查方法一起使用。只有将这两种方法结合起来，才有可能有效地消除缺陷，因为要考虑工艺过程中的错误行为与产品缺陷之间的整个因果链，从而找到并消除实际的缺陷原因。这样一来，在防错方面就能有效防止错误的重复发生。

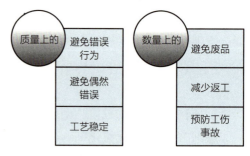

图9-55　Poka-Yoke（波卡纠偏）中可获得的结果示例

波卡纠偏的解决方案基本上建立在以下三种机制的基础上：

- 检查方法：检查错误行为

何处、何时能发现错误行为？

- 触发机制：识别错误行为

如何识别不当行为？

- 控制机制：错误行为被作为知识传递

如何向员工沟通有关错误行为的信息？

表9-24更详细地解释了这三种机制：

- 测试方法描述了发现错误或原因的地点和时间

问题：何时、何地缺陷被发现？

- 触发功能描述的特性是缺陷特性的基础

问题：缺陷是什么？

- 控制功能描述了如何对缺陷或错误行为做出反应

问题：如何消除错误？

表9-24　波卡纠偏系统矩阵

检查方法	触发机制	控制机制
检查错误源：预防可能导致错误操作行为的原因	接触法：可以通过几何尺寸和物理量识别错误	干预方法：关闭机器或结束当前过程
直接反馈式检查：自我检测，可以直接改正	恒定值方法：基于工作步骤数量能识别错误	警告方法：在发生错误时发出警告，例如通过信号发出警告
间接反馈式检查：由于是后续工序进行的检查，错误不会被传递到后续工作步骤中	分步方法：在工作步骤的标准流程中识别错误	

注：来源于TQU国际有限公司。

根据错误行为发生的时间点不同，波卡纠偏的运行方式也不同。以过去为导向的方法考虑的是已经知道的错误和错误行为。该错误是在最终产品中或在随后的某个工艺过程步骤中被发现的。从发现缺陷的地方到缺陷产生的地方，对各个工艺步骤进行追溯。以当前为导向的方法处理的是可能的缺陷，这些错误还没有被发现识别，其目的是发现单个工艺步骤或产品中可能存在的错误。以未来为导向的系统是基于早期产品的错误而获得的经验，并试图在新的开发中排除这些错误。

波卡纠偏可以作为一个项目进行，也可以作为其他方法实施的一部分，如FMEA。

波卡纠偏的应用分为以下几个步骤：

1）分析问题
2）探索解决问题的可能性并制订解决方案
3）实施解决方案

第1步：分析问题

分析问题可以通过现场实际过程检查来完成。这就需要仔细观察过程和过程中员工的互动。

在这种情况下，波卡纠偏检查表非常有用（图9-56）。

➲ 工作辅助：波卡纠偏检查表。

工作步骤/操作	是	否	不相关
1. 有可能遗漏/遗忘吗？	□	□	□
2. 有可能重复很多遍/重复次数不够吗？	□	□	□
3. 有顺序错误的可能吗？	□	□	□
4. 工作执行有可能太早/太晚吗？	□	□	□
5. 未经授权的工作执行可能吗？	□	□	□
6. 有可能选错（零件、工具、清单）吗？	□	□	□
7. 有可能数错（数量、材料）吗？	□	□	□
8. 是否可能进行错误识别（读取/读数、识别损坏、质量状态）？	□	□	□
9. 有可能存在没有注意到的危险吗？	□	□	□
10. 保持状态时是否可能出错（对准零件/材料、保持工具在指定状态、放置、填写表格）？	□	□	□
11. 是否可能出现定位错误（对准零件/材料、保持工具在指定状态、放置、填写表格）？	□	□	□
12. 执行运动的方向是否可能出错？	□	□	□
13. 工作执行期间是否可能出现数量错误？	□	□	□
14. 固定时是否可能出错？	□	□	□
15. 是否有可能产生碰撞？	□	□	□
16. ……	□	□	□

图9-56 波卡纠偏检查表示例

注：Sondermann, Peter Jochen：《QM方法手册（Hrsg. Gerd F. Kamiske）》中的《波卡纠偏》，第二次更新和扩展版，Hanser Verlag，München，2015。

第 2 步：探索解决问题的可能性并制订解决方案

这一步最好是在多学科团队中进行，这样能产生尽可能多的想法。本阶段应用波卡纠偏的三种机制（表 9-24）。这些机制的意义在于，识别的错误行为不会转化成错误。

重要的是要准确描述识别到的错误和潜在的错误操作行为。需要注意的是，并不是每一个错误都是由于人为错误造成的。FMEA 和石川图等方法适合进行原因分析。

可以利用头脑风暴等方法来产生创新的想法。TRIZ 也可以用于处理更复杂的问题。解决问题可能性的开发最初是纯粹的想法收集，因此在这个阶段不应该进行评价。只有在确定了所有的解决问题可能性之后，才能进行评估。评估时应考虑图 9-57 所示的各个方面。

在确定优先级和选定解决方案后，实施阶段就开始了。

图 9-57 评估解决问题的可能性应考虑的各个方面

第 3 步：实施解决方案

波卡纠偏最好是在产品和工艺过程开发阶段进行，该方法应用得越晚，解决方案越不经济。

9.6.5 5S

5S 是一种提高员工敏感度意识的方法。该方法是重新计划和改善清洁、安全和标准化工作场所的五步运行流程。使用 5S 的目的是减少非增值活动和浪费。

在员工层面，员工识别其工作环境中的浪费，并通过适当的措施减少这些浪费。这种方法是 Kaizen 理念的重要组成部分之一，其目的是使公司的工作流程保持精益化。

5S 的目的是不断改善员工工作场所的秩序和清洁度，从而从一开始就避免错误和浪费的发生。

5S 按照五个步骤进行（图 9-58）。

- SEIRI：整理
- SEITON：整顿，有秩序地、系统地放置
- SEISO：营造清洁有序的环境

- SEIKETSO：规范，清洁化
- SHITSUKE：自律和持续改进，养成好习惯

按照物料流向，一步步对待优化区域进行系统分析。有可能的偏差点，直接与员工现场讨论。不需要的物品会被标记出来，然后再决定需要或不需要什么。如果不能做标记，也可以用照片的方式，目的是将一切不需要的东西从工作场所中移除。

5S 处理的工作场所具有以下特点：

- 效率高和经济性好
- 最高质量
- 符合人机工程
- 秩序和清洁
- 工作安全

这种方法的一个优点是，5S 实施始于由员工自己定期举行的研讨会。为此公司必须为这种方法的有效应用创造前提条件：

- 懂方法、能执行领导任务的有资质的员工
  - 确保参与员工的时间资源
  - 标准化的工作设备
  - 检查这些措施的执行情况
  - 员工必须熟悉过程的相互关系

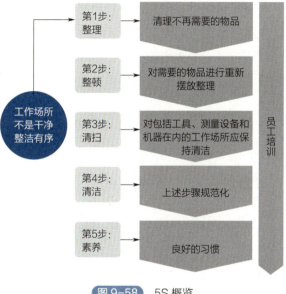

图 9-58　5S 概览

注：来自 Kranfeld, Anja《QM 方法的实际应用》的附件。

5S 能够一直鼓励员工发挥自己的主观能动性和个人责任心。

该方法乍一看很简单，但它需要很好的准备，最重要的是要有连续性。应该选一名员工作为 5S 代表，担负起领导责任。这名员工应该是一个受大家尊重的、能激励大家的员工。应将该方法的应用作为一个项目来对待，并按照工作领域组建团队。

 提示　5S 既可用于生产，也可用于管理。

第 1 步，向各个团队成员说明项目的理论背景和目标。班组会议、公司全员大会或任何其他预定的会议都适用于这一目的。

第 2 步，对工作区域进行现场走访，重点是引导出清洁、秩序、安全和标准化方面的优化措施。然后在固定时间点陆续实施这五个步骤。在德国，5S 也称为 5A 法。

在整理环节，所有目前正在进行的活动不需要的物品都要移走，可能会扔掉，或者放回规定它们应该在的地方。这些物品可以是测量设备、工具、表格、其他文件或私人物品。这意味着只有真正需要的东西才会留在工作区域内。

整顿环节是确保工作场所一切整洁和标识清晰的基础。留在工作场所的所有工具、文件、料架等，都是以随时可以供使用的最佳方式摆放的。

工作场所的清洁行动在第 3 步中进行。在这里，工作岗位和机器应该由员工自己清洁，以便立即识别出明显的异常和错误。

必须定期进行整理、整顿和清洁，这些步骤必须成为规则。通过制订时间间隔和记录执行情况（例如在清洁计划中）来支持形成规则。

所有既定的规则都必须被遵守，从而成为标准：自觉遵守所有规则和改进。这意味着，将从项目中获得的经验转化为固定的要求，在例如过程描述、工作指导或其他准则中加以规定。最重要的是保持连续性。可以通过 5S 审核或清洁度和程序审核来支持目标达成。

表 9-25 是 5S 审核表，可作为工作辅助工具，并可按照公司实际情况进行调整。

➲ 工作辅助：5S 审核表。

表 9-25　5S 审核表（节选）

序号	主题	目标状态	不相关	0	4	6	8	10	确定的偏差
1	行车道是否干净整洁？	没有包装盒、纸、碎布、烟头、杯子等杂物							
2	料架是否干净整洁？	没有例如纸、碎布、烟头、杯子等杂物							
3	机器和设备区域是否干净整洁？	没有例如纸、碎布、烟头、杯子等杂物							
4	电池充电区是否干净整洁？	没有包装盒、纸、碎布、烟头、杯子等杂物							
5	工作岗位是否干净整洁有序？	没有例如纸、碎布、烟头、杯子、其他私人物品、过时的工作指导和图纸等杂物							
6	设备和机器是否清洁，功能是否正常，有无维护保养？	当前的维修保养计划							
7	容器和集装箱是否按照规定要求进行了标识？	标签齐全，废品容器为红色，产品状态可被识别，物料集装箱有标识							

(续)

序号	主题	目标状态	不相关	0	4	6	8	10	确定的偏差
8	集装箱放置区域是否干净整洁有序,以便进行清理?	物料放置在正确的集装箱中,地板上没有散落的材料							
9	当前工作场所所有应有的文件是否都能被找到?	工作指导、过程描述、图纸、测试计划							
10	工作场所是否提供了必要的表格?	生产订单、班次记事簿							
11	是否有所有必要的测试设备?	订单所必需的设备							
12	检具状态是否可识别?	当前已校准的、批准的、封存的检具							
13	所有运营设备是否进行了维护保养?	物料搬运设备(标识)							
14	是否所有设备都有保护?	保护装置							
15	是否所有工人都穿戴了安全设备?	脚、眼睛、听力保护							
16	员工活动室和卫生设施是否整洁有序?	正常的有序状态							
17	办公室是否整洁有序?	正常的有序状态							

持续改进过程中的行动随着5S的引入开始启动了。这种方法使得员工自己能够有效地组织工作岗位和工作场所。

9.6.6 总结

质量方法在公司内部多种多样的流程中都有应用。开发这些质量方法是为了系统地解决与质量有关的问题,同时也是为了支持创造性地解决问题的过程。为了能够在复杂的开发和计划过程以及生产过程中进行有效的质量策划,质量方法在实际工作中得到了广泛使用。在以过程为导向的质量管理体系中,质量方法的应用是以过程掌控为总体目标的,这样就会自动地提高整个质量管理体系的有效性,提高产品质量。对于三个层次(系统、过程、产品)中的每一个层次,都可以根据客户的要求来定义质量特性。质量方法的应用必须与这些质量特性相吻合,并在公司所有与开发有关的和规划的过程中加以考虑。在持续改进的意义上,哪些标准化的方法可以用于跨领域和务实地评价或改进过程,必须根据公司的具体情况来决定。对于组合方法的使用,没有一定之规。最多样化的情况,如适用的准则和标准、与生产和质量相关的前提条件、测试特性的范围和数据收集的技术可能性等,都需要多样化的方法应用。但可以简单地说,标准化的质量方法基本上支持了质量策划、控制、保证和优化改进。

9.6.7　附加课程:持续改善(Kaizen)

Kaizen 是一种持续改善的概念。日本人今井正明(Masaaki Imai)在 1986 年出版的《持续改善:日本在竞争中成功的关键》一书中,首次引起人们对 Kaizen 概念的关注。

今天,Kaizen 被认为是持续改进过程中的主要支柱之一。

Kaizen 的意思是:

- Kai = 改变、转化
- Zen = 为了更好

Kaizen 既不是一种方法,也不是一种工具,而是一种思维方式,应该融入全体员工的"血与肉"中。今井正明将这种思维方式表述为:"Kaizen 要传递的信息是,公司没有一天不进行某种改进。"

每位员工每天都应该拿出适当的工作时间来进行 Kaizen。公司中的不同层次发挥着不同的作用(图 9-59)。

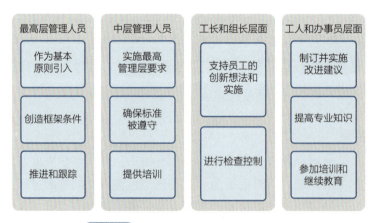

图 9-59　持续改善(Kaizen)中的角色

既然 Kaizen 是一种思维方式,那么它是与旨在指导员工的思维和行动的如下原则紧密相关联的:

- 公司所有领域都要进行日常改进
- 应避免任何浪费
- 从客户的角度出发,查看流程步骤,以不断提高绩效
- 随时都有改进的可能,没有尽头

- 持续改进是在小范围内一步步进行的
- 在适用范围上没有限制，到处都有改进的可能
- 使用不同的方法和工具
- 在工作现场进行观察和分析
- 随着改进，更高的标准投入使用，成为新的规则

为了实现 Kaizen 的思维方式，必须运用不同的方法进行持续改进和分析。

基本工具有：

- 5S 法
- 对照检查表
- 工具 M7（七大管理方法）
- 工具 Q7（七大质量工具）
- TPM（全员生产维修）
- CIP 小组（CIP 即持续改进过程）
- PDCA 循环为了进行标准化
- Muda 检查，为了寻找浪费 (Muda 在日语中是废物的意思)
- Kaizen 支持用非常小的步骤来实现持续改进的过程，目标不是完美的解决方案，而是将 Kaizen 持续改善的理念深深烙印在员工的"脑袋"里
- 管理人员和员工一起工作，目标是为客户提供更好的产品和服务。通过这种方式，Kaizen 为持续提高员工和客户的满意度做出贡献

9.6.8 参考文献

4managers: Quality Function Deployment–kundenorientiert Produkte entwickeln: http://www.4managers.de/manage ment/themen/quality-function-deployment/

4managers: TRIZ, http://www.4managers.de/management/themen/triz/

Adunka, Dr.-Ing. Robert: Die 40 innovativen Prinzipien, 267 Beispiele, https://www.triz-consulting.de/wp-content/uploads/2014/08/40iP_Beispiele_v2.pdf

Adunka, Dr.-Ing. Robert: Widerspruchstabelle und die 40 innovativen Prinzipien, http://www.adunka.de/TRIZ/TRIZTools. htm

Altschuller, Genrich Saulovich: Erfinden–(k)ein Problem? Anleitung für Neuerer und Erfinder, Verlag Tribüne, Berlin 1973

Beuth Hochschule Berlin: Qualitätsmanagement (Demo-Version)–DEMO-Lerneinheit–Quality Function Deployment: http://moodle.oncampus.de/modules/demo/ir064/QMDEMO/03qualitaet/qualitaet.shtml?inhalt=true

Brückner, Claudia: TRIZ, in Kamiske, Gerd F.: Handbuch der QM-Methoden, Carl Hanser

Verlag, München 2015

business-wissen.de: Kaizen Schritt für Schritt, https://www. business-wissen.de/produkt/506/kaizen/

business-wissen.de: Was bedeuten Quality Function Deployment (QFD) und House of Quality?, https://www.businesswissen. de/hb/was-bedeuten-quality-function-deploymentqfd-und-house-of-quality/

DIN 254241: Fehlerbaumanalyse; Methode und Bildzeichen, Ausgabedatum: September 1981

DIN 254242: Fehlerbaumanalyse; Handrechenverfahren zur Auswertung eines Fehlerbaums, Ausgabedatum: 1990-04

Gadd, Karen und Delbück, Matthias: TRIZ für Ingenieure: Theorie und Praxis des erfinderischen Problemlösens, Wiley-VCH; 1. Auflage, April 2016

Gimpel, Bernd; Herb, Thilo; Herb, Rolf: Ideen finden, Produkte entwickeln mit TRIZ, Carl Hanser Verlag, München 2000

Graf-Müller, Harald: Die 40 innovativen Prinzipien, http://www.triz.at/documents/TRIZ%20 40%20Prinzipien.pdf

Harmeier, Jens: QM-Methoden, in: Schulungspaket QM-Prozesse optimieren–Methoden einführen–Kundenzufriedenheit erhöhen, Online-Version, WEKA MEDIA, Kissing 2018

Hentschel, Claudia; Gundlach, Carsten; Nähler, Horst Thomas: TRIZ–Innovation mit System, Carl Hanser Verlag, München 2010

Herb, Thilo; Herb, Rolf; Kohnhauser, Veith: TRIZ–Der Systematische Weg zur Innovation, verlag moderne industrie, Landsberg/Lech 2000

Kaizen Institute: Was ist Kaizen?, https://de.kaizen.com/ uber-uns/definition-von-kaizen.html

Kamiske, Gerd F.; Brauer, Jörg-Peter: Qualitätsmanagement von A–Z, 7., aktualisierte und erweiterte Auflage, Carl Hanser Verlag, München 2011

Kleindorf, Sophie; Schröder, Frank: Instrumente und Werkzeuge des Qualitätsmanagements in der betrieblichen Praxis, k.o.s GmbH, Berlin 2015

Knorr, Christine; Friedrich, Arno: QFD–Quality Function Deployment, Mit System zu marktattraktiven Produkten, herausgegeben von Gerd F. Kamiske: Carl Hanser Verlag, München 2016

Kranefeld, Anja: QM-Methoden für die Praxis, in: Schulungspaket QM, WEKA Media, Kissing 2018

Linß, Gerhard: Qualitätsmanagement für Ingenieure, 4., vollständig überarbeitete Auflage, Carl Hanser Verlag, München 2018

Maasaki, Imai: Kaizen. Der Schlüssel zum Erfolg der Japaner im Wettbewerb, Langen-Müller; Auflage: 2. Aufl. (1992)

Orloff, Michael, A.: Inventive Thinking through TRIZ–A practical Guide (the 2nd edition). Springer-Verlag, Berlin Heidelberg 2005

Patra, Michael: Widerspruchsmatrix, https://www.michaelpatra. de/triz/loesungsverfahren/widerspruchsmatrix/

Pfeifer, Tilo: Qualitätsmanagement – Strategien, Methoden, Techniken, 4. Auflage, Carl Hanser Verlag, München 2010

Projekt Magazin: Fehlerbaumanalyse, https://www.projekt magazin.de/methoden/fehlerbaumanalyse

Projekt Magazin: House of Quality, https://www.projekt magazin.de/glossarterm/house-quality

Risknet.de: Fehlerbaumanalyse, https://www.risknet.de/wis sen/rm-methoden/fehlerbaumanalyse/

Risknet.de: Risiko (Definition), https://www.risknet.de/wis sen/glossar/risiko-definition/80fb5 3201a193409a52cd9bf7 42a8aa6/?tx_contagged%5Bsource%5D=default

Sondermann, Peter Jochen: Poka-Yoke, in: Handbuch QM-Methoden (Hrsg. Gerd F. Kamiske), 2., aktualisierte und erweiterte Auflage, Carl Hanser Verlag, München 2015

Stausberg, Michael: Grundlagen der FMEA, in: Schulungspaket QM-Prozesse optimieren – Methoden einführen – Kundenzufriedenheit erhöhen, Online-Version, WEKA MEDIA, Kissing 2018

Stern, Johannes: Fehler aus Fehlhandlungen eliminieren: https://www.qz-online.de/qualitaets-management/qm-basics/massnahmen/poka_yoke/artikel/fehler-aus-fehl handlungen-eliminieren-2978455.html?article.page=4

Stern, Johannes: Poka Yoke – Fehler durch menschliche Fehlhandlungen vermeiden, TQU International GmbH – Neu-Ulm 2013

Schwickert, Axel C.; Ostheimer, Bernhard; Eroglu, Murat: Kaizen, TPM, Lean – Grundlagen, Abgrenzung, Zusammenhänge, ARBEITSPAPIERE WIRTSCHAFTSINFORMATIK, Nr. 4/2011

Theden, Philipp; Colsman, Hubertus: Qualitätstechniken, Werkzeuge zur Problemlösung und ständigen Verbesserung, 5. Auflage, Carl Hanser Verlag, München 2013

Thums, Andreas: Formale Fehlerbaumanalyse (Dissertation). Fakultät für angewandte Informatik, Universität Augsburg 2004

TQU International GmbH: Poka-Yoke – Fehler durch menschliche Fehlhandlungen vermeiden, Juli 2016, https://umset zer.com/wp-content/uploads/2016/12/Poka_Yoke.pdf

triz online: Widerspruchsmatrix, http://www.triz-online.de/fileadmin/triz-online-downloads/Widerspruchsmatrix_Format_A3.pdf

VDI-Richtlinie: Erfinderisches Problemlösen mit TRIZ, Grundlagen und Begriffe, 2016

WEKA MEDIA: Lenkung von Fehlern, in: Schulungspaket QM-Prozesse optimieren – Methoden einführen – Kundenzufriedenheit erhöhen, Online-Version, 2018

WEKA MEDIA: QFD, in: Schulungspaket QM-Prozesse optimieren – Methoden einführen – Kundenzufriedenheit erhöhen, Online-Version, 2018

第 10 章

电动汽车[一]

本章讨论目前对电动汽车零部件、组件和系统的要求。在随后的阐述中,将涉及质量管理的相关对应领域,其重点是电动汽车对产品形成过程和测试程序的影响。

此外,本章旨在概述说明有关电动汽车标准的现状,它面向动力传动系统电气化的汽车零部件供应产业、开发、生产和服务。电动汽车用高压电子元件必须符合本章所讲述的技术要求。

总的来说,相关文献中描述了三个主题领域:
- 车辆技术
- 能源供应/基础设施
- 车辆移动场景

电动汽车技术的多样性如图 10-1 所示。

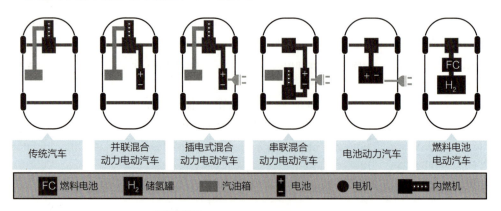

图 10-1 传统汽车和电动汽车的比较

注:来源于 Fraunhofer IAO。

[一] 本章由 Frank Krauss 撰写。

电动汽车技术的主要领域包括如电驱动、动力蓄电池和轻量化等关键技术，在这些技术中，出现了对质量有重大影响的技术挑战。电动汽车驱动技术的挑战主要在于对重量、动力蓄电池和高压电子元器件较少的功率损耗、零部件尺寸、汽车工业的高质量及是否适合大规模生产等更高的要求。

从2025年起，电动汽车的销量将大幅增长。图10-2为未来几年汽车厂商电动汽车占比发展情况。

图10-2 电动汽车发展时间表

注：来源于2018年BMI Research。

因此，电动汽车的目标应该是经济实惠，适合生产者和使用者的日常生产和使用。电动汽车兴起的一个主要驱动力是二氧化碳和其他有害气体排放的法律限制值；此外，还有其他各种规则，如在某些区域某些排放值汽车禁行的规定、柴油门事件讨论引起的电动汽车比例配额的规定（特别是在中国）。

10.1 电动汽车的标准要求

10.1.1 综述

本节阐述了德国电动汽车的必要法律框架，对通用标准和行业规范，以及影响电动汽车的因素进行了大概描述，汽车制造商和相关供应商必须在这些框架条件下来推动电动汽车的发展。

10.1.2 目的和意义

目的是概述与电动汽车有关的一般要求及对汽车制造商的具体要求、通用标准和行业规范，从零件、组件和系统的国家及国际标准开始，到IATF对集成软件的要求，再到客户的额外要求，对电动汽车的范围都进行了明确阐述。此外，对最重要的要求之一零部件技术清洁度也有详细介绍。这些要求适用于电动汽车的每一个部件和组件。

10.1.3 标准和规范

通过标准和规范来保证质量是非常重要的,尤其是在不同的企业进行合作的时候。但对于电动汽车来说,很多标准或规范还没有确定。

德国标准化组织(DIN)对如何在国家、欧洲和国际层面组织制定规范和标准进行了总体概述。

如图 10-3 所示,德国是欧洲标准化组织(CEN)和国际标准化组织(ISO)成员,其利益由德国标准化组织(DIN)来代表。

图 10-3　国际标准化组织结构展示(德国标准路线图 DIN/DKE 工业 4.0)

DKE(德国电气工程委员会 DIN 和 VDE)代表了德国电气工程、电子和信息技术在国际和欧洲标准化工作领域的利益。因此,它在欧洲电工标准化组织(CENELEC)和国际电工标准化组织(IEC)中也都代表了德国的利益。

随着汽车电动化带来的复杂性,必须制定新的标准和规范。标准和规范是电动汽车成功进入市场,从无到有,达到量产不可或缺的关键。

德国国家电动交通平台(NPE)制定了"德国电动交通标准化路线图 2020",目的是以最佳方式建立电动交通部门的网络连接。第 4 工作组"标准化、规范化和认证"起草了一份关于电动交通的所有一般要求的概览(图 10-4)。

在通用要求方面,路线图的重点是电气安全。与车辆相关的连接外部电源的安全技术要求在 ISO 17409 里面做了规定。在一般通用要求的基础上,补充了对车辆技术的要求。这里的重点是电气安全。多种标准化的充电方式可供客户选择。在此过程中,电动汽车有线充电的相关标准被纳入其中。这些情况如图 10-5 所示。

第 10 章 电动汽车

要求	2014年 市场准备	2017年 市场增长	2020年 市场大众化	愿景
车辆接口	ISO 17409：电驱动道路车辆的外部电源连接			满足基本要求：不断调整标准，以适应技术创新
充电基础设施/充电接口	IEC 61851-1：电气设备-电动汽车有线充电系统 IEC 62196-1：电动汽车充电插头 IEC 60364-7-722：低压电气装置的建立调试			标准借助统一的要求支持电动汽车的基础设施建设
电磁兼容性	IEC 61851-21-1：电动汽车车载充电器与电源导电连接的电磁兼容性的要求 IEC 61851-21-2：电动汽车外部充电系统电磁兼容性的要求			
图形标记		充电站的操作面板应使用图形标记		通过图形标记进行统一的用户指导，确保有大概一致的操作定位
电驱动		ISO 21782：对电驱动部件的测试要求		统一的测试方法优化开发过程
能源存储器	DIN 91252：电池尺寸及接线要求 IEC 62660-1 bis -3：锂离子蓄电池驱动的道路车辆	ISO 6469-1：储能系统的安全性 ISO 12405-4：性能要求的测试方法	电池回收循环使用标准	通过整体环境构想，使资源得到可持续的利用和保护
高压车载线路	ISO PAS 19295：B级电压的子类电压规格(SK)B	ISO 21498：B级电压电子组件的测试 SK B ISO 6469-3：防触电保护	ISO 6722, ISO 19642-1 -10：车内电线的要求	定义的电压等级可产生经济协同效益

图 10-4　基于德国标准路线图的通用要求和德国标准路线图电动汽车 2020 对电动汽车技术的要求

注：图标源自 StockVector/shutterstock.com。

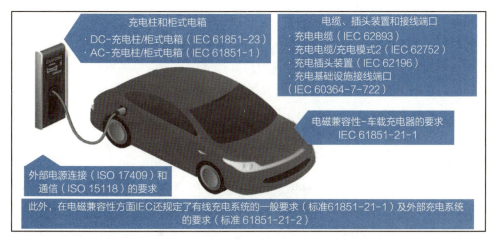

图 10-5　德国标准路线图电动汽车 2020 的电动汽车有线充电

注：来源于 metamorworks /shutterstock.com。

客户未来的另一个需求将是电动汽车的无线充电（图 10-6），这会使客户在充电时感到舒适。

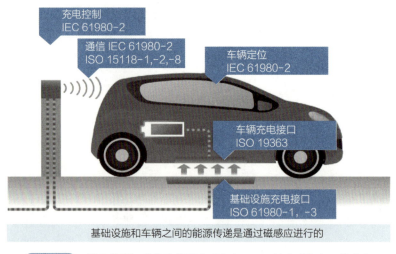

图 10-6　基于德国标准化路线图电动汽车 2020 的电动汽车无线充电

注：来源于 metamorworks/shutterstock.com。

然而，挑战非常大，从车辆的定位到对诸如猫狗等小生物的影响，都在专业技术委员会的讨论之中。因此，标准中还包含了对相互作用的物体进行识别的要求。

除了一般的标准和规范，还有客户的特殊要求，这些要求有的是针对组件的要求，有的是针对组件甚至车辆和整个基础设施的要求。第 10.1.7 章节将讨论客户在电动汽车方面的具体要求。

10.1.4　集成软件产品的开发

在 IATF 16949:2016 中，纳入了八个全新部分，包括第 8.3.2.3 章节集成软件产品的开发。软件在未来的交通移动性要求中具有特殊意义，这也体现在电动汽车交通网联化和自动驾驶，以及车辆电动化和新驾驶辅助系统扩展等方面的挑战上。

为了了解新要求，IATF 还提出了以下问题：

- "集成软件"的定义是什么？
- 该要求何时适用？

集成软件是针对其所在或驱动的硬件的特定专用软件。如果一个组织负责软件开发以满足相关的客户特定要求，则应进行软件开发技术能力的自我评估。如果将该软件开发分包给分包商，则分包商必须进行自我评估。（来源：IATF 16949:2016 常见问题解答，第 11 页）

在组织不负责开发集成软件的情况下,应确保对此负责的分包商已验证过软件的功能并满足客户要求。

汽车 SPICE 是专门为满足汽车制造所使用的电控元件的开发需要而设计的程序方法。

汽车 SPICE 的一个主要组成部分是 V 模型(图 10-7),它描述了软件开发中的开发阶段。从左上角的系统要求分析开始,通过软件要求分析和软件设计,到软件实现,将需求从系统分解到组件。另一方面,通过模块、集成和系统测试,从左下到右上对开发的软件进行验证和确认。这相当于是一个研发平台。

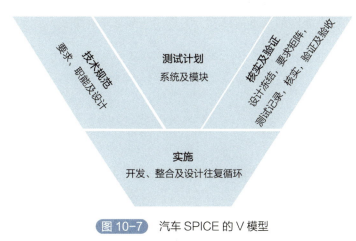

图 10-7　汽车 SPICE 的 V 模型

粗略地讲,V 模型可以分为四个阶段:
- 技术规范
- 测试计划
- 实施
- 核实及验证

 自我评估推荐使用汽车 SPICE 来进行。这里涉及一个 VDA-QMC- 标准。ISO/IEC 15504-2 的要求适用于执行符合汽车 SPICE 评估。

SPICE 是软件过程改进和能力确定的缩写。KUGLER MAAG CIE 的汽车 SPICE 袖珍指南提供了更详细的帮助信息。

汽车 SPICE 首次对软件开发中使用的术语进行标准化,它们分别是元素、项目、组件和单元:

- 软件架构由元素组成，而这些元素又由子元素组成
- 组件构成了软件架构中元素的最低层级，然后针对这些组件进行详细的设计
- 一个软件组件至少由一个软件单元组成
- V 模型右侧的项目对应 V 模型左侧的一个或多个元素（如文件、图库、可执行代码）

10.1.5 零部件的技术清洁度

VDA 手册 19.2 中的"装配技术清洁度"是 2007 年在弗劳恩霍夫制造工程和自动化研究所（Fraunhofer IPA）的指导下，在对零部件清洁度要求不断提高的情况下制定的，目的是通过描述定义工作进行方式，以确保清洁的单个部件制造出清洁的组件和最终产品。VDA 手册中的第 19.2 章节对装配技术清洁化的规划和实施给出了帮助性的指南。该指南把零部件的技术清洁度分为四个主要影响因素：

- 环境
- 物流
- 人员
- 装配设备

10.1.5.1 环境

本章节将介绍所谓的清洁度区域与清洁度等级，这些又分为：

- 非控制区域（SaS0）
- 清洁区域（SaS1）
- 清洁室（SaS2）
- 纯净室（SaS3）

下面简单介绍一下各个清洁度等级。

清洁度等级 0（SaS0）：非控制区域

- 区域内没有以清洁为导向的规定
- 装配和潜在的可能受影响工艺过程直接安排在同一区域（图 10-8）

图 10-8　清洁度等级 0（SaS0）

清洁度等级 1（SaS1）：清洁区域

- 与潜在的可能受影响区域有界限划分（如地板标记、活动隔板墙、固定隔板墙）
- 区域内有以清洁为导向的规定
- 对材料和人员向邻近区域或其他区域的转移有以清洁度为导向的要求规定
- 除室内空调外没有其他净化空气技术（图 10-9）

清洁度等级 2（SaS2）：清洁室

• 与其他区域设置有固定的建筑物分界线

• 区域内有以清洁度为导向的控制

• 对材料和人员向邻近区域或其他区域的转移有以清洁度为导向的要求规定

• 除室内空调外没有其他净化空气技术（图 10-10）

图 10-9　清洁度等级 1（SaS1）

清洁度等级 3（SaS3）：纯净室

• 与其他区域设置有固定的建筑物分界线

• 区域内有以清洁度为导向的控制

• 对材料和人员向邻近区域或其他区域的转移有以清洁度为导向的要求规定

• 配备空气净化技术

• 独特的带有双重门的"室中室系统"（图 10-11）

图 10-10　清洁度等级 2（SaS2）

根据在要求控制范围的临界颗粒物的大小来确定企业的清洁度范围。对避免出

图 10-11　清洁度等级 3（SaS3）

现颗粒物大小的要求越高（单位：μm），对房间结构设计的要求就越高，则必须选择更高的清洁度等级（SaS）。

10.1.5.2　物流

物流部分介绍了装配中处理以下过程所采取的措施：

• 包装

• 运输

• 拣选备料

• 存储

1. 包装

包装是保持清洁度的最重要影响因素之一。损坏或不适当的包装会直接影响零部件的清洁度（图 10-12）。包装的任务是保护零部件或产品不受环境中的污物侵入；同时，包装内不会因磨损而产生颗粒污染。因此，重点是确定适合清洁度要求的包装。

图 10-12 污染机制

清洁度要求越高，对包装和辅料的要求就越高。

1）内包装（根据清洁度要求而定）

- 无裂缝和不透水的表面
- 限制因磨损/碎屑而形成的污染

2）外包装（取决于 SaS）

- 表面必须尽可能少地产生/传播污染
- 使用易于清洁的几何形状和表面

2. 运输

图 10-13 描述了运输路线的影响和与此相关的可能通过夹带引起的环境造成的污染。因此，规定清洁运输的原则是在短时间内短距离运输，例如用内包装保护零件不受损坏。若表面保护不充分，则可能存在腐蚀污染。

图 10-13 运输对清洁度的影响

此外，额外的外包装可以防止外部环境气候因素变化的影响。

3. 拣选备料和存储

零件和组件的存储方式必须确保在存储期间保持所要求的清洁度。清洁、干净的包装材料必须按照装在其中的零部件进行存储和申报。

10.1.5.3 人员

本章节涉及着装理念和人员的敏感意识及技能资质。影响技术清洁度的最关键因素是人。这是由于人会将例如皮屑、头发或衣服绒毛等颗粒物夹带进来。在汽车行业，人员带来的清洁度损伤指的是少数系统的关键功能性损伤，如电气元件或喷射系统和底盘总成安装系统。

只有具有积极性的合格员工才能执行 VDA 19.2 中各章节所述的措施。

如图 10-14 所示，员工/工人在装配清洁中扮演着不同角色。一方面，他们通过携带颗粒物而成为污染源；另一方面，他们通过适当的预防措施，如穿着合适的衣服、戴头发网罩或手套来消除污染。此外，他们也起着作为污染载体的作用，这种情况会因工人粗心或装配设备的设计和配置不当而造成污染物出现在生产设备或装配设备上。

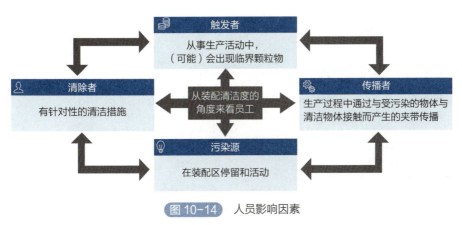

图 10-14　人员影响因素

注：内容上参考了 VDA 19.2 中人员章节里的第 3 页。

10.1.5.4　装配设备

装配设备是指自动机器、设备、手动工作岗位和装配站。本章节将介绍装配设备的影响因素，以及符合清洁度的装配规划和优化。本章节又分为以下几个部分：

- 压装过程
- 驱动技术
- 设备设计
- 基本结构

由于在装配过程中，颗粒物的产生往往是不可避免的，所以清洁度控制的主要注意力放在了设计上。这里的目的是为了避免潜在的颗粒物夹带进入敏感的零部件中。为此，安装了集成在装配过程中的清洁站，如过滤器或废气抽气机。此外，对设备和工艺过程的基本结构进行规划，避免污染。生产中棘手的问题大部分是计划外故障干扰和停产，以及与此相关的设备维护、换型和清洁，这些可能导致严重污染。

10.1.5.5 总结

由于电动汽车中高电压零件的使用,以及高电压零件结构的日益复杂化,技术清洁度对汽车行业尤为重要。

出于这个原因,VDA 19.2 "特殊扩展" 章节中描述了一些汽车制造商对技术清洁度的一些一致性的补充要求,如电动汽车中对高电压组件的清洁度要求。这些都在工厂自己的标准中做了总结综述,也扩展了基本要求。

在高电压环境下的高电压元件开发和工业化过程中,尤其是在高场强下,以及在与机械和机电元件相结合的情况下,间隙和蠕变距离的临界状态得到特别关注。特别是导电颗粒物会引起高压电过载和短路,这可能会受到大量金属零部件和每一步装配工艺的影响。

在 VDA 19.2 各章节的基础上,图 10-15 说明了各章节中哪些影响因素对零部件清洁度有影响,以及企业可以在哪些方面应用可能的措施来优化清洁度。

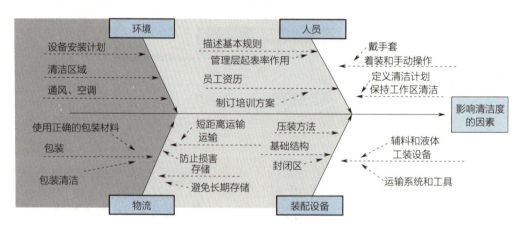

图 10-15　基于 VDA 19.2 的清洁度影响因素

10.1.6　充电基础设施技术指南

充电基础设施是电动汽车推广的重要组成部分或前提条件。从客户的角度来看,电动汽车的吸引力取决于使用的便利性,因此,给电动汽车电池充电是一个决定性的因素。

2013 年,德国国家电动汽车平台(NPE)编制了充电基础设施技术指南,该指南概述了各种应用实例,并针对以下用户群:

- 房主和不动产所有者
- 物业管理处和停车场运营商

- 建筑师和城市规划师
- 公共管理行政职员
- 网络运营商和能源供应商
- 电工

充电基础设施对电动汽车的安全充电运行有着重要影响。这不仅是充电站的数量和分布问题，最重要的是用户友好度的问题。畅通无阻的通道、统一简单的支付系统和充电时间是至关重要的。

充电时间和充电站的位置取决于不同的情况，比如：
- 家庭充电
- 在工作地点充电
- 在目的地充电，有或短或长的停留时间
- 在较长的旅途中快速充电

充电桩基础设施现已扩展到约 13500 个公共充电站，其中已有 1755 个是快速充电站。

从技术角度来看，几乎所有的电源连接都可以通过支付合理的费用升级为安全的充电设施。充电站登记册提供了公共充电站和公众可进入的私人（停车场、超市停车场）充电站的最新概况（图 10-16，来源于 https：//ladesaeulenregister.de/）。

图 10-16　充电站登记站点

然而，挑战在于充电连接的标准化，目前全球有很多不同的充电概念。

图 10-17 所示为不同电池容量和充电站的充电时间比较。根据车辆、蓄电池的放电状态和充电站的类型，充电过程的功率和持续时间会有很大不同。

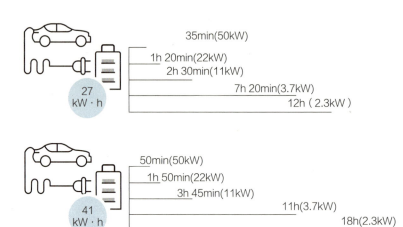

图 10-17　基于网址 faktencheck-energiewende.at 不同电池容量和充电站的充电时间

注：图标源自 StockVector/shutterstock.com。

图 10-18 所示概括了目前市场上的常规充电插头，这些都不兼容或只是部分兼容。例如，亚洲的快充系统与欧洲的快充系统不同，特斯拉的超级充电站只为自己的车辆设计。

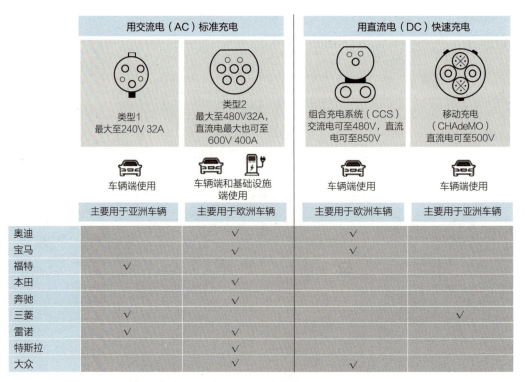

图 10-18　奥地利电动汽车协会插头类型和应用

注：符号源自 sashabinary/shutterstock.com。

10.1.7 与客户相关的要求

如 IATF 第 8.2 章节所述,电动汽车的零件、组件和系统必须满足额外的要求,最重要的要求是必须履行相关的法律法规(通用标准和行业规范)。除了通用标准,现在还有其他电动汽车标准,如 VDA 19.1 和 VDA 19.2、ZVEI 指南或 ISO26262 等,它们描述了一种整体一致性的方法。这些尤其被视为汽车制造商和供应商对整个价值创造链的额外客户特定要求,包括从电动汽车零件和组件的研发到生产的供应链。

这些通过汽车制造商自己的企业标准和规范得到补充,它们定义了对产品和工艺的要求。例如,这些标准包括普遍适用的标准,如梅赛德斯 – 奔驰标准 MBN 10447、梅赛德斯 – 奔驰电气/电子质量管理标准,后者描述了戴姆勒公司对电气/电子元件和控制单元供应商的要求。

此外,汽车制造商在工作组中共同确定对供应商的要求。例如,梅赛德斯 – 奔驰企业标准 MBN LV126 "高压电元件的技术清洁度"是由 4.9.6 工作组制定的,奥迪、宝马、戴姆勒、保时捷和大众汽车公司的代表参加了工作组。该标准制定的目的是对 VDA 19 进行补充,对电动汽车的高压电元件做了具体的规定。

在通用标准要求之外的附加要求在客户图样(图 10-19)或 CAD 模型以及技术任务书中都有描述。

表面清洁度:
零件必须清洁,无油脂和脱模剂。洗涤、漂洗或干燥过程中造成的污渍不能出现在表面。
无明显的腐蚀以及无毛刺和金属丝黏连。
在整个生产过程中,不得使用含硅介质或脱模装置油脂。
交付条件:
应遵照 VDA 19 卷的规定保持清洁。
CCC=N(B1500/C500/D500/E150/F60/G30/H10/I-K0)最大允许颗粒物直径 $x<400\mu m$

图 10-19 客户图样要求的示例

这些要求应沿着供应链进行技术可行性评估(参见 IATF 16949:2016 第 8.2.3.1.3 章节可制造性评估)。最后,必须通过提供货样来证明这些要求的符合性。可以在网上下载一些例子。

➲ 工作辅助:可制造性评估。

 对于符合技术清洁度的证明,建议委托给获得 DIN EN ISO/IEC 17025 标准认证的有资质的测试实验室,因为测试设备的投资非常高。

为了每个客户与电动汽车有关的所有要求都能考虑到,建议在客户特定要求清单中增加相关项目(图 10-20)。

用归类矩阵来概述客户的特殊要求

参照标准 IATF 16949	4.3.2 -4.4.1.2 -5.3.1		-8.2.3.1.3 -8.3.3.3	-8.2		-8.3.4.4 -8.6 -8.6.6	-8.2.3.1.3 -8.3.3.3
过程	销售		研发 产品形成 质量规划 采购 供应商管理和工作准备	产品要求		产品形成 质量保证	研发 产品形成 质量规划 采购 供应商管理和工作准备
	供应商规划指南 ▶	版本 ▶	质量先期策划 ▶	与电动汽车有关的要求 ▶		测量系统分析 ▶	风险分析 ▶
客户							
奥迪	质量任务书	版本: 3.1/06.12.2013	成熟度 QPN-RG	VPA 19.2		指南 "测量系统能力证明" 或VW 10119	VDA卷4和卷14
梅赛德斯-奔驰	梅赛德斯-奔驰 特殊条款 2016	2015年12月	按照VDA成熟度 验证(RGA)	VDA-Band 19.2 MBN LV 126 MBN 10447		VDA 5	FMEA卷4 章节3

图 10-20 客户特定要求

提示

IATF在认证审核中,特别注意确保客户特定要求清单中包括OEM的客户特定要求(CSR)。

这些CSR包括对IATF 16949:2016中适用的认证要求的补充和/或对系统有重大意义的附加质量管理要求。

有关当前CSR更多信息,请访问: https://www.iatfglobaloversight.org/oem-requirements/customer-specific-requirements/。

10.1.8 总结

电动汽车正处于蓬勃发展之中,在这个过程中,无论是在电气工程和电子学方面,还是在与经典内燃机技术的联系方面,出现了新的经典成熟的技术方法。

与电动汽车有关的标准要求千差万别,并有不同程度的详细说明,它们在每个汽车项目中都有应用。

客户和/或汽车制造商通过图样内容条目对零部件的要求做了详细说明或在组件技术任务规范书(KLH)里规定了对零部件的要求,同样也规定了对残余污染极限值的要求。

提示　残余污染极限值原则上与其他技术规范一样对待。这意味着供应商必须像其他技术规范一样对其进行策划、遵守、审查和保存,并在质量策划和质量检测的相应方法和工艺过程中加以考虑(FMEA、QM-Plan、PLP、EMPB 等)。

10.1.9 参考文献

BDEW, Landessäulenregister: Stand Juli 2018, https://lade saeulenregister.de/

DIN/DKE, Deutsche Normungsroadmap Industrie 4.0, https://www.din.de/de/forschung-und-innovation/themen/ industrie4-0/roadmap-industrie40-62178

IATF 16949:2016 – FAQs, http://www.iatfglobaloversight.org/wp/wp-content/uploads/2017/12/IATF-16949-FAQs-German _Deutsch.pdf

KUGLER MAAG CIE: AUTOMOTIVE SPICE® v3.1 Pocket Guide, extended VDA scope, https://www.kuglermaag.de/fileadmin/05_CONTENT_PDF/2-10_automotive-spice_version_3_pocketguide.pdf

MBN LV 126: Technische Sauberkeit für Hochvolt-Komponenten

Quality-Analysis.de: Analyse von technischer Sauberkeit, https://www.qa-group.com/de/leistungen/technischesauberkeit. html

QZ: Leitfaden zur technischen Sauberkeit von Bauteilen: QZ Jahrgang 56 (2011) 2, Seite 26

Schäffler AG: Herstellbarkeitsbewertung, https://www.schaeff ler.de/content.schaeffler.de/de/schaeffler-deutschland/lie feranten/qualitaetsanforderungen/index.jsp

VDA: Elektromobilität, https://www.vda.de/de/themen/inno vation-und-technik/elektromobilitaet/startseite-elektro mobilitaet.html

ZVEI: Technische Sauberkeit in der Elektrotechnik: https://www.zvei.org/fileadmin/user_upload/Presse_und_Medien/Publikationen/2013/Oktober/Leitfaden_Technische_Sau berkeit_in_der_Elektrotechnik/Technische-Sauberkeit-in-Elektrotechnik-ZVEI-Leitfaden-rev-2016.pdf

10.2 质量管理的应用领域

近年来,汽车行业的质量问题越来越多。根据 A.T.Kearney 的研究,这主要是三个影响因素造成的。由于数字化以及电子元件和软件的使用,产品的复杂性大大增加,现在,这些占到了车辆成本的 40% 左右。此外,全球化和世界范围的生产增加了对质量管理的要求,以确保无论在哪里生产都能达到同样的质量水平。第三个影响因素是产品品种激增,汽车厂商的产品组合范围扩大。结果,产品生命周期缩短,产品研发需要并行进行。但是,例如,在以后才显现出来的质量问题会导致产生相当大的成本。由于车辆的电动化及用于自动驾驶的电子组件和与之相关的数字服务的增加,质量管理的应用领域正在发生变化。

但是,如果公司设法重新定义质量并从中成为质量领导者,进而获得竞争优势,那么挑战也会带来机遇。质量标准多年来一直没有改变,包括经典的质量管理方法,如质量门过程或关键绩效指标(KPI),这些用于系统地控制质量。经典的质量管理方法具有强烈的过程导向性。然而,在研发活动中,仅仅非常好地控制过程也不能确保产品质量。经典的质量管理是在企业明显稳定或被认为稳定的时候产生并发挥作用的。对今天敏捷快速反应的组织来说,它并不具备必须存在的理由,因为质量管理在组织里失去了接受度和有效性,从而会导致产品质量缺陷,这是有害的。

但是,近年来随着客户要求的改变,质量管理也发生了变化。这催生了创新的质量管理方法,如大数据分析、远程诊断或预测性质量管理。

图 10-21 显示了质量管理的变化。过去,客户的要求是在研发开始之前的构想阶段就进行评估,并转记在技术规范表内。从收录客户要求到展示成品车,有长达 7 年的研发时间,客户的需求和要求是否在这期间发生了变化,没有被再次询问过。

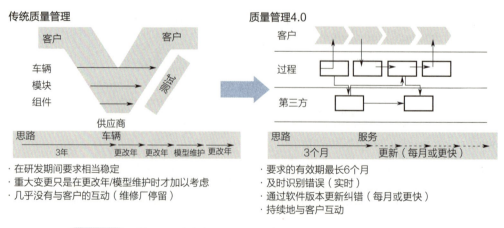

图 10-21 基于 P3 汽车有限公司的传统质量管理与敏捷质量管理的比较

如今，客户的要求不断变化，以至于必须将这些要求融入正在进行的研发过程中。因此，研发过程变得更加跌宕起伏。其目的和效果在于，汽车的技术和功能应满足客户购车当时的要求，并使目标群体的要求也得到相应的满足。

未来，汽车制造商还将面临从单纯的产品生产者向可靠的服务提供者转型的挑战。通过与行业外供应商之间的合作，如电子行业或科技公司（例如 Google、Facebook），必须与汽车行业一起建立并确保一条新的供应链。通过这个供应链，例如，提供电动共享汽车以及方便的充电和停车设施，来推动电动汽车产业的发展。因此，这些具有可持续性的移动产品才是更易于体验和使用的。

通过 CASE 战略，戴姆勒公司强调其从汽车制造商向移动服务提供商转型。CASE 代表以下含义：

- 网络连接（Connected）
- 自动驾驶（Autonomous）
- 灵活使用，共享和服务（Shared and Services）
- 电动化（Electric）

CASE 战略目标是通过智能的点对点地对接 CASE 主题，为客户创建直观的移动性。

基于汽车环境的变化，质量管理中的方法也必须进行调整。在工业 4.0 过程中，职场必须具有绩效能力和生存能力，这也首先指向质量保证和质量管理。所以今天人们也称为质量管理或质量管理 4.0。

敏捷质量管理将传统质量管理的核心思想与敏捷开发的原理相结合。敏捷开发提供了一种对外部环境变化做出快速反应的方法。此外，提供的服务不仅要可靠（ppm），最重要的是必须能让客户受到鼓舞（客户体验非常好）。对此，敏捷质量管理：

- 可确保在质量策划时，将客户的需求作为服务内容的中心要点来对待.
- 可灵活而恰当地融入具体的项目运行中——它是项目经理和团队的帮手，而不是一个被误解的重压
- 以结果为导向，因此以技术为中心。它包括确保软件质量特性的具体技术措施
- 展示出质量是一种特殊的绩效成就，并激励有能力的人接管质量管理任务

10.2.1 综述

上述发展引导出职场 4.0，这就要求围绕质量这一主题采用新的方法：

- 对什么是产品质量的表达正在发生变化
- 我们需要重新审视什么是生活质量

- 我们需要新的合适的质量管理工具
- 质量管理这一岗位正在发生变化
- 组织正在发生变化（见上文）
- 质量管理和质量保证正在发生变化

越来越多的敏捷组织行业和组织需要敏捷的质量管理。

A.T.Kearney 开发了一种提高现有质量管理方法有效性的方法，进而在质量管理中实施创新，以便使各企业获得最大优势（图10-22）。该方法可分为两个步骤：从"质量基础：检查"入手找出质量基础存在的漏洞，随后，将公司的质量管理标准与100多项最佳实践进行对比。在这里，通过理论上定义的标准与实际开发和参考项目中的实际应用进行比较，改进的潜力就显现出来了。

最后，用创新的方法，结合企业个性化需求，打造一个保证未来质量管理的绩效能力。

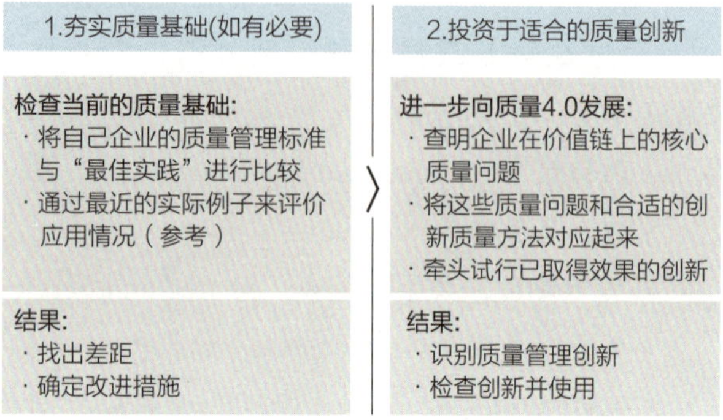

图 10-22 达到下一个质量管理阶段的方法

10.2.2 目的和意义

敏捷质量管理的目的是使质量管理方法适应不断变化的环境。实行敏捷质量管理的企业完全关注各利益群体的需求，希望随时了解他们的质量需求，并基于这种理解在所有相关方面去确保质量。为此，在 IATF 16949：2016 的修订过程中，还将电动汽车的要求和需求作为单独的一个章节：8.3.2.1 开发集成软件的产品。此外，质量管理方法和测试程序方法将适应电子移动交通方式的新影响，以至于在未来完全取代传统方法。

重点是将现有的经典的传统质量管理方法调整为新的创新质量管理方法。

10.2.3 对产品形成过程的影响

汽车工业的产品形成过程旨在开发高度复杂和指引方向的突破性技术。因此，对于技术的快速发展来说，开发周期显得太不灵活。迄今为止，汽车发展的主要注意力是零部件、组件和系统的成熟度，如果达不到这些成熟度，所谓的质量关就过不了。这就导致了开发的延迟，最坏的情况下，整个汽车开发过程都会受到影响。只有在某些情况下，不成熟的技术才会过早地投入市场。这些可能是制造商为高频广告车辆确定的批量生产（SOP）日期，也可能是车辆制造过程中易于纠正，但客户使用中难以察觉到的故障，例如在软件或控制器元件层次上。此外，数字化服务也可以通过远程更新事后激活。

在汽车领域常见的质量管理周期对移动服务和网络化服务不适用或几乎不适用。迄今为止，质量管理活动一直遵循着车辆开发周期，有几年的时间来规定和保证车辆质量。通常的产品开发过程（图10-23），从车型构思到样品阶段，再到批量生产（SOP），需要4~5年，此外，前期开发阶段还额外需要近3年时间。

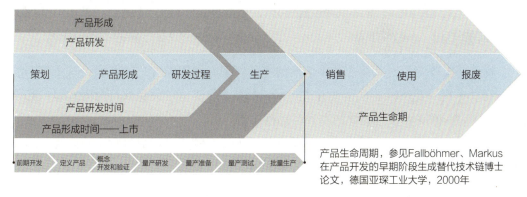

图 10-23　产品开发过程：从前期开发到批量生产的产品形成过程

对产品和部件的基本要求进行定义并记录在技术规范中。随着构想得到批准，这些要求就被确定下来，并在接下来的开发和产业化阶段在产品中得以实现。各项要求在批量生产开始时得到落实。新的客户要求可以在更改年/模型维护中部分得到实现，每一项新要求都必须要先回到前面的开发阶段进行测试。

在A.T.Kearney的"年度最佳工厂"竞赛中，制造业参赛者在3年内将从开发到上市的时间缩短了12%。

传统车型系列相关产品的形成过程在各个阶段的结构上不会有太大变化。不过，未来的汽车产品核心将更加复杂，尤其是软件控制组件的增加，同时新的动力传递链也必须是"对批量生产是足够成熟的"。解决的办法是将产品系列/车辆的产品形成过程与其功能和系统的产品形成过程脱钩（图10-24）。这里的优势在于，新技术可以被全面整合到所有产品系列中，必须在更短的时间内生产出成熟度最高、质量最好的更复杂产品。

与传统的车辆开发不同，移动服务的开发要求遵循以服务管理为基础的方法。这意味着每项服务必须根据客户体验功能和质量参数（可支配性、性能表现、可靠性）进行定义，并在第二步中得到实现，而且在服务生命周期内被运营。为管理这些质量要求，需要对价值链进行分析，这对于提供服务至关重要。

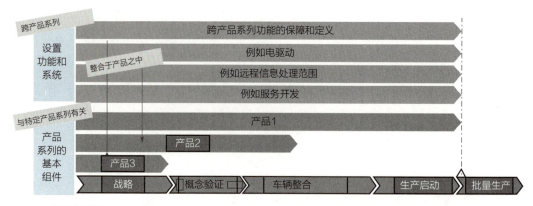

图 10-24　传统产品系列特定的产品形成过程与跨产品系列的功能和系统的形成过程脱钩

就移动服务而言，制造商和供应商的质量管理必须跟随客户的节奏，这个节奏的频率明显更快。要及时发现错误并进行纠正，要求的变化很大且保持时间较短，必须在很短的时间间隔内通过软件版本升级进行纠错。

未来产品形成过程的挑战将是传统产品系列特定的产品形成过程和跨系列产品形成过程二者同步，应遵守以下几点：

- 以身作则，遵守纪律，建立明确的责任和要求制订过程！
- 制定自上而下的细分目标
- 制定结构化的技术规范，包括定义电动汽车零件和整个车型项目的测试条件
- 产品形成过程（PEP）中的同步点和集成整合点必须相同
- 严格遵守设计冻结的要求
- 请注意工具的交付时间和可能性
- 与各级供应商的协调
- 严格的阶段性目标时间跟踪
- 过程变更的风险评估（参见 IATF 6.1.2.1）
- 不跳过样品阶段
- 通过较长的 B 样本及较短的 C 样本阶段来提高成熟度
- 以 D 样本为重点的生命周期测试
- 缩短与批准有关的测试时间
- 注意测试资源（包括测试通道、测试台等）的可支配性
- 确定内部和外部检查的项目

10.2.4　测试方法

越来越短的生产周期和新工艺、新技术对成熟的汽车制造商和供应商的商业模式

和开发部门的压力越来越大。因此,对测试方法的要求也在发生变化。

如第 10.1 章节所述,对电动汽车有各种要求,而这些要求通过车辆技术部件的测试要求得到了补充,如 ISO 21782,它描述了电驱动的测试规范。

与电动汽车相关的模式转变的另一个方面是重新设计移动服务中的故障检测和故障清除(图 10-25)。

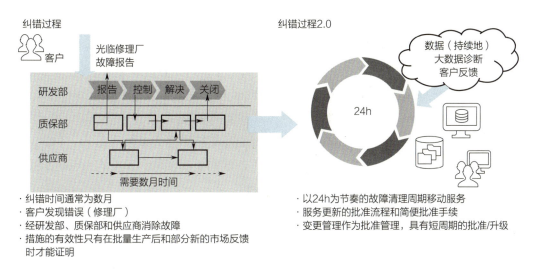

图 10-25　P3 汽车有限公司现行故障消除过程与移动服务故障消除过程的比较

以往的故障整改流程是,客户向修理厂投诉或报修故障,因此,缺陷在上市几个月甚至几年后才被发现。缺陷消除工作受控地向前推进,直到缺陷得到有效消除,这时几个月的时间已经过去了。故障诊断直接在车辆上进行的情况在时间上发生得很不规律,总是延后,总是在客户去修理厂维修时才进行,即便如此,也不是所有的数据都会收集起来,这要看是什么故障,而且解决这些故障的应对措施会持续数月。

可是在网络服务中,客户提供的数据总是自觉或不自觉地被访问。软件更新(远程)已经通过互联网应用于现代汽车。

这样做的好处是,客户不需要额外跑一趟修理厂进行故障诊断。

通过这些数据、诊断和客户的直接反馈,重大故障或问题必须已经得到识别,而且解决问题的周期应该明显缩短。将来,纠错周期将以 24h 的节奏进行,产品的变更和必要的变更管理必须适应这种快节奏和新版本。

 最终目标是为电动汽车建立标准化、协调的测试方法和安全要求。此外,还包括从生产到可持续报废回收的整体环保理念,以保护环境和节约资源。这构成了市场对电动汽车的接受基础。

10.2.5 供应商管理

零部件供应行业正面临着重大变化,从内燃机相关应用产品的高占比转型为电动汽车开发新战略和新产品。从中期来看,零部件供应行业将不得不面对传统动力总成(内燃机、变速器、排气系统)被淘汰的局面,从而也会有大量的供应产品消失。

影响质量相关问题的主要是汽车供应链中的零部件供应企业,它们创造的价值占比约为70%。电动汽车在许多方面给市场参与者带来了风险。必须尽早发现这些风险,以便能够有效地应对这些风险。由于技术不成熟,后期可能会出现对质量的意外影响。

供应商管理的最大挑战是不断传递有关整个供应链中对产品和服务要求的知识。最常见的情况是一种产品、产品组或组件涉及多个供应商。

产品质量会因为在供应链中信息的丢失而受到影响。在大多数情况下,下级供应商和给钱干活的临时工甚至不知道零件的应用领域和使用领域。如果能为后续工序采购到充足的生产材料,就能更好地规划生产流程。

提示

请确保所有必要的信息都通过供应链得以传达。
与你的供应商和客户签署:
- 保密协议(GHV)
- 质量保证协议(QSV)
- 技术保证书

供应商必须向客户提供零部件满足要求的合格证明。合格证明中应明确说明以下内容:

- 测试构建
- 测试范围
- 测试参数
- 满足的标准
- 测试结果

下级供应商对零部件的应用和功能了解越多,其对前期质量策划和技术可行性的评估就越详细准确。

10.2.6 总结

在电气化和变动常态化方面,我们可以着手行动的领域和对其施加的影响都非常大。这从项目构思就已经开始,历经整个产品形成过程,直至产品质量检测和批量生产阶段的保障。

电子移动交通服务必须与车辆项目分开研发。所谓的功能或数字解决方案都是集成在为此做好了准备的汽车系列产品中。最好的情况是，这种整合集成在产品推入市场时就已经完成。否则，这些将以较低的成熟度集成在车辆中。测试和验证则由客户负责。但是，必须注意应该时刻保证客户不会感觉到成熟度的不足，也不会收到任何错误信息。

软件可以通过远程更新，或在车辆更改年时进行全新的升级改造，或在车型升级时集成到新车中。对于已经交付使用的车辆，其旧版本软件可以在下次定期保养时通过售后服务进行更新。

10.2.7 参考文献

Dirlea, Violetka; Krubasik, Stephan; Kidambi, Ram und Sachseneder, Christine: Quality 4.0 Preventive, Holistic, Future-Proof, https://www.atkearney.com/industrial-goods-servi ces/article?/a/quality-4-0-preventive-holistic-future-proof

Döllner, G: Konzipierung und Anwendung von Maßnahmen zur Verkürzung der Produktentwicklungszeit am Beispiel der Aggregateentwicklung

Fallböhmer, M: Die Produktlebensphasen, vgl. Generieren alternativer Technologieketten in frühen Phasen der Produktentwicklung, Dissertation, RWTH Aachen, 2000

TCW Consulting Blog: Qualitätsaspekte disruptiver Technologien in der Elektromobilität, https://www.tcw.de/news/qualitaetsaspekte-disruptiver-technologien-in-der-elektromobilitaet-748

Welt online: New Mobility: Over-the-air-Diagnose, https://www.welt.de/motor/news/article175999441/Die-Werkstattaus-der-Cloud-New-Mobility-Over-the-air-Diagnose.html

附　录

常用缩略语

缩略语	英文	中文
AAR	Appearance Approval Report	外观批准报告
A/D/V	Analysis/Development/Validation	分析/设计/验证
AIAG	Automotive Industries Action Group	美国汽车工业行动集团
APQP	Advanced Product Quality Planning	产品质量先期策划
AQC	Attribut Quality Characteristic	属性质量特性
AQE	Advanced Quality Engineer	先期质量工程师
ANOVA	Analysis of Variance	方差分析法
BIW	Body in White	白车身
BOM	Bill of Materials	物料清单
BOP	Bill of Process	过程清单
CAM	Computer Aided Manufacturing	计算机辅助制造
CAD	Computer Aided Design	计算机辅助设计
CAE	Computer Aided Engineering	计算机辅助工程
CAS	Computer Aided Styling	计算机辅助造型
CAR	Corrective Action Report	纠正措施报告
CC	Critical Characteristic	关键特性
CFT	Cross Functional Team	跨职能小组/横向职能小组
C_{MK}	Machine Capbility Index	设备能力指数
CMM	Coordinate Measuring Machine	三坐标测试仪
CP	Control Plan	控制计划
C_{PK}	The Capability Index for a Stable Process	稳定的过程能力指数
CPM	Critical Path Method	关键路径法
CS	Customer Satisfaction	客户满意度
CTS	Component Technical Specifications	零部件技术规范
DCP	Dimension Control Plan	尺寸控制计划
DCP	Dynamic Control Plan	动态控制计划
DFA	Design for Assembly	可装配性设计
DFM	Design for Manufacture	可制造性设计
DFMEA	Design Failure Mode and Effects Analysis	设计失效模式及后果分析
DOE	Design of Experiment	试验设计

（续）

缩略语	英文	中文
DSR	Design Study Request	设计研究请求书
DVP&R	Design Validation Plan and Report	设计验证计划和报告
DV	Design Validation	设计验证
DRE	Design Release Engineer	设计发布工程师
EC	Engineering Change	工程变更
ECR	Engineering Change Request	工程变更请求
ECN	Engineering Change Notice	工程变更通知书
ECO	Engineering Change Order	工程变更指令
EDI	Electronic Data Interchange	电子数据交换
EP	Engineering Pilot	工程试制
EPC	Early Production Containment	早期生产遏制
ES	Engineering Specification	工程规范
FAI	First Article Inspection	首件检验
FE	Function Evaluation	功能评估
FEA	Failure Effects Analysis	故障影响分析
FMA	Failure Mode Analysis	故障模式分析
FMEA	Failure Mode and Effects Analysis	失效模式及后果分析
FTA	Fault Tree Analysis	故障树分析
FTC	First Time Capability	首次能力
FTQ	First Time Quality	直通率（一次送检合格率）
FTT	First Time Through	首次合格率
FTY	First Time Yield	首次通过率
GD&T	Geometric Dimensioning & Tolerancing	几何尺寸及公差
GR&R/GRR	Gage Repeatability and Reproducibility	量具的重复性与再现性
GPDS	Global Product Development System	全球产品开发系统
GVDP	Global Vehicle Development Process	全球车辆开发流程
IATF	International Automotive Task Force	国际汽车工作组
ISIR	Initial Sample Inspection Report	初期样品检验报告
IPTV	Incidents Per Thousand Vehicles	千台车故障率
IMDS	International Material Data System	国际材料数据库

(续)

缩略语	英文	中文
KCC	Key Control Characteristic	关键控制特性
KCDS	Key Characteristics Designation System	关键特性指示系统
KPC	Key Product Characteristic	关键产品特性
KPI	Key Performance Indicator	关键绩效指标
LCL	Lower Control Limit	控制下限
LSL	Lower Specification Limit	工程规范下限
LO	Line Off	下线
MP	Mass Production	批量生产
MRP	Materials Reqirement Planning	物料需求计划
MRB	Material Review Board	物料评审
MRD	Material Receive Date	原料到货日期
MSA	Measurement Systems Analysis	测量系统分析
MTTF	Mean Time to Failure	平均故障前时间
NDA	Non Disclosure Agreement	保密协议
NTF	No Trouble Found	未发现故障
OEE	Overall Equipment Effectiveness	全局设备效率/设备综合效率
OEM	Original Equipment Manufacturer	原始设备制造商（整车企业）
OTS	Off Tooling Sample	正式工装/模具生产样品
PC&L	Production Control and Logistics	生产控制和物流
PDCA	Plan，Do，Check，Act	计划，执行（实施），检查，行动（戴明环）
PDM	Product Date Management	产品数据管理
PDSA	Plan，Do，Study，Act	计划，执行，研究，行动（戴明环）
PDT	Product Development Team	产品开发团队
PE	Product Engineer	产品工程师
PERT	Program Evaluation and Review Technique	计划评审技术
PFC	Process Flow Chart	过程流程图
PFD	Process Flow Diagram	工艺流程图
PFMEA	Process Failure Modes and Effects Analysis	过程失效模式及后果分析
PLM	Product Lifecycle Management	产品生命周期管理
PM	Product Manager	产品经理
PM	Project Manager	项目经理
PMO	Project Management Office	项目管理办公室

（续）

缩略语	英文	中文
PP	Pilot Production	小批量试产
PPAP	Production Part Approval Process	生产件批准程序
ppm	Parts Per Million	百万分之一（10^{-6}）
P_{PK}	The Performance Index	性能指数
PPF/PPA	Produktionsprozess und Produkt Freigabe[①]	过程和产品批准
PQC	Product Quality Characteristic	产品质量特性
PQC	Process Quality Control	过程质量控制
PQP	Product Quality Planning	产品质量策划
PQPT	Product Quality Planning Team	产品质量策划小组
PRR	Problem Resolving Report	问题解决报告
PR&R	Problem Reporting and Resolution Procedure	问题报告与解决程序
PSA	Potential Supplier Assessment	潜在供应商评审
PSO	Process Sign-Off	过程认可
PSW	Part Submission Warrant	零件提交保证书
PTC	Pass Through Characteristic	传递特性
PTR	Production Trial Run	试生产
PVP&R	Production Validation Plan and Report	产品验证计划与报告
PV	Production Validation	产品验证
QA	Quality Assurance	质量保证
QC	Quality Control	质量控制
QE	Quality Engineer	质量工程师
QFD	Quality Function Deployment	质量功能开发
QM	Quality Manage	质量管理
QSA	Quality System Audit	质量系统评审
QSR	Quality System Requirement	质量体系要求
QOS	Quality Operating System	质量运行系统
QR	Quality Record	质量记录
RASIC	Responsible, Approve, Support, Inform, Consult	负责、批准、支持、通报、咨询
RFQ	Request for Quotation	报价请求
RPN	Risk Priority Number	风险顺序数

[①] 德语。英语缩写为 PPA。

（续）

缩略语	英文	中文
SC	Special Characteristic	特殊特性
SC	Significant Characteristic	重要特性
SDE	Supplier Development Engineer	供应商开发工程师
SE	Synchronization Engineering/Simultaneous Engineering	同步工程
SFMEA	System Failure Mode and Effects Analysis	系统失效模式及后果分析
SOP	Start of Production	开始量产
SOR	Statement of Requirements	要求声明
SOW	Statement of Work	工作说明书
SPC	Statistical Process Control	统计过程控制
SQ	Supplier Quality	供应商质量
SQA	Supplier Quality Assurance	供应商品质保证工程师
SQE	Supplier Quality Engineer	供应商质量工程师
STS	Ship to Stock	直接入仓（免检）
SREA	Supplier Request for Engineering Approval	供方工程批准申请
SQIP	Supplier Quality Improvement Process	供应商质量改进过程
SSTS	Sub-System Technical Specifications	子系统技术规范
TA	Technology Assessment	技术评估
TGR	Things Gone Right	运行状况良好
TGW	Things Gone Wrong	运行状况不良
TQM	Total Quality Management	全面质量管理
TR	Technical Review	技术评审
TS	Technical Specification	技术规范
T/T	Take Time	节拍时间
UCL	Upper Control Limit	控制上限
USL	Upper Specification Limit	工程规范上限
VDP	Vehicle Development Process	车辆开发流程
VOC	Volatile Organic Compounds	挥发性有机化合物
VLE	Vehicle Line Executive	车辆平台
VTS	Vehicle Technical Specification	整车技术规范
VE/VA	Value Engineering/Value Analysis	价值工程/价值分析
WBS	Work Breakdown Structure	工作分解结构
WWP	World Wide Purchasing	全球采购